トマス・アクィナスの心身問題

トマス・アクィナスの心身問題

―― 『対異教徒大全』第2巻より ――

トマス・アクィナス著
川 添 信 介 訳註

知泉書館

　　　　　ま　え　が　き

　本書はトマス・アクィナス『対異教徒大全』の一部分を，ラテン語原典と日本語訳とによって紹介しようとするものである。『対異教徒大全』というアクィナスの中期著作のおおよそについては「解説」で示したが，この著作に関しては，戦前にその第1巻の翻訳が出されたが現在では入手困難であり，多少とも本格的な紹介としてはこれが最初ではないかと思う。
　取り上げたのは第2巻第56章から第90章である。この部分はいうなら「人間論」と呼んでよいまとまりを持つ。ただし，「人間論」という語には倫理学的な響きを感じ取られる読者もおられるであろうが，本書の議論は倫理学的な考察に及ぶものではなく（その基礎になっているのではあるが），つきつめると「心と身体との関係はどのようなものなのか」という問題を扱っている。アクィナスは人間を〈魂と身体との複合した存在〉と捉えるのであるが，そのような複合をどのように理解したらいいのかが主題であると言ってよい。本書のタイトルを「心身問題」としたのは，このように人間の基本的な存在論的構造を問題としているためである。
　「心身問題」とはデカルト以降の哲学の専売特許ではない。たしかにデカルトの二元論があれだけ鮮明な形で問題を前面に押し出したために，近世哲学はその影響を深く受けざるを得なかった。また，認知科学や脳生理学の発展は，「心身問題」を現代において再びクローズアップすることになっている。とはいえ，心身の関係を問うことは結局のところ「人間とは何か」と問うことであって，そうであるならば，心身問題は哲学とともに古い問いなのである。古代のプラトンとアリストテレスのなかに既に原型的な問いが出され，両者は重なり合う面を持ちつつも異なった解答が与えられている。その他の哲学的伝統も含めて古代から多くを引き受けたラテン中世の思想圏では，ギリシア哲学的思考の枠組（イスラーム哲学をも含めて）とは別に，キリスト教の人間観も根底的前提の一つとしながら，心身問題が論じられてきたのである。
　13世紀のスコラ学者アクィナスが，アリストテレス哲学の枠組のなかで思考を組み立てていたことは間違いなく，心身問題についてもそのことは変わらな

い。しかし，その「枠組」はそこから外れることを許さないような固いものではなく，変幻自在とまで言えないにしても，緩やかな拡張と変形とを受け容れうるものだと見なされていたように思う。プラトン主義の深い影響を受けたアウグスティヌスの魂論を，アクィナスはあからさまに否定することはなく，アリストテレス的枠組の中に納めることが可能であると考えているように見える。さらには聖書的な人間観を示すテキストでさえ，その枠組の中で解釈を与えようとしている。

　アクィナスはこのように多様な立場を受け容れて心身問題を基礎とする人間論を作り上げるのであるが，本書で取り上げた部分の『対異教徒大全』ではキリスト教的な側面は背後に退いている（その理由についても「解説」を見ていただきたい）。その意味で本書は純粋に「哲学的議論」であると言ってよいであろう。つまり，キリスト教の信仰内容が議論の前提とされることはなく，経験と論理，それに緩やかな意味でのアリストテレス的概念枠組だけを前提に議論が進められるのである。とはいえ，心身問題はアクィナスの時代であっても既に長い歴史を有していたのであり，本書を読むにはアクィナス以前になされてきた議論とその前提についての多少の知識は必要となる。「解説」といくらかの注釈を付すことが必要だと考えたのはそのためである。

　さて，この翻訳にラテン語を付し対訳本としたのは書肆の慫慂のためであるが，もちろんその理由に賛同したからである。哲学の書物とて，翻訳をする以上は訳文だけで意味が了解できるものでなければならないであろう。しかし，哲学に関わる文章の場合，しかも言語の系統をまったく異にする日本語に翻訳する場合，どうしても「原語は何なのだろう」と気になることが多いのは確かである。ある単語を用いた哲学者がその語にどのような意味とニュアンスを込め，意味は類似しているが系統を異にする他の用語とどのように使い分けているのか，といったことを知りたくなる。本書に含まれる一例を用いるならば，主として「現実態」と訳した actus，「作用」などと訳した actio，多くの場合「作用する」と訳した agere はすべて同系の単語であるが，「はたらき」と訳した operatio は少なくとも語彙的にはまったく別の系統に属するのである。突き詰めた思考の内実は言葉として結実するしかないとすれば，哲学の書物を精密に読むのに原文を参照することは，必須とは言わないまでも有意義であること

まえがき

は確かである。

　以上は哲学書全般に当てはまることであるが，「ラテン語」それも「スコラ哲学」のラテン語の対訳本としたのには別の理由もある。それは，哲学に関心はあるが中世哲学には馴染みのない方々にこの種のラテン語に触れて欲しいと願ったからである。ご覧になればすぐにお分かりになると思うが，キケロやヴェルギリウスの古典期のラテン語，また古代末期のアウグスティヌスの文章に比べると，スコラ哲学のラテン語は易しい。ルネサンスの人文主義を経たデカルトのラテン語に比べてみても，ずっと読みやすいのではないだろうか。それは一つには，使用される語彙の数が格段に少ないことによる。しかも，スコラ哲学の語彙は近代の英語やフランス語の語形と意味から推測のつくものも多い（上に述べた哲学的語彙の持つ難しさは変わらないが）。もう一つには，語順も近代語と類似しているからである。ラテン語は名詞や形容詞の文法的役割（性，数，格など）を語尾の変化によって示すために語順の制約は本来少ないのであるが，スコラのラテン語では名詞とそれを修飾する形容詞とが離れておかれることは少なく，近代語のように近接して配置されることが多い。さらに動詞の変化に関しても，古典期のような複雑さを持つことはないと言ってよいであろう。そしてもう一つには，その学問の内実と深く結びついていると言えるが，いわゆる「レトリカル」な文飾はほとんど用いられないことも，スコラ期のラテン語の読みやすさの大きな理由であろう。少数の術語（概念）をただ「ロジカル」に組みあげていくスコラのスタイルは，ルネサンス期の人文主義者には無味乾燥で野蛮なものと映ったほどなのである。

　以上のように，スコラ哲学のラテン語は初等文法を習得したら，比較的容易に読み始めることができるのである。もちろんどんなことにも例外はあるが，アクィナスのラテン語はその例外にはならないと思われる。アクィナスという西洋中世スコラ哲学最大の哲学者は，どんな哲学者であっても孕んでいる難しさを別にすれば，最も易しいラテン語の書き手でもあったと言えよう。最初は文法的な注をもっと付そうかと思っていたが，やりだすとラテン語初等文法のレベルにまで及ぶことになり，最低限の注にとどめることにした。

　このようなラテン語を付した対訳本が，アクィナスだけではなくスコラ哲学期全般に関心を持ちながらもことばの壁を感じておられた方々，とりわけ哲学

を目指す若い人々にとって，適切な入門となればと願っている。この私の願いにとって「心身問題」という主題が適切なものであったかどうかについては，読者諸賢の判断をまつしかないけれども。

*

この翻訳の底本には，いわゆるマリエッティ版（巻末の文献表を参照）を用いた。わずかであるが，それとは異なる読みを採用した場合には，その旨を左ページに注記した。また，ラテン語と日本語に付した節番号もマリエッティ版のものである。日本語訳と脚注の作成にあたって既存の訳書をおおいに参考としたが，重要な場合をのぞいて，いちいち断ることをしなかった。先学に対する深い謝意をここに表したいと思う。

略語・記号一覧

(詳細な書誌情報は巻末の文献表を参照。)

アクィナスの著作

ScG	『対異教徒大全』	*Summa contra Gentiles*
Sent. I	『命題集註解』	*In quatuor libros Sententiarum* 第1巻
ST	『神学大全』	*Summa theologiae*
CT	『神学綱要』	*Compendium theologiae*
InDA	『〈魂について〉註解』	*Sentencia libri De anima*
InMET	『形而上学註解』	*In duodecim libros Metaphysicorum Aristotelis expositio*
InPA	『分析論後書註解』	*Expositio libri Posteriorum Analyticorum expositio*
InPH	『自然学註解』	*In octo libros Physicorum Aristotelis expositio*
QDV	『真理についての討論集』	*Quaestiones disputatae de veritate*
QDP	『能力についての討論集』	*Quaestiones disputatae de potentia*
QDA	『魂についての討論集』	*Quaestio disputata de anima*
QDSC	『霊的被造物についての討論集』	*Quaestio disputata de spiritualibus creaturis*
DUI	『知性単一論駁論』	*De unitate intellectus contra Averroistas*

諸版・翻訳・主要参考文献

L	レオニナ (Leonina) 版
Lm	簡略レオニナ (Leonina manualis) 版
M	マリエッティ (Marietti) 版
E	英語訳 (*Summa contra Gentiles, Book Two: Creation*, trans. by J.F.Anderson)
F 1	フランス語訳1 (*Somme contre les Gentils II, La Création*, par C. Michon)
F 2	フランス語訳 *Contra Gentiles, II, 59, 60, 61, 69, 70, 73, 75, 78* in (*Thomas d'Aquin, Contre Averroès*, par Alain de Libera)
D 1	ドイツ語訳1 (*Summa contra gentiles* Band 2, hrsg. von K.Albert u. P. Engelhardt)
D 2	ドイツ語訳2 (*Summa contra gentiles* Band II, hrsg. von H. Fahsel)
CF	Commentaria Ferrariensis
Averroes	『〈魂について〉大註解』(*Commentarium Magnum in Aristotelis De Anima Libros*)
Nemesius	ネメシウス『人間の本性について』(*De natura hominis*)
Gauthier	*Somme contre les Gentiles, Introduction* par R.-A. Gauthier

記号類

q.	quaestio（問）
a.	articulus（項）
c.	corpus（主文），capitulum（章）
arg.1, etc	argumentum 1（異論1），etc.
ad 1, etc.	ad argumentum 1（異論解答1），etc.
sc.	sed contra（反対異論）
d.	distinctio（区分）

「　」	マリエッティ版のイタリック
（　）	原文のテキストであるが，文意を明瞭にするために訳者によって付された括弧
〈　〉	原文のテキストであるが，特別な概念であること明示するために訳者によって付された括弧
〔　〕	原文のテキストではなく，訳者による補完あるいは言いかえ

目　次

まえがき　　　　　　　　　　　　　　　　　　　　　　　　v
略号・記号一覧
解　説　　　　　　　　　　　　　　　　　　　　　　　　xiii

第56章　知性的実体はどのような仕方で身体と合一し得るのか　　4
第57章　知性的実体の身体への合一についてのプラトンの立場　　16
第58章　人間において栄養摂取的魂，感覚的魂，知性的魂という3つの魂が存在するのではないこと　　28
第59章　人間の可能知性は離存実体ではないこと　　40
第60章　人間がその種を得るのは受動知性ではなく可能知性を通じてであること　　54
第61章　前述の立場はアリストテレスの主張に反していること　　80
第62章　可能知性に関するアレクサンドロスの意見への反論　　86
第63章　ガレノスが主張したのとはちがって，魂は体質ではないこと　　96
第64章　魂は調和ではないこと　　100
第65章　魂は身体ではないこと　　104
第66章　知性と感覚は同じであると主張する人々への反論　　110
第67章　可能知性を想像力だと主張する人々への反論　　114
第68章　知性的実体が身体の形相であり得るのはどのようにしてなのか　　118
第69章　知性的実体は身体に形相として合一し得ないことを証明するとする上述の諸反論の解消　　128
第70章　アリストテレスの言葉にしたがえば，知性が形相として身体と合一していると主張すべきこと　　136
第71章　魂は身体に直接に合一していること　　142
第72章　魂の全体が身体の全体にあり，また全体が身体のどの部分にもあること　　146

第73章	可能知性はすべての人間において一つではないこと	154
第74章	可知的形相は可能知性のうちに保存されないとするアヴィセンナの見解について	186
第75章	可能知性の一性を証明すると思われる諸論拠の解消	198
第76章	能動知性は離存実体ではなく魂に属する何かであること	216
第77章	可能知性と能動知性が魂の一つの実体において合致することが不可能でないこと	234
第78章	能動知性は離存実体ではなく魂に属する何かであるというのがアリストテレスの見解であったこと	242
第79章	身体が消滅しても人間の魂は消滅しないこと	256
第80－81章	身体が消滅すると魂も消滅することを証明する諸論拠（およびその解消）	268
第82章	非理性的動物の魂は不死ではないこと	290
第83章	人間の魂は身体と同時に始まったこと	304
第84章	前章の諸論拠の解消	336
第85章	魂は神の実体の一部ではないこと	342
第86章	人間の魂は精子とともに伝えられるのではないこと	350
第87章	人間の魂は神によって創造を通じて存在へと産出されるということ	358
第88章	人間の魂は精子を原因とすると証明する諸論拠	364
第89章	前章の諸論拠の解消	372
第90章	知性的実体は人間の身体以外の物体に形相として合一しないこと	392

あとがき	403
文 献 表	405
索　　引	413

解　説

1　もう一つの「スンマ」

　トマス・アクィナス (1224/25-1274) の最高傑作が『神学大全 (*Summa theologiae*)』であることに異論をはさむ人は多くないであろう。全三部にわたり討論 (disputatio) の形式を用い，個々の論点を考え抜かれた配置にしたがって構造化した『神学大全』は，十分に成熟した神学者の主著と呼ぶにふさわしい。しかし，アクィナスの「スンマ」はこれだけでなく，ここにその一部を訳出した『対異教徒大全』も「もう一つのスンマ」である。この著作の本来のタイトルは『カトリック信仰の真理に関して不信心者たちの誤謬を駁する書 (*Liber de veritate catholicae fidei contra errores intidelium*)』というものであるが，『対異教徒大全 (*Summa contra Gentiles*)』と通称され，ある学問分野に関する知識を要約的に総覧したものという意味で「スンマ」と言ってよい内実を備えた体系的著作なのである。

　『対異教徒大全』はアクィナスの長くはないキャリアの中で，中期に属する代表作である。全4巻からなるが，現在の標準的な見解によると，第1巻の13章までの初稿が1259年夏にパリで書き始められたが，その部分を含めた最初の3巻がイタリアで書き続けられた。そして第4巻は1264年から65年に仕上げられたと見なされている[1]。アクィナスはこれ以前の1252年から54年の最初のパリ大学神学部教授時代にペトルス・ロンバルドゥスの『命題集』への註解 (*Scriptum super libros Sententiarum*) をおこなっていた。しかしその後の1257年頃から『ボエティウス三位一体論註解 (*Super Boetium De Trinitate*)』において，神学という学問のあり方について原理的な再吟味を始める。『命題集』に註解するという当時の習

---

　1)　この著作の文献学的な基礎情報に関しては，Gauthier が現在でも最良のものであり，著作時期についてもこれに従った。ただし，M の編者である Marc のように，もっと遅くアクィナスの第2回目のパリ教授時代におく研究者もいるが，多くの支持は受けていない。とはいえ，幸運にも残されているアクィナスの自筆原稿 (第1巻13章から第3巻120章の大部分) から，後になって多少の訂正を続けたことまでは排除されないであろう。また，『対異教徒大全』だけでなく，アクィナスの伝記的情報一般については，Torrell (1993) に基本的に従った。

慣となりつつあった神学の叙述方法から[2]，独自の方法と体系への離陸を試みたのである。しかし，この著作は未完に終わり，『対異教徒大全』が書き始められた。そして，第4巻を書き終えてから，それほど時を隔てることなく1265年ころには『神学大全』第1部が書き始められることになる。

　以上のように『対異教徒大全』と『神学大全』は，いわば続けて書かれた2つの体系的著作である言ってよいものであり，両者を読んでみるとアクィナスの立場の一貫性が強く印象づけられることは確かである[3]。しかしながら，2つのスンマの間には大きな相異も見いだせる。それぞれの著作のごく基本的な構成を見てみると，次のようになる。

『対異教徒大全』
　　第1巻　それ自体としての神に適合することがら
　　　　（神の存在証明，諸属性，認識，意志など）
　　第2巻　被造物の神からの発出
　　　　（神の能力，創造，知性実体，人間の魂など）
　　第3巻　神を目的とした被造物の秩序
　　　　（万物の目的，人間の至福としての観想，神の摂理と統宰，賞罰と恩寵など）
　　第4巻　人間知性を越えており，信じるべきこととして神によって啓示されていることがら
　　　　（三位一体，受肉，秘蹟，復活と最後の審判など）
『神学大全』
　　第1部　神について
　　　　（神の存在証明，諸属性，三位一体，認識，意志，摂理，創造，被造物の区別とそれぞれの存在様態，神による被造物の保存と統宰など）

---

　2)　『命題集註解』は註解といっても，実際は大部分が『神学大全』と同じ討論の形式による問題集であるし，具体的にどのような問いを立てるのかにはアクィナスの一定の独自性が認められる。しかし，問題の全体としての配列は『命題集』そのものの構造に従っているのである。

　3)　もう一つ，「短いスンマ」として構想され未完に終わった『神学綱要（*Compendium theologiae*）』の著作年代については多くの議論があったが，今日では『対異教徒大全』と同時期か少し後の著作だという見解が有力である。Torrell（1993），p.239参照。

第2部　理性的被造物の神への運動について
　　　（人間の目的，至福，行為の構造，情念，法，徳，恩寵など）
　第3部　われわれが神へ向かうための道である，人間である限りでのキリストについて
　　　（受肉，キリストの生涯，秘蹟など）

　まず，この二つのスンマの全体構成には類似した点も認められる。すなわち，『対異教徒大全』の第3巻までの構成は，いわゆる新プラトン主義的な発出と環帰の図式に則っているが，このことは『神学大全』でも基本的には保持されている。世界とりわけ人間が，起源としての神から出てきて，再びそこへと帰ってゆくものであるという基本的視座は，最も基底的な世界像として両方の著作の構成を決定していると言えるであろう[4]。また，その基本的視座に対応するかたちで，どちらの著作においても神の存在証明から議論がはじまり[5]，いわゆる宇宙論的証明によって得られた「第一の動者」「第一の存在者」という神のあり方から単純性や善性などの様々な神の属性が導き出されるという構造も共通である。そして，両者の含まれている個々の論点についても，それだけを取り出してみるならば同じ結論が提示されていると言ってよい。

　しかし，全体のボリュームにおいて『神学大全』が『対異教徒大全』の5倍以上もあることを除いても，両者の間にはすぐに目に付く違いがいくつかある。『対異教徒大全』第3巻が人間も含む「被造物の神への秩序」を論じるが，そこで大きな比重を占める「摂理（providentia）」は『神学大全』では第1部で神の一なる本質を論じる部分に含まれている。また，『神学大全』で最も大きな分量を占めるのは人間の行為に関わる「倫理学的」と呼ばれる第2部であるが，『対異教徒大全』は第3巻で目的としての神との関連で基本的な存在論的原則を述べるだけとなっている[6]。

　これだけでも相当大きな違いではあるが，二つのスンマの間の最大の相異は構

---

　4)　Chenu（1954), p.261 seq.
　5)　*ScG* I, cc.10–13, *ST* I, q.2.
　6)　被造物の神への環帰ということが，『対異教徒大全』では「秩序（ordo）」として静的に捉えられ，『神学大全』では「動（motus）」としてまさに動的に捉えられていると言えるかもしれない。

成全体を貫いている方法的原則の相異であろう。両者はいずれもその巻頭で，その著作でなそうとしている学問の特徴づけと方法とを示している。『神学大全』では第1部第1問「聖なる教えについて」をおき，「聖なる教え（sacra doctrina）」を神と至福者たちの知という「上位の知の光によって知られる原理から出発する」学問的知識であると規定する。つまり，聖書と教会の伝統を含めた啓示を原理とするのが『神学大全』でなされている学問なのである。しかし，このことは啓示の「前駆（praeambula）」としての哲学的諸学による神に関する知識を排除するものではない。だから，『神学大全』では，人間の経験と自然本性的理性とだけによって得られると見なされている知識の部分（たとえば，神の存在論証や一なる本性についての諸属性など）と，三位一体やキリストの受肉といった自然本性的理性を超え啓示によってしか得られない知識の何らかの仕方での解明の部分とが，分離しがたい仕方で並べられている[7]。

それに対して，『対異教徒大全』では序論にあたる第1巻1章から9章においてこの著作の意図と方法とを明示し，次のように述べている。

> そこで，自身の力を超えるのではあるけれども，神の憐れみによって知者の務め（officium sapientis）を追求すべき確信を得たので，われわれの意図するところはカトリックの信仰が告白している真理をわれわれの分に応じて明示し，またそれと反対の誤謬を消去することである[8]。

そして，この「カトリックの信仰が告白している真理」には2種類の様態が区別されて，次のように語られる。

> 神に関わる真なることがらのうちのあるものは，人間理性のあらゆる力能を越えている。たとえば，〈神が三にして一であること〉がそうである。
> それに対してもう一つは，自然本性的理性であってもそれに到達できることがらである。たとえば，〈神が存在すること〉，〈神が一であること〉，またそれと同様のことなどである。これらのことは哲学者たちも，理性の

---

[7] アクィナスにおける聖なる教えと哲学的諸学との関係については，川添（2004）第4章を参照。

[8] *ScG* I, c.2, n.9.

自然本性的光に導かれて，神について論証的に証明してきたのである[9]。

『対異教徒大全』はこの区分に従って，第1巻から第3巻において第1のタイプの真理が論じられ，第4巻は第2のタイプの真理に割り当てられているのである[10]。人間の自然本性的理性を本質的に超えており啓示によらなければ知られ得ないような知識は，『神学大全』では様々な箇所にいわば散在しているのに対して，『対異教徒大全』では第4巻で集中して論じられるという構造をもっているのである[11]。

著作全体のこのような構成がどのような意味を持つのかについては，この著作がそもそもどのような意図のもとに執筆されたのかという問題とともに，ここで深く立ち入ることはしない。ただ一つのことだけを指摘しておきたい。『神学大全』では第一部で神の一なる本性の考察の後に，ただちに第27問から三位一体が論じられている。これは神そのものが一なる本性を持つとともに三つのペルソナであるという，啓示に対する信仰によって知られている「神のありよう」そのものが，その神のありようの側から叙述されることになっている。それに対して，『対異教徒大全』では，神にかかわることがらそのものに即しているというよりは，神がそれを認識するわれわれ人間の理性にどのような仕方で知られてくるのかという観点から構成されていると言えるであろう。このような構成を取ることによって，『対異教徒大全』は自然理性によって捉えられる限りでの神についての認識（自然神学，あるいは哲学的神学）が，いかなる意味で認識たる身分をアクィナスによって承認されているのかということが明らかになっている。また，それの裏側として，自然理性を超えた神にかかわる認識が，まさに自然理性では

---

9) *ScG* I, c.3, n.14.
10) *ScG* I, c.9, nn.55-56.
11) ただし，ScG 第3巻には例えば人間の至福が神にあることや，そのための律法の必要性や恩寵の必要性などが含まれている。これらのことが第3巻という「自然理性の範囲内」にあることがらを論じる部分に含まれていることについては，研究者の間でも議論がある（たとえば，Hibbs 1995, p.12参照）。この点についてはここで立ち入ることが出来ないが，現在のところの私の見通しでは，人間の至福としての神，またそれに至るために律法や恩寵が必要であるという事態そのものは，人間の自然理性の認識の範囲に入るという立場をアクィナスが取っているというものである。恩寵は確かに自然理性によって獲得できるものではないが，「恩寵が人間の至福にとって必要である」という命題の真理性は，自然理性によって把握できるという立場であると解釈できるであろう。

なく啓示を認識の源泉としながらも，どのような意味で学的な身分をもつと認定されているのかも鮮明に示すことになっていると思われるのである。

　この相異は両著作におけるより具体的な叙述スタイルの相異となっても現れている。『神学大全』では，一つの論点（一つの項，articulus）を議論するために，しばしば聖書の一文が根拠として挙げられるだけでなく，純粋に自然理性によって見出される根拠やアリストテレスの提示した論拠も並んで提示され，それらが織り合わされてアクィナスの立場が提示されている。このことは『神学大全』全体において，濃淡の差はあるにしても一貫しており，論じられる論点それ自体が自然理性を超えたことがらなのかそうでないのかによる区別は見られない。神の一性といった（アクィナスによれば）自然理性の範囲内で決着のつく論点についても，受肉といったまったく自然理性を超えていると承認されている論点についても，どちらにも聖書とアリストテレスとが根拠として用いられているのである。それに対して，『対異教徒大全』の第1巻から第3巻まででは，それぞれの論点（一つの章，capitulum）は基本的に哲学的論拠によって一貫して議論が進められる。そして各章の最後に，それまでの議論が聖書の権威と言わば結果的に一致していることが，「だから聖書も〜を述べている」といった仕方で付加的に述べられるというスタイルが守られている[12]。それに対して第4巻では，アリストテレスを典拠とするような理性的根拠は，皆無ではないが背後に退いて，聖書と古代の教父たちの解釈の分析がなされるというスタイルが取られており，その対照は鮮やかなものとなっているのである。

　以上のように，「もう一つのスンマ」である『対異教徒大全』は，人間の自然本性的理性が神と世界に関してどのよう認識を持ちうるのかという問題に関するアクィナスの見解を知ろうとするときに，極めて重要な著作である。そして，『神学大全』とは異なった相貌のもとでアクィナスの哲学の全体を提示しているものであるといってよいのである。

　12）　このようなスタイルのために，本著作の初期の刊本の一部において『哲学的大全（*Summa philosophica*）』というタイトルが付されたのかもしれない。

解　説　　　　　　　　　　　xix

2　第2巻の構成と「人間論」の位置

　さて，本書でラテン語原典とともに翻訳を掲げた部分は，第2巻56章から90章である。第2巻全体のなかでこの箇所がどのような位置をもち，基本的に何が論じられているのかを大まかに確認しておこう[13]。

第2巻の構成
- 0．序論　　　　　　　　　　　　　　　　　　　　　　　　　1-5章
- 1．諸事物の産出
  - (a) 存在の原理としての神とその能動的能力　　　　　　　　6-10章
  - (b) 神の被造物に対する関係　　　　　　　　　　　　　　11-14章
  - (c) 無からの創造とその様態　　　　　　　　　　　　　　15-21章
  - (d) 神の全能と創造作用における非必然性　　　　　　　　22-27章
  - (e) 被造的世界における必然性と永遠性（無始性）　　　　28-38章
- 2．諸事物の区別
  - (a) 諸事物の区別についての6つの誤謬の論駁　　　　　　39-44章
  - (b) その区別は可能な限りの完全性を被造物に与えようとする神自身の意図によること　　　　　　　　　　　　　　　　　　　45章
- 3．諸事物の本性
  - (a) 知性的被造物の存在　　　　　　　　　　　　　　　　46章
  - (b) 知性的被造物の一般的本性
    - i. 意志的存在者であること　　　　　　　　　　　　47-48章
    - ii. 物体ではなく質料を持たないこと　　　　　　　　49-50章
    - iii. 質料的形相ではないこと　　　　　　　　　　　　51章
    - iv. 現実態と可能態の複合を持つこと　　　　　　　　52-54章
    - v. 不可滅であること　　　　　　　　　　　　　　　55章

---

　13) この区分の大枠は *ScG* II, c.5, n.877でアクィナス自身によって明言されているが，下位区分はMの提案を参考にしながら私自身が作ったものである。

(c) ある種の知性的被造物は物体〔身体〕と合一すること　　56-90章
　　(d) 物体と合一しない知性的被造物について
　　　　i. その存在の様態（個体と種の関係，魂との相異）　　91-95章
　　　　ii. その認識の様態と対象　　96-101章

　ここでも『神学大全』との大まかな対照を考えてみるならば，『対異教徒大全』第2巻が『神学大全』第1部第44問から第102問までとほぼ重なる内容であることが分かる。すなわち両著作で，最初に神の創造作用が一般的に規定され，その次に被造物の中にある区別あるいは多様性の根拠が示され，そのように区別された被造物の本性がそれぞれ明らかにされる，という順序を持っている。ただ，『神学大全』第1部ではこの論点の次に被造物の「保存と統宰」が論じられているが（qq.103-109），『対異教徒大全』の第2巻にはこの論点が明確にはみいだされず，むしろ第3巻の「神の摂理」に関する部分（c.64以下）で詳細に論じられることになっている。摂理や統宰は目的としての神と被造物の関係であるから，『対異教徒大全』第2巻は先に述べた「発出－環帰」構図のうちの発出だけを論じていることになろう。

　また，被造物の区別に関しても，『神学大全』第1部は天使すなわち霊的被造物（離存実体）を論じた（qq.50-64）後に，物体的被造物についてかなり詳細な議論が展開されている（qq.65-74）。それに対して『対異教徒大全』第2巻では物体的被造物には集中した議論の場が与えられていない。この点は，前節で述べた『対異教徒大全』全体の著作としての性格づけを考慮すると，次にように考えることができるであろう。この書はあくまで「カトリックの信仰が告白している真理」だけを問題にしているのであるから，被造物に関して知られるすべてのことを網羅的に記述することが意図されているわけではない。自然学者であれば天の形態や運動の量について探究しなにがしかの真理を得ているはずであるが（*ScG* II, c.4, n.872参照），そのような真理はカトリックの信仰の示す真理には含まれない。だから「産出され区別される諸事物の本性に関して，信仰の真理に属する限りにおいて」論じられるのである（c.5, n.877）。それゆえ，物体的世界に関しては，神に特有の創造作用を厳密に規定するために，対比的に物体的世界での作出作用が概括的に論じられる（cc.16-21）にとどまっているのである。

　しかし，「カトリックの信仰が告白している真理」が記されているはずの『創

世記』冒頭の神の六日の業は，やはり物体的世界についても何らかの真理を提示しているのではないだろうか。これはその通りであるから，『神学大全』第1部の方では物体的被造物の創造についての原理的な考察（qq.65-66）の後に，聖書の六日の業が考察されているのである（qq.67-74）。だが，『対異教徒大全』では，第1巻から第3巻においては「カトリックの信仰が告白している真理」のうちで人間の「自然本性的理性によって到達可能な」真理だけが扱われるという全体構成を取っているために，啓示である『創世記』のテキストの具体的な釈義という面を持つ必要がある六日の業について論じるための空間がないと考えられるのである。物体的被造物について主題的に論じない理由については『対異教徒大全』でアクィナスは明確なことを述べていないので，以上は推測の域をでないのであるが，被造的世界全体に関する議論において，『神学大全』第1部よりも『対異教徒大全』第2巻の方が非物体的被造物に重心が置かれていることは争えないであろう。

　さて，本書の主題を含む非物体的被造物の扱いについても，物体の扱いの相異と呼応しながら，『神学大全』と『対異教徒大全』では相異が認められる。上記の一覧から読み取れるように，『対異教徒大全』第2巻では被造物として論じられているのは「知性的被造物」として一括されるものだけであるとも言えるのである。被造的世界の中で物体だけではなく非物体的で知性的な存在者が創造されることの何らかの必要性[14]が論じられた（c.46）後に，知性的被造物についての基本的な存在様態が確認される（cc.47-55）。その後で，知性的被造物として非質料的であり非物体的であるはずの人間の魂が「どのような仕方で物体〔身体〕と合一するのか」（c.56）という問いとともに，心身の合一体である人間に関する議論が始まる。ここからが90章まで続く本書が訳出した部分である。そしてその次に，物体〔身体〕と合一しない純粋な知性的存在者（聖書的には「天使 an-

---

　14)「必要性」といっても，神の創造作用は何にも制約されない神の意志によるのであるから，知性的存在者を創造することが神にとって課せられたこととなるわけではない。しかし，アクィナスの立場からは，物体的存在者が現に存在していること，そして存在している以上それらが神によって創造されたことも疑い得ない。そうだとすると，その物体を含む世界の創造作用は「神の配慮（dispositio divina）」（c.46, n.1229）に由来するはずだから，その配慮やさらには神の善性に創造作用は基づくことを前提する限り，非物体的被造物をも創造することが神にはふさわしいことなのである。その意味で非物体的被造物が存在することが「必要」なのであって，神の絶対的意志との関係における必然性ではない。

geli」と呼ばれる）に固有のあり方が論じられる（cc.91-101）。すなわち，極端な表現をすれば，『対異教徒大全』第2巻には明示的に「人間論」と規定される部分はなく，天使とはもちろん区別されるにしても，人間の魂は知性的存在者の下位区分として論じられるという構造を持っているのである。この点でも，天使と物体とが論じられた後に「霊的実体と物体的実体とから複合された人間」（q. 75, 序文）を第三番目の被造物の下位区分としている『神学大全』第1部とは異なっているのである。

　しかしこの相異は，二つの著作全体の構成を考えるならば，それほど過大に考える必要はないように思われる。『対異教徒大全』第2巻の構成からは，人間についての考察は知性的被造物の一例としてしかなされていないと言えるし，また，被造物についての考察は神学の一部として常に神との関係においてなされていることは確かである。しかし，アクィナスという人間にとっての最大の関心事が，知性的被造物一般やその一種である離存実体（天使）ではなく人間そのものであったこともまた確かであろう。『神学大全』第1部が被造物の区別を述べた後に，被造物の保存と統宰を概括的に論じて（qq.103-119），神から発出してきた被造物が神へと環帰するための一般的な基礎を提示している。しかし，先に述べたように，「倫理学的」と称される第2部全体を通じて詳細な考察の対象となるのは，物体や天使の環帰の問題ではなくて，やはり人間の問題なのである。『対異教徒大全』でも同じように，その第3巻が被造物の神への環帰（秩序）に充てられているのであるが，そこでも吟味される対象の中心が人間であることは同じなのである。すなわち，第3巻で被造物全体が神を目的とすることと悪の問題を総括的に論じた後に，第25章から知性的被造物にとって神を知性認識すること（神を観想すること）が目的・幸福だとされ，様々な論点を含みながらも第63章まで論じ続けられる。それから神の摂理あるいは統宰へと議論が進むが，第110章までその一般論が論じられた後に第111章から末尾の第163章まで「他の被造物にもまして，知性的で理性的な本性に関する摂理の何らかの特別な根拠」（c.101, n.2855 a)) が述べられることになっている。

　このように二つのスンマにおいて，全体としての「発出－環帰」構造の中で，神から発出している被造物の間の区別が論じられる箇所は，とりわけ人間という被造物の神への環帰の可能性をその次に論じるためにこそ置かれているという点で相異はないのである。また，人間に関する個々の論点に関しても，『神学大

『全』と『対異教徒大全』とに大きな差異は認められないし，根本的に人間を知性的存在者と物体的存在者の間の「地平であり境界（horizon et confinium）」と捉える人間観においても一致しているのである[15]。

　このことを確認した上で，人間の魂を知性的被造物の下位区分として考察し，〈知性的でありながら身体と合一しているもの〉という方向で人間の魂と人間という存在を考えているという『対異教徒大全』第2巻の結構は，人間の身体性に対する目配りに欠ける面があるとは言えるかもしれない。たとえば，身体に本質的に依拠している感覚的認知能力の詳細や「情念（passiones）」についてまとまった記述は，『神学大全』には見いだせても『対異教徒大全』には見いだせないのである。この点は，以下に紹介するように『対異教徒大全』がイスラームのアヴィセンナやアヴェロエスといった思想家たちの「知性論」との知的対決といった側面を強く持っていたために，人間の「知性的側面」に重点が置かれていたと見ることができるかもしれない。あるいは，後期の『神学大全』の時期とは違って，中期のアクィナスはまだ「モラリスト」として成熟していなかったのだと見ることも可能かもしれない。性急な結論を出すことはできないにしても，本書に収めた『対異教徒大全』第2巻第56章から第90章は，未成熟な面があるとしても，「人間存在についての基礎論」と呼んでよい論考なのである。

3　本書「人間論」の内容について

　さて次に，本書に収めた「人間存在についての基礎論」である第56章から第90章のより具体的な内容を概観しておきたい（「目次」の各章タイトルを参照のこと）。

第56章
　最初の第56章は「知性的実体のうちの何らかのものが身体と合一し得るのかどうか」（n.1313）が問題として掲げられ，序章的役割を果たしている。繰り返しになるが，第46章から第55章までで知性的被造物についての一般的規定がなされ

---

[15]　*ScG* II, c.68, n.1453, *ST* I, q.77, a.2, c.

る中で,「身体〔物体〕でもないし,身体に依存した何らかのちからでもない」とされる知性的実体のうちの「何らかのもの」がその身体と合一しうるのかどうかが,解くべき課題として設定されるのである。この問いに対して,最初に簡単に物体的な意味での融合や混合が非物体的な知性的実体にふさわしくないことが確認され (n.1314),さらに知性的実体が物体的な仕方で身体と接触することは適合しないが「ちからの接触」は承認される (nn.1315-1318) [16]。しかし,この接触によって知性的実体と身体とが何らかの仕方で「一となる」ことは,その二つが「端的な意味で一となる」ことではない。そして,その意味で一となるものとは「実体的形相と質料」とを構成要素とするような合一であるから,本当に問われるべき問いは「知性的実体はある種の物体〔身体〕の実体的形相であり得るのかどうか」であるとされることになる (n.1319) [17]。

ところが,この問いは「合理的に考察する人びとには,不可能にみえる」(n.1320) のであって,その理由,つまり知性的実体でありながら身体の実体的形相であることが不可能であると思われる5つの理由があげられ (nn.1321-1325),冒頭の第56章は閉じられる。

第57章-第61章

そこで,次のこの部分では人間の魂をあくまで知性的本性として捉え,身体に対して形相としてではなく身体を動かすものとしてだけ合一しているとするプラトンの立場の紹介と批判 (cc.57-58),テオフラストゥスやテミスティウス,そしてアヴェロエスの立場,すなわち可能知性を含めた人間知性をあくまで離存実体であるとしながら身体との何らかの合一あるいは接合を主張する立場が批判される (cc.59-61)。

第62章-第67章

次のこの部分では,逆に人間の魂に対する唯物論的解釈が紹介される。すなわ

---

16) これはアクィナスにとって,非物体的な存在者が物体的な存在者に対して因果的な関係を持つことは,最初から疑問視されていないことを意味する。その意味で,デカルトに発するような心身「関係」の問題はアクィナスには存在しない。

17) つまり,ここでもデカルトの問題との対比をするならば,「心身分離」と「心身合一」というものを別々の二つの「原始概念」として切り離したままにしておくのではなく,その間を同じ一つの論理で統一的に理解することが課題なのである。

解　説

ち，アレクサンドロス・アフロディシアス（c.62），ガレノス（c.63），エンペドクレス（c.64）などの見解が反駁されることになる。

　以上，第57章から第67章までは，第56章で出された「知性的実体がある種の物体〔身体〕の実体的形相であり得るのかどうか」という問いに対して，それを否定する見解が一方は人間の魂の非質料性の側から，他方はその質料性の側から提出され，それが論駁されていることになっている。『神学大全』の形式になぞらえるならば，「異論」と「反対異論」とそれぞれに対する「異論解答」が先に提示されているのである。

第68章-第72章

　この部分が，第56章の問いに対する「主文」と呼べる部分である。知性的実体が知性的でありながら身体の実体的形相であり得るという立場が，最終的には人間の知性的魂が「自己の存在を伝達する（communicare suum esse）」という理論によって主張されることになる（c.68, n.1450b）以下）。その後，この理論を背景にして，第56章末尾の5つの反対の論拠に対して解答が与えられ（c.69），アリストテレスのテキストによる確証がなされる（c.70）。さらに，人間の魂が身体の実体的形相として合一しているということの，より具体的なあり方として，直接的合一（c.71）と全体的合一（c.72）が説明されることになる。

第73章-第78章

　以上で，アクィナスの立場からは人間の魂の「実体・本質（substantia, essentia）」のレベルでの身体との合一が明らかにされたことになるが，アリストテレスが『魂について』第3巻5章で「能動知性と可能知性」の区別を立てていることから，この二つの「知性」と身体との関係がこの箇所であらためて吟味されることになる。人間の場合には「知性」という用語が，知性的魂という「知性的実体」の次元で語られることもあるし，またその実体の「能力，ちから（potentia, virtus）」の次元としても語られることもある。だから，先の第59章以下で先人の立場を吟味する箇所において，「可能知性」を離存「実体」として捉える立場がすでに批判の対象とされていたのである。この箇所では，「能力，ちから」として位置づけられる「可能知性」と「能動知性」が，あらためて論じ直されることになる。

具体的にはまず長大な第73章で，アヴェロエスに帰されるいわゆる「知性単一説（monopsychism）」，つまり〈可能知性がすべての人間にとって数的に（個体として）一つである〉とする見解がアクィナスの立場から簡潔に反駁されるが（nn.1488-1492），そののちその説を支持すると思われるような7つの論拠が提示される。第74章で迂回的にアヴィセンナの見解が反駁された後に，第75章で第73章の7つの論拠が批判されることになる。次に，能動知性の方が身体から離存しているとする見解が，主としてアヴィセンナの見解として紹介され反駁される。最後に補完的に，能動知性と可能知性が同じ魂の二つの能力でありうるということの証明（c.77），さらにアリストテレスのテキストによる確証が行われることになる（c.78）。

第79章-第85章

　この部分では，人間の魂の時間的な始まりと終わりの問題が論じられる。まず，終わりに関して人間の魂が不滅であることが，身体という質料にに依存しない存在を有するという知性的本性から証明され（cc.79-82），人間との対比で人間以外の動物の魂が不滅ではなく身体とともに滅びることが示される（c.82）。

　それでは，人間の魂の始まりについてはどうであろうか。第83章ではまず，人間の魂が終わりに関して不滅であるとするなら始まりに関してもその始まりを持たない，つまり「永遠から存在した」という見解が4つ提示される（nn.1651-1654）。このような見解の起源はプラトンの「人間とは魂である」という見解にあると認定され，キリスト教徒のなかにも同様の見解が見いだされるために，アクィナスはかなり綿密な反論をなしている（cc.83-84）。そして，人間の魂が永遠的存在であることが否定されたので，それが永遠な神の実体の一部をなすという見解も当然否定されることになる（c.85）。

第86章-第89章

　人間の魂は身体より先に永遠に存在していたのではないことが第83章で示されたので，この箇所では人間の魂がどのようにして「身体と同時に存在し始める」のかが問題とされる。結局は，人間の魂は他の動物の魂とちがって直接に神によって創造されると結論されることになるのであるが（c.87），「身体と同時に」という側面に関しては他の動物と類似したあり方をしている生殖活動の役割が検討

されることになる（cc.86, 88-89）。人間の場合には，その生殖活動はあくまで身体の側の条件を整えるだけであって，人間に固有の知性的魂はそのようにして整えられた身体のうちに神によって直接に創造されるのである。

第90章
　第56章から始まった「知性的実体のうちの何らかのものが身体と合一し得るのかどうか」という探究は，前章までの検討で人間の魂という種類の知性的実体に関しては肯定的に答えられたことになる。それでは人間の身体という物体以外の種類の物体にそれの形相として合一するような他の種類の知性的実体が存在するのかどうか，がこの章で検討され否定的な解答が与えられる。こうして，第91章以降のいかなる物体にも形相として合一しない種類の知性的実体，すなわち天使についての考察に移ってゆくことになるのである。

　以上のように本書で訳出した部分は，身体に依存せずにそれだけで自存すると同時に身体と合一して人間という存在者を形成する知性的魂について，その合一の可能性と合一の様態，可能知性と能動知性という能力のありよう，時間的な始まりと終わりの問題，それに身体の側の準備と神の創造の関係という困難な諸問題をアクィナスが自分の立場から，きちんとした構成をとりながら論じた部分であるということができる。
　とはいえ，一見するところでは，可能知性に関しては同じような問題が繰り返して論じられていることに典型的に現れているように，アクィナスは数多くの反論を紹介し反駁することにちからを注ぐことによって，自分の結論的な主張の要点が不明確になっているようにも見えるのである。このような対人論法的なありかたは，カトリックの真理を明らかにするとともに「不信心者の誤謬を駁する」ための書物としては当然ではあるかもしれない。しかし他面では，人間の魂あるいは知性に関する議論が沸騰し，それゆえにアクィナスの立場からは多くの謬説が提示されていたという，当時の時代背景がこの書物の構成に影響を与えている。つまり，本書において論じられている事柄は，根本的にはアリストテレスの『魂について』をどのように解釈するのかという問題だったとも言えるのである[18]。

4 アリストテレス『魂について』の残した問題とアクィナスの心身問題

4.1 歴史的経緯

中畑正志は『魂について』について「これほど思想史上に出ずっぱりの書物も珍しい」[19]と評しているが、アクィナスの時代は西洋哲学の長い歴史の中でもこの書物をめぐる論争の最も活発だった時代の一つであろう。現在われわれが手にする「アリストテレス著作集（corpus aristotelicum）」のほぼ全体がラテン訳されて中世キリスト教世界に知られようになるのは、まさに13世紀半ばのことである。アラビア語訳からの重訳やギリシア語からの直接の翻訳が12世紀半ばから始まり[20]、揺籃期の中世大学の学芸学部での組織的な読解と研究をへて、『対異教徒大全』が書かれた1260年ごろには、アリストテレスに関する知識は中世大学人の基礎教養となっていたのである。ただし、「哲学者」アリストテレスがキリスト教が支配的なラテン世界に何の軋轢もなく受け容れられたわけではない。アリストテレス受容の複雑なプロセスについては、ここで紹介することはできないが[21]、本書にとって重要な『魂について』に関して、以下でそのラテン世界への導入に関わるいくつかの論点を概観しておきたい。

まず第1に、アリストテレスの『魂について』という著作そのものが、ギリシア語原文テキストとして不安定さを抱え平明さを欠いていると評される[22]ものであるだけでなく、知性（νοῦσ, intellectus）に関する第3巻第4章以下、とりわけ能動知性と可能知性の区別に関する第5章の記述がきわめてそっけないものであることを挙げなければならない。現代の解釈者たちの間でも多様な読みが提案されており、アリストテレスの知性論を確定したものとして取り出すことは困難なのである。古代や中世についてもさまざまな解釈、時には対立するような解釈が

---

18) アクィナスが多くの謬説に理論的に反論を加えた後に、多くの箇所で自分の立場がアリストテレスの「主張，言葉（sententia, dicta）」に即したものであることを確認しているのは、この時代状況のためなのである。
19) 中畑 (2001), p.214
20) そのラテン語訳のプロセスについては，Dod (1982) を参照。
21) その一端については，川添 (2004) を参照。
22) 中畑 (2001), p.214参照

『魂について』から引き出されてきたのである。その意味では何がアリストテレス解釈として正しいのかどうかを判定する基準は，そもそも存在しないとさえ言えるかもしれないのである。

　この基本的な原典テキストの状況の次に，西欧スコラ哲学期の『魂について』に関する論争状況にとって指摘しておかなければならない第2の点は，新プラトン主義的解釈傾向の存在である。よく知られているように，新プラトン主義者たちはプラトンの哲学とアリストテレスの哲学との間に本質的な齟齬を見いださず，アリストテレスの諸著作の研究がプラトン哲学の理解に資するものであると見なしていた。『魂について』に関してもそうであって，プラトン主義的（とされる）「心身の二元論」を保持する方向で，このアリストテレスの書物を解釈することを基本路線としていたと言ってよいのである[23]。このような解釈の方向性は，古代末期の新プラトン主義者だけでなく，そのアラビア語訳を通じてイスラームの思想圏にも引き継がれることになる[24]。とりわけ，アリストテレスの『魂について』原典の普及以前の12世紀半ばからラテン訳されて影響力を持っていたアヴィセンナの『魂論（*Liber de anima*）』は重要である。世界の神からの流出という考え方を背景として，アリストテレスの能動知性を個々の人間から離存しているとする立場は，キリスト教世界において伝統的なアウグスティヌス主義とも結びつきつつ変容を受けながらも，「ラテン・アヴィセンナ主義」とも称される解釈傾向を生み出していったとされる。すなわち，アヴィセンナにおいては能動知性が離存実体の最下位のものとして，質料的世界に対して「形相の授与者（dator formarum）」として関係しているという見なされているが，この能動知性をキリスト教の神と同一視し[25]，人間の知性的認識の成立のために神の照明が必要だとするアウグスティヌス主義と結びついたのである[26]。この立場が「感覚のうちになかったものは知性のうちにもない」と整理されるような意味でのアリストテレスの経験論と容易に結びつくものではないことは明らかであって，『魂について』の解釈を複雑で厄介なものとすることになるのである。

　しかし，『対異教徒大全』を執筆している時期のアクィナスにとってより大き

---

23) この点に関しては，Blumenthal（1996）を参照。
24) Davidson（1992）を参照。
25) 『対異教徒大全』第85章1702節で明示的な言及がなされる。
26) Gilson（1926）参照。

な問題であったのは、アヴィセンナの知性論ではなく、アヴェロエスの立場であった。1220年から35年ぐらいの時期にミカエル・スコットによってアラビア語からラテン語に訳されたアヴェロエスの『〈魂について〉大註解（*Commentarium magnum in Aristotelis de anima libros*）』は、最初期にはアヴィセンナの能動知性離存説に反対した理論として理解（誤解？）されていたようであるが、1250年ころからは「知性単一説」を説いた註解として問題化してくる[27]。1250年から52年のボナヴェントゥラ『命題集註解』[28]で既に論駁の対象として取り上げられ、それより少し後にアクィナスも同じ『命題集註解』[29]で詳細に検討して反駁している。また、1254年から57年のアルベルトゥス・マグヌス『魂論』[30]も、他の多くの見解と合わせてアヴェロエスの知性単一説を議論の俎上に載せている。

いわゆる「ラテン・アヴェロエス主義」の中心人物の一人であるブラバンティアのシゲルスが知性単一説をパリ大学学芸学部において説きはじめるのはもう少し後の1260年代後半になってからであるから[31]、『対異教徒大全』の中には論敵としてのラテン・アヴェロエス主義者は現れていない。しかし、先に述べたように、知性単一説はアヴェロエス自身の教説として本書において中心論点の一つとして詳細に反駁が加えられている。そして、その反論の内容は初期の『命題集註解』から本書を経て、『神学大全』や『知性単一説駁論』に至るまで基本路線は変わっていない。それは心（魂）と身体との間の関係に関するアクィナスの基本的理解が一貫していることを示すことになっている。その基本的理解は『対異教徒大全』でも確かに述べられているが、その最も肝心な論点はいわば「ひっそりと」触れられているだけなので、以下で他の著作も参看しながらアクィナスの立場を整理しておくのは無駄ではなかろうと思う。

4.2　知性単一説の基本的原則

最初に、知性単一説、すなわちアリストテレスが「可能知性」と呼んだものが全ての人間にとって単一であるという教説が、どのような基礎の上にたって主張

---

[27]　Gauthier（1982）を参照。
[28]　II, d.18, a.2, q.1
[29]　II, d.17, q.2, a.1
[30]　*Liber de anima*, Lib.3, trac.2, c.7
[31]　この経緯については、川添（2004）を参照。

されていたのか，その概要を確認しておく[32]。それは以下のような原理的立場の組み合わせから論理的に導き出されていると言ってよいであろう。

(P1) 知性認識作用は普遍的な認識内容を持っており，感覚作用は個別的な認識内容を持っている。
(P2) 認識内容の普遍性の根拠は非質料性であり，その個別性の根拠は質料性である。
(P3) 認識主体の存在様態は認識内容の様態と平行的である。
(P4) 存在者の個別性の原理は質料である。

これらから，「知性認識作用の主体である可能知性という存在者は，非質料的であり，したがって個別性を持たない」という結論が導き出せるとアヴェロエスは考えるのである。感覚（少なくとも5つの外感）は「今・ここ」にある個別的事物の何らかの特性を認識しているものであり，そうであるのは，感覚が魂の能力であるとしても，必ず身体器官（質料）を介してはたらく能力だからである。それゆえ，感覚する認識主体は身体という質料の個別性に応じて個別的な認識主体であり，それは一人一人の人間に帰属する。それに対し，知性認識作用の方は「今・ここ」という限定を持たない普遍的な認識内容を把握していることは事実である。そうすると，上記の諸原則から，そのような認識内容を認識している主体は，身体という質料性をまったく欠いていなければならず，何の身体器官も介せずにはたらく主体でなければならないことになる。このような認識主体が「可能知性」[33]であり，その非質料性・非身体性からして，個々べつべつの身体を持つ個々の人間に帰属するようものではあり得ない。そして，その認識内容の普遍性の持つ単一性に応じて，認識主体である可能知性も単一のものとして存在すると見なされるのである。

このような知性単一説の原理的立場からは，「私が知性認識している」とか「あなたが知性認識している」といった表現は間違いであることにならざるを得ないことになる。アヴェロエスとてこのような表現，あるいはそれが指し示す事

---

32) 以下の整理は *Averroes* の様々な箇所で言及されている考えを整理したものであるが，主要箇所としては長大な第3巻5がそれにあたる。
33) アヴェロエス自身の用語法では「質料的知性（intellectus materialis）」であるが。

態の成立を何とか説明する必要は感じていた。そのために「二重基体説」と呼ばれるような理論が提示されている。すなわち，知性認識された内容（intellecta）は確かに一方で可能知性という単一なる基体（subiectum）のうちにあるが，他方では個々の人間の感覚作用に由来し個別的である表象像（phantasmata, imagines）をも基体としている，という理論である。これによって知性認識作用にとって身体を通じた質料的世界との接触の必要性という経験主義的立場が保持されるとともに，その作用が個々の人間に帰属するという説明ともなると考えられたのである。したがってアヴェロエスの立場としては，上記四つの原則のほかに，この二重基体説を五番目の原則として加えるべきかもしれない。しかし，知性単一説の本筋は四つの原則であり，しかもこれがアリストテレスの正しい解釈であるとアヴェロエスは見なしていたのである。

4.3　アクィナスの立場（1）──認識主体の二重化

　それでは，このような知性単一説をアクィナスはどうして認めることができなかったのであろうか。知性という認識主体が個々人に帰属するものではないという知性単一説の結論を，キリスト教の教え，とりわけ倫理的立場との関係で認めることができなかったのは容易に理解できる。「知性的であること」が人間を他の動物から区別し人間の本質をなす特質であると考える以上，その知性が個別性・個人性を持たないということは，その知性に基づいて行われる倫理的行為の責任主体を無化することになるからである。キリスト教神学者としてのアクィナスとしてはとうてい受け容れられない結論なのである。

　しかし，その倫理に関わる結論ゆえにアクィナスは知性単一説を斥けたわけではない。むしろ哲学的あるいは存在論的な原則から，その理論は拒絶しなければならなかったのである。そもそも知性単一説の論駁が『対異教徒大全』の第4巻ではなく第2巻に置かれていることが，そのことを示している。アクィナスは知性単一説がアリストテレス『魂について』の解釈としても間違っていることを確信し，本書でもそのために筆を費やしている。しかし，そのテキスト解釈の詳細にここで立ち入ることはせずに，アクィナスの基本的で理論的な反論だけを示す

---

34) 以下の説明は，本書で言えば第68章と第69章を中心テキストとして，アクィナスによって述べられていることの要約である。しかし，様々な文脈のなかで語られていることを再構成したものであって，アクィナスがこれほど明確に構造化しているわけではない。

その反論は二つの段階を経ていると言えるのであるが，その第一段階は認識主体に二つの次元を区別することによるものである。アヴェロエスが知性単一説を導き出した四つの原理的立場では，「認識主体」がただ「知性」としてのみ捉えられていた。それに対してアクィナスは「可能知性（intellectus possibilis）」を知性的な認識のはたらき（operatio）の直接の原理としての「能力あるいはちから（potentia, virtus）」とみなし，その能力である可能性が帰属する「実体あるいは本質（substantia, essentia）」である「知性的魂（anima intellectiva）」と存在論的な身分を異にするものと捉えるのである。知性は，知性的魂という実体にとってあってもなくてもいい付帯性ではなく「魂に自然本性的な固有性」ではあるが[35]，実体の次元に位置づけられるものではないのである。この区別にもとづいて，アクィナスは上記のの原理的主張（P3）に次のように反論を加えることになる。たしかに，（P1）と（P2）とから，知性認識作用の「直接の原理」である能力の次元では（P3）が成立するのでなければならない。しかし，その知性という能力のさらなる原理である知性的魂という実体の次元においては（P3）の原則は要請されないのだ，とアクィナスは反論する。そうではなく，実体・本質の次元では人間の知性的魂は，それが知性的という非質料的あり方を持っているとしても，あくまで魂という生命の原理・形相であって身体という質料との合一が成立していることに問題はないという立場を取るのである。人間という存在はあくまで知性的魂と身体との複合体であって，知性的魂が直ちにそれだけで人間なのだという（プラトン主義的と見なされている）立場は排除される[36]。そして，そうではあっても，人間の魂の持つ完全性の高さを根拠として，その身体と合一している魂という実体が身体を媒介としないような知性的な能力・はたらきを持っていることに不都合はないとアクィナスは考えるのである。このような立場からは，アヴェロエスの「二重基体説」といった不自然で説明にもならない理論などによって，知性認識作用の個々人への帰属を説明する必要はないことになるのである。

---

[35] *ST* I, q.77, a.1, ad 5.
[36] アヴェロエスの原理的主張（P3）に対しては，認識される内容が普遍的であるとしても，認識がそれによって成立するものである可知的形象は個体性を持ったまま知性的魂のうちに存在しても問題はないのだという，重要な反論もなされる。この論点については，本書第75章1551節以下を参照。

4.4 アクィナスの立場（2）——存在のコミュニケーション

　以上が，知性単一説に対して提示されるアクィナスの反論の第一段階である。この第一段階は存在者の実体・能力・はたらきという3つの次元を区別することによるものであったが，この段階の説明では不十分であることは明らかであるように思われるであろう。実体の次元に定位してみるなら，以上の説明だけでは人間の魂とその他の動物（やそれ以下の質料的事物）との根源的な区別を示したことになっていないからである。それゆえに，動物の魂がなぜ知性的能力やはたらきを持っておらず，人間だけが持っているのかを説明したことになっていないのである。それゆえ，アクィナスは第二段階の説明を提示することになる。それは「存在（エッセ）のコミュニケーション理論」と言うべき，次のような独自の理論である。

　人間も他の動物と同じように，身体を質料とし魂を形相とする複合体である。このいわば「自然学的説明」のレベルでは両者の区別をなすことはできない。現代でも「自然科学者」は自然現象がいかなる原理を持っており，いかなる原因によってそのような現象として現れているのかを探究しているが，通常はその自然現象とその現象の何らかの担い手が「現に存在していること」そのことを問うことはない。そのこと自体を問題として前面にたて，現象論（観念論）と実在論のいずれを支持するのかと問うとき，その人はすでに科学「哲学者」になっている。それと似た仕方で，アクィナスは魂について自然学的説明の次元から形而上学・存在論の次元に踏み込む。人間もその他の動物もともに形相と質料すなわち魂と身体とからなるが，その魂と身体とからなる存在者が全体として「何であるのか（本質）」の次元から，その本質がそのようなものとして「現に存在しているという現実性」の次元へとアクィナスは視点を掘り下げるのである。形相も質料に対しては現実性の側にあるのであるが，質料と形相とからなる全体がそれに対してはまだ可能性の側にあるとされるような，現実性の究極の次元が「存在（エッセ）」と呼ばれる。アクィナス哲学を特徴づけその核心であるとされるこのエッセが，心身問題においても決定的に重要な役割を果たすのである。それは次のように説明することのできる理論である。

　動物の場合，確かに魂と身体とから複合されているというだけでなく，複合されていなければ動物は動物としてエッセを持ち得ない。動物のエッセの在処はあくまで魂と身体との複合した全体であるから，その複合が解かれると全体がエッ

セを持ち続けることができない。それに対して人間の場合には，エッセは第一義的には魂そのものに帰属している。だからこそ，人間は死んで身体と魂が分離しても，エッセのもともとの在処であった魂はそれだけでエッセを持ち続ける。つまり人間の魂は不死であると言われる。だが，この点だけを取り上げるならば，人間の魂は離存実体（天使）と何ら異ならないことになってしまう。あるいは，「人間とは魂である」というプラトン主義的人間把握を受け容れざるを得なくなってしまう。アクィナスはこれを否定し，あくまで「人間とは魂と身体との複合体である」という立場を崩さない。そのために「エッセのコミュニケーション」という理論的説明が出される。すなわち，人間の場合，他の動物とちがってエッセの本来の帰属先は魂だけであるが，その魂は自分に帰属しているエッセを身体にコミュニケートし，その結果身体と魂とが一つのエッセを共有するようになる。逆に，離存実体（天使）は，人間の形相である魂と同様に，それ自身にエッセが帰属しているから身体という質料なしに存在している。離存実体は時に身体あるいは質料的世界と何らかの関係を結ぶことは可能であると認められているが，その関係はあくまで付帯的・偶然的なものである点で，身体との関係を取り結ぶことが本質的・必然的であるような人間の魂とは決定的に異なっているのである[37]。このように，人間以外の動物の魂と天使という離存実体のいずれからも区別され，いわばその「中間」にある人間の魂は，エッセをそれ自体で所有していると同時にそれを身体にコミュニケートする存在者として形而上学的・存在論的に特徴づけられているのである。

この「エッセのコミュニケーション理論」は理論的説明としては，アクィナスが使用する様々な概念の布置を前提とする限り，きわめて巧妙な説明となっていると言えるであろう。形相と質料，現実態と可能態，実体と付帯性，本質と存在といった対概念の網の中で，人間の魂が持つ特異なあり方を被造的世界全体の中で位置づけて説明しているのである。この説明を哲学的にどのように評価するのかについてはここでは述べないが，アリストテレスの魂論解釈のそれまでの歴史の中で見る限り，独創的なものとなっていることは間違いないであろう。「独創的」ということは，別の言い方をすればアリストテレスからの「逸脱」であると

---

[37] 以上については，本書では主に第68章1451-1454節を参照。その他，*ST* I, q.76, a.1の全体，とくに，エッセのコミュニケーションについては，同箇所の第4異論解答を参照。

も言える。そのことは上で要約した「エッセのコミュニケーション理論」を自然学的な次元にもう一度置き直してみたときにはっきりする。それは「質料的形相（forma materialis）」という概念が，アクィナスの場合に二重化せざるを得なくなっているからである。この概念は人間以外の質料的事物の場合には，「非質料的形相」という概念との対照においては，単に「質料と複合している形相」というだけでなく，「質料と複合することなしには存在し得ない形相」を意味する。そして人間の場合も同様にその魂は「質料的形相」であって，確かに身体という質料と複合しているのであるにしても，それは「身体と複合しなくても存在し得る形相」だとされるのである。自然学的説明にとどまる限り，「質料的形相」という同じ概念が混乱して使われていると言わなくてはならなくなる。だからこそ，アクィナスは「エッセのコミュニケーション」という別の次元の説明が必要だと見なしたのであろう。そして，この点にアリストテレスの「質料形相論」という基本的枠組にとどまることができず，いわばそれから「逸脱」しているアクィナスの立場を確認できることになるのである。

4.5　アクィナスのコギト

　もちろん，アクィナス自身は自分の理論がアリストテレスからの逸脱であるとは考えていなかったであろう。本書で明らかなように，アレクサンドロスやアヴェロエスなど『魂について』のテキストを様々に読み間違ってきた先人たちの理解を，アリストテレスのテキストそのものによって論駁できるとアクィナスは見なしているからである。しかし今日，アクィナスの解釈とは独立にアリストテレスを読んでいる私たちから眺めてみると，アクィナスはアリストテレスのどのテキストを中核的で基盤的なテキストとして読んでいることになるのであろうか。それは私には『魂について』第2巻2章の「魂とは，第一義的な意味において，それによってわれわれが生き，感覚し，思考するところのものである」（414a12-13）というテキストであると思われる。本書においてこの箇所への直接の言及がなされるのは一箇所[38]だけであるが，アリストテレスのこのテキストと密接に関係しているとアクィナスが理解している『魂について』第3巻4章の「私が言っている知性とは魂がそれによって思いなしをもち知性認識するもののことであ

---

[38]　第76章1577節

る」(429a23) というテキストは，知性認識作用というものがあくまで「人間」に属する何かであることをアリストテレスが示している箇所として挙げるからである。また，『神学大全』の方でも心身の合一を論じる箇所の冒頭でまず出発点においているのが，上記『魂について』第2巻2章の要約なのである[39]。これらのテキストのうちにアクィナスは，知性認識のはたらきが身体をもった個々の人間に帰属するはたらきであり，それの原理としての知性という能力も個々の人間に内在する能力であるという主張を読み取っている。そしてこのことは「知性認識しているのはこの人間である (hic homo intelligit)」と表現されている[40]。そして，本書第76章1577節では，アリストテレスの上記のテキストを引用しながら，この事態を「われわれは経験している (experiemur)」として，最も基礎的な事実認定と捉えていると思われる。同じように，『神学大全』では「知性認識しているのは自分自身であると，それぞれの人が経験している」[41]と表現されている。三人称や「われわれは」と複数で語られるとしても，アクィナスは「知性認識しているのは私自身である」という経験を出発点としているのである。アヴェロエスの知性単一説に対するアクィナスの批判も，先述の「二重基体説」であってもこの基礎的で疑い得ない事実の「説明」とはなっていないという批判であると見ることもできるのである。

　それゆえ，「私が知性認識している」という事実を出発点としているという意味でこれを「アクィナスのコギト」と呼べるかもしれない。しかし，これは説明されるべき事象の認定であって「説明そのものの出発点」ではなく，哲学という理論的営みにとっての「アルキメデスの一点」の地位を与えられているのではないことには注意しなければならない。上で述べたような実体と能力の区別や，エッセのコミュニケーションといった「理論的説明」それ自体は，既に確立されている別のところから得られた枠組を説明の出発点としており，決して「そこから哲学が始まる出発点」ではないのである。魂や知性，あるいは広く心についてのアクィナスの理論は，「知性認識しているのは私である」という経験的事実を基礎的なものと承認しながらも，心の世界をその一部とするような自然的世界のなかに位置づけうるとみなす理論なのである。

---

39)　*ST* I, q.76, a.1, c.
40)　*ScG* II, c.73, n.1491.
41)　*ST*, *loc. cit.* experitur enim unusquisque seipsum esse qui intelligit.

トマス・アクィナスの心身問題

Liber de veritate catholicae fidei contra errores infidelium

seu

Summa contra Gentiles

Liber II
cc.56–90.

カトリック信仰の真理に関して
不信心者たちの誤謬を駁する書

(『対異教徒大全)』

第 2 巻
第56–90章

CAPUT 56.

Per quem modum substantia intellectualis possit corpori uniri.

1313. — Cum autem supra ostensum sit substantiam intellectualem non esse corpus neque virtutem aliquam a corpore dependentem, restat investigandum utrum aliqua substantia intellectualis corpori possit uniri.

1314. — a) Est autem primo manifestum quod substantia intellectualis non potest corpori uniri per modum mixtionis.

b) Quae enim miscentur, oportet ad invicem alterata esse. Quod non contingit nisi in his quorum est materia eadem, quae possunt esse activa et passiva ad invicem. Substantiae autem intellectuales non communicant in materia cum corporalibus: sunt enim immateriales, ut supra ostensum est. Non sunt igitur corpori miscibiles.

c) Adhuc. Quae miscentur, mixtione iam facta, non manent actu, sed virtute tantum: nam si actu manerent, non esset mixtio, sed confusio tan-

第56章
知性的実体はどのような仕方で身体と合一し得るのか

1313. さて，知性的実体[1]は身体[2]ではなく，身体に依存した何らかのちから[3]でもないことが先に示されたので〔第49–55章〕，探究すべく残されているのは〈知性的実体のうちの何らかのものが身体と合一し得るのかどうか〉である[4]。

1314. a) さて最初に明らかなことは，知性的実体は融合という仕方で身体と合一するのではないということである。

b) というのも，融合するものはお互いに質的変化[5]をするのでなければならない。そして，このようなことは同じ質料をもち，お互いが能動／受動の関係にあるものにしか生じない。ところが，知性的実体は質料において物体的なものと共通なものではない。それはすでに示されたように〔第50章〕，非質料的なものだからである。それゆえ，知性的実体は物体に融合可能ではないのである。

c) さらに，融合するものは，いったん融合してしまうと，現実態においては前のままではなく潜在的にのみそのままである。もし現実態において前のままで

---

1) これは質料をともなわずに形相だけで存在している存在者のことであり，その非質料性が「知性的」という認知的能力を持つことの根拠でもあると考えられている。
2) corpus というラテン語が「物体」と「身体」の両方を意味することは，たとえば英語の body もそうであるのと同じである。さらに，アクィナスの魂論の骨格をなすアリストテレスのギリシア語においても，σῶμα (soma) は両方の意味を持っている。以下では人間論という文脈ゆえに，基本的には「身体」とし，必要な場合には「身体〔物体〕」などと併記することにする。
3) 「ちから」と訳した virtus は，この箇所および本書の多くの箇所では「能力」と訳す potentia と同義。知性的実体は物体という本質 (essentia) を持つ実体でないだけではなく，物体に帰属し物体のはたらき (operatio) の直接的原理であるちからでもないのである。
4) ここでは「知性的実体」なるものが身体に依存しないはたらきを持つことは前提されていることに注意せよ。本章以下が『対異教徒大全』全体の中で，また第2巻の中でどのような位置をしめるかについては，本書「解説」1–2節を参照。
5) 広い意味での「動 (motus)」の中には，実体の生成消滅 (generatio et corruptio)，量の増大減少 (augumentatio et diminutio)，場所的運動 (motus secundum locum)，それにこの質的変化 (alteratio) が，アリストテレスのカテゴリーにそくして区別される。motus は一般的「運動」と訳されることがあるが，この広い意味を包含させるために，多少こなれない訳語であるが「動」とする。

tum; unde corpus mixtum ex elementis nullum eorum est. Hoc autem impossibile est accidere substantiis intellectualibus: sunt enim incorruptibiles, ut supra ostensum est.

d) Non igitur potest substantia intellectualis uniri corpori per modum mixtionis.

1315. — Similiter autem patet quod substantia intellectualis non potest uniri corpori per modum contactus proprie sumpti. Tactus enim non nisi corporum est: sunt enim tangentia quorum sunt ultima simul, ut puncta aut lineae aut superficies, quae sunt corporum ultima. Non igitur per modum contactus substantia intellectualis corpori uniri potest.

1316. — Ex hoc autem relinquitur quod neque continuatione, neque compositione aut colligatione, ex substantia intellectuali et corpore unum fieri possit. Omnia enim haec sine contactu esse non possunt.

1317. — Est tamen quidam modus contactus quo substantia intellectualis corpori uniri potest. Corpora enim naturalia tangendo se alterant: et sic ad invicem uniuntur non solum secundum ultima quantitatis, sed etiam secundum similitudinem qualitatis aut formae, dum alterans formam suam imprimit in alteratum. Et quamvis, si considerentur solum ultima quantitatis, oporteat in omnibus mutuum esse tactum, tamen, si attendatur ad actionem et passionem, invenientur aliqua esse tangentia tantum et aliqua tacta tantum: corpora enim caelestia tangunt quidem hoc modo elementaria corpora, inquantum ea alterant: non autem tanguntur ab eis, quia ab eis non patiuntur. Si igitur sint aliqua agentia quae quantitatis ultimis non tangant, dicentur nihilominus tangere, inquantum agunt: secundum quem modum *dicimus quod contristans nos tangit*. Hoc igitur modo tangendi possibile est uniri substantiam intellectualem corpori per contactum. Agunt enim substantiae

あるとすると，それは融合ではなく単なる混合であることになるからである。だからこそ，諸元素の融合したものである物体はその諸元素のどれでもないのである。ところが，このようなことが知性的実体に生じることは不可能である。先に示されたように〔第55章〕，それは不滅だからである。

  d) 以上から，知性的実体が融合という仕方で物体と合一することはできないのである。

1315. 同様に，知性的実体が固有の意味で解された接触という仕方で物体と合一することができないことも明らかである。というのは，接触は物体間にしかないからである。実際，接触するものとはその端が同時にあるものどもなのであって，例えば点，線，平面であるが，これらは物体の端なのである。それゆえ，知性的実体は接触という仕方で身体と合一することはできないのである。

1316. ここからまた，接合によっても，複合あるいは結合によっても知性的実体と身体とから一なるものが生じ得ないことが結論される。これらすべては接触なしにはあり得ないからである。

1317. とはいえ，接触には知性的実体が物体と結合し得るような様態がある。自然的物体は接触するときにお互いに変化をもたらす。その意味でそれらの物体は量における端において相互に合一しているだけではなく，変化を起こすものが自分の形相を変化を受けるものに刻印するときには，質あるいは形相の類似性においても相互に合一しているのである。そして，量の端ということだけが考察されている場合には，接触ということはあらゆるものにおいて相互的なものでなければならない。だが，能動／受動ということに注目するならば，一方は接触する側だけにあり他方は接触される側だけにあるということが見いだされるのである。実際，天体はこの仕方で元素的物体に接触している。つまり，天体は元素的物体に質的変化をもたらしている限りにおいてそれに接触しているのであるが，元素的物体からの受動をすることはないがゆえに，天体はそれに接触されることはないのである。それゆえ，量の端において接触するのではないような何らかの能動的作用者が存在するならば，そうであるとしても，作用をなしている限りにおいて，それは接触をしていると言われるのである。この意味で「われわれを悲しませる者はわれわれに接触していると言う」[6]のである。したがって，この様態の接触においては，知性的実体が物体と接触によって合一することは可能である。

intellectuales in corpora et movent ea, cum sint immateriales et magis in actu existentes.

1318. — Hic autem tactus non est quantitatis, sed virtutis. Unde differt hic tactus a tactu corporeo in tribus.

a) Primo quidem, quia hoc tactu id quod est indivisibile potest tangere divisibile. Quod in tactu corporeo non potest accidere: nam puncto non potest tangi nisi indivisibile aliquid. Substantia autem intellectualis, quamvis sit indivisibilis, potest tangere quantitatem divisibilem, inquantum agit in ipsam. Alio enim modo est indivisibile punctum, et substantia intellectualis. Punctum quidem sicut quantitatis terminus: et ideo habet situm determinatum in continuo, ultra quem porrigi non potest. Substantia autem intellectualis est indivisibilis quasi extra genus quantitatis existens. Unde non determinatur ei indivisibile aliquid quantitatis ad tangendum.

b) Secundo, quia tactus quantitatis est solum secundum ultima: tactus autem virtutis est ad totum quod tangitur. Sic enim tangitur secundum quod patitur et movetur. Hoc autem fit secundum quod est in potentia. Potentia vero est secundum totum, non secundum ultima totius. Unde totum tangitur.

c) Ex quo patet tertia differentia. Quia in tactu quantitatis, qui fit secundum extrema, oportet esse tangens extrinsecum ei quod tangitur; et non potest incedere per ipsum, sed impeditur ab eo. Tactus autem virtutis, qui competit substantiis intellectualibus, cum sit ad intima, facit substantiam tangentem esse intra id quod tangitur, et incedentem per ipsum absque impedimento.

1319. — a) Sic igitur substantia intellectualis potest corpori uniri per contactum virtutis. Quae autem uniuntur secundum talem contactum, non sunt unum simpliciter. Sunt enim unum in agendo et patiendo: quod non est

第56章

というのも，知性的実体は非質料的でよりいっそう現実態において存在しているがゆえに，物体に作用しそれを動かしているからである。

1318. さて，この種の接触は量に属するのではなく，ちからに属する。それゆえ，この接触は物体的接触と次の3点で異なっている。

a）第1。この種の接触においては，不可分であるものが可分的なものに接触することができる。これは物体的な接触には起こり得ない。たとえば，点に接触し得るのは何か不可分なものだけなのである。ところが，知性的実体は不可分ではあるけれども，可分的な量に対して作用する限りで，その量に接触することができる。というのも，点と知性的実体が不可分なのは別の仕方においてだからである。すなわち，点は量の限界として不可分であるから，連続体において限定された場所を占めており，その場所を越えていくことはできない。それに対して，知性的実体は量の類の外に存在するものとして不可分なのである。それゆえ，知性的実体が接触をなす場合には，接触するのは量に属する何か不可分なものだという限定を受けることはないのである。

b）第2。量の接触はただ端にだけあるのに対して，ちからの接触は接触を受ける全体にそくしてある。というのも，後者において接触を受けるのははたらきを受け動かされる限りにおいてだからである。だが，このようなことが生じるのは，それが可能態にあるからである。だが，可能態は全体にそくしてあるのであって，全体の端にそくしてあるのではない。それゆえ，全体が接触を受けることになるのである。

c）ここから第3の相違が明らかとなる。すなわち，端において生じる量の接触においては，接触するものは接触を受けるものにとって外的なものでなければならず，接触するものは接触を受けるものを通過することはできずに妨げられる。それに対して，知性的実体に適合するちからの接触は，内部に向かうものであるために，接触する側の実体が接触を受けるものの内部に存在するようにさせ，障碍なくそれを通過するものとするのである。

1319. このような意味で知性的実体はちからの接触によって身体と合一し得るのである。だが，この種の接触によって合一しているものどもは，端的な意味で一なるものとなっているのではない。というのも，それらは作用をなし受動する

---

6) アリストテレス『生成消滅論』第1巻6章323a32-33

esse unum simpliciter. Sic enim dicitur *unum* quomodo et *ens*. Esse autem agens non significat esse simpliciter. Unde nec esse unum in agendo est esse unum simpliciter.

b) Unum autem simpliciter tripliciter dicitur: vel sicut *indivisibile*; vel sicut *continuum*; vel sicut quod est *ratione unum*. Ex substantia autem intellectuali et corpore non potest fieri unum quod sit indivisibile: oportet enim illud esse compositum ex duobus. Neque iterum quod sit continuum: quia partes continui quantae sunt. Relinquitur igitur inquirendum utrum ex substantia intellectuali et corpore possit sic fieri unum sicut quod est ratione unum.

c) Ex duobus autem permanentibus non fit aliquid ratione unum nisi sicut ex forma substantiali et materia: ex subiecto enim et accidente non fit ratione unum; non enim est eadem ratio *hominis* et *albi*.

d) Hoc igitur inquirendum relinquitur, utrum substantia intellectualis corporis alicuius forma substantialis esse possit.

1320. — Videtur autem rationabiliter considerantibus hoc esse impossibile.

1321. — Ex duabus enim substantiis actu existentibus non potest fieri aliquid unum: actus enim cuiuslibet est id quo ab altero distinguitur. Substan-

という点で一なるものなのであって，これは端的な意味で一なるものとして存在することではないからである。実際，「一なるもの」は「存在者」と同じように語られるのであるが，作用者であるということは端的な意味で存在することを意味しないのである。それゆえ，作用をするという点で一なるものであるということは，端的な意味で一なるものであることではないのである。

b）そこで，端的な意味での一なるものであるが，それは次の三通りの仕方でそう言われる。すなわち，「不可分なもの」としてか，「連続体」としてであるか，あるいは「本質規定において一なるもの」としてであるかのいずれかなのである。さて，知性的実体と身体とから生じる一なるものは，不可分なものではあり得ない。この種の一なるものは二つのものから複合されていなければならないからである。またさらに，連続体として一なるものでもあり得ない。連続体の部分は量を持つものだからである。したがって残るところ〈知性的実体と身体とから生じる一なるものが本質規定において一なるものであり得るのかどうか〉が探究されねばならないことになる。

c）さて，本質規定において一である何かが持続する二つのものから生じるのは，実体的形相と質料から生じる場合だけである。というのは，基体と偶有とからは本質規定において一なるものは生じないからである。実際，「人間」の本質規定と「白いもの」の本質規定とは同じではないからである。

d）したがって，探究されなければならないのは〈知性的実体はある種の物体〔身体〕の実体的形相であり得るのかどうか〉であることになる。

1320. ところが，こんなことは，合理的に考察する人々にとっては，不可能であるように思われるのである[7]。

1321. 〔反論1〕現実態において存在している二つの実体から何か一なるものが生じることはあり得ない。どんなものについても，現実態というのはそのものが他のものからそれによって区別されるもののことだからである[8]。ところで，知

---

7) 以下の5つの異論に対する最終的な解答は，第69章1461-1465節に見いだされる。
8) たとえば，犬個体と猫個体が二つの実体として異なるのは，それぞれが犬の実体的形相と猫の実体的形相を現実態において持っていることによる。だから，「犬猫」という一つの実体となることはない。付帯的形相についても，赤いトマトと黄色いトマトとが区別されるのは，赤と黄色という質の付帯的形相を現実態において持っているからであって，だから「赤く黄色いトマト」が生じることもない。ただ，黄色いトマトが成熟したら赤くなる可能性を持つとすれば，現に黄色いトマトは「可能態においては赤いトマト」であるから，可能態において

tia autem intellectualis est substantia actu existens, ut ex praemissis apparet. Similiter autem et corpus. Non igitur potest aliquid unum fieri, ut videtur, ex substantia intellectuali et corpore.

1322. — Adhuc. Forma et materia in eodem genere continentur: omne enim genus per actum et potentiam dividitur. Substantia autem intellectualis et corpus sunt diversa genera. Non igitur videtur possibile unum esse formam alterius.

1323. — Amplius. Omne illud cuius esse est in materia, oportet esse materiale. Sed si substantia intellectualis est forma corporis, oportet quod esse eius sit in materia corporali: non enim esse formae est praeter esse materiae. Sequetur igitur quod substantia intellectualis non sit immaterialis, ut supra ostensum est.

1324. — Item. Impossibile est illud cuius esse est in corpore, esse a corpore separatum. Intellectus autem ostenditur a philosophis esse separatus a corpore, et quod neque est corpus neque virtus in corpore. Non est igitur intellectualis substantia forma corporis: sic enim esse eius esset in corpore.

1325. — Adhuc. Cuius esse est commune corpori, oportet et operationem corpori communem esse: unumquodque enim agit secundum quod est ens; nec virtus operativa rei potest esse sublimior quam eius essentia, cum virtus essentiae principia consequatur. Si autem substantia intellectualis sit forma corporis, oportet quod esse eius sit sibi et corpori commune: ex forma enim et materia fit aliquid unum simpliciter, quod est secundum esse unum. Erit

性的実体が現実態において存在している実体であることは，先述のことから明らかである[9]。身体もまた同様である。それゆえ，知性的実体と身体とから何か一なるものが生じることはできないと思われるのである。

1322. 〔反論2〕形相と質料は同じ類に含まれる。あらゆる類は現実態と可能態とによって区分されるからである。ところで，知性的実体と身体は類を異にしている。それゆえ，一方が他方の形相であることが可能であるとは思われないのである。

1323. 〔反論3〕その存在が質料のうちにあるものはすべて質料的でなければならない。ところで，もし知性的実体が身体の形相であるとすると，その存在は物体的質料のうちに存在しているのでなければならない。というのも，形相の存在は質料の存在の外にあるわけではないからである[10]。それゆえ，知性的実体は非質料的ではないという帰結になるが，それが非質料的だということは先に示されていたのである。

1324. 〔反論4〕その存在が身体のうちにあるものが身体から分離していることは不可能である。ところで，哲学者たちは知性が身体から分離しており，知性は身体でもないし身体のうちにあるちからでもないことを示している。それゆえ，知性的実体は身体の形相ではない。というのは，そうだとすれば知性的実体の存在が身体のうちにあることになってしまうからである。

1325. 〔反論5〕その存在が身体と共通であるものについては，そのはたらきも身体と共通でなければならない。それぞれのものは存在者であることにそくして作用をなすからであり，ちからは本質の諸原理から帰結するものである以上，事物のはたらく力はその事物の本質よりも高貴であることはできないからである。ところで，もし知性的実体が身体の形相であるとすると，その存在は自身と身体との両方に共通でなければならない。というのも，形相と質料とから生じるものは端的な意味で一なる何かであって，それは存在にそくして一なるものだからで

は両者は区別されないことになる。

9) 第50-51章参照。この箇所では知性的実体とは非質料的であり，質料に依存しない形相であることが示されている。質料形相論の枠組では質料が可能態に，形相が現実態に分配されるから，非質料的であるということは現実態において存在することを意味することになる。

10) この異論はもちろん形相一般についてそれが「質料の存在の外にない」ということを主張するものではない。身体の形相であるような形相の場合には，まさに身体「の」形相である以上身体という質料の外にないとし，「質料的形相」をその意味に限定しているのである。

igitur et operatio substantiae intellectualis communis corpori, et virtus eius virtus in corpore. Quod ex praemissis patet esse impossibile.

ある。それゆえ，知性的実体のはたらきも身体と共通であり，それのちからは身体のうちにあるちからであることになってしまう。だが，先述のことから，こんなことが不可能であることは明らかなのである[11]。

---

11) 犬という事物はまず犬の「本質」を持つことによって存在し，その本質から犬としての「ちから（能力）」を持つことになり，そのちからが発揮されて「はたらき（作用）」をなすという秩序がある。この異論は本質→ちから→はたらきという順序において，先なるものは後なるものよりもより高貴で単純であることを厳格に考え，人間の魂の場合にも，その本質の次元で身体に形相として合一しているならば，はたらきの次元でも身体と関係していなければならないとするのである。

CAPUT 57.

Positio Platonis de unione animae intellectualis ad corpus.

1326. — a) Ex his autem et similibus rationibus aliqui moti, dixerunt quod nulla substantia intellectualis potest esse forma corporis.

b) Sed quia huic positioni ipsa hominis natura contradicere videbatur, qui ex anima intellectuali et corpore videtur esse compositus, excogitaverunt quasdam vias per quas naturam hominis salvarent.

1327. — Plato igitur posuit, et eius sequaces, quod anima intellectualis non unitur corpori sicut forma materiae, sed solum sicut motor mobili, dicens animam esse in corpore *sicut nautam in navi*. Et sic unio animae et corporis non esset nisi per contactum virtutis, de quo supra dictum est.

1328. — Hoc autem videtur inconveniens. Secundum praedictum enim contactum non fit aliquid unum simpliciter, ut ostensum est. Ex unione autem animae et corporis fit homo. Relinquitur igitur quod homo non sit unum simpliciter: et per consequens nec ens simpliciter, sed ens per accidens.

第 57 章
知性的実体の身体への合一についてのプラトンの立場

1326. a) さて，以上の論拠〔1321-1325 節〕や同様の論拠に動かされたために，知性的実体で身体の形相であり得るようなものは一つもないと言った人々がいたのである。

b) だがそのような人びとにも，この立場は知性的魂と身体とから複合されていると見える人間の自然本性に矛盾していると思われたので，その人間の自然本性が救い出されるようななんらかの方途を考え出していたのである。

1327. そこで，プラトンと彼の追随者たちは次のように主張した[1]。知性的魂が身体に合一しているのは，形相が質料に合一しているようにではなく，動かすものが動かされるものに合一しているようにである。だから，魂は「舟に船頭がいるように」[2] 身体のうちに存在すると述べているのである。こうして，このような魂と身体の合一は，先述の〔1317-1318 節〕ちからの接触によるものでしかないことになる。

1328. だがこれは不都合であると思われる。というのも，前述の接触によっては端的な意味での一なる何かが生じるのではないことは先に示された。だが，魂と身体の合一から生じるのは人間である。それゆえ，人間は端的な意味で一なるものではないことになり，したがって端的な意味での存在者ではなく偶有による存在者であることになるのである[3]。

---

 1) 13 世紀西欧において知られていたプラトン自身の著作は『パイドン』，『メノン』それに『ティマイオス』の一部だけであった。しかも，アクィナスがこれらのラテン訳を直接的に触れていたとは思えないというのが，Henle, p.xxi の見方である。アクィナスはアリストテレスやアヴェロエスの註解などの間接的な報告から「プラトンの主張」を再構成していると言うべきである。また「プラトンの追随者」とは具体的に誰を指すのかも明らかではない。

 2) この比喩はアリストテレス『魂について』第 2 巻 1 章 413a8-9 にある。そこでアリストテレス自身はこの立場をプラトンと直接に結びつけていないが，アクィナスはこれをプラトンの立場に同定している。ただし，「ニュッサのグレゴリウスが語るところ」のプラトンと注記することが多い。cf. Sent. II, d.17, q.2, a.2. など。ただし，当時グレゴリウスの著作と思われていた『人間の本性について (De natura hominis)』は実際はネメシウス（Nemesius Emesenus, 4 世紀後半）のものである。

1329. — Ad hoc autem evitandum, Plato posuit quod homo non sit aliquid compositum ex anima et corpore: sed quod *ipsa anima utens corpore* sit homo; sicut Petrus non est aliquid compositum ex homine et indumento, sed *homo utens indumento*.

1330. — Hoc autem esse impossibile ostenditur. Animal enim et homo sunt quaedam sensibilia et naturalia. Hoc autem non esset si corpus et eius partes non essent de essentia hominis et animalis, sed tota essentia utriusque esset anima, secundum positionem praedictam: anima enim non est aliquid sensibile neque materiale. Impossibile est igitur hominem et animal esse *animam utentem corpore*, non autem aliquid ex corpore et anima compositum.

1331. — Item. Impossibile est quod eorum quae sunt diversa secundum esse, sit operatio una. Dico autem operationem unam, non ex parte eius in quod terminatur actio, sed secundum quod egreditur ab agente: multi enim trahentes navim unam actionem faciunt ex parte operati, quod est unum, sed tamen ex parte trahentium sunt multae actiones, quia sunt diversi impulsus ad trahendum, cum enim actio consequatur formam et virtutem, oportet quorum sunt diversae formae et virtutes, esse et actiones diversas. Quamvis autem animae sit aliqua operatio propria, in qua non communicat corpus, sicut intelligere; sunt tamen aliquae operationes communes sibi et corpori, ut timere et irasci et sentire et huiusmodi: haec enim accidunt secundum

1329. そこでこの不都合を避けるために，プラトンは次のように主張した。人間は魂と身体とから複合された何かなのではなく，「身体を使用する魂そのもの」が人間なのである。それは，ペトロは人間と衣服とから複合された何かなのではなく，「衣服を使用している人間」がペトロであるのと同様なのである，と[4]。

1330. だが，こんなことが不可能であるのは，次のようにして明らかとなる。動物も人間も可感的で自然的な何かである。ところが，上述の立場にしたがって身体とその諸部分が人間や動物の本質に属しておらず，両方のものの本質の全体が魂であるとすると，こうはならないであろう。というのも，魂は可感的な何かでも質料的な何かでもないからである。それゆえ，人間や動物が身体と魂から複合された何かではなく「身体を使用する魂」であるといったことは不可能なのである。

1331. また，存在にそくして異なっているものどもに一つのはたらきが属すことは不可能である。（ここで「一つの」はたらきと言うのは，作用がそこへと終局するものの側ではなく，作用が作用者から出てくる限りにおいてのことである。たとえば，〔一つの〕船を多くの人が引っ張っているとき，その人たちがなしている作用が一つであるのは，働きかけられているものが一つだからである。それに対して，引っ張っている人の側からは多くの作用があるとされるのは，引っ張る動きがさまざまだからである。）というのは，作用は形相とちからとに従うのである以上，異なった形相とちからが属しているものにとって，その存在と作用とは異なったものとならなければならないからである。ところが，魂には，知性認識するはたらきのように，身体が共有しない魂固有のなんらかのはたらきがあるとはいえ，恐れることや怒ることや感覚することなどのように，魂と身体とに

---

3) たとえば，犬は吠える能力を持っているが，いつも吠えているわけではない。実際に吠えている状態の犬は何か一つのものであると言ってよいが，その一であることや存在者であることは「たまたま」そうなのであって，吠えていない犬が端的な意味での犬でなくなるわけではない。吠えているということは「偶有」的なのである。魂と身体との関係がそのような偶有的なものであり，両者の複合によって成立する人間という存在が偶有的なものであることは否定されるのである。

4) この衣服の例もネメシウス『人間の本性について』に見いだされる。Nemesius, pp.51–52.

aliquam transmutationem alicuius determinatae partis corporis, ex quo patet quod simul sunt animae et corporis operationes. Oportet igitur ex anima et corpore unum fieri, et quod non sint secundum esse diversa.

1332. — Huic autem rationi secundum Platonis sententiam obviatur. Nihil enim inconveniens est moventis et moti, quamvis secundum esse diversorum, esse eundem actum: nam motus est idem actus moventis sicut a quo est, moti autem sicut in quo est. Sic igitur Plato posuit praemissas operationes esse animae corporique communes: ut videlicet sint animae sicut moventis et corporis sicut moti.

1333. — Sed hoc esse non potest. Quia, ut probat Philosophus in II *de Anima, sentire accidit in ipso moveri a sensibilibus exterioribus*. Unde non potest homo sentire absque exteriori sensibili: sicut non potest aliquid moveri absque movente. Organum igitur sensus movetur et patitur in sentiendo, sed ab exteriori sensibili. Illud autem quo patitur est sensus; quod ex hoc patet, quia carentia sensu non patiuntur a sensibilibus tali modo passionis. Sensus igitur est virtus passiva ipsius organi. Anima igitur sensitiva non se habet in sentiendo sicut movens et agens, sed sicut id quo patiens patitur. Quod impossibile est esse diversum secundum esse a patiente. Non est igitur anima sensibilis secundum esse diversa a corpore animato.

共通のなんらかのはたらきもある。実際，このようなはたらきは身体の特定の部分の変容にそくして起こるのであり，このことから魂と身体とに同時に属するはたらきであることが明らかなのである。したがって，魂と身体とから一なるものが生じ，両者は存在にそくして異なっていないのでなければならないのである[5]。

1332. だが，この論拠に対してはプラトンの見解にそくして次のような反論がある。すなわち，存在にそくしては異なっているとはいえ，動かすものと動かされるものに同じ現実態が属することは少しも不都合ではない。なぜなら，動とは動がそれによるものである動かすものの現実態であり，また動がそこにおいてあるものである動かされるものの現実態であるが，その現実態は同じだからである。この意味でプラトンは先述のはたらきは魂と身体とに共通だと主張したのである。すなわち，それらのはたらきは動かすものとしての魂と動かされるものとしての身体とに属していると主張したのである。

1333. だがこれはあり得ない。「感覚することは外的な可感的事物によって動かされることそのものにおいて生じる」と『魂について』第2巻において哲学者が証明している[6]。だから，人間は外的可感的事物なしには感覚し得ない。それは動かすものなしには何も動かされ得ないのと同様なのである。だから，感覚の器官は感覚することにおいて動かされてはたらきを被っているのだが，それは外的な可感的なものによって動かされているのである。さて，感覚器官がそこにおいてはたらきを受けているのは感覚であるということは，感覚を欠くものはそのような受動の仕方で可感的事物からはたらきを受けることがないということから，明らかである。それゆえ，感覚とは器官そのものが受動するちからなのである。それゆえ，感覚がはたらいているときに，感覚的魂は動かし作用するものとしてではなく，受動するものがそこにおいてはたらきを受けるものとしてあるのである。だが，そのようなものが受動するものと存在にそくして異なっているということは不可能である。それゆえ，感覚的魂は魂化された物体〔身体〕と存在にそくして異なっていることはないのである。

---

5) はたらき－ちから－存在（形相・本質）の対応関係から，身体を必要とするはたらきが帰属する存在者である人間の魂は存在にそくして身体と一つになっていなくてはならないのである。ただ，これだけでは人間の魂が身体と関係しないはたらきをも持ちうるのかは明らかではない。

6) Mは416b33-34, 417b20-21を典拠としているが，この通りのテキストは見いだされず，引用とするのは適当ではない。

1334. — Praeterea. Licet motus sit communis actus moventis et moti, tamen alia operatio est facere motum et recipere motum: unde et duo praedicamenta ponuntur *facere et pati*. Si igitur in sentiendo anima sensitiva se habet ut agens et corpus ut patiens, alia erit operatio animae et alia corporis. Anima igitur sensitiva habebit aliquam operationem propriam. Habebit igitur et subsistentiam propriam. Non igitur, destructo corpore, esse desinet. Animae igitur sensitivae, etiam irrationabilium animalium, erunt immortales. Quod quidem improbabile videtur. Tamen a Platonis opinione non discordat, sed de hoc infra erit locus quaerendi.

1335. — Amplius. Mobile non sortitur speciem a suo motore. Si igitur anima non coniungitur corpori nisi sicut motor mobili, corpus et partes eius non consequuntur speciem ab anima. Abeunte igitur anima, remanebit corpus et partes eius eiusdem speciei. Hoc autem est manifeste falsum: nam caro et os et manus et huiusmodi partes post abscessum animae non dicuntur nisi aequivoce; cum nulli harum partium propria operatio adsit, quae speciem consequitur. Non igitur unitur anima corpori solum sicut motor mobili, vel sicut homo vestimento.

1336. — Adhuc. Mobile non habet esse per suum motorem, sed solummodo motum. Si igitur anima uniatur corpori solummodo ut motor, corpus movebitur quidem ab anima, sed non habebit esse per eam. Vivere autem est quoddam esse viventis. Non igitur corpus vivet per animam.

第 57 章

1334. さらに，動は動かすものと動かされるものとに共通な現実態であるけれども，動を生じさせることと動を受け取ることとは別のはたらきである。だからこそ「能動」と「受動」とは二つの範疇ともされているのである[7]。それゆえ，感覚することにおいて，感覚的魂が作用するものであり身体が受動するものであるとしても，魂のはたらきと身体のはたらきとは別のはたらきである。そうすると，感覚的魂はそれ固有のなんらかのはたらきを持つことになり，それゆえまた固有の自存性を持つことになるであろう。だとすると感覚的魂は，身体が破壊されても存在をやめないことになり，非理性的動物に属しているものであっても感覚的魂は不死であることになろう。だが，このようなことはありそうもないことだと思われる。ただし，このことはプラトンの見解からは外れていないのであり，このことについては後〔第82章〕に探究の場が与えられるであろう。

1335. さらに，動かされ得るものの種別はそれを動かすものによって得られるわけではない。それゆえ，もし魂が身体に結合しているのが動かすものが動かされ得るものに結合しているようにしてだけだとしたら，身体とその諸部分の種は魂から帰結するのではないことになる。よって，魂が去ってしまっても，身体とその諸部分は同じ種にとどまることになるであろう。だがこれは明白に偽である。というのも，肉や骨や手や同様の部分は魂が去った後では同名異義的にしか〔肉や骨などと〕語られないからである。というのも，これらの〔魂が去った後の〕諸部分のどれにも固有のはたらきは備わっていないことになるのであるが，種はその固有のはたらきから帰結するのである。したがって，魂が身体に合一しているのは，動かすものが動かされ得るものに合一しているような仕方，あるいは人間が衣服に合一しているような仕方だけではないのである。

1336. さらに，動かされ得るものがそれを動かすものから得ているのは存在ではなく，動だけである。それゆえ，魂は動かすものとしてだけ身体と合一しているとしたら，身体は確かに魂から動かされることになるであろうが，魂によって存在をもつのではないことになる。ところが，生きていることは生きているものにとってある種の存在することである[8]。そうすると，身体は魂を通じて生きているのではないことになってしまうのである。

---

7) アリストテレス『カテゴリー論』第 9 章
8) ほぼ同じ表現がアリストテレス『魂について』第 2 巻第 4 章415b13-14に見いだされる。

1337. — Item. Mobile neque generatur per applicationem motoris ad ipsum, neque per eius separationem corrumpitur: cum non dependeat mobile a motore secundum esse, sed secundum moveri tantum. Si igitur anima uniatur corpori solum ut motor, sequetur quod in unione animae et corporis non erit aliqua generatio, neque in separatione corruptio. Et sic mors, quae consistit in separatione animae et corporis, non erit corruptio animalis. Quod est manifeste falsum.

1338. — Praeterea. Omne movens seipsum ita se habet quod in ipso est moveri et non moveri, et movere et non movere. Sed anima, secundum Platonis opinionem, movet corpus sicut movens seipsum. Est ergo in potestate animae movere corpus vel non movere. Si igitur non unitur ei nisi sicut motor mobili, erit in potestate animae separari a corpore cum voluerit, et iterum uniri ei cum voluerit. Quod patet esse falsum.

1339. — Quod autem ut forma propria anima corpori uniatur, sic probatur. Illud quo aliquid fit de potentia ente actu ens, est forma et actus ipsius. Corpus autem per animam fit actu ens de potentia existente: vivere enim est esse viventis; semen autem ante animationem est vivens solum in potentia, per animam autem fit vivens actu. Est igitur anima forma corporis animati.

1340. — Amplius. Quia tam esse quam etiam operari non est solum formae neque solum materiae, sed coniuncti, esse et agere duobus attribuitur, quorum unum se habet ad alterum sicut forma ad materiam: dicimus enim quod homo est sanus corpore et sanitate, et quod est sciens scientia et ani-

第57章

1337. おなじく，動かされ得るものは，それに動かすものが関わることによって生成するのではないし，動かすものがそれから離れることによって消滅するのでもない。動かされ得るものは存在にそくして動くものに依存しているのではなく，動くということにそくしてのみ依存しているからである。それゆえ，もし魂が動かすものとしてだけ身体と合一しているとするなら，魂と身体が合一することでは何の生成も生じないことが，またそれらが離れることによっても何の消滅も生じないことが帰結することになる。そうすると，魂と身体の分離である死は動物の消滅ではなくなるが，これは明らかに偽である。

1338. さらに，自分自身を動かすものとはすべて，動かされることも動かされないことも，動かすことも動かさないことも〔どちらも〕自分自身によるもののことである。ところが，プラトンの見解によれば，魂は自分を動かすものとして身体を動かしている。それゆえ，身体を動かすかあるいは動かさないかは魂の力能のうちにあることになる。それゆえ，もし魂が身体に合一しているのが動かすものが動かされ得るものに合一しているようにだけだとすると，そう意志すれば身体から離れることも，また意志すれば身体と再び合一することも，魂の力能のうちにあることになろう。だが，これが偽であることは明らかである。

1339. さて，魂が身体に固有の形相として合一しているということは，次のようにして証明されるのである[9]。或るものがそれによって可能態における存在者から現実態における存在者となるのは，そのものの形相であり現実態である。ところで，身体は魂によって可能態において存在するものから現実態において存在するものとなる。というのは，生きているということは生きているものにとって存在することであるが，魂化される以前の種子〔精子〕は可能態においてのみ生きているものであって，それが現実態において生きているものとなるのは魂によってだからである。それゆえ，魂は魂化された物体〔身体〕の形相なのである。

1340. さらに，存在することもはたらくことも，ただ形相だけ，質料だけに属するのではなく，〔両者からの〕結合体に属している。だから，存在することと作用することはその二つに帰属し，その一方は形相として質料であるもう一方に関係しているのである。実際，われわれの言い方では，人間は身体において健康

---

[9] 前章1319節で提起された「知性的実体はある種の身体の実体的形相であり得るのかどうか」という問いに対する基本的な解答がここから示されることになる。

ma, quorum scientia est forma animae scientis, et sanitas corporis sani. Vivere autem et sentire attribuitur animae et corpori: dicimur enim et vivere et sentire anima et corpore. Sed anima tamen sicut principio vitae et sensus. Est igitur anima forma corporis.

1341. — Adhuc. Similiter se habet tota anima sensitiva ad totum corpus sicut pars ad partem. Pars autem ita se habet ad partem quod est forma et actus eius: visus enim est forma et actus oculi. Ergo anima est forma et actus corporis.

であるし，健康さにおいて健康なのである。また，人間は知識において知識を持つものであるし，魂において知識を持つものである。そして，それらのうちの知識が知識を持つ人間の魂の形相であり，健康さが健康な身体の形相なのである。さて，生きることと感覚することは魂と身体とに帰属している。実際，われわれが生きているとか感覚していると言われるのは，魂と身体とにおいてなのである。だが「魂において」と言われるのは，生命と感覚の原理としてなのである。したがって，魂は身体の形相なのである[10]。

1341. さらに，感覚的魂全体と身体全体の関係はそれの部分と部分に対するのと同様の関係である。ところが，〔感覚的魂の〕部分は他方の〔身体の〕部分に対してそれの形相や現実態として関係している。実際，視力は眼の形相であり現実態なのである。したがって，魂〔全体〕は身体〔全体〕の形相であり現実態なのである。

---

10) この議論は少し錯綜し分かりづらい。知識と健康の例は「付帯的」存在とはたらきの次元について語られている。しかも，身体だけに関係する健康と魂だけに関係する知識が例とされ，知識の例では魂は質料の側に，知識が形相の側に位置づけられる。しかし，本題である魂と身体との結合関係は「実体的」次元の問題であり，しかも魂と身体との両方に関わる「生きていること」「感覚すること」においては，魂は形相の側に位置づけられるのである。

CAPUT 58.

Quod nutritiva, sensitiva et intellectiva non sunt in homine tres animae.

1342. — Potest autem praedictis rationibus secundum opinionem Platonis obviari quantum ad praesentem intentionem pertinet. Ponit enim Plato non esse eandem animam in nobis intellectivam, nutritivam et sensitivam. Unde, etsi anima sensitiva sit forma corporis, non oportebit propter hoc dicere quod aliqua intellectualis substantia forma corporis esse possit.

1343. — Quod autem hoc sit impossibile, sic ostendendum est.

1344. — Quae attribuuntur alicui eidem secundum diversas formas, praedicantur de invicem per accidens: *album* enim dicitur esse *musicum* per accidens, quia Socrati accidit albedo et musica. Si igitur anima intellectiva, sensitiva et nutritiva sunt diversae virtutes aut formae in nobis, ea quae secundum has formas nobis conveniunt, de invicem praedicabuntur per accidens. Sed secundum animam intellectivam dicimur *homines*, secundum sensitivam *animalia*, secundum nutritivam *viventia*. Erit igitur haec praedicatio per accidens, *homo est animal*; vel, *animal est vivum*. Est autem per se: nam homo secundum quod est homo, animal est; et animal secundum quod est animal, vivum est. Est igitur aliquis ab eodem principio homo, animal et vivum.

第 58 章
人間において栄養摂取的魂，感覚的魂，知性的魂という 3つの魂が存在するのではないこと

1342. さて，プラトンの見解にしたがえば，以上の諸論拠〔1339-41節〕に対して，当面の意図に関係する限り，次のような反論が提示され得るであろう。すなわち，プラトンは次のように主張している。われわれにおいて知性的魂，栄養摂取的魂，それに感覚的魂は同じ魂ではない[1]。だから，たとえ感覚的魂が身体の形相であるとしても，だからといってなんらかの知性的実体が身体の形相であり得るなどと言わねばならないわけではないであろう，という反論である。

1343. だがこれが不可能であることを，次のようにして示さねばならない。

1344. 何か同じものに異なった形相にそくして帰属しているものどもは，相互に付帯的に述語づけられる。たとえば，「白いもの」が「音楽的なもの」であるのは付帯的にであると言われるが，それは白さと音楽とがソクラテスに付帯するからである。それゆえ，知性的魂，感覚的魂，栄養摂取的魂がわれわれにおいて異なったちからあるいは形相であるとするならば，これらの形相にそくしてわれわれに適合する事柄は相互に付帯的に述語づけられることになろう。ところが，われわれが「人間」であると言われるのは知性的魂にそくしてであり，「動物」であると言われるのは感覚的魂にそくしてであり，「生物」であると言われるのは栄養摂取的魂にそくしてなのである。そうすると，「人間は動物である」とか「動物は生き物である」という述語づけは付帯的なものであることになろう。だが，それは自体的な述語づけなのである。人間は人間であることにそくして動物なのであるし，動物は動物であることにそくして生き物だからである。したがっ

---

1) プラトンには周知の「魂の三区分説」がある。『国家』第4巻434C-441C, 第9巻580C-583A参照。しかし，そこで見いだされるのは「理知的部分」，「欲望的部分」，「気概的部分」であって，ここでの区分と必ずしも一致しない。アリストテレスによる「三区分説」への明示的言及は『魂について』第3巻9章にある。また，栄養摂取（植物）的，感覚的魂，知性的魂という階層的な三区分は，『魂について』第2巻3章に起源を持つ。また，この3つの魂がそれぞれ別の身体器官に本質的に帰属するという記述は，*Averroes*, II, 90, p.121に見いだされる。

1345. — Si autem dicatur quod, etiam praedictis animabus diversis existentibus, non sequitur praedictae praedicationes fore per accidens, eo quod animae illae ad invicem ordinem habent: hoc iterum removetur. Nam ordo sensitivi ad intellectivum, et nutritivi ad sensitivum, est sicut ordo potentiae ad actum: nam intellectivum sensitivo, et sensitivum nutritivo posterius secundum generationem est; prius enim in generatione fit animal quam homo. Si igitur iste ordo facit praedicationes praedictas esse per se, hoc non erit secundum illum modum dicendi *per se* qui accipitur secundum formam, sed secundum illum qui accipitur secundum materiam et subiectum, sicut dicitur superficies colorata. Hoc autem est impossibile. Quia in isto modo dicendi *per se*, id quod est formale praedicatur per se de subiecto: ut cum dicimus, *Superficies est alba*, vel, *Numerus est par*. Et iterum in hoc modo dicendi *per se* subiectum ponitur in definitione praedicati: sicut *numerus* in definitione *paris*. Ibi autem e contrario accidit. Non enim *homo* per se praedicatur de *animali*, sed e converso: et iterum non ponitur subiectum in definitione praedicati, sed e converso. Non igitur praedictae praedicationes dicuntur per se ratione dicti ordinis.

て，ある人が人間であることと動物であることと生き物であるということは，同じ原理によってなのである。

1345. だがこれに対しては，次のように反論されるかもしれない。前述の〔三つの〕魂は異なったものとして現実存在しているとしても，前述の述語づけが付帯的であるということは帰結しないのであって，それはそれらの魂は相互的秩序を持っているからなのだという反論である。だが，この反論もさらに次のようにして除去されるのである。すなわち，感覚的能力の知性的能力に対する秩序や栄養摂取的能力の感覚的能力に対する秩序は，可能態の現実態に対する秩序である。というのも，知性的能力は感覚的能力よりも，また感覚的能力は栄養摂取的能力よりも生成において後なるものだからである。実際，生成においては人間となるよりも前に動物となるのである。したがって，この秩序によって前述の述語づけが自体的なものとなるとすれば，「自体的」ということは，形相にそくして理解される様態においてではなく，表面に色がある〔ということが自体的である〕と語られる場合と同様に，質料と基体にそくして理解される様態においてであることになるであろう。だが，これは不可能である。というのは，「自体的」ということのこの語り方においては，形相的なものの方が基体について自体的に述語されるからである。たとえば，「〔この物体の〕表面は白い」とか「〔この〕数は偶数である」とわれわれが語る場合がそうである。そしてさらに，「自体的」のこの語り方においては，主語が述語の定義のうちにおかれている。たとえば，「数」が「偶数」の定義のうちにおかれているようにである。ところが，ここでは逆のことが生じているのである。すなわち，「人間」が「動物」に自体的に述語されるのではなく，その逆なのである。さらには，主語が述語の定義のうちにおかれているのではなく，その逆なのである[2]。それゆえ，前述の述語づけが上

　　2）「付帯的 (per accidens)」と対比される「自体的 (per se)」については，アリストテレス『分析論後書』第1巻第4章73a34–b25参照。*InPA* I, 10, pp.38–41. でのアクィナスの説明によれば，「この物体の表面は白い」という述語づけにおいて，それが「自体的な述語づけ」であると言われるのは，「それ自体によって（自体的に）」の「よって」が質料的原因との関係を表すからである。この例では，白さ（色）という形相にとってその固有の基体（質料）は物体の表面であることが自体的なのである。すなわち，白さは白さであることに自体によって物体の表面〔の〕色なのである。そこで，もし「猫は動物である」という述語づけがこの質料的な意味で「自体的」であるとすると，動物が動物であること自体によって猫であるということになって不都合である。そうではなくこの述語づけは形相的な原因性を表す。つまり定義（の一部）を表しており，「猫」の定義の中には必ず「動物」が含まれているのである。それゆえ上

1346. — Praeterea. Ab eodem aliquid habet esse et unitatem: *unum* enim consequitur ad *ens*. Cum igitur a forma unaquaeque res habeat esse, a forma etiam habebit unitatem. Si igitur ponantur in homine plures animae sicut diversae formae, homo non erit unum ens, sed plura.—Nec ad unitatem hominis ordo formarum sufficiet. Quia esse unum secundum ordinem non est esse unum simpliciter: cum unitas ordinis sit minima unitatum.

1347. — Item. Adhuc redibit praedictum inconveniens, ut scilicet ex anima intellectiva et corpore non fiat unum simpliciter, sed secundum accidens tantum. Omne enim quod advenit alicui post esse completum, advenit rei* accidentaliter: cum sit extra essentiam eius. Quaelibet autem forma substantialis facit ens completum in genere substantiae: facit enim ens actu et hoc aliquid. Quicquid igitur post primam formam substantialem advenit rei, ac-

---

* M は L とともに ei を保持しているが，*Gauthier* にしたがう。

第58章

述の秩序ゆえに自体的に語られるということはないのである[3]。

1346. さらに，何かが存在と一性を持つのは同じものによってである。実際，「一なるもの」は「存在者」に随伴するものなのである[4]。それゆえ，それぞれの事物が形相から存在を持つのであるから，一性もその形相から持つことになるのである。したがって，人間の内に複数の魂が複数の形相として措定されるのであれば，人間は一なる存在者ではなく，複数の存在者であることになるであろう。また，人間の一性のためには諸形相のあいだに秩序があれば十分だというわけでもない。なぜなら，秩序にそくして一であるということは端的に一であるということではないからである。秩序による一性は諸一性の中でも最小の一性だからである[5]。

1347. 同じく，〔1345節のプラトン的反論によるならば〕前述の不都合〔1328節〕，つまり知性的魂と身体とから生じるのが端的に一なるものではなく，付帯性にそくしてのみ一なるものであるという不都合が舞い戻ってくることになる。すなわち，何かに十全なる存在の後に到来するものはすべて，そのものに付帯的に到来する。そのようなものはそのものの本質の外にあるからである。ところが，実体的形相はどれであっても実体の類において存在者を十全なものとする。存在者を現実態にし〈この或るもの〉たらしめているのは実体的形相だからである。それゆえ，第一の実体的形相の後に事物に到来するものはどんなものでも，その

とは逆に，猫は猫であること自体によって動物なのである。

3) プラトン的な立場から，栄養摂取的魂，感覚的魂，知性的魂の間に何らかの秩序関係があるとしても，生物であること，動物であること，人間であることの間にはこの順序でより現実態の程度が高まる，つまりより限定された形相を有することになるのである以上，「人間は動物である」という述語づけは前註の質料的原因性ではなく形相的原因性を表す「自体性」を持たねばならないというのがアクィナスの反論である。

4) *ST* I, q.11, a.1参照。そこでは「一（unum）」と「存在者（ens）」は実在的には同じであり相互に置換されるが，前者は後者に「分割の否定」を付加したものであるとされる。「一」は「存在者」，「真」，「善」，「もの」等と同様にアリストテレスの10のカテゴリーを越えた「超範疇（transcendentalia）」である。それらの相互関係については，*QDV*, q.1, a.1の説明が最も包括的である。

5) 「一」と「多」については多様な捉え方が可能であることをアクィナスも認めている。しかし，端的に一であるものとは実体あるいは本質において一なるもので，それは付帯的にある観点からは多であると語られるにとどまる。それに対して，実体においては多であるものがある観点から一であると記述される場合もある。多なる人間たちがあつまって「一つの国民」と言われる場合がそうである。この種の付帯的な一性が「秩序による一性」と呼ばる。*ST* II-II, q.17, a.4, c. 参照。

cidentaliter adveniet. Cum igitur anima nutritiva sit forma substantialis, *vivum* enim substantialiter de homine praedicatur et de animali; sequetur quod anima sensitiva adveniat accidentaliter, et similiter intellectiva. Et sic neque *animal* neque *homo* significant unum simpliciter, neque aliquod genus aut speciem in praedicamento *substantiae*.

1348. — Amplius. Si homo, secundum Platonis sententiam, non est aliquid ex anima et corpore compositum, sed est anima utens corpore, aut hoc intelligitur solum de anima intellectiva, aut de tribus animabus, si tres sunt, sive de duabus earum. Si autem de tribus vel duabus, sequitur quod homo non sit unum, sed sit duo vel tria: est enim tres animae, vel saltem duae. Si autem hoc intelligatur de anima intellectiva tantum, ita scilicet quod intelligatur anima sensitiva esse forma corporis, et anima intellectiva utens corpore animato et sensificato sit homo, sequentur adhuc inconvenientia: scilicet quod homo non sit animal, sed *utatur animali*, nam per animam sensitivam aliquid est animal; et quod homo non sentiat, sed *utatur re sentiente*. Quae cum sint inconvenientia, impossibile est tres animas substantia differentes esse in nobis, intellectivum, sensitivum et nutritivum.

1349. — Adhuc. Ex duobus aut pluribus non potest fieri unum si non sit aliquid uniens, nisi unum eorum se habeat ad alterum ut actus ad potentiam: sic enim ex materia et forma fit unum, nullo vinculo extraneo eos colligante. Si autem in homine sint plures animae, non se habent ad invicem ut materia et forma, sed omnes ponuntur ut actus quidam et principia actionum. Oportet igitur, si uniantur ad faciendum aliquid unum, puta hominem vel animal, quod sit aliquid uniens. Hoc autem non potest esse corpus:

事物に付帯的に到来するのである。したがって、栄養摂取的魂が実体的形相である以上（実際、「生き物」は人間に実体的に述語されるし、動物にも実体的に述語されるのである）、感覚的魂は付帯的に到来し、知性的魂も同様であることになってしまう。そうだとすると、「動物」も「人間」も端的な意味で一なるものを意味しないことになるし、「実体」のカテゴリーのなかの何らかの類や種を意味するものでもないことになってしまうのである。

1348. さらに、プラトンの主張にしたがって、人間は魂と身体とから複合された何かではなく、身体を使用する魂が人間であるとしてみよう。そうすると、この事態は知性的魂だけについて考えられているのか、あるいは（もし三つの魂があるとすると）三つの魂あるいは二つの魂について考えられているか、このいずれかである。そこで、もし三つあるいは二つの魂について考えられているとすると、人間は一つのものではなく、二つあるいは三つのものであることになる。実際三つの（あるいは少なくとも二つの）魂が存在するからである。それに対して、知性的魂だけが考えられているとすると、つまり、身体の形相であるのは感覚的魂であり、〔そうして〕魂化され感覚するものとされた身体を使用する知性的魂が人間であると考えられているとすると、それでも次のような不都合が帰結するのである。つまり、人間は動物であるのではなく、「動物を使用する」ことになるという不都合である。というのは、何かが動物となるのは感覚的魂によるのであるから、感覚するのは人間ではなく、「感覚している事物を使用する」のが人間であることになってしまうのである。これは不都合であるから、われわれのうちに知性的、感覚的、栄養摂取的という三つの魂が実体として異なったものとして存在することは不可能なのである。

1349. さらに、二つあるいはそれ以上のものから一つのものが生じ得るには、それらを合一させる何かがない場合には、それらの一方が他方に対して現実態が可能態に対するように関係しているのでなければならない。実際、この仕方で質料と形相とから一なるものが生じるが、それらを結びつける外的な紐帯は何もないのである。ところで、もし人間において複数の魂があるとすると、それらが相互に質料と形相として関係しているのではなく、すべての魂がある種の現実態であり作用の原理として措定されることになる。そうだとすると、それらの魂が合一して、人間や動物といった何か一なるものを作り出すためには、合一させる何かがなければならないことになる。だが、これが身体であることはできない。と

cum magis corpus uniatur per animam; cuius signum est quod discedente anima, corpus dissolvitur. Relinquitur igitur quod oportet aliquid formalius esse quod facit ex illis pluribus unum. Et hoc magis erit anima quam illa plura quae per ipsum uniuntur. Si igitur hoc iterum est habens partes diversas, et non est unum secundum se, oportet adhuc esse aliquid uniens. Cum igitur non sit abire in infinitum, oportet devenire ad aliquid quod sit secundum se unum. Et hoc maxime est anima. Oportet igitur in uno homine vel animali unam tantum animam esse.

1350. — Item. Si id quod est ex parte animae in homine, est ex pluribus congregatum, oportet quod sicut totum congregatum se habet ad totum corpus, ita singula ad singulas partes corporis. Quod etiam a positione Platonis non discordat: ponebat enim animam rationalem in cerebro, nutritivam in hepate, concupiscibilem in corde. Hoc autem apparet esse falsum, dupliciter.

a) Primo quidem quia aliqua pars animae est quae non potest attribui alicui parti corporis, scilicet intellectus, de quo supra ostensum est quod non est actus alicuius partis corporis.

b) Secundo, quia manifestum est quod in eadem parte corporis apparent diversarum partium animae operationes: sicut patet in animalibus quae decisa vivunt, quia eadem pars habet motum et sensum et appetitum quo movetur; et similiter eadem pars plantae decisa nutritur, augetur et germinat; ex quo apparet quod diversae partes animae in una et eadem parte cor-

第58章

いうのは，魂が去れば身体が分解することに現れているように，むしろ身体の方が魂によって合一させられているからである。したがって，これら複数のもの〔複数の魂と身体〕から一なるものを作り出すようないっそう形相的な何ものかがなければならないということになる。そして，これはその形相的なものによって合一させられる複数のものより，いっそう魂であるということになろう。そうして，もしさらにこれが異なった部分を持ちそれ自体として一なるものでないとしたら，それらを合一させる何かがまた必要であることになろう。よって，これが無限に遡及することはないのであるから，それ自体として一である何かに至るのでなければならないのであり，これが最高度の意味での魂である。したがって，一人の人間あるいは一つの動物においてただ一つの魂が存在しなければならないのである[6]。

1350. さらに，人間において魂の側にあるものが複数の部分からなる合成体であるとしたら，その合成体全体が身体の全体と関係しているのと同様の仕方で，個々の部分が身体の個々の部分と関係しているのでなければならない。これは確かにプラトンの立場と不調和ではない。というのも，プラトンは理性的魂は脳に，栄養摂取的魂は肝臓に，欲求的魂は心臓にあると主張したからである[7]。だが，これが偽であることは次の二つの仕方で明らかなのである。

a) 第一には，魂の部分には身体の或る部分には帰属させられないものがあるからである。それが知性であり，それについては，身体のどんな部分の現実態でもないことが先に示されたのである[8]。

b) 第二には，身体の同じ部分に魂の異なった諸部分のはたらきが属していることが明らかだからである。それは分割されても生きているような動物において明らかである。なぜなら同じ部分が動，感覚，またそれによって動く欲求を持っているからである。また同様に，植物の同じ部分が分割されても栄養を摂り，成長し，発芽するのである。このことから，魂の異なった諸部分が身体の同一の部

---

6) この論拠は一種の対人論法である。プラトン的な立場では魂こそが人間であるが，それにしても人間である魂は身体と合一していることを説明しなければならない。そして，その合一を成立させる何かは人間である魂と身体とにとって外的なものであることになるが，結合させるという機能を持つものこそ魂と呼ばれるべきであるから，無限遡行を拒否する限り，最終的な結合させる機能を持つものが最も魂的なものであることとなってしまう，というのである。

7) この記述はおそらくは *Averroes*, II, 90.を典拠としている。

8) 第56章の冒頭を参照。

poris sint. Non igitur sunt diversae animae in nobis, diversis partibus corporis attributae.

1351. — Amplius. Diversae vires quae non radicantur in uno principio, non impediunt se invicem in agendo, nisi forte earum actiones essent contrariae: quod in proposito non contingit. Videmus autem quod diversae actiones animae impediunt se: cum enim una est intensa, altera remittitur. Oportet igitur quod istae actiones, et vires quae sunt earum proxima principia, reducantur in unum principium. Hoc autem principium non potest esse corpus: tum quia aliqua actio est in qua non communicat corpus, scilicet intelligere; tum quia, si principium harum virium et actionum esset corpus inquantum huiusmodi, invenirentur in omnibus corporibus, quod patet esse falsum. Et sic relinquitur quod sit principium earum forma aliqua una, per quam hoc corpus est tale corpus. Quae est anima. Relinquitur igitur quod omnes actiones animae quae sunt in nobis, ab anima una procedunt. Et sic non sunt in nobis plures animae.

1352. — Huic autem consonat quod dicitur in libro *de Ecclesiasticis Dogmatibus: Neque duas animas esse credimus in uno homine, sicut Iacobus et alii Syrorum scribunt, unam animalem, qua* animatur *corpus, et immixta sit sanguini, et alteram spiritualem, quae rationem ministret: sed dicimus unam eandemque esse animam in homine quae et corpus sua societate* vivificat, *et semetipsam sua ratione disponat.*

分にあることが明らかである。それゆえ，われわれのうちにさまざまな魂があり，それらが異なった身体部分に帰属するということはないのである。

1351. さらに，一つの原理に基づいていないような異なった力が作用する場合に，相互に妨げ合うのはその力の作用が相対立するときだけであろう。目下の主題においてこのようなこと〔作用が相対立すること〕は生じない。ところが，魂の異なった作用が妨げ合っているのが見て取られる。実際，一つの作用が強いときには別の作用は押さえられるのである。それゆえ，これらの作用とその近接原理である力とが一つの原理に還元されるのでなければならない。さて，この原理が身体であることはできない。それは一つには，知性認識する作用のように，身体が共有することのない作用があるからであり，もう一つには，もしこれらの力と作用との原理が身体〔物体〕である限りでの身体であるとしたら，すべての身体にそれらの力と作用とが見いだされることになるはずであるが，そんなことが偽であることは明らかだからである[9]。以上のようにして，それらの原理は何か一つの形相であり，その形相によってこの物体が一定の種類の物体〔身体〕となるのだということになる。そして，この形相が魂なのである。したがって，われわれのうちにある魂のすべての作用は一つの魂から出て来ているということになる。こうして，われわれのうちに複数の魂が存在することはないのである。

1352. さて以上のことと，『教会の教えについて』[10]という書物において語られている次のことは調和している。すなわち，われわれは「また，ヤコブや他のシリア人が書いたように，身体がそれによって」魂化され，「血と混じり合っている動物的魂と，理性を司る別の霊的魂という，二つの魂が一人の人間の内にあるとは信じない。むしろ，人間には一つの同じ魂があるのであり，それが自分との結びつきによって身体をも」生きたものとし，「自分の特質によって自分自身を配慮するのだと語るのである」。

---

9) たとえば，視覚作用が身体である限りでの身体に属するとしたら，耳という身体にも視覚が備わることになる。またさらに物体一般に拡張すると，石のような無生物にも視覚作用が属することになるのである。

10) 5世紀末のゲンナディウス（Gennadius）の著作。この箇所は，15章（PL. 42, col. 1216）。ボナヴェントゥラもそうであるが，アクィナスもこれをアウグスティヌスの著作と考えていたことを示す箇所が多いが，*Sent* III, d.2, q.1, a.3, qc.2, c.ではゲンナディウスの著作としている。今日ではゲンナディウスの著作と広く認められている。

CAPUT 59.

Quod intellectus possibilis hominis non est substantia separata.

1353. — a) Fuerunt autem et alii alia adinventione utentes in sustinendo quod substantia intellectualis non possit uniri corpori ut forma.
b) Dicunt enim quod intellectus, etiam quem Aristoteles *possibilem* vocat, est quaedam substantia separata non coniuncta nobis ut forma.

1354. — Et hoc confirmare nituntur, primo, ex verbis Aristotelis qui dicit, de hoc intellectu loquens, quod est *separatus*, et *immixtus corpori*, et *simplex*, et *impassibilis*: quae non possent dici de eo si esset forma corporis.

1355. — Item, per demonstrationem eiusdem qua probat quod, quia intellectus possibilis recipit omnes species rerum sensibilium ut in potentia ad ea existens, oportet quod omnibus *careat*. Sicut pupilla, quae recipit omnes species colorum, caret omni colore: si enim haberet de se aliquem colorem, ille color prohiberet videri alios colores; quinimmo nihil videretur nisi sub illo colore. Et simile contingeret de intellectu possibili, si haberet de se aliquam formam seu naturam de rebus sensibilibus. Hoc autem oporteret esse,

第59章
人間の可能知性は離存実体ではないこと

1353. a) さて，知性的実体は身体に形相として合一し得ないということを支持するために，別の人々は別の思いつきを用いた。

b) 彼らの言うには，知性は，アリストテレスが「可能的」と呼んでいる知性でさえも何らかの離存実体であり，われわれに形相として結びついていないのである[1]。

1354. 〔理由1〕このことを確証するためにこの人々は，まずこの種の知性について述べるときにアリストテレスが語っている「分離し」ており，「身体と混じり合っておらず」，「単純」で「非受動である」という言葉に依拠している[2]。知性が身体の形相だとしたら，こんなことは語られ得ないであろうというのである。

1355. 〔理由2〕同じく，次のような証明をしているアリストテレスの論証を通じて確証しようとする[3]。すなわち，可能知性はすべての可感的事物の形象を受け取り，その形象に対して可能態として存在しているとすれば，知性はすべての形象を「欠いている」[4]のでなければならない。たとえば，色のすべての形象を受け取る瞳にはどんな色も欠けている。というのも，もし瞳がそれ自体で何らかの色を持っているとしたら，その色によって他の色を見ることが妨げられてしまうであろう。いやそれどころか，どんなものもその〔瞳の持つ〕色のもとでしか見られないことになるであろう。そして，もし可能知性がそれ自体で可感的事物の何らかの形相あるいは本性を持っているとしたら，同様のことになってしまう

---

1) 人間の知性一般や能動知性ではなく「可能知性（intellectus possibilis）」が離存実体であるという主張，それはまた論理的にはいわゆる「知性単一説（monopsychism）」を帰結することになる主張はアヴェロエスの主張であるとされたし，アクィナスもそのように理解している。なお，以下の5つの理由に対する最終的な反論は，第69章1467-70節に見いだされる。

2) アリストテレス『魂について』第3巻4章429a13-b5。ただ，この箇所では「単純」という述語は現れない。また，これらの同様の述語が第3巻5章430a17-18にも現れ，これは能動知性の特性とされている。

3) これもアリストテレス『魂について』の同じ箇所にもとづく。

4) Averroes, III, 4, p.385, 71-73

si esset mixtus alicui corpori. Et similiter si esset forma alicuius corporis: quia, cum ex forma et materia fiat unum, oportet quod forma participet aliquid de natura eius cuius est forma. Impossibile est igitur intellectum possibilem esse mixtum corpori, aut esse actum seu formam alicuius corporis.

1356. — Adhuc. Si esset forma alicuius corporis materialis, *esset eiusdem generis receptio* huius intellectus, et receptio materiae primae. Id enim quod est alicuius corporis forma, non recipit aliquid absque sua materia. Materia autem prima recipit formas individuales: immo per hoc individuantur quod sunt in materia. Intellectus igitur possibilis reciperet formas ut sunt individuales. Et sic non cognosceret universalia. Quod patet esse falsum.

1357. — Praeterea. Materia prima non est cognoscitiva formarum quas recipit. Si ergo eadem esset receptio intellectus possibilis et materiae primae, nec intellectus possibilis cognosceret formas receptas. Quod est falsum.

1358. — Amplius. Impossibile est in corpore esse virtutem infinitam: ut probatur ab Aristotele in VIII *Physicor*.. Intellectus autem possibilis est quodammodo virtutis infinitae: iudicamus enim per ipsum res infinitas secundum numerum, inquantum per ipsum cognoscimus universalia, sub quibus comprehenduntur particularia infinita in potentia. Non est igitur intellectus possibilis virtus in corpore.

1359. — Ex his autem motus est Averroes et quidam antiqui, ut ipse dicit,

であろう．さて，可能知性がもし何らかの身体と混じり合っているとすれば，以上のようでなければならないことになる．何らかの身体の形相であるとしても同様でなければならない．というのは，形相と質料とからは一つのものが生じるのである以上，形相はそれがそれの形相であるものの本性のいくらかを分有していなければならないからである．したがって，可能知性が身体と混じり合っていることや，何らかの身体の現実態あるいは形相であることは不可能なのだ，というわけである．

1356. 〔理由3〕さらに，可能知性が何らかの質料的物体の形相だとしたら，この知性の「受容」と第一質料による受容ということは「同じ類に属することになってしまう」5)．実際，何らかの物体の形相であるものは，それにとっての質料なしに何かを受容することはないからである．ところで，第一質料は個別的形相を受け取る，というよりむしろ質料のうちに存在することによって形相は個体化されているのである．それゆえ，可能知性が形相を個別化されたものとして受け取ることになるであろう．そうすると普遍を認識しないことになる．これが偽であることは明らかである，というわけである．

1357. 〔理由4〕さらに，第一質料は自分が受容する形相を認識するのではない．それゆえ，可能知性による受容と第一質料による受容が同じであるとすると，可能知性も受け取った形相を認識しないことになるであろう．これは偽である，というわけである．

1358. 〔理由5〕さらに，アリストテレス『自然学』第8巻〔第10章266a24-b5〕において証明されているように，物体のうちに無限の力があることは不可能である．ところが，可能知性はある意味で無限の力を持っている．というのは，われわれはその知性を通じて普遍を認識している限りにおいて，普遍のもとには可能態においては無限の個物が含まれている以上，数の点で無限の事物を判断しているからである．したがって，可能知性は物体のうちにある力ではない，というわけである6)．

1359. さて，アヴェロエスや（アヴェロエス自身が言っているように）何人か

---

5) この表現は *Averroes*, III, 5, p.388, 52. に現れる．知性の受容と第一質料の受容の対比を普遍的形相と個別的形相の対比として捉える議論も，また次の1357節の論拠もこの箇所に見いだされる．

6) *Averroes*, III, 19, p.441, 35 seq.

ad ponendum intellectum possibilem, quo intelligit anima, esse separatum secundum esse a corpore, et non esse formam corporis.

1360. — Sed quia hic intellectus nihil ad nos pertineret, nec per ipsum intelligeremus, nisi nobiscum aliquo modo coniungeretur; determinat etiam modum quo continuatur nobiscum, dicens quod species intellecta in actu est forma intellectus possibilis, sicut visibile in actu est forma potentiae visivae. Unde ex intellectu possibili et forma intellecta in actu fit unum. Cuicumque igitur coniungitur forma intellecta praedicta, coniungitur intellectus possibilis. Coniungitur autem nobis mediante phantasmate, quod est subiectum quoddam illius formae intellectae. Per hunc igitur modum etiam intellectus possibilis nobiscum continuatur.

1361. — Quod autem haec frivola sint et impossibilia facile est videre. Habens enim intellectum est intelligens. Intelligitur autem id cuius species intelligibilis intellectui unitur. Per hoc igitur quod species intelligibilis intellectui unita est in homine per aliquem modum, non habebit homo quod sit intelligens, sed solum quod intelligatur ab intellectu separato.

1362. — Praeterea. Sic species intellecta in actu est forma intellectus possi-

第 59 章　　　　　　　　　　　　　　　　　　　　　　　　　　　　　　　45

の古代の人々は[7]，以上の理由に動かされて，それによって魂が知性認識する可能知性は存在にそくして身体から分離しており，身体の形相ではないと主張したのである。

1360. とはいえ，この知性がわれわれ〔一人一人の人間〕と何らかの仕方で連接していなければ，この知性は少しもわれわれに属しているのではなく，それによってわれわれが知性認識するのでもないことになるのであるから，アヴェロエスであっても可能知性がわれわれと接合する様態をも規定し次のように言うのである。すなわち，現実態にある可視的なものが視力の形相であるのと同様に，現実態にある知性認識された形象は可能知性の形相である。だから，可能知性と現実態にある知性認識された形相とから一つのものが生じる。それゆえ，前述の知性認識された形相が結びついているもののどれにでも，可能知性は結びついている。ところで，可能知性は表象像を介してわれわれと結びついており，表象像はある意味で知性認識された形相の基体なのである。したがって，この様態において可能知性もまたわれわれと接合しているのである[8]。

1361. だが，こんなことが取るに足らない不可能なことであることは，容易に分かる。すなわち，知性を有するものは知性認識する側のものである。それに対し，知性認識される側のものとはそれの可知的形象が知性と合一しているものである。それゆえ〔1360節の論拠にしたがうなら〕，人間のうちに知性と合一した可知的形象が何らかの仕方で存在することによって人間が知性認識する側のものであることになるのではなく，人間は分離した知性によって知性認識されることになるだけなのである[9]。

1362. さらに，現実態にある可視的形象が視力あるいは目そのものの形相であ

　　7）アヴェロエスが同じ見解を取ったとして名前を挙げているのは，テオプラストスとテミスティウスである。cf. *Averroes*, III, 5, p.389
　　8）この接合は，「知性認識された形相」（あるいは「可知的形象」）は一方で身体から分離しているとされる可能知性と一つになっていると同時に，個々の人間の身体と結びついた感覚レベルの表象像をも基体としているということを根拠にしていることになる。可知的形象は可能知性と表象像をともに基体としているとする「二重基体説」と呼べるものである。*Averroes*, III, 5, p.404, 513–p.405, 527を参照。また，本書第76章1578節参照。
　　9）「二重基体説」を認めたとしても，可知的形象が個々の人間と関係するのは「人間の持つ表象像から得られた」，人間「の」可知的形象だからであるからであって，個々の人間は認識対象の側に位置づけられるとしても認識主体の側に位置づけられることにはならない，というのがアクィナスの反論である。この反論は *DUI*, 3, p.303, 76–96. で詳述されている。

bilis, sicut species visibilis in actu est forma potentiae visivae, sive ipsius oculi. Species autem intellecta comparatur ad phantasma sicut species visibilis in actu ad coloratum quod est extra animam: et hac similitudine ipse utitur, et etiam Aristoteles. Similis igitur continuatio est intellectus possibilis per formam intelligibilem ad phantasma quod in nobis est, et potentiae visivae ad colorem qui est in lapide. Haec autem continuatio non facit lapidem videre, sed solum videri. Ergo et praedicta continuatio intellectus possibilis nobiscum non facit nos intelligere, sed intelligi solum. Planum autem est quod proprie et vere dicitur quod homo intelligit: non enim intellectus naturam investigaremus nisi per hoc quod nos intelligimus. Non igitur sufficiens est praedictus continuationis modus.

1363. — Adhuc. Omne cognoscens per virtutem cognoscitivam coniungitur obiecto, et non e converso: sicut et operans omne per virtutem operativam coniungitur operato. Homo autem est intelligens per intellectum sicut per virtutem cognoscitivam. Non igitur coniungitur per formam intelligibilem intellectui, sed magis per intellectum intelligibili.

1364. — Amplius. Id quo aliquid operatur, oportet esse formam eius: nihil enim agit nisi secundum quod est actu; actu autem non est aliquid nisi per id quod est forma eius; unde et Aristoteles probat animam esse formam,

るのと同じように，現実態において知性認識された形象は可能知性の形相である。ところで，知性認識された形象と表象像との関係は，現実態にある可視的形象と魂の外にある色をもつものとの関係と同じである。そして，この〔色との〕類似性をアヴェロエス自身もアリストテレスも用いている[10]。それゆえ，われわれのうちにある表象像に対する可知的形相を通じた可能知性の接合と，石のうちにある色に対する視力の接合とは類似している。ところが，このような接合によって石は見るのではなく見られるようになるだけである。それゆえまた，われわれと可能知性との前述の接合によって，われわれは知性認識するようになるのではなくて，知性認識されるだけなのである[11]。ところで，平明なことであるが，〈知性認識するのは人間である〉[12]ということは本来的で真の意味で語られる。実際，われわれは自分が知性認識しているということを通じてしか知性の本性を探究し得ないのである。したがって，前述の接合の様態は十分なものではないのである。

1363. さらに，あらゆる認識者について，それが対象と結びつくのは認識能力を通じてであって，その逆ではない。はたらくものはすべてはたらきのちからを通じてはたらきの結果と結びつくのと同様である。ところが，人間が知性認識するものであるのは，認識能力としての知性を通じてである。したがって，人間が知性に可知的形相を通じて結びつくのではなく，むしろ人間は可知的なものに知性を通じて結びつくのである。

1364. さらに，或るものがそれによってはたらきをなすものとは，そのものの形相でなければならない。というのも，なにものも現実態にある限りにおいてしか作用しないのであるが，なにかが現実態にあるのは，それの形相であるものを通じてだからである。だからこそアリストテレスも魂が形相であるということを，

---

10) アヴェロエスについては，*Averroes*, III, 5, 395-418, アリストテレスについては『魂について』第3巻5章430a16-17

11) 石の色―視力の中の色の形象―視力，それと個々の人間の表象像―可能知性の中の可知的形象―可能知性という関係は平行的であるが，「二重基体説」を前提するならば，石は知覚するのではなく知覚されるだけであるように，人間は知性認識するのではなく知性認識されるだけになるという反論。これも *DUI* 3, p.303, 97-p.304, 118で詳述されている。

12) この命題はより厳密には「知性認識するのはこの個的な人間である（hic homo intelligit）」と表現され，アヴェロエスの立場に対するアクィナスの根本的な前提である。*InDA* III, p.205,282-p.206,284では「明らかに，知性認識するのはこの人間である。実際，もしこのことが否定されるのであれば，この〔アヴェロエスの〕見解を語る者は何も理解していないし，耳を傾ける必要もない」と言われている。本書「解説」4節末尾を参照。

per hoc quod animal per animam vivit et sentit. Homo autem intelligit, et non nisi per intellectum: unde et Aristoteles, inquirens de principio quo intelligimus, tradit nobis naturam intellectus possibilis. Oportet igitur intellectum possibilem formaliter uniri nobis, et non solum per suum obiectum.

1365. — Praeterea. *Intellectus in actu et intelligibile in actu sunt unum*: sicut *sensus in actu et sensibile in actu*. Non autem intellectus in potentia et intelligibile in potentia: sicut nec sensus in potentia et sensibile in potentia. Species igitur rei, secundum quod est in phantasmatibus, non est intelligibilis actu: non enim sic est unum cum intellectu in actu sed secundum quod est a phantasmatibus abstracta; sicut nec species coloris est sensata in actu secundum quod est in lapide, sed solum secundum quod est in pupilla. Sic autem solum continuatur nobiscum species intelligibilis secundum quod est in phantasmatibus, secundum positionem praedictam. Non igitur continuatur nobiscum secundum quod est unum cum intellectu possibili ut forma eius. Igitur non potest esse medium quo continuetur intellectus possibilis nobiscum: quia secundum quod continuatur cum intellectu possibili, non continuatur nobiscum, nec e converso.

1366. — Patet autem eum qui hanc positionem induxit, aequivocatione de-

第 59 章

動物が生きて感覚しているのは魂によってであるということを通じて証明しているのである〔『魂について』第2巻2章412a12-14〕。ところで，知性認識しているのは人間であるが，それは知性によってでしかない。だからアリストテレスもそれによってわれわれが知性認識している原理を探究するときに，可能知性の本性をわれわれに示しているのである〔『魂について』第3巻4章430a2-5〕。したがって，可能知性がわれわれと合一しているのは形相としてでなければならないのであって，単にその対象を通じてではないのである。

1365. さらに「現実態にある感覚と現実態にある可感的なもの」とがそうであるように，「現実態にある知性と現実態にある可知的なものとは一つなのである」[13]。だが，可能態にある感覚と可能態にある可感的なものが一つでないのと同じように，可能態にある知性と可能態にある可知的なものとは一つではない。それゆえ，表象像のうちにあるかぎりでの事物の形象は現実態において可知的ではない。なぜなら，現実態にある知性と一つとなるのはそのような場合ではなく，形象が表象像から抽象されている限りにおいてだからである。それはちょうど，色の形象が現実態において感覚されるのは形象が石のうちにある限りにおいてではなく，瞳のうちにある限りにおいてでしかないのと同様なのである。だが，前述の主張によるならば，可知的形象がわれわれと接合するのはそれが表象像のうちにある限りにおいてだけなのである。だから，可知的形象がわれわれと接合するのは，可知的形象が可能知性の形相として可能知性と一つになっている限りにおいてではない。それゆえ，可知的形象は可能知性がわれわれと接合する媒介ではあり得ないのである。なぜなら，可知的形象が可能知性と接合することにそくして，それがわれわれと接合するのではないし，またその逆でもないからである[14]。

1366. さて，この主張を導入した人が同名異義性に欺かれていたことが明らか

---

13) アリストテレスの認識理論に基本となる原則。感覚については，『魂について』第3巻2章425b25-26，知性については同第4章430a3-4を参照。可能態にある色（つまり，まだ実際に知覚されていない色）と可能態にある視覚（つまり，まだ実際に色を知覚していない視覚）とは異なった存在者となっているが，現に知覚が成立している場面においては「色が知覚されていること」と「視覚が色を知覚していること」とは同じ一つの事態なのである。知性的な理解内容についても同じ構図で考えられている。

14) 可知的形象を通じた個々の人間との関係を措定するという「二重基体説」では，感覚レベルの関係しか示したことにならず，知性的なレベルで個々人に知性的なはたらきが帰属していることを説明したことにならないというのがアクィナスのポイントである。

ceptum fuisse. Colores enim extra animam existentes, praesente lumine, sunt visibiles actu ut potentes movere visum: non autem ut actu sensata, secundum quod sunt unum cum sensu in actu. Et similiter phantasmata per lumen intellectus agentis fiunt actu intelligibilia, ut possint movere intellectum possibilem: non autem ut sint intellecta actu, secundum quod sunt unum cum intellectu possibili facto in actu.

1367. — Item. Ubi invenitur altior operatio viventis, ibi invenitur altior species vitae, correspondens illi actioni. In plantis enim invenitur sola actio ad nutritionem pertinens. In animalibus autem invenitur altior actio, scilicet sentire et moveri secundum locum: unde et animal vivit altiori specie vitae. Sed adhuc in homine invenitur altior operatio ad vitam pertinens quam in animali, scilicet intelligere. Ergo homo habebit altiorem speciem vitae. Sed vita est per animam. Habebit igitur homo altiorem animam, qua vivit, quam sit anima sensibilis. Nulla autem est altior quam intellectus. Est igitur intellectus anima hominis. Et per consequens forma ipsius.

1368. — Adhuc. Quod consequitur ad operationem alicuius rei, non largitur alicui speciem: quia operatio est actus secundus; forma autem per quam aliquid habet speciem, est actus primus. Unio autem intellectus possibilis ad hominem, secundum positionem praedictam, consequitur hominis operationem: fit enim mediante phantasia, quae, secundum Philosophum, est *motus factus a sensu secundum actum*. Ex tali igitur unione non consequitur

である。魂の外に存在している色は，光が現存するときに現実態において可視的なものとなるが，それは視覚を動かし得るものとしてであって，現実態にある感覚と一つであることによって現実態において感覚されたものとしてではない。同様に，表象像は能動知性の光によって現実態において可知的なものとなる。だが，それは可能知性を動かし得るものとしてであって，現実態にあるものとされた可能知性と一つであることによって現実態において知性認識されたものとしてではないのである[15]。

1367. 同じく，生きているものに属するより上位のはたらきが見いだされるところでは，その作用に対応したより上位の種の生命が見いだされる。実際，植物には栄養摂取に属する作用だけが見いだされるのに対して，動物には感覚することや場所的に動くといったより上位の作用が見いだされる。だからまた，動物は生命のより上位の種において生きているのである。だが，人間においてはさらに動物におけるよりも，生命に属するより上位のはたらきが見いだされるのであり，それが知性認識することである。それゆえ，人間はより上位の種の生命を持っていることになるであろう。ところが，生命とは魂によって存在する。それゆえ，人間は感覚的魂よりもより上位の魂を持っており，それによって生きていることになろう。ところが，知性よりも上位の魂は何もない。したがって，知性が人間の魂なのであり，それゆえ人間の形相なのである[16]。

1368. さらに，ある事物のはたらきに随伴するものによって，何かにその種が与えられるということはない。なぜなら，はたらきは第二現実態であるのに対して，形相が第一現実態であり，何かに種が与えられるのは形相によってだからである。ところが，前述の主張にしたがうならば，可能知性の人間への合一に随伴するのは人間のはたらきである。というのも，その合一は表象を介して生じるとされるのであるが，アリストテレスによれば表象とは「現実態において感覚によってなされた動」〔『魂について』第3巻3章429a1-2〕なのである。それゆえ，このような合一によって人間が種を得るのではないことになる。したがって，知

---

15) つまり，「現実態において可知的」「現実態において可感的」という表現の「現実態において」の二つの異なった意味を混同しているということ。
16) アクィナスの最も公式な見解では「知性（intellectus）」は人間の魂の「能力（potentia）」であって，知性が即魂だというこの箇所の表現は多少逸脱的である。だが，知性的魂（anima intellectiva）がその主たる能力・ちからである知性のゆえに「知性」と呼ばれることがあることは認められている。*ST* I, q.79, a.1, ad 1.

homo speciem. Non igitur differt homo specie a brutis animalibus per hoc quod est intellectum habens.

1369. — Amplius. Si homo speciem sortitur per hoc quod est rationalis et intellectum habens, quicumque est in specie humana, est rationalis et intellectum habens. Sed puer, etiam antequam ex utero egrediatur, est in specie humana: in quo tamen nondum sunt phantasmata, quae sint intelligibilia actu. Non igitur est homo intellectum habens per hoc quod intellectus continuatur hominis mediante specie intelligibili cuius subiectum est phantasma.

性を持つということによっては，人間と非理性的動物とが種において異ならないことになってしまうのである。

1369. さらに，人間は理性的であり知性を有することによって種を得るとするならば，人間という種にあるものはどんなものでも理性的で知性を有することになる。ところが，子供は胎内から出てくる前でさえも人間という種にある。ところが，子供のうちには現実態において可知的なものである表象像はまだないのである。それゆえ，人間が知性を有するものとなることは，表象像がその基体である可知的形象を介して知性が人間と接合することによるのではないのである[17]。

---

17) 以上二つのアクィナスの反論は，実体的形相によって特定の種として存在するという第一現実態とそれを前提としてその形相にもとづいて何らかのはたらきをなす第二現実態との区別にもとづく。人間は人間という種として存在することにおいて「知性的」であって，その知性のはたらきを現実化していない状態であっても人間として現実に存在する。そして，その第一現実態をもたらしているのが知性的魂という実体的形相だとされ，アヴェロエスの立場は仮に説明になっているとしても第二現実態である知性的なはたらきの説明でしかないのである。

CAPUT 60.

Quod homo non sortitur speciem per intellectum passivum, sed per intellectum possibilem.

1370. — a) His autem rationibus obviatur secundum praedictam positionem.

b) Dicit enim praedictus Averroes quod *homo differt* specie *a brutis per intellectum quem* Aristoteles *vocat passivum*, qui est ipsa *vis cogitativa*, quae est propria homini, loco cuius alia animalia habent quandam *aestimativam naturalem*. Huius autem cogitativae virtutis est distinguere intentiones individuales, et comparare eas ad invicem: sicut intellectus qui est *separatus et immixtus*, comparat et distinguit inter intentiones universales. Et quia per hanc virtutem, simul cum imaginativa et memorativa, praeparantur phantasmata ut recipiant actionem intellectus agentis, a quo fiunt intelligibilia actu, sicut sunt aliquae artes *praeparantes materiam artifici* principali; ideo praedicta virtus vocatur nomine *intellectus* et *rationis*, de qua *medici dicunt quod* habet sedem in *media* cellula capitis. Et secundum dispositionem huius virtutis differt homo unus ab alio in ingenio et in aliis quae pertinent ad intelligendum. Et per *usum* huius *et exercitium* acquirit homo *habitum* scientiae. Unde habitus scientiarum sunt in hoc intellectu passivo sicut in subiecto. Et hic intellectus passivus a principio adest puero, per quem sortitur speciem humanam, antequam actu intelligat.

第 60 章
人間がその種を得るのは受動知性ではなく可能知性を通じてであること

1370. a) だが，以上の論拠に対しては，前述の立場から次のように反論されるかもしれない。

b) 実際，前述のアヴェロエスは次のように言っている[1]。「人間と非理性的動物とが」種において「異なるのは」アリストテレスが〔『魂について』第3巻5章430 a 24－25〕「受動的と呼んでいる知性による」のである。この知性は人間に固有な「思考力」そのものなのであり，他の動物の場合にはこれに代わって何らかの「自然本性的評価力」がある。さて，この思考力によって個別的志向概念を区別し相互に比較するのであり，それは「分離し混じり合っていない」方の知性が普遍的志向概念を区別し比較するのと同様なのである。そして，想像力や記憶力とともにこのちから〔思考力〕によって表象像が準備され，能動知性の作用を表象像が受け取るようになり，その能動知性によって現実態における可知的なものが生じるのである。それは或る種の技術知が主要な「技術者の質料を準備する」ようなものなのである。それゆえに，この前述のちからは「知性」や「理性」という名称によって呼ばれており，「医学者たちの言うところでは」このちからの座は頭部の「中央の」空隙にあるのである。そして才能や他の知性認識に属していることがらにおいて人々に相違があるのは，このちからの状態によるのである。また，このちからの「使用と遂行によって」人間は学知という「習得態」を獲得する。だから，諸学知という習得態はこの受動知性をその基体としているのである。そしてまた，この受動知性は子供に初めから備わっており，現実態において子供が知性認識する以前に，この知性によって子供は人間という種を得ることになる，というわけである[2]。

---

1) この節全体が *Averroes* III, 20, p.449, 173以下の記述による。
2) 前章で「二重基体説」と呼んだ立場において，可知的形象にとって可能知性（intellectus possibilis）とは別のもう一つの基体は単に「表象像（phantasmata）」とされていた。本章では「二重基体説」のいわば改良版が提示され，否定される。「表象像」は外的な五感ではない

1371. — Quod autem haec sint falsa, et abusive dicta, evidenter apparet. Operationes enim vitae comparantur ad animam ut actus secundi ad primum: ut patet per Aristotelem, in II *de Anima*. Actus autem primus in eodem praecedit tempore actum secundum: sicut scientia est ante considerare. In quocumque igitur invenitur aliqua operatio vitae, oportet in eo ponere aliquam partem animae quae comparetur ad illam operationem sicut actus primus ad secundum. Sed homo habet propriam operationem supra alia animalia, scilicet intelligere et ratiocinari, quae est operatio hominis inquantum est homo, ut Aristoteles dicit, in I *Ethicorum*. Ergo oportet in homine ponere aliquod principium quod proprie dat speciem homini, quod se habeat ad intelligere sicut actus primus ad secundum. Hoc autem non potest esse intellectus passivus praedictus: quia principium praedictae operationis oportet esse *impassibile et non mixtum corpori*, ut Philosophus probat; cuius contrarium apparet de intellectu passivo. Non igitur est possibile quod per virtutem cogitativam, quae dicitur intellectus passivus, homo speciem sortiatur, per quam ab aliis animalibus differat.

1372. — Adhuc. Quod est passio partis sensitivae, non potest ponere in altiori genere vitae quam sit vita sensitiva: sicut quod est passio animae nutritivae, non ponit in altiori genere vitae quam sit vita nutritiva. Constat autem quod phantasia, et huiusmodi potentiae quae ad ipsam consequuntur, ut

1371. だがこれが偽であり，間違った言葉であることは明々白々である。生命のはたらきと魂の関係が第二現実態と第一現実態の関係であることは，アリストテレス『魂について』第2巻〔1章412a22-28〕から明らかである。ところで，同じものにおいては第一現実態の方が時間的には第二現実態に先行する。たとえば，学知〔を所有していること〕が考察を行うこと〔学知を実際に行使すること〕よりも先にあるのである。それゆえ，生命の何らかのはたらきが見いだされるもののどれにおいても，そこに魂の何らかの部分を措定しなければならない。その部分が第一現実態として第二現実態であるはたらきに関係しているのである。だが，人間には，知性認識することや推理することのように，他の動物を越えた固有なはたらきがあり，それが人間である限りでの人間に属するような固有のはたらきである。このことはアリストテレス『〔ニコマコス〕倫理学』第1巻〔6章1097b24-28〕に述べられているとおりである。それゆえ，人間に固有の仕方で〔人間という〕種を付与するような何らかの原理を人間のうちに措定しなければならず，その原理は知性認識することに対して，第一現実態が第二現実態に対するように関係しているのである。だが，前述の受動知性はそのようなものではあり得ない。というのは，上述のはたらきの原理は，哲学者〔アリストテレス〕が証明しているように，「非受動で身体と混じり合っていない」ものでなければならないからであるが，受動知性はそれとは反対であることが明らかだからである。したがって，人間に種が付与され，それによって人間が他の動物と異なることになるということは，受動知性と呼ばれる思考力によっては不可能なのである。

1372. さらに，感覚的部分の状態であるものによっては，感覚的生命より高次の種類の生命が与えられることはあり得ない。栄養摂取的部分の状態であるものによって，栄養摂取的生命より高次の種類の生命が与えられないのと同様である。ところで，表象力やそれに後続する記憶力や同様の能力というのは，アリストテ

が「内部感覚」の一つとして身体器官の内に座を持つものであるが，能動知性がそれと関わりそこから普遍的認識内容を獲得できるようなものである。表象像のそのような身分を「準備する」のが「思考力」であり，これが「知性」や「理性」と呼ばれ得るとされる。もちろん，この能力は本来の普遍に関わる知性（能動知性や可能知性）ではなく，あくまで身体に依拠する感覚的次元において個別に関わる能力にとどまるのであるが，まさにその身体性ゆえに個々の人間に帰属すると見なされる。実はアクィナスもこの構図全体は承認しており，思考力は「個別理性（ratio particularis）」と呼ばれることがあるとする。*ST* I, q.78, a.4, c; q.79, a.2, ad 2; q.81, a.3, c. 参照。

memorativa et consimiles, sunt passiones partis sensitivae: ut Philosophus probat in libro *de Memoria*. Non igitur per praedictas virtutes, vel aliquam earum, aliquod animal potest poni in altiori genere vitae quam sit vita sensitiva. Homo autem est in altiori genere vitae: quod patet per Philosophum, in II *de Anima*, qui, distinguens genera vitae, superaddit intellectivum, quod homini attribuit, sensitivo, quod attribuit communiter omni animali. Non igitur homo est vivens vita sibi propria per virtutem cogitativam praedictam.

1373. — Amplius. Omne movens seipsum, secundum quod probat Philosophus, in VIII *Physic*., componitur ex movente et moto. Homo autem, sicut et alia animalia, est movens seipsum. Ergo movens et motum sunt partes ipsius. Primum autem movens in homine est intellectus: nam intellectus suo intelligibili movet voluntatem. Nec potest dici quod solus intellectus passivus sit movens: quia intellectus passivus est solum particularium; in movendo autem accipitur et universalis opinio, quae est intellectus possibilis, et particularis, quae potest esse intellectus passivi; ut patet per Aristotelem, in III *de Anima* et in VII *Eth.*. Ergo intellectus possibilis est aliqua pars hominis. Et est dignissimum et formalissimum in ipso. Igitur ab eo speciem sortitur, et non ab intellectu passivo.

1374. — Adhuc. Intellectus possibilis probatur non esse actus corporis alicuius propter hoc quod est cognoscitivus omnium formarum sensibilium in universali. Nulla igitur virtus cuius operatio se extendere potest ad univer-

レスが『記憶〔と想起について〕』〔1章450a22-25〕で証明しているように，感覚的部分の状態なのである。それゆえ，上述の諸々のちからやそれらのうちの一つによって，何らかの動物が感覚的生命より高次の種類の生命が与えられることはあり得ない。ところが，人間はより高次の種類の生命のうちにある。このことは哲学者の『魂について』第2巻〔2章413a22-25〕によって明らかである。つまり，そこで哲学者は生命の種類を区分するときに，あらゆる動物に共通して帰属させている感覚的力の上に知性的力を付加し，それを人間に帰属させているからである。したがって，人間が自己に固有の生命において生きているものとなっているのは，前述の思考力によってではないのである。

1373. さらに，哲学者が『自然学』第8巻〔5章257a33-b13〕で証明しているように，自己を動かしているものはすべて動かすものと動かされるものとから複合されている。ところで，人間は他の動物と同様に自己を動かしているものである。それゆえ，動かすものと動かされるものとは人間の部分である。さて，人間において第一に動かすものとは知性である。というのは，知性は自己のもとにある可知的なものによって意志を動かすからである[3]。また，受動知性だけが動かすものであるとも言い得ない。というのは，受動知性は個別的なものだけに関わる。だが，動かすことにおいては，個別的な見解とともに普遍的な見解も受けとられるのであり，前者は受動知性に属することが可能であるが，後者は可能知性に属しているからである。このことはアリストテレス『魂について』第3巻〔2章434a16-21〕と『倫理学』第7巻〔5章1146b24-1147a10〕において明らかである。それゆえ，可能知性は人間の或る部分であることになる。そして，それは人間における最も高貴で最も形相的なものなのである。したがって，人間はその知性によってその種を得るのであって，受動知性によってではないのである。

1374. さらに，可能知性がいかなる身体の現実態でもないということは，それがすべての可感的形相を普遍的に認識し得るものであることによって証明されている。それゆえ，そのはたらきがすべての可感的形相の普遍へと及びうるような

---

3) 知性と知性的欲求である意志との関係については，認知能力としての知性が何らかの認識内容を意志にあらかじめ提示しなければ，その認識内容の善さを欲求できないという考えがアクィナスの基本的考えである。その意味でここでも知性が「第一に」動かすものであると述べられている。ただ，次の1374節にも見られるように，その知性の認識活動そのものを発動させるのは意志であるとする別の側面もアクィナスは承認しており，簡単な整理を許さない。*ST* I–II, q.9, a.1. を参照。また，山口（2006）を参照。

salia omnium formarum sensibilium, potest esse actus alicuius corporis. Voluntas autem est huiusmodi: omnium enim eorum quae intelligimus possumus habere voluntatem, saltem ea cognoscendi. Apparet etiam actus voluntatis in universali: *odimus enim*, ut dicit Aristoteles in sua *Rhetorica, in universali latronum genus, irascimur autem particularibus tantum.* Voluntas igitur non potest esse actus alicuius partis corporis, nec consequi aliquam potentiam quae sit actus corporis. Omnis autem pars animae est actus alicuius corporis praeter solum intellectum proprie dictum. Igitur voluntas in intellectiva parte est: unde et Aristoteles dicit, in III *de Anima,* quod *voluntas in ratione est, irascibilis autem et concupiscibilis in parte sensitiva.* Propter quod et actus concupiscibilis et irascibilis cum passione sunt: non autem actus voluntatis, sed cum electione. Voluntas autem hominis non est extrinseca ab homine, quasi in quadam substantia separata fundata, sed est in ipso homine. Aliter enim non esset dominus suarum actionum, quia ageretur voluntate cuiusdam substantiae separatae; et in ipso essent tantum potentiae appetitivae cum passione operantes, scilicet irascibilis et concupiscibilis, quae sunt in parte sensitiva, sicut et in ceteris animalibus, quae magis aguntur quam agant. Hoc autem est impossibile, et destructivum totius moralis philosophiae et politicae conversationis. Oportet igitur intellectum possibilem in nobis esse, per quem a brutis differamus, et non solum secundum intellectum passivum.

第60章

ちからは，どれもいかなる身体の現実態でもあり得ない。ところが，意志はこのようなちからなのである。実際，われわれは知性認識しているすべてのことがらについて意志を，少なくともそれらのことを認識しようという意志を持ち得るのである。また，意志の作用〔現実態〕が普遍的であることは明らかである。実際「われわれは普遍的に泥棒という類を憎むが，怒るのは個別的な泥棒に対してだけなのである」とアリストテレスが『弁論術』〔2巻4章1382a4-6〕で言っているようにである。それゆえ，意志は身体のどんな部分の現実態でもあり得ないし，身体の現実態である何らかの能力から帰結するものでもあり得ない。ところで，固有な意味での知性を除けば，魂のあらゆる部分は何らかの身体の現実態である。それゆえ，意志は知性的部分のうちにあるのであり，そのためにアリストテレスも『魂について』第3巻〔9章432b5-6〕で「意志は理性のうちにあるが，怒情的力と欲望的力は感覚的部分のうちにある」と言うのである[4]。このために，怒情的力と欲望的力の作用は情念とともにあるが，意志の作用はそうではなく選択とともにあるのである。さて，人間の意志は何らかの離存実体において基礎をおくというような意味で人間にとって外在的なものではなく，人間そのもののうちにある。もしそうでないとするならば，人間は何らかの離存実体の意志によって作用を受けていることになり，人間は自己の行為の主人ではないことになってしまうからである。さらに，人間のうちには情念とともにはたらく欲求的能力だけが，つまり，感覚的部分のうちにある怒情的力と欲求的力だけがあることになってしまうからである。つまり，人間は他の動物と同じことになり，作用をなすというより作用を受けているものであることになってしまうのである。こんなことは不可能であるし，道徳哲学全体と政治（社会）的まじわりの全体を破壊することになる[5]。したがって，われわれのうちにあるのは可能知性であり，それによってわれわれは非理性的動物とは異なったものとなるのであって，受動知性の点だけで異なるのではないのである。

---

4) Mはこれをイタリックにしているが，『魂について』のラテン語訳ではこのままのテキストは見いだされない。とりわけ，アリストテレスには「怒り」にあたる語は見いだされるが，「怒情的力（irascibilis）」といった術語はない。この術語をアクィナスはネメシウスとダマスケヌスから得ていたと思われる。

5) つまり，人間は自己自身の意志による「選択（electio）」の自由を有していることが認められなければ，責任や罪という道徳的・社会的な人間のあり方が根底から崩れることになる。本書第76章1579節参照。

1375. — Item. Sicut nihil est potens agere nisi per potentiam activam in ipso existentem, ita nihil potens est pati nisi per potentiam passivam quae in ipso est: combustibile enim est potens comburi non solum quia est aliquid potens comburere ipsum, sed etiam quia habet in se potentiam ut comburatur. *Intelligere autem quoddam pati* est ut dicitur in III *de Anima*. Cum igitur puer sit potentia intelligens, etsi non actu intelligat, oportet quod sit in eo aliqua potentia qua sit potens intelligere. Haec autem potentia est intellectus possibilis. Oportet igitur quod puero iam sit coniunctus intellectus possibilis antequam actu intelligat. Non est igitur continuatio intellectus possibilis cum homine per formam intellectam in actu, sed ipse intellectus possibilis inest homini a principio sicut aliquid eius.

1376. — Huic autem rationi respondet Averroes praedictus. Dicit enim quod puer dicitur *potentia intelligens duplici ratione. Uno modo, quia phantasmata quae sunt in ipso, sunt intelligibilia in potentia*. Alio modo, *quia intellectus possibilis est potens continuari cum* ipso: et non quia intellectus sit iam unitus ei.

1377. — Ostendendum est autem quod uterque modus sit insufficiens. Alia enim est potentia qua agens potest agere, et alia potentia qua patiens potest pati, et ex opposito dividuntur. Ex eo igitur quod convenit alicui quod possit agere, non competit ei quod possit pati. Posse autem intelligere est posse pati: cum *intelligere quoddam pati sit*, secundum Philosophum. Non

第60章

1375. 同じく，どんなものでもそのうちに存在している能動的能力によってしか作用をなし得ないのと同様に，そのうちにある受動的能力によってしか作用を受け得ない。たとえば，燃焼し得るものが燃焼可能であるのは，単にそれが自分自身を燃焼させ得る何かであるからだけではなく，自己のうちに燃焼させられ得る能力を有しているからでもあるのである。さて，『魂について』第3巻〔4章429a13-14〕において述べられているように，「知性認識することはある種の受動することである」。それゆえ，子供はたとえ現実態において知性認識していなくとも，可能態においては知性認識するものであるから，子供のうちに知性認識することが出来る何らかの能力が存在しているのでなければならない。さて，この能力が可能知性である。それゆえ，子供が現実態において知性認識する前にも子供には可能知性がすでに接合していなければならない。したがって，知性と人間との接合は現実態において知性認識された形相によるのではなく，可能知性そのものが人間に属する何かとして初めから人間に内属しているのである。

1376. ところで，前述のアヴェロエスはこの論拠に対して次のように応答し，次のように言っている。子供が「可能態において知性認識するものであるということには二つの根拠がある。第一には，子供のうちにある表象像が可能態において可知的だからである」。第二には「可能知性が」子供「と接合し得るものだからであって」，知性がすでに子供と合一しているからではない，と言うのである[6]。

1377. だが，この二つの様態が不十分であることを次のようにして明示すべきである。作用者が作用し得る能力と受動者が受動し得る能力とは別の能力であり，対立的なものとして区分される。それゆえ，作用し得るということが何かに適合しているならば，受動し得るということはそれには適合しないのである。ところで，知性認識し得るということは受動し得るということである。哲学者によれば「知性認識することはある種の受動すること」〔1375節参照〕だからである。それ

---

[6] つまり，「二重基体説」であっても，可知的形象にとっての基体である表象像と可能知性を知性認識という「はたらき」の次元での可能態として捉えることによって，現実的に知性認識していない子供の「知性的存在」としての身分は担保できる，とアヴェロエスは考えるのである。この節から本章末尾までは，本章の論題であった「受動知性」という論点から少しずれて，現に知性認識していない子供の例をきっかけとして，人間の知性におけるはたらきの次元（第二現実態）と存在の次元（第一現実態）との関係についての一般論が論じられている。この節は *Averroes* III, 5, p.405, 520-527による。

igitur dicitur puer potens intelligere ex eo quod phantasmata in eo possunt esse intellecta in actu: cum hoc pertineat ad posse agere; phantasmata enim movent intellectum possibilem.

1378. — Adhuc. Potentia consequens speciem alicuius non competit ei secundum id quod speciem non largitur. Posse autem intelligere consequitur speciem humanam: est enim intelligere operatio hominis inquantum huiusmodi. Phantasmata autem non dant speciem humanam, sed magis consequuntur operationem hominis. Non ergo ratione phantasmatum potest dici puer potentia intelligens.

1379. — Similiter autem neque potest dici puer posse intelligere quia intellectus possibilis potest continuari cum ipso. Sic enim aliquis dicitur potens agere vel pati per potentiam activam vel passivam, sicut dicitur *albus* per *albedinem*. Non autem dicitur aliquis albus antequam albedo sit ei coniuncta. Ergo neque dicitur aliquis potens agere vel pati antequam potentia activa vel passiva ei adsit. Non ergo de puero posset dici quod est potens intelligere antequam intellectus possibilis, qui est potentia intelligendi, sit ei continuatus.

ゆえ，表象像が子供のうちにあってそれが現実態において知性認識されたものとなり得るからといって，子供が知性認識することが出来るものであるとは言えない。なぜなら，表象像は可能知性を動かすのである以上，このこと〔表象像が子供のうちにあるということ〕は作用し得るということに属しているからである[7]。

1378. さらに，何らかのものの種に随伴するような能力が，種を付与しないようなものにそくしてそのものに適合することはない。ところが，知性認識することができるということは，人間という種に随伴する。知性認識することは人間である限りでの人間のはたらきだからである。それに対して，表象像によって人間という種が与えられるのではなく，むしろ人間のはたらきから帰結するのである。したがって，表象像を理由として子供が可能態において知性認識していると言うことはできないのである[8]。

1379. 同様に，可能知性が子供と接合させられることが可能だからといって〈子供が知性認識することが可能である〉とも言い得ない。というのは，人が能動あるいは受動能力によって能動あるいは受動可能であると言われるのは，「白い人」が「白さ」によってそうであると言われるようなあり方においてである。ところが，白さがある人に結合するより前に〈その人が白い〉と語られることはないのである。それゆえ，能動あるいは受動能力がある人に備わる前に〈その人が能動あるいは受動可能である〉と語られることはない。したがって，知性認識する能力である可能知性が子供に接合する前に，〈子供は知性認識することが可能なものである〉と言うことはできないのである[9]。

---

7) 前章1371節を参照。ここでは「知性認識する（intelligere）」という文法的には能動形で表される事態が，じつは表象像（ひいては外的事物）によって「動かされている」という受動的事態であることが強調されている。

8) 子供は現実に知性認識のはたらきをなしていない場合であっても，すでに人間という種に属している。表象像はそのようにすでに人間である存在がなんらかのはたらきをなした結果として生じるものなのである。以上3つは，1376節の「第一の論拠」への反論である。

9) このアクィナスの反論は現実態・可能態というアリストテレスの概念枠を無視しているように思われるかもしれない。現在は「現実態において黒い人」であっても「可能態においては白い人」であることを認めることが，生成変化を説明するためのアリストテレスの基本戦略だったからである。しかし，ここで問題にされているのが「認識することが可能であること」という属性・述語であることに注意しなければならない。「可能である」という属性についてまで，そのことの内部に現実態・可能態の区別を持ち込むことは無限背進に陥ることになるのであるから，この属性に関しては「現に，現実態において備わっているか否か」だけしか問題にし得ないというのがアクィナスの立場であろう。

1380. — Praeterea. Aliter dicitur aliquis potens operari antequam habeat naturam qua operetur, et aliter postquam iam habet naturam sed impeditur per accidens ab operando: sicut aliter dicitur corpus potens ferri sursum antequam sit leve, et aliter postquam iam est generatum leve sed impeditur in suo motu. Puer autem est in potentia intelligens non quasi nondum habens naturam intelligendi, sed habens impedimentum ut non intelligat: impeditur enim ab intelligendo *propter multimodos motus in ipso existentes*, ut dicitur in VII *Physicorum*. Non igitur propter hoc dicitur potens intelligere quia intellectus possibilis, qui est intelligendi principium, potest continuari sibi: sed quia iam est continuatus et impeditur ab actione propria; unde, impedimento remoto, statim intelligit.

1381. — Item. Habitus est *quo quis operatur cum voluerit*. Oportet igitur eiusdem esse habitum, et operationem quae est secundum habitum. Sed considerare intelligendo, quod est actus huius habitus qui est scientiae, non potest esse intellectus passivi, sed est ipsius intellectus possibilis: ad hoc enim quod aliqua potentia intelligat, oportet quod non sit actus corporis alicuius. Ergo et habitus scientiae non est in intellectu passivo sed in intel-

1380.　さらに，〈人がはたらくことが可能である〉と語るときに，それによってはたらきをなす本性を持つ前の場合と，すでに本性を持った後だけれどもはたらくことを付帯的に妨げられている場合とでは別である。それは物体が上に向かうことが可能であると語るときに，軽いものとなる前の場合とすでに軽いものとなってしまっているけれども運動を妨げられている場合とでは別であるのと同様なのである。さて，子供が可能態において知性認識するものであるというのは，まだ知性認識する本性を持っていないものとしてではなく，知性認識できないような障碍を持つものとしてなのである。実際，『自然学』第7巻で述べられているように，知性認識を妨げられるのは，「彼〔子供〕のうちにある多くの様態の運動のため」なのである[10]。それゆえ，子供が知性認識することが可能なものであると語られるのは，知性認識の原理である可能知性が子供に結合させられ得ることのためではない。そうではなく，すでに接合しているが固有の作用を妨げられているからなのである。それゆえ，子供は障碍が除かれればすぐに知性認識するのである。

1381.　同じく，習得態とは「人が望むときにそれによってはたらきをなすもの」である[11]。それゆえ，習得態と習得態にそくしたはたらきとは同じものに属しているのでなければならない。ところが，知性認識作用において〈考察する〉ということは〈学知〉という習得態の現実態なのであるが，それは受動知性に属するのではなく，可能知性そのものに属するのである。何らかの能力が知性認識ということをなすためには，その能力はいかなる身体の現実態であってもいけないからである。それゆえ，学知という習得態も受動知性のうちにあるのではなく，

---

10)　Mはこのテキストを引用としているが，3章247b30-248a6の要約である。そこでは知性的な認識・学習において子供が大人に劣るのは，身体的・感覚的な動きや動揺が激しいためであるとされている。

11)　「習得態」と訳した habitus は「習慣」あるいは「所有態」などと訳してもよい語であるが，ここでは知性的認識という文脈であるためにこの訳語を選択した。習得態は純粋な可能態と現実態との間に位置づけられる状態であり，ギリシア語学習を例に取るならば，人間は生まれつきギリシア語を学ぶ「可能態（能力）」を備えているがまだギリシア語を学習していない時には純粋な可能態にある。また，ギリシア語を学習し終わって，現にプラトンの書をギリシア語で読んでいる時には，ギリシア語の能力を現実態において行使していることになる。しかし，ギリシア語は修得してしまっているが，現にプラトンを読んでいるのではない状態，しかし，読もうと思えばいつでも読むことが出来る状態が「習得態」なのである。自転車の操縦などのように，身体の習慣についても同様である。なお，Mでイタリックにされている箇所は Averroes III, 18, p.438, 26-28 であるが，正確な引用ではない。

lectu possibili. Scientia autem in nobis est, secundum quam dicimur scientes. Ergo et intellectus possibilis est in nobis, et non secundum esse a nobis separatus.

1382. — Adhuc. Scientiae assimilatio est scientis ad rem scitam. Rei autem scitae, inquantum est scita, non assimilatur sciens nisi secundum species universales: scientia enim de huiusmodi est. Species autem universales non possunt esse in intellectu passivo, cum sit potentia utens organo, sed solum in intellectu possibili. Scientia igitur non est in intellectu passivo, sed solum in intellectu possibili.

1383. — Amplius. Intellectus in habitu, ut adversarius confitetur, est effectus intellectus agentis. Intellectus autem agentis effectus sunt intelligibilia actu, quorum proprium recipiens est intellectus possibilis, ad quem comparatur agens *sicut ars ad materiam*, ut Aristoteles dicit, in III *de Anima*. Oportet igitur intellectum in habitu, qui est habitus scientiae, esse in intellectu possibili, non passivo.

1384. — Praeterea. Impossibile est quod perfectio superioris substantiae dependeat ab inferiori. Perfectio autem intellectus possibilis dependet ab operatione hominis: dependet enim a phantasmatibus, quae movent intellectum possibilem. Non est igitur intellectus possibilis aliqua substantia superior homine. Ergo oportet quod sit aliquid hominis ut actus et forma ipsius.

1385. — Adhuc. Quaecumque sunt separata secundum esse, habent etiam separatas operationes: nam res sunt propter suas operationes, sicut actus primus propter secundum; unde Aristoteles dicit, in I *de Anima*, quod, si aliqua operationum animae est sine corpore, quod *possibile est animam*

可能知性のうちにあるのである。ところが，学知はわれわれのうちにあり，それによってわれわれは学知を持つものと言われるのである。したがって，可能知性もわれわれのうちにあり，存在にそくしてわれわれから分離してはいないのである。

1382. さらに，学知における類似化とは学知を持つものの知られた事物への類似化である。ところで，知られたものである限りでの知られた事物に学知を持つものが類似化するのは，ただ普遍的形象にそくしてである。実際，学知とはそのような普遍に関わるものだからである。ところが，受動知性は身体器官を用いる能力であるから，そのうちには普遍的形象はあり得ず，可能知性においてのみ存在するのである。したがって，学知は受動知性のうちではなく，ただ可能知性においてのみ存在するのである。

1383. さらに，この反対論者が認めているように，習得態にある知性というのは能動知性の結果である[12]。ところが，能動知性の結果とは現実態にある可知的なものであり，それを本来的に受け取るものとは可能知性である。そして，アリストテレスが『魂について』第3巻〔5章430a12-13〕で述べているように，この可能知性に対して能動知性は「技術知が質料に対するように」関係しているのである。したがって，習得態の状態にある知性とは学知という習得態であるが，これは受動知性ではなく可能知性のうちになければならないのである。

1384. さらに，上位の実体の完全性が下位の実体に依存することは不可能である。ところが，可能知性の完全性は〈人間の〉はたらきに依存している。それは表象像に依存しており，その表象像が可能知性を動かしているからである。それゆえ，可能知性は人間よりも上位の何らかの実体ではない。したがって，それは人間の現実態や形相として人間に属する何かでなければならないのである。

1385. さらに，存在において分離しているものどもはどれも，分離したはたらきをも持つ。というのは，事物は第一現実態として存在し，第二現実態である自身のはたらきのために存在するからである。それゆえアリストテレスは『魂について』第1巻〔第1章403a11〕で，魂の何らかのはたらきが身体なしにあるとす

---

12) この主張は，Mの脚注によればAverroes III, 18, pp.437-438.であるが，F1によれば，III, 36, p.485.である。

separari. Operatio autem intellectus possibilis indiget corpore: dicit enim Philosophus, in III *de Anima*, quod intellectus potest agere per seipsum, scilicet intelligere, quando est factus in actu per speciem a phantasmatibus abstractam, quae non sunt sine corpore. Igitur intellectus possibilis non est omnino a corpore separatus.

1386. — Amplius. Cuicumque competit aliqua operatio secundum naturam, sunt ei a natura attributa ea sine quibus illa operatio compleri non potest: sicut Aristoteles probat, in II libro *de Caelo*, quod, si stellae moverentur motu progressivo ad modum animalium, quod natura dedisset eis organa motus progressivi. Sed operatio intellectus possibilis completur per organa corporea, in quibus necesse est esse phantasmata. Natura igitur intellectum possibilem corporeis univit organis. Non est igitur secundum esse a corpore separatus.

1387. — Item. Si sit secundum esse a corpore separatus, magis intelliget substantias quae sunt a materia separatae quam formas sensibiles: quia sunt magis intelligibiles, et magis ei conformes. Non potest autem intelligere substantias omnino a materia separatas, quia eorum non sunt aliqua phantasmata: hic autem intellectus *nequaquam sine phantasmate intelligit*, ut Aristoteles dicit, in III *de Anima*; sunt enim ei phantasmata *sicut sensibilia sensui*, sine quibus sensus non sentit. Non est igitur substantia a corpore separata secundum esse.

第60章

れば、「魂が分離していることが可能である」と言っているのである。ところで、可能知性のはたらきは身体を必要としている。それは、哲学者は『魂について』第3巻〔4章429b5-10〕で言っているように、知性がそれ自体によってはたらき得る、すなわち知性認識のはたらきをなし得るようになるのは、知性が表象像から抽象された形象によって現実態にもたらされたときであるが、その表象像は身体なしにはないからである。したがって、可能知性は完全な意味で身体から分離しているのではない[13]。

1386. さらに、その〔自然〕本性にそくしてなんらかのはたらきが適合するものには、そのはたらきがそれを欠いたら完遂され得ないようなことがらがその〔自然〕本性によって帰属している。アリストテレスは『天について』第2巻〔8章290a29-35〕において、もしも星が動物のような仕方で前進運動をするとしたら、自然〔本性〕は星に前進運動のための器官を与えていたことであろうと言ってこのことを証明しているのである。ところが、可能知性のはたらきは身体器官を通じて完遂され、そこに表象像がなければならないのである。それゆえ、自然〔本性〕は可能知性を身体器官と合一させたのである。したがって、可能知性は存在にそくして身体から分離しているのではない。

1387. 同じく、可能知性がもし存在にそくして身体から分離しているのであれば、可感的形相よりも質料から分離している実体の方をよりよく知性認識することであろう。なぜなら、離存実体の方がより可知的であり、可能知性とより類縁的だからである。ところが、可能知性は質料から完全に分離した実体を知性認識することができない。なぜなら、そのような離存実体の表象像などは存在しないが、アリストテレスが『魂について』第3巻〔7章431a16-17〕で述べているように、この可能知性は「表象像なしには決して知性認識しない」からである。というのも、表象像と可能知性との関係は可感的な事物と感覚との関係のようなものであるが、感覚は可感的なものなしには感覚しないからである。したがって、可能知性は存在にそくして身体から分離した実体なのではない[14]。

---

[13] この反論は繊細な読みを要する。人間の知性的魂は身体に依存しないで「それ自体ではたらきをなすことができる」ものであるが、他方でそのはたらきは身体に依存している表象像によって引き起こされることも承認されている。第二現実態であるはたらきにおいて身体から「完全に（どんな側面からしても）」分離しているとは言えない人間の知性的魂は、第一現実態である存在においても「完全に」分離しているとは言えないのである。

[14] ここから本章末尾までは、アヴェロエスの立場では離存実体（天使）と人間の可能

1388. — Adhuc. In omni genere tantum se extendit potentia passiva quantum potentia activa illius generis: unde non est aliqua potentia passiva in natura cui non respondeat aliqua potentia activa naturalis. Sed intellectus agens non facit intelligibilia nisi phantasmata. Ergo nec intellectus possibilis movetur ab aliis intelligibilibus nisi a speciebus a phantasmatibus abstractis. Et sic substantias separatas intelligere non potest.

1389. — Amplius. In substantiis separatis sunt species rerum sensibilium intelligibiliter, per quas de sensibilibus scientiam habent. Si igitur intellectus possibilis intelligit substantias separatas, in eis acciperet sensibilium cognitionem. Non ergo acciperet eam a phantasmatibus: quia natura non abundat superfluis.

1390. — Si autem dicatur quod substantiis separatis non adest cognitio sensibilium, saltem oportebit dicere quod eis adsit altior cognitio. Quam oportet non deesse intellectui possibili, si praedictas substantias intelligit. Habebit igitur duplicem scientiam: unam per modum substantiarum separatarum, aliam a sensibus acceptam. Quarum altera superflueret.

第60章

1388. さらに，どんな類においても受動的能力はその類の能動的能力が及ぶ範囲にまでしか及ばない。だから自然のうちには，何らかの自然的な能動的能力がそれに対応していないような受動的能力は何も存在しないのである。ところが，能動知性は表象像なしには可知的なものを作り出すことはない。それゆえ，可能知性も表象像から抽象された形象以外の別の可知的なものによって動かされることがないのである。このような意味で，可能知性は離存実体を知性認識し得ないのである。

1389. さらに，離存実体のうちには可感的事物の形象が可知的な仕方で存在しており，離存実体はその形象を通じて可感的なものについての学知を有しているのである[15]。それゆえ，もし可能知性が離存実体を知性認識するとすれば，その離存実体において可感的なものの認識を得ることになるであろう。それゆえ，可能知性はそのような認識を表象像から得るのではないことになってしまうであろう。なぜなら，〈自然は余計なものに溢れてはない〉[16] からである。

1390. だが，離存実体には可感的なものについての認識は備わっていないと反論されるかもしれない。そうだとしても，少なくともそれらにはより上位の認識が備わっていると言わねばならないのである[17]。そして，前述の実体を可能知性が知性認識しているとしたら，この上位の認識が可能知性に欠けているはずはないのである。それゆえ，可能知性は，離存実体の様態による学知と感覚から受け取られた学知という二つの学知を持っていることになる。そうすると，それらの

知性との区別ができなくなるという論点，また区別できない以上可能知性は離存実体を認識しているはずだという論点を通じて，第一現実態の次元（存在の次元）での身体と知性的魂の非・分離が示されていく。

15) 離存実体（天使）は神からその存在を与えられると同時に，認識できる限りのすべてのものの形象をもその知性に付与されている。その形象の中には可感的・物体的事物の形象も含まれているから，身体・感覚を持たない離存実体であっても可感的物体を認識できるのである。この点については，ST I, q.57, a.1参照。

16) この定型句はアリストテレスに由来する。たとえば，『魂について』第3巻9章432b21-23.「もしも自然が何一つ無駄に作り出すことはなく，また必要不可欠なものを何か作り残すこともないとすれば」

17) この表現は少し曖昧に見える。この「上位の認識」とは可感的事物以外のより完成された対象についての認識ではなく，同じ可感的事物についての感覚的な様態による（したがって個別的な）認識ではなく，知性的な様態による（したがって普遍的な）認識のことであると考えなければならない。そうでなければ，末尾の「一方は余計なものになる」という結論は導き出せない。ただし，知性的実体が個物であるかぎりでの個物について何も認識しないというのはアクィナスの立場ではない。ST I, q.57, a.2参照。

1391. — Praeterea. Intellectus possibilis est *quo intelligit anima*, ut dicitur in III *de Anima*. Si igitur intellectus possibilis intelligit substantias separatas, et nos intelligimus eas. Quod patet esse falsum: habemus enim nos ad eas *sicut oculus noctuae ad solem*, ut Aristoteles dicit.

1392. — His autem respondetur, secundum positionem praedictam. Intellectus enim possibilis, secundum quod est in se subsistens, intelligit substantias separatas: et est in potentia ad eas sicut diaphanum ad lucem. Secundum autem quod continuatur nobis, a principio est in potentia ad formas a phantasmatibus abstractas. Unde nos a principio non intelligimus per eum substantias separatas.

1393. — Sed hoc stare non potest. Intellectus enim possibilis ex hoc dicitur, secundum eos, continuari nobis, quod perficitur per species intelligibiles a

うちの一方は余計なものになってしまうであろう。

1391. さらに，『魂について』第3巻〔4章429a23〕で言われているように，可能知性とは「魂がそれによって知性認識するもの」である。それゆえ，もし〈可能知性〉が離存実体を知性認識するとすると，〈われわれ〉も離存実体を知性認識していることになる。これは明らかに偽である。というのは，われわれと離存実体との関係は，アリストテレスが言っているように，「フクロウの目と太陽の関係のようなもの」[18]だからである。

1392. とはいえ，前述の立場に従えば，以上の論拠に次のような応答があるかもしれない。すなわち，可能知性は，それ自体において自存するものである限りでは離存実体を知性認識し，透明体が光に対してあるように離存実体に対して可能態にある[19]。それに対して，可能知性はわれわれと接合している限りにおいては，表象像から抽象された形相に対して初めから可能態にあるのである。それゆえにこそ，われわれは初めから可能知性を通じて離存実体を知性認識しているわけではないのだ，と[20]。

1393. だがこれは成立し得ない。この論者によれば，可能知性がわれわれと接合しているのは表象像から抽象された可知的形象によって可能知性が完成されて

---

18) アリストテレス『形而上学』第2巻1章993b 9-10.アクィナスはこの箇所への註解（*InMET*, nn.282-286.）で，原文で「あらゆるもののうちで本性上もっとも明白なもの」を「非質料的存在者（entia immaterialia）」と解釈している。離存実体がまさにそうであり，非質料的であるために「それ自体としては（本性上は）」可能知性を最高度に持っている。だが人間の知性は何らかの意味で質料的・身体的であるために感覚を経なければならず，離存実体は「人間の知性との関係では」明白なものではなく，それの本質が人間によって把握されることは不可能であるとされている。

19) この喩えはアリストテレスの視覚理論を前提している。視覚の固有対象は色であるが，色とは「現実態にある透明体を動かしうるもの」である。そして，空気や水などの透明体の透明体である限りでの現実態が光であるとされる。光がなければ色が知覚されないのは以上の理由によるのである。アリストテレス『魂について』第2巻7章参照。

20) この応答はそれ自体としての可能知性と個々の人間と接合している限りでの可能知性とを区別し，前者では離存実体に対して，後者では表象像から抽象された形相に対してともに可能態にあるがゆえに，（明言されてはいないが，次節以下のアクィナスの批判はそのように理解している）両者のあり方の間に対応関係が存在するとする。この立場は，離存実体を直接に認識することと表象像を通じた認識との平行関係に対する1387節以下の批判を，両者を可能態の次元とすることでかわそうとするものである。なお，このアヴェロエスの再反論はF2, p.307, n.3によれば，*Averroes* III, 20, p.450によるものである。MとF1はその他に，III, 5, p.410-411とIII, 36, p.499を挙げており，確かにIII, 20の議論だけをアクィナスが独自に整理したのではなく，より広範なテキストの内容を要約したとする方が妥当であるように見える。

phantasmatibus abstractas. Prius igitur est considerare intellectum ut in potentia ad huiusmodi species quam ut continuetur nobis. Non igitur per hoc quod continuatur nobis, est in potentia ad huiusmodi species.

1394. — Praeterea. Secundum hoc, esse in potentia ad praedictas species non esset ei secundum se conveniens, sed per aliud. Per ea autem quae non conveniunt alicui secundum se, non debet aliquid definiri. Non igitur ratio intellectus possibilis est ex hoc quod possibilis est ad praedictas species, ut definit ipsum Aristoteles in III *de Anima*.

1395. — Adhuc. Impossibile est intellectum possibilem simul multa intelligere nisi unum per aliud intelligat: non enim una potentia pluribus actibus simul perficitur nisi secundum ordinem. Si igitur intellectus possibilis intelligat substantias separatas et species a phantasmatibus separatas, oportet quod vel intelligat per species huiusmodi substantias separatas, vel e converso. Quodcumque autem detur, sequitur quod nos intelligamus substantias separatas. Quia si nos intelligimus naturas sensibilium inquantum intelligit eas intellectus possibilis; intellectus autem possibilis intelligit eas per hoc quod intelligit substantias separatas; et similiter nos intelligemus. Et similiter si sit e converso. Hoc autem est manifeste falsum. Non igitur intellectus possibilis intelligit substantias separatas. Non est igitur substantia separata.

第 60 章

いることによる。それゆえ，このような形象に対して可能態にある知性の方が，われわれと接合している知性よりも先に考えられている。それゆえ，可能知性がそのような形象に対して可能態にあるのは，われわれと接合しているからではないのである[21]。

1394. さらに，これによれば，前述の形象に対して可能態にあるということが可能知性に適合しているのは，それ自体においてではなく他のものを通じてである[22]。ところが，何かにそれ自体にそくして適合しないものによっては，何かが定義されるべきではない。そうだとすると，可能知性の概念規定はそれが前述の形象に対して可能であるということによるのではないことになるが，アリストテレスは『魂について』第3巻〔4章429a20-24〕において可能知性をそのように定義しているのである。

1395. さらに，可能知性が多くのものを知性認識できるのは一つのものを別のものを通じて知性認識している場合だけである。というのも，一つの能力が複数の作用によって同時に完成されるのは，〔複数の作用の間に〕秩序がある場合だけだからである。それゆえ，もし可能知性が離存実体と表象像から分離した形象の両方を知性認識しているとすれば，離存実体をそのような形象を通じて知性認識しているか，あるいはその逆であるかのいずれかでなければならない。ところがいずれの場合であっても，〈われわれ〉が離存実体を知性認識しているということが帰結することになる。というのは，もし〈可能知性〉が可感的事物の本性を知性認識している限りにおいて〈われわれ〉がその本性を認識するが，その〈可能知性〉は離存実体を知性認識しているということを通じて可感的事物の本性を知性認識しているとしたら，同じように〈われわれ〉も〔離存実体を〕知性認識していることになるからである。逆の場合でも同様である[23]。ところがこれは明らかに偽である。それゆえ，可能知性は離存実体を知性認識していない。し

---

21) アクィナスはアヴェロエスの自己矛盾を指摘している。アヴェロエスによれば，可知的形象に対して可能態にある可能知性→能動知性による可知的形象の抽象→現実態となった可能知性→人間との接合という順序があったはずなのに，前節の議論は人間との接合→可知的形象に対して可能態にある可能知性という順序を考えていることになるという批判である。

22) 「他のもの」とは人間との接合である。

23) つまり，可能知性が離存実体の認識を通じて可感的事物の本性を認識している場合。この場合にはより直接的に，〈可能知性〉が離存実体を認識している限りにおいて〈われわれ〉がそれを認識していることになる。

たがって，それは離存実体ではないのである[24]。

---

24) この「したがって」という推論は1387節の前提にもとづく。もし可能知性が存在において身体から分離している離存実体であるとすると，同じ類に属する離存実体を認識できなければならないはずなのである。

CAPUT 61.

Quod praedicta positio est contra sententiam Aristotelis.

1396. — Sed quia huic positioni Averroes praestare robur auctoritatis nititur propter hoc quod dicit Aristotelem ita sensisse, ostendemus manifeste quod praedicta opinio est contra sententiam Aristotelis.

1397. — Primo quidem, quia Aristoteles in II *de Anima*, definit animam dicens quod *est actus primus physici corporis organici potentia vitam habentis*: et postea subiungit quod haec est definitio universaliter dicta de omni anima; non sicut praedictus Averroes fingit, sub dubitatione hoc proferens; ut patet ex exemplaribus Graecis et translatione Boetii.

1398. — a) Postmodum autem, in eodem capitulo, subiungit *esse quasdam partes animae separabiles*. Quae non sunt nisi intellectivae. Relinquitur igitur quod illae partes sunt actus corporis.

第 61 章
前述の立場はアリストテレスの主張に反していること

1396. さて，アヴェロエスはこの立場に権威の力を与えようとして，アリストテレスがこのように主張していたのだと言っているので，前述の見解はアリストテレスの主張に反しているということを明白に示すことにしよう[1]。

1397. 最初に，アリストテレスは『魂について』第 2 巻で魂を定義して「可能態において生命を持つ，器官を備えた自然的物体の第一現実態」〔1 章412a27-b1〕と述べており，その後ではこの定義を「すべての魂について一般的に述べられた」〔412b10〕ものと付け加えている。そして，前述のアヴェロエスはアリストテレスは疑念をもちながらこう述べているのだと見なしているが[2]，そんなことはないのである。それはギリシア語写本やボエティウスの翻訳から明らかなのである[3]。

1398. a) さてアリストテレスは同じ章の後段で，魂の或る諸部分は分離可能であると付加しているが〔2 巻 1 章413a6-7〕[4]，これは知性的部分以外のものではない。したがって，この部分は身体の現実態であることになる[5]。

---

1) アヴェロエスの立場が誤っているだけではなく，そのアリストテレス解釈が間違っているのである。この点は後期の DUI c.1 などでも繰り返される。

2) *Averroes* II, 5, p.405.『魂について』2 巻 1 章のこの定義ののちに，412b4-6でアリストテレスは「魂のすべてにわたって何らかの共通する事柄を語らなければならないとすると」という表現を付加しながら，先の定義を確認している。アヴェロエスはこれを魂についての定義に対するアリストテレス自身の「疑念」の表明と解し，可能知性を含めた人間の知性にはこの定義が当てはまらないと考えるのである。

3) この「ボエティウスの翻訳」とはベネチアのヤコブの訳である。また，「ギリシア語写本」への言及はヤコブの訳がしばしば部分的にラテン語に訳さずにギリシア文字のまま転写したままにしていたことによると考えられる。*Gauthier* pp.71-72を参照。

4) M はイタリックとしているが，アリストテレスの原文の正確な引用ではない。

5) 身体から「分離可能」であるから「身体の現実態である」という推論は，一見奇妙である。実際，*InDA* の当該箇所では，知性は分離可能だから身体の現実態ではないと説明されている。この齟齬はさしあたりは actus という語の二重性によって説明できる。actus は存在の次元における「現実態」であるとともに，能力を経たはたらきの次元における「作用」でもあるから，知性は身体と結合している魂に属する能力としては「身体の現実態」であるが，しか

b) Nec est contra hoc quod postea subiungit: *De intellectu autem et perspectiva potentia nihil est adhuc manifestum, sed videtur animae alterum genus esse*. Non enim per hoc vult intellectum alienare a communi definitione animae, sed a propriis naturis aliarum partium: sicut qui dicit quod *alterum genus animalis est volatile a gressibili*, non aufert a volatili communem definitionem animalis. Unde, ut ostenderet in quo dixerit *alterum*, subiungit: *Et hoc solum contingit separari sicut perpetuum a corruptibili*.

c) Nec est intentio Aristotelis ut Commentator praedictus fingit, dicere quod nondum est manifestum de intellectu utrum intellectus sit anima, sicut de aliis principiis. Non enim textus verus habet, *nihil est declaratum sive, nihil est dictum*, sed, *nihil est manifestum*: quod intelligendum est quantum ad id quod est proprium ei, non quantum ad communem definitionem.

d) Si autem, ut ipse dicit, *anima* aequivoce dicitur de intellectu et aliis, primo distinxisset aequivocationem, postea definivisset, sicut est consuetudo sua. Alias procederet in aequivoco. Quod non est in scientiis demonstrativis.

1399. — Item. In II *de Anima* intellectum numerat inter potentias animae. Et in auctoritate etiam praedicta nominat *perspectivam potentiam*. Non est

第61章

b) また，後にアリストテレスが付加している次の言葉もこのことに反していない。すなわち，「だが知性と観想的能力についてはまだ何も明らかではなく，それは魂の別の類であるように思われる」〔第2巻2章413b24-26〕という言葉である。というのも，この言葉でアリストテレスは魂の共通的定義から知性を切り離そうとしたのではなく，〔魂の〕他の諸部分に固有の本性から切り離そうとしたのである。それは，〈空を飛ぶ動物は地をはう動物とは別の類ではある〉[6]が，だからといって空を飛ぶ動物が動物の共通的定義から除去されるわけではないと言うようなものである。それゆえ，「これだけが，永続的なものが可滅的なものから分離されるように分離されるということが生じる」〔413b26-27〕とアリストテレスが付加しているのは，どのような意味で「別の〔類〕」だと自分がいったのかを明らかにするためだったのである。

c) また，〔魂の〕他の諸原理のように知性が魂かどうかはまだ明らかではないと述べるアリストテレスの意図は，前述の注釈家が考えついたようなものではない。実際，本当のテキストでは「何も明言されていない」あるいは「何も言われていない」ではなく[7]，「何も明らかではない」となっているのである。そして，このことは〔魂の〕共通の定義に関してではなく，知性に固有なことがらに関して〔まだ明らかでない〕と理解すべきなのである。

d) だが，アヴェロエスが言うように[8]「魂」という言葉は知性と〔魂の〕他の部分とでは同名異義的に語られているのだとしたら，アリストテレスは彼の通常のやり方のように，まず同名異義をまず区別しておいてから，次に定義をしていたことであろう。そうでなければ，彼は同名異義を残したままに議論をしていたことになるであろう。論証的学知においてこんなことはないのである。

1399. 同じく，『魂について』第2巻〔3章414a31-32〕においてはアリストテレスは知性を魂の諸能力のうちに数え上げている。上述の権威ある箇所において

しそれは身体に座を持つ「作用」をなす能力ではないのである。したがって，この箇所のポイントは，アリストテレスは知性を「魂の部分」と呼んでいるという点にあることになる。

6) Mはイタリックとしているが，誰かの引用であることは確認できない。

7) *Averroes* II, 21, p.159では，確かに nichil adhuc declaratum est de eis とあり，「明言されていない」である。アクィナスが「本当のテキスト」と呼んでいるのはベネチアのヤコブ（「ボエティウス」訳と見なされていた）による訳である。

8) *Averroes* II, 21, p.160.

igitur intellectus extra animam humanam, sed est quaedam potentia eius.

1400. — Item. In III *de Anima*, incipiens loqui de intellectu possibili, nominat eum partem animae, dicens: *De parte autem animae qua cognoscit anima et sapit*. In quo manifeste ostendit quod intellectus possibilis sit aliquid animae.

1401. — Adhuc autem manifestius per id quod postea subiungit, declarans naturam intellectus possibilis, dicens: *Dico autem intellectum quo opinatur et intelligit anima*. In quo manifeste ostenditur intellectum esse aliquid animae humanae, quo anima humana intelligit.

1402. — Est igitur praedicta positio contra sententiam Aristotelis, et contra veritatem. Unde tanquam fictitia repudianda est.

も〔知性を〕「観想的能力」と名付けているのである。したがって，知性は人間の魂の外にあるのではなく，それに属する何らかの能力なのである。

1400. 同じく，『魂について』第3巻の可能知性について語り始める箇所で，アリストテレスはそれを魂の部分と名付け，「魂がそれによって認識し思慮する魂の部分については」〔4章429a10-11〕と述べているのである[9]。可能知性が魂に属する何かであることをこの箇所で明らかに示しているのである。

1401. だがこれまでより以上に明白なのは，アリストテレスが可能知性の本性について明言した後に付加している次の言葉である。「ところで，私が言っている知性とは魂がそれによって思いなしを持ち知性認識するもののことである」〔429a23〕と言っているのである。この箇所において知性は人間の魂に属する何かであり，それによって人間の魂が知性認識するものであることが明白に示されているのである。

1402. 以上から，前述の立場はアリストテレスの主張に反し，また真理に反していることになる。よって，その立場は虚構として排除されなければならないのである。

---

9) ここで「認識する」とは単純な何性の把握であり，「思慮する」と訳したはたらきは「判断すること（iudicare）」であるとアクィナスは *InDA* の当該箇所で註解している。

CAPUT 62.

Contra opinionem Alexandri de intellectu possibili.

1403. — His igitur verbis Aristotelis consideratis, Alexander posuit intellectum possibilem esse aliquam virtutem in nobis, ut sic definitio communis de Anima assignata ab Aristotele in II *de Anima*, possit sibi convenire. Quia vero intelligere non poterat aliquam substantiam intellectualem esse corporis formam, posuit praedictam virtutem non esse fundatam in aliqua intellectuali substantia; et consequentem *commixtionem elementorum* in corpore humano. Determinatus enim mixtionis humani corporis modus facit hominem esse in potentia ad recipiendum influentiam intellectus agentis, qui semper est in actu, et secundum ipsum est quaedam substantia separata, ex qua influentia homo fit intelligens actu. Id autem in homine per quod est potentia intelligens, est intellectus possibilis. Et sic videbatur sequi quod *ex commixtione* determinata in nobis sit intellectus possibilis.

1404. — Videtur autem in primo aspectu haec positio verbis et demonstrationi Aristotelis esse contraria. Ostendit enim Aristoteles in III *de Anima*, ut dictum est, quod intellectus possibilis est *immixtus corpori*. Hoc autem est

第 62 章

可能知性に関するアレクサンドロスの意見への反論

1403. さて，以上のようなアリストテレスの言葉を考慮した上で，アレクサンドロス[1]は可能知性はわれわれのうちにある何らかのちからであり，『魂について』第2巻でアリストテレスが与えている魂の共通的定義〔1397節〕が可能知性に適合し得ると主張した。しかし彼は，身体の形相であるような知性的実体が存在するということを理解できなかったので，前述のちからが何らかの知性的実体に基礎を持っておらず，可能知性は人間の身体の「諸元素の混合」から帰結するものだと主張したのである。すなわち，人間の身体の混合が特定のあり方をすることによって，人間は能動知性の影響を受けることに対する可能態にあるようになる。そして，能動知性は常に現実態にあり，アレクサンドロスによれば，何らかの離存実体であり，人間が現実態において知性認識するものとなるのはこの実体の影響によってなのである。ところが，人間のうちにあって人間がそれによって可能態において知性認識するものとなるものは，可能知性である。このようにして，可能知性がわれわれのうちにあるのは特定の「混合によって」だということが帰結すると，アレクサンドロスには思われたのである[2]。

1404. しかし，この見解は一見して，アリストテレスの言葉と論証とに対立していると思われる。というのも，すでに述べたように〔第59章〕アリストテレスは『魂について』第3巻〔4章429a18〕において，可能知性が「身体と混じり合っていない」ことを明らかにしている。だが，諸元素の混合から帰結するような

---

1) 2世紀後半から3世紀のペリパトス学派のアフロディシアスのアレクサンドロス（Alexander Aphrodisias）のこと。アクィナスは1268年まではアレクサンドロスについて，主にアヴェロエスを通じてしか情報を得ていない。ここでのアクィナスの（したがってアヴェロエスの）理解する「アレクサンドロス」は知性に関する唯物論者として批判されているが，歴史上の実際のアレクサンドロスには別の解釈が可能である。第57章から第61章までは人間の魂が離存的であるという立場への批判であったが，この第62章から第67章までは逆に人間の魂が人間以下の生物の魂と本質的には異ならないという立場への批判となっている。

2) 以上の説明は，*Averroes* III, 5, pp.393-394.の要約と言えるものである。

impossibile dici de aliqua virtute consequente mixtionem elementorum: quod enim huiusmodi est, oportet quod in ipsa elementorum commixtione fundetur, sicut videmus de sapore et odore et aliis huiusmodi. Non igitur positio praedicta Alexandri potest stare cum verbis et demonstratione Aristotelis, ut videtur.

1405. — Ad hoc autem Alexander dicit quod intellectus possibilis est *ipsa praeparatio* in natura humana ad recipiendum influentiam intellectus agentis. Praeparatio autem ipsa non est aliqua natura sensibilis determinata, neque est mixta corpori. Est enim relatio quaedam, et ordo unius ad aliud.

1406. — Sed hoc manifeste discordat ab intentione Aristotelis. Probat enim Aristoteles ex hoc intellectum possibilem non habere determinate aliquam naturam sensibilium, et per consequens non esse mixtum corpori, quia est receptivus omnium formarum sensibilium et cognoscitivus earum. Quod de praeparatione non potest intelligi: quia eius non est recipere, sed magis praeparari. Non igitur demonstratio Aristotelis procedit de praeparatione, sed de aliquo recipiente praeparato.

1407. — Amplius. Si ea quae dicit Aristoteles de intellectu possibili, conveniunt ei inquantum est praeparatio, et non ex natura subiecti praeparati, sequetur quod omni praeparationi conveniant. In sensu autem est praeparatio quaedam ad sensibilia in actu recipienda. Ergo et idem dicendum est de sensu et intellectu possibili. Cuius contrarium manifeste subiungit Aristoteles, ostendens differentiam inter receptionem sensus et intellectus ex hoc quod sensus corrumpitur ex excellentia obiectorum, non autem intellectus.

何らかのちからについて，このように言うことは不可能である．なぜなら，このようなちからは，味や匂いや他の同様のものについて看取されるように，諸元素の混合そのものに基礎を持っていなくてはならないからである．したがって，アレクサンドロスの前述の見解はアリストテレスの言葉や論証と両立し得ないと思われるのである．

1405. だがこれに対して，アレクサンドロスは次のように言っている．可能知性とは能動知性の影響を受け取るために人間本性のうちにある「準備そのもの」である．ところで，その準備そのものは可感的なものの持つ限定された本性でもないし，それは身体と混合してもいない．というのは，準備とは何らかの関係であり，或るものの他のものへの秩序だからである，と[3]．

1406. だがこれは明らかにアリストテレスの意図と調和しない．可能知性が可感的なもののどんな本性も限定的な仕方では有しておらず，したがって身体と混合していないのだが，このことをアリストテレスは可能知性が可感的形相のすべてを受け容れ得るものでありそれを認識しうるものであるということを根拠として証明している．だが，このことを準備ということについて理解することはできない．準備には受け取るということではなく，むしろ準備されるということが属しているからである．したがって，アリストテレスの論証は準備という点に関わっているのではなく，準備がなされる何らかの受容者に関するものなのである．

1407. さらに，アリストテレスが可能知性について述べている事柄が，準備である限りでの可能知性に適合するものであり，準備をなされた基体の本性から適合するのではないとしたら，その事柄はあらゆる準備ということに適合するということになる．ところで，感覚のうちには可感的なものを現実態において受容するための何らかの準備がある．それゆえに，感覚と可能知性について同じことが語られなければならないことになる．ところが，これとは反対のことをアリストテレスは付言しており，感覚の受容と知性の受容の間に相違があることを，感覚が対象の強烈さによって破壊されるのに知性はそうではないということによって明らかにしているのである[4]．

---

[3] *Averroes* III, 5, p.395.のパラフレーズ．

[4] アリストテレス『魂について』第3巻4章429a29–b4参照．たとえば臭覚という感覚の場合には，余りに強烈な臭いをかぐと感覚が麻痺してしまうが，知性的なはたらきにおいてはより可知性の高い対象を認識したからといってはたらきが損なわれることはないのである．

1408. — Item. Aristoteles attribuit possibili intellectui *pati* ab intelligibili, *suscipere* species intelligibiles, *esse in potentia* ad eas. Comparat etiam eum *tabulae in qua nihil est scriptum*. Quae quidem omnia non possunt dici de praeparatione, sed de subiecto praeparato. Est igitur contra intentionem Aristotelis quod intellectus possibilis sit praeparatio ipsa.

1409. — Adhuc. *Agens est nobilius patiente et faciens facto*, sicut actus potentia. Quanto autem aliquid est immaterialius, tanto est nobilius. Non potest igitur effectus esse immaterialior sua causa. Omnis autem virtus cognoscitiva, inquantum huiusmodi, est immaterialis: unde et de sensu, qui est infimus in ordine virtutum cognoscitivarum, dicit Aristoteles, in II *de Anima*, quod est *susceptivus sensibilium specierum sine materia*. Impossibile est igitur a commixtione elementorum causari aliquam virtutem cognoscitivam. Intellectus autem possibilis est suprema virtus cognoscitiva in nobis: dicit enim Aristoteles, in III *de Anima*, quod intellectus possibilis est *quo cognoscit et intelligit anima*. Intellectus igitur possibilis non causatur ex commixtione elementorum.

1410. — Amplius. Si principium alicuius operationis ab aliquibus causis procedit, oportet operationem illam non excedere causas illas: cum causa secunda agat virtute primae. Operatio autem animae nutritivae etiam excedit virtutem qualitatum elementarium: probat enim Aristoteles, in II *de Anima*, quod *ignis non est causa augmenti, sed concausa aliquo modo, principalis autem causa est anima*, ad quam comparatur calor sicut instrumentum ad artificem. Non igitur potest anima vegetabilis produci ex commixtione elementorum. Multo igitur minus sensus et intellectus possibilis.

1411. — Item. Intelligere est quaedam operatio in qua impossibile est com-

1408. 同じく，アリストテレスは可知的なものによって「受動する」こと，可知的形象を「受容する」こと，可知的形象に対して「可能態において存在する」ことを，可能知性に帰している〔『魂について』第3巻4章429a14-16〕。また，それを「何も記されていない板」〔429b31〕に喩えている。これらすべてのことを言いうるのは準備についてではなく，準備をなされる基体についてなのである。したがって，可能知性が準備そのものであるというのはアリストテレスの意図に反している。

1409. さらに，現実態が可能態よりも高貴であるように，「作用者は受動者よりも，為すものは為されるものよりも高貴である」〔『魂について』第3巻5章430a18-19〕。ところで，何かがより非質料的であればあるほどいっそう高貴である。それゆえ，結果がその原因よりも非質料的であることはできないのである。ところで，認識能力である限りでの認識能力は非質料的である。だから，認識能力のうちで最下位にある感覚についてさえ，アリストテレスは『魂について』第2巻で「可感的形象を質料なしに受容できる」〔12章424a17-19〕と言っているのである。それゆえ，どんな認識能力も諸元素の混合を原因とすることは不可能である。ところが，可能知性はわれわれのうちにある最高の認識能力である。実際，アリストテレスは『魂について』第3巻で，可能知性は「それによって魂が認識し知性認識するもの」〔4章429a10-11〕であると述べているのである。したがって，可能知性は諸元素の混合を原因としているのではない。

1410. さらに，或るはたらきの原理が何らかの原因から出てくる場合には，そのはたらきがその原因を越えでていないのでなければならない。第二原因は第一原因のちからによって作用するからである。ところで，栄養摂取的魂のはたらきでさえも諸元素の質のちからを越えている。実際，アリストテレスが『魂について』第2巻での証明で，「火は増大の原因ではなく何らかの意味での協働原因であり，主要な原因とは魂である」〔4章416a13-15〕としており，熱と魂の関係は道具と職人の関係のようなものだからである。それゆえ，植物的魂が諸元素の混合から産出されることはない。したがってましてや，感覚や可能知性はそうではない。

1411. 同じく，知性認識とはどんな身体器官も共有することの不可能な何らか

感覚と知性との相違については，第66章参照。

municare aliquod organum corporeum. Haec autem operatio attribuitur animae, vel etiam homini: dicitur enim quod *anima intelligit*, vel, *homo per animam*. Oportet igitur aliquod principium in homine esse, a corpore non dependens, quod sit principium talis operationis. Praeparatio autem sequens commixtionem elementorum a corpore dependet manifeste. Non est igitur praeparatio tale principium. Est autem intellectus possibilis: dicit enim Aristoteles, in III *de Anima*, quod intellectus possibilis est *quo anima opinatur et intelligit*. Non est igitur intellectus possibilis praeparatio.

1412. — a) Si autem dicatur quod principium praedictae operationis in nobis est species intelligibilis facta in actu ab intellectu agente: hoc videtur non sufficere.

b) Quia, cum homo de potentia intelligente fiat actu intelligens, oportet quod non solum intelligat per speciem intelligibilem, per quam fit actu intelligens, sed per aliquam potentiam intellectivam, quae sit praedictae operationis principium: sicut et in sensu accidit. Haec autem potentia ab Aristotele ponitur intellectus possibilis. Intellectus igitur possibilis est non dependens a corpore.

1413. — Praeterea. Species non est intelligibilis actu nisi secundum quod est depurata ab esse materiali. Hoc autem non potest accidere dum fuerit in aliqua potentia materiali, quae scilicet sit causata ex principiis materialibus, vel quae sit actus materialis organi. Oportet igitur poni aliquam potentiam intellectivam in nobis immaterialem. Quae est intellectus possibilis.

1414. — Adhuc. Intellectus possibilis ab Aristotele dicitur *pars animae*. Anima autem non est praeparatio, sed actus: praeparatio enim est *ordo potentiae ad actum*. Sequitur tamen ad actum aliqua praeparatio ad ulteriorem

のはたらきである。ところが，このはたらきは魂に，あるいはさらに人間に帰属するものとされている。実際，「魂が知性認識する」あるいは「人間が魂によって知性認識する」と語られるからである。したがって，このようなはたらきの原理であるものは人間のうちに存在し，身体に依存していない原理でなければならない。ところが，諸元素の混合から結果する準備が身体に依存していることは明白である。それゆえ，準備が先のような原理なのではなく，そのような原理とは可能知性である。アリストテレスが『魂について』第3巻〔4章429a23〕で，可能知性とは「それによって魂が思いなしを持ち知性認識するものである」と述べているからである。したがって，可能知性とは準備ではないのである。

1412.　a) だが，今述べたわれわれのうちにあるはたらきの原理とは能動知性によって現実態にもたらされた可知的形象である，と反論されるかもしれない。だが，これでは十分ではないと思われる。

　b) というのは，人間が可能態において知性認識している状態から現実態において知性認識している状態になるときには，可知的形象を通じて現実態において知性認識するものとなることによって知性認識するだけではなく，何らかの知性的能力によっても知性認識するのであり，この能力が前述のはたらきの原理なのである。それは感覚においても同様である。ところが，アリストテレスはこの能力を可能知性だと主張している。したがって[5]，可能知性は身体に依存しないのである。

1413.　さらに，形象が現実態において可知的となるのは，それが質料的存在から純化されている限りのことである。ところがこのようなことは，形象が何らかの質料的能力，すなわち質料的原理を原因とする能力あるいは質料的器官の現実態である能力のうちにある限りは，生じ得ない。それゆえ，われわれのうちに何らかの非質料的能力が措定されねばならないのであり，これが可能知性なのである。

1414.　さらに，アリストテレスは可能知性を「魂の部分」と言っている〔1400節参照〕。だが，魂は準備ではなく現実態である。というのは，準備とは「可能態に属する現実態への秩序」だからである。とはいえ，現実態の後にそれ以上の現実態へと向かうための何らかの準備が続くことはある。たとえば，透明体であ

---

　　5) この最後の推論は，1411節にさかのぼることによって得られる。

actum: sicut ad actum diaphanitatis sequitur ordo ad actum lucis. Intellectus igitur possibilis non est ipsa praeparatio, sed actus quidam.

1415. — Amplius. Homo consequitur speciem et naturam humanam secundum partem animae sibi propriam, quae quidem est intellectus possibilis. Nihil autem consequitur speciem et naturam secundum quod est in potentia, sed secundum quod est in actu. Cum igitur praeparatio nihil sit aliud quam *ordo potentiae ad actum*, impossibile est quod intellectus possibilis nihil sit aliud quam praeparatio quaedam in natura humana existens.

ることの現実態の後に光の現実態への秩序が続くようにである。したがって，可能知性は準備そのものではなくて，ある種の現実態なのである[6]。

1415. さらに，人間がその人間という種と本性を獲得するのは，それに固有な魂の部分にそくしてであり，それが可能知性である。ところで，どんなものも自分の種や本性を可能態にあることにそくしてではなく，現実態にあることにそくして獲得する。それゆえ，準備とは「可能態に属する現実態への秩序」以外のものではない以上，可能知性が人間本性のうちに存在している何らかの準備に過ぎないということは不可能なのである。

---

 6) ここでも actus という語が「存在」の次元での第一現実態・形相という意味と，「はたらき」という意味での第二現実態の両方を意味しうることが鍵になっている。第61章1398節の注を参照。

CAPUT 63.

Quod anima non sit complexio, ut posuit Galenus.

1416. — a) Praedictae autem opinioni Alexandri de intellectu possibili, propinqua est Galeni medici de anima. Dicit enim animam esse *complexionem*.

b) Ad hoc autem dicendum motus est per hoc quod videmus ex diversis complexionibus causari in nobis diversas passiones quae attribuuntur animae: aliquam enim complexionem habentes, ut cholericam, de facili irascuntur; melancholici vero de facili tristantur.

c) Unde et per easdem rationes haec opinio improbari potest per quas improbata est opinio Alexandri, et per aliquas proprias.

1417. — Ostensum est enim supra quod operatio animae vegetabilis, et cognitio sensitiva, excedit virtutem qualitatum activarum et passivarum, et multo magis operatio intellectus. Complexio autem causatur ex qualitatibus activis et passivis. Non potest igitur complexio esse principium operationum animae. Unde impossibile est quod aliqua anima sit complexio.

1418. — Adhuc. Complexio, cum sit quiddam constitutum ex contrariis qualitatibus quasi medium inter eas, impossibile est quod sit forma substan-

第63章
ガレノスが主張したのとはちがって，魂は体質ではないこと

1416. a) さて，医師ガレノス[1]の魂に関する意見は，可能知性に関するアレクサンドロスの前述の意見に近似している。ガレノスは魂とは「体質」だと言っているからである。

b) さて，ガレノスがこんなことを述べるよう動かされたのは次のような理由による。すなわち，体質がさまざまであることによって，魂に帰されるさまざまの情念がわれわれのうちに生み出される。たとえば，胆汁質といったある種の体質を持つ人は容易に怒りだし，メランコリー質といったある種の体質を持つ人は容易に悲しみを持つのである。われわれはこのようなことを観察しているからなのである。

c) だから，この意見はアレクサンドロスの意見を論駁したのと同じ根拠によっても論駁されるし，それに固有の論拠によっても論駁されるのである。

1417. 実際，先に明らかにしたように〔1410節〕，植物的魂のはたらきと感覚的認識は能動的性質と受動的性質のちから[2]を越えており，知性のはたらきはなおさらのことである。ところで，体質は能動的性質と受動的性質とを原因としている。それゆえ，体質は魂の諸々のはたらきの原理ではあり得ない。したがって，どんな魂も体質であることは不可能なのである[3]。

1418. さらに，体質とは対立する質からそれらの中間として構成されている何かであるから，それが実体的形相であることは不可能である。というのは，「実

---

  1) 紀元後2世紀後半から3世紀初めの医師，哲学者。アクィナスのガレノスに関する情報源は，やはりアヴェロエスの諸著作，それにネメシウスである。
  2) アリストテレスの火，空気，土，水の四元素は，それぞれ温と乾，温と湿，冷と乾，冷と湿という相対立する性質の組み合わせであり，温と冷が能動的性質，乾と湿が受動的性質とされる。アリストテレス『生成消滅論』第2巻2章参照。
  3) ここで「体質」と訳した complexio は，より一般的に訳せば「構造，組み合わせ」である。アクィナスの批判は，魂を「身体〔物体〕の」構造だというだけでは，生物と無生物の区別を立てたことにならないという点にある。同様の批判が *Nemesius*, 2, pp.32–33 に見いだされる。

tialis: nam *substantiae nihil est contrarium, nec suscipit magis et minus*. Anima autem est forma substantialis, et non accidentalis: alias per animam non sortiretur aliquid genus vel speciem. Anima igitur non est complexio.

1419. — Adhuc. Complexio non movet corpus animalis motu locali: sequeretur enim motum dominantis, et sic semper deorsum ferretur. Anima autem movet animal in omnem partem. Non est igitur anima complexio.

1420. — Amplius. Anima regit corpus et repugnat passionibus, quae complexionem sequuntur. Ex complexione enim aliqui sunt magis aliis ad concupiscentias vel iras apti, qui tamen magis ab eis abstinent, propter aliquid refrenans: ut patet in continentibus. Hoc autem non facit complexio. Non est igitur anima complexio.

1421. — Deceptus autem fuisse videtur ex hoc quod non consideravit aliter passiones attribui complexioni, et aliter animae. Complexioni namque attribuuntur sicut disponenti, et quantum ad id quod est materiale in passionibus, sicut fervor sanguinis et huiusmodi: animae autem tanquam principali causae, ex parte eius quod est in passionibus formale, sicut in ira appetitus vindictae.

体には対立するものは何もなく，より大とかより小とかいったことを受け容れることもない」〔アリストテレス『カテゴリー論』5章3b33-34〕からである。ところで，魂は付帯的形相ではなく，実体的形相である。もしそうでないとしたら，何かが魂によって類や種を得ることはなくなってしまうはずだからである。したがって，魂は体質ではない。

1419. さらに，体質が動物の身体を場所的に動かすことはない。もしそうであるとすれば，支配的〔元素〕[4]の運動を伴い，それゆえ常に上に向かうことになってしまうはずだからである。ところが，魂は動物をあらゆる方向へと動かす。従って，魂は体質ではないのである。

1420. さらに，魂は身体を支配し，体質から帰結する諸情念に抗している。実際，人が他の人よりも情欲や怒りに向かいやすいということは体質によるが，その人はそれらの情念を慎むことがあり，それは情念を押しとどめる何かのためである。これは抑制ある人において明らかである。だが，体質はこんなこと〔押しとどめること〕をしない。したがって，魂は体質ではないのである。

1421. さてガレノスが誤ったのは，情念が体質に帰されるあり方と魂に帰されるあり方が違うということを考察しなかったためであると思われる。つまり，情念が体質に帰されるのは状態づけるものとしてであり，血液の熱や同様のもののように，情念における質料的な側面に関してのことである。それに対して，情念が魂に帰されるのは，怒りにおける復讐の欲求のように，情念における形相的なものの側にある主要原因としてだからである[5]。

---

4) 火のこと。火は軽く，常に上方に向かおうとする。アリストテレス『魂について』第1巻3章406a27-28とこの箇所への註解 *InDA* I, 6, p.30. 参照。

5) 情念をこの二つの側面から考察することができるという点については，アリストテレス『魂について』第1巻1章403a10-b1

CAPUT 64.

Quod anima non sit harmonia.

1422. — a) Similis autem praedictae positioni est positio dicentium animam esse *harmoniam*. Non enim intellexerunt animam esse harmoniam sonorum, sed *contrariorum*, ex quibus videbant componi corpora animata.
b) Quae quidem opinio in libro *de Anima* videtur attribui Empedocli. Gregorius autem Nyssenus attribuit eam Dinarcho.
c) Unde et improbatur sicut et praecedens; et adhuc propriis rationibus.

1423. — Omne enim corpus mixtum harmoniam habet et complexionem. Nec harmonia potest movere corpus aut regere ipsum, vel repugnare passionibus: sicut nec complexio. Intenditur etiam et remittitur: sicut et complexio. Ex quibus omnibus ostenditur quod anima non sit harmonia, sicut nec complexio.
1424. — Adhuc. Ratio harmoniae magis convenit qualitatibus corporis quam animae: nam sanitas est harmonia quaedam humorum; fortitudo, nervorum et ossium; pulchritudo, membrorum et colorum. Non autem potest assignari qualium harmonia sit sensus aut intellectus, et cetera quae ad animam pertinent. Non est igitur anima harmonia.
1425. — Amplius. Harmonia dicitur dupliciter: uno modo, *ipsa compositio*; alio modo, *ratio compositionis*. Anima autem non est compositio: quia oporteret quod unaquaeque pars animae esset compositio aliquarum partium

第 64 章
魂は調和ではないこと

1422. さて，魂とは「調和」であると述べる人々の立場は，上述の立場と類似している。かれらは魂が音の調和であると考えたのではなく，魂化された物体〔身体〕がそれから複合されていると思われる「対立するものども」の調和であると考えていたからである。

b) この意見は『魂について』〔1巻4章408a18-19〕ではエンペドクレスに帰されていると思われる。だが，ニュッサのグレゴリウスはそれをディナルクスに帰している[1]。

c) それゆえ，この立場は先の場合〔第62-63章〕と同じようにも論駁されるし，さらに固有の論拠によっても論駁されるのである。

1423. すべての混合した物体は調和と体質〔構造〕とを持っている。だが調和も身体を動かしたりそれを支配したりできないし，情念に抗することもできない。それは体質の場合と同様なのである。また，やはり体質と同じように，調和は強められたり弱められたりするのである。これらのことすべてから，魂は体質でないのと同様に，調和でもないことが明らかとなるのである。

1424. さらに，調和の本質規定は魂よりも身体の質により適合している。というのも，健康は体液のある種の調和であるし，強靱さは神経と骨のある種の調和である。また，美は四肢と色のある種の調和なのである。ところが，感覚や知性やその他の魂に属するものについては，それがどのようなものの調和なのかを指定することはできない。したがって，魂は調和ではないのである。

1425. さらに，調和は二つの仕方で語られる。一つには「複合そのもの」であり，もう一つには「複合の比」である。ところで，魂は複合ではない。なぜなら，もしそうであるとすると，魂のそれぞれの部分が身体の何らかの諸部分の複合で

---

1) *Nemesius*, 2, p.30．この箇所ではこの考えはディナルクス（本当は Dicaearchus）の他に Simmias なる人物にも帰され，アクィナスも後に（*InDA* I, 9, p.44）では Simmias にも言及している。

corporis; quod non est assignare. Similiter non est ratio compositionis: quia, cum in diversis partibus corporis sint diversae rationes seu proportiones compositionis, singulae partes corporis haberent singulas animas; aliam enim animam haberet os et caro et nervus, cum sint secundum diversam proportionem composita. Quod patet esse falsum. Non est igitur anima harmonia.

あることになってしまうが，そんな指定をすることはできないからである。同様に，魂は複合の比でもない。というのは，身体のさまざまな部分には複合のさまざまな比あるいは比例関係があるのであるから，身体の個々の部分が個々の魂を持つことになってしまう。たとえば，骨と肉と神経はことなった比例関係によって複合されているのであるから，それぞれ別の魂を持つことになるであろう。だが，これが偽であることは明らかである。したがって，魂は調和ではないのである。

CAPUT 65.

QUOD ANIMA NON SIT CORPUS.

1426. — Fuerunt autem et alii magis errantes, ponentes animam esse corpus. Quorum opiniones licet fuerint diversae et variae, sufficit eas hic communiter reprobare.

1427. — Viventia enim, cum sint quaedam res naturales, sunt composita ex materia et forma. Componuntur autem ex corpore et anima, quae facit viventia actu. Ergo oportet alterum istorum esse formam, et alterum materiam. Corpus autem non potest esse forma: quia corpus non est in altero sicut in materia et subiecto. Anima igitur est forma. Ergo non est corpus: cum nullum corpus sit forma.

1428. — Adhuc. Impossibile est duo corpora esse simul. Anima autem non est seorsum a corpore dum vivit. Non est igitur anima corpus.

1429. — Amplius. Omne corpus divisibile est. Omne autem divisibile indiget aliquo continente et uniente partes eius. Si igitur anima sit corpus, habebit aliquid aliud continens et illud magis erit anima: videmus enim, anima recedente, corpus dissolvi. Et si hoc iterum sit divisibile, oportebit vel

第 65 章
魂は身体ではないこと

1426. さて，別の人々はより大きな誤りを犯して，魂は身体であると主張したのである[1]。この人々の意見はさまざまに異なっているのであるけれども，ここでは一般的に論駁すれば十分であろう。

1427. 生き物は自然物の一種であるから，質料と形相とから複合されている。ところで，生き物は身体〔物体〕と魂とから複合されており，魂によって生き物は現実態において生き物となっている。それゆえ，これらのうちの一方が形相で，他方が質料でなければならない。ところが，身体〔物体〕は形相ではあり得ない。なぜなら身体〔物体〕は別のものを質料や基体とし，そのうちに存在することはないからである。よって，魂が形相である。したがって，魂は身体〔物体〕ではない。いかなる身体〔物体〕も形相ではないからである[2]。

1428. さらに，二つの物体〔身体〕が同時に〔同じ場所に〕あることは不可能である。ところが，魂は生きている間の身体から離れているわけではない。したがって，魂は身体ではない。

1429. さらに，あらゆる身体は分割可能である。ところで，分割可能なものはすべてそれの諸部分をまとめあげ合一させるものを必要としている。それゆえ，もし魂が身体であるとすると，魂には何か別のまとめあげるものがあることになり，それがむしろ魂であるということになろう。実際，魂がなくなってしまうと，身体が解体するのが見られるのである。そしてもし，このもの〔魂をまとめあげているもの〕がさらに分割可能であるとすると，分割不可能で非物体的な何かに

---

1) これはアリストテレス『魂について』第1巻2章以下による。原子論者デモクリトス，四元素にいずれかを魂だとした人びとのことが想定されていると見られる。

2) アクィナスは基本的にアリストテレスにしたがって，魂を生物と無生物とに分ける原理であると見なす。生物も無生物もどちらも「物体」である以上，両者を区別するための原理がただちに「物体」であることは初めから不可能なのである。しかし同時に，「魂」なるものをただちに「非物体的」であるとして自然学の対象から排除しているわけでもないことに注意しなければならない。

devenire ad aliquod indivisibile et incorporeum, quod erit anima: vel erit procedere in infinitum, quod est impossibile. Non est igitur anima corpus.

1430. — Item. Sicut supra probatum est, et in VIII *Physicorum* probatur, omne movens seipsum componitur ex duobus, quorum alterum est movens et non motum, et alterum est motum. Sed animal est movens seipsum: movens autem in ipso est anima, motum autem est corpus. Anima igitur est movens non motum. Nullum autem corpus movet nisi motum, ut supra probatum est. Anima igitur non est corpus.

1431. — Praeterea. Supra ostensum est quod intelligere non potest esse actio alicuius corporis. Est autem actus animae. Anima igitur, ad minus intellectiva, non est corpus.

1432. — Ea autem quibus aliqui conati sunt probare animam esse corpus, facile est solvere.

a) Ostendunt enim animam esse corpus, per hoc quod filius similatur patri etiam in accidentibus animae: cum tamen filius generetur a patre per decisionem corporalem.

b) Et quia anima compatitur corpori.

c) Et quia separatur a corpore: separari autem est corporum se tangentium.

1433. — a) Sed contra hoc iam dictum est quod complexio corporis est aliqualiter causa animae passionum per modum disponentis.

b) Anima etiam non compatitur corpori nisi per accidens: quia, cum sit

たどり着くことになるか，あるいは，無限に背進するかのいずれかであるが，後者は不可能なのである。したがって，魂は身体ではない。

1430. 同じく，先にも証明されたし[3]，『自然学』第8巻〔5章257a 33-b13〕でも証明されているように，自分を動かすものはすべて二つのものから複合されており，一方は動かされずに動かすものであり，他方は動かされるものである。ところで，動物は自分自身を動かすものである。ところが，動物のうちにある動かすものとは魂であり，動かされるものとは身体〔物体〕である。それゆえ，魂は動かされずに動かすものである。ところで，先に証明されたように[4]，どんな身体〔物体〕も動かされなければ動かすことはない。したがって，魂は身体〔物体〕ではないのである。

1431. さらに，知性認識がどんな身体〔物体〕の活動でもないことはすでに〔62章〕明示されている。ところで，知性認識は魂の現実態である。それゆえ，魂は，すくなくとも知性的魂は身体〔物体〕ではない。

1432. さて，人々が魂が身体であるということを証明しようと努める根拠となったことがらは，容易に解消できる。

a) 実際，その人々が魂が身体であることを示しているとする理由は，息子は父親に魂の付帯性においてでさえも似たものとなるが，息子が父親から生まれるのは身体の分割によってなのである。

b) また，魂は身体とともに受動するからである。

c) さらに，魂は身体から分離するが，分離するということは相互に接触している物体に起こることだからである。

1433. a) だが以上に対しては，身体の体質が魂の情念の或る意味では原因であるが，それは状態づけるものとしてであることがすでに〔第63章，とくに1421節〕述べられた[5]。

b) また，魂が身体とともに受動するのは付帯的にでしかない。なぜなら，魂

---

3) 第1巻第13章，特に85-87節以下。ここは神の存在証明の箇所であり，アリストテレス『自然学』第8巻の議論にほぼ忠実に従っている。

4) 第1巻第20章，特に160節参照。

5) この点については，本書第86章から89章において「人間の魂が精子とともに伝えられる」のかどうかという観点からも論じられることになる。

forma corporis, movetur per accidens moto corpore.

c) Separatur etiam anima a corpore, non sicut tangens a tacto, sed sicut forma a materia. Quamvis et aliquis tactus sit incorporei ad corpus, ut supra ostensum est.

1434. — Movit etiam ad hanc positionem multos quia crediderunt quod non est corpus, non esse, imaginationem transcendere non valentes, quae solum circa corpora versatur.

1435. — Unde haec opinio, *Sap*.2, ex persona insipientium proponitur, dicentium de anima: *Fumus* et *flatus est in naribus nostris, et sermo* scintillae *ad movendum cor*.

は身体の形相であるから，身体が動かされると付帯的に魂が動くからである。

c) さらに，魂は身体から分離するが，それは接触するものが接触を受けるものから分離するようにではなく，形相が質料から分離するようになのである。ただし，先に示されたように〔第56章〕，身体に対する非物体的なもののある種の接触というものは存在するのではあるが。

1434. また，多くの人々がこの立場に至ったのは，物体にだけ関わる想像力というものを彼らが越え出ることができないでいたので，物体でないものは存在しないと信じたからなのである。

1435. だからこそ『知恵の書』2章〔2節〕では，この意見は愚かなる者どもの立場から提示されている。愚かなる者どものは，魂について「それはわれわれの鼻孔にある煙であり息である。そして心臓を動かす」火花の「名である」と言うのである。

CAPUT 66.

Contra ponentes intellectum et sensum esse idem.

1436. — His autem propinquum fuit quod quidam antiquorum philosophorum intellectum a sensu differre non opinabantur. Quod quidem impossibile est.

1437. — Sensus enim in omnibus animalibus invenitur. Alia autem animalia ab homine intellectum non habent. Quod ex hoc apparet, quia non operantur diversa et opposita, quasi intellectum habentia; sed, sicut a natura mota, determinatas quasdam operationes, et uniformes in eadem specie, sicut omnis hirundo similiter nidificat. Non est igitur idem intellectus et sensus.

1438. — Adhuc. Sensus non est cognoscitivus nisi singularium: cognoscit enim omnis sensitiva potentia per species individuales, cum recipiat species rerum in organis corporalibus. Intellectus autem est cognoscitivus universalium, ut per experimentum patet. Differt igitur intellectus a sensu.

1439. — Amplius. Cognitio sensus non se extendit nisi ad corporalia. Quod ex hoc patet, quia qualitates sensibiles, quae sunt propria obiecta sensuum, non sunt nisi in corporalibus; sine eis autem sensus nihil cognoscit. Intellectus autem cognoscit incorporalia: sicut sapientiam, veritatem, et relatio-

第 66 章

知性と感覚は同じであると主張する人々への反論

1436. さて,古代の哲学者たち[1]のなかには,知性は感覚と違わないと思いなした人々がいた[2]が,これは先の立場と近く,不可能なのである。

1437. 感覚はあらゆる動物において見いだされる。ところが,人間以外の他の動物は知性を持っていない。このことは,他の動物が知性を持つものとは違って,多様で対立したはたらきをなさないということから明らかである。他の動物はむしろ,自然本性によって動かされて,同じ種においては一様な限定されたはたらきをなすのである。たとえば,すべてのツバメは似た仕方で巣を作るようにである。したがって,知性と感覚は同じではない。

1438. さらに,感覚が認識しうるのは個別的なものだけである。実際,感覚的能力はすべて,事物の形象を身体器官に受容するので,個的形象を通じて認識するのである。ところが知性は,経験によって明らかなように,普遍的なものを認識できる[3]。したがって,知性は感覚とはことなっているのである。

1439. さらに,感覚の認識は物体的なものにしか及ばない。これは,感覚の固有対象である可感的性質は身体のうちにしか存在しないが,そのような性質がなければ感覚は何も認識しないということから明らかである。ところが,知性は非物体的なものを認識する。たとえば,知恵,真理,諸事物の間の関係などがそう

---

 1) *Gauthier*, p.113, n.10.によれば,ここで「古代の (antiquus)」と訳した言葉はアクィナスの用語法では,単に「当時の哲学者」との対比で「古代」と言われているのではなく,古代の中でも時代的に古いということを意味し,さらには何らかの価値的評価を含んでいる。古代哲学の歴史についての見通しから,「完成した,古典的な(プラトン・アリストテレスの)哲学」に対しては「まだ初発,未完の哲学」という否定的意味の場合もあるし,「退落した哲学」に対しては肯定的に使用されることもある。この箇所は否定的である。
 2) アリストテレス『魂について』第 3 巻 3 章427a21-29参照。
 3) 感覚と知性のこの対比については,アリストテレス『魂について』第 2 巻 5 章417b19-23. と当該箇所へのアクィナスの註解を参照。

nes rerum. Non est igitur idem intellectus et sensus.

1440. — Item. Nullus sensus seipsum cognoscit, nec suam operationem: visus enim non videt seipsum, nec videt se videre, sed hoc superioris potentiae est, ut probatur in libro *de Anima*. Intellectus autem cognoscit seipsum, et cognoscit se intelligere. Non est igitur idem intellectus et sensus.

1441. — Praeterea. Sensus corrumpitur ab excellenti sensibili. Intellectus autem non corrumpitur ab excellentia intelligibilis: quinimmo qui intelligit maiora, potest melius postmodum minora intelligere. Est igitur alia virtus sensitiva et intellectiva.

である。したがって，知性と感覚は同じではない。

1440. 同じく，どんな感覚も自己を認識せず自己のはたらきも認識しない。実際，視力は自分自身を見ないし，〈自分が見ていること〉を見ることもないのであり，『魂について』〔3巻2章425b12-13〕で証明されているように，このようなことは上位の能力に属しているのである[4]。ところが，知性は自己自身を認識し，〈自己が知性認識していること〉を認識する。したがって，知性と感覚は同じではないのである。

1441. さらに，感覚は可感的なものが過度であると破壊される。ところが，知性は可知的なものが過度であることによって破壊されることはなく，むしろ可知性の大きなものを知性認識している者は後に可知性の小さいものをよりよく知性認識するようになるのである[5]。したがって，感覚的ちからと知性的ちからとは別のものなのである。

---

[4] つまり，外的感覚である視力は自分自身や自己のはたらきを〈見る〉ことはないが，共通感覚はそれを〈感覚する〉ことができるのであり，そのような知覚能力は五感とは別の，しかもそれより上位の能力でなければ不可能であるとする。内部感覚については，*ST* I, q.78, a.4を参照。

[5] より難しい数学の問題が解ける者は易しい問題を簡単に解いてしまう。第62章1407節参照。

CAPUT 67.

CONTRA PONENTES INTELLECTUM POSSIBILEM ESSE IMAGINATIONEM.

1442. — Huic autem opinioni affine fuit quod quidam posuerunt intellectum possibilem non esse aliud quam imaginationem. Quod quidem patet esse falsum.

1443. — Imaginatio enim est etiam in aliis animalibus. Cuius signum est quod, abeuntibus sensibilibus, fugiunt vel persequuntur ea; quod non esset nisi in eis imaginaria apprehensio sensibilium remaneret. Intellectus autem in eis non est, cum nullum opus intellectus in eis appareat. Non est igitur idem imaginatio et intellectus.

1444. — Adhuc. Imaginatio non est nisi corporalium et singularium: cum phantasia *sit motus factus a sensu secundum actum*, ut dicitur in libro *de Anima*. Intellectus autem universalium et incorporalium est. Non est igitur intellectus possibilis imaginatio.

1445. — Amplius. Impossibile est idem esse movens et motum. Sed phantasmata movent intellectum possibilem sicut sensibilia sensum: ut Aristoteles dicit, in III *de Anima*. Impossibile est igitur quod sit idem intellectus possibilis et imaginatio.

第 67 章
可能知性を想像力だと主張する人々への反論

1442. 以上の意見と親和的なのは，可能知性は想像力にほかならないと或る人々が主張したことである。だが，これが偽であることは，次のようにして明らかである。

1443. 想像力は他の動物にもある。その印となるのは次のようなことである。すなわち，可感的なものが〔現には〕なくなっても，動物はそれから逃げたりそれを追いかけたりするが，こんなことは，動物のうちに可感的なものについての想像力による把握が残存しているのでないなら，あり得ないことなのである[1]。それに対して，動物には知性のいかなる業も現れていないのであるから，知性はない。したがって，想像力と知性とは同じものではない。

1444. さらに，想像力は物体的で個別的なものにしか関わらない。というのは，『魂について』〔3巻3章429a1-2〕で述べられているように，表象とは「現実態にある感覚によってなされた動」だからである。ところが，知性は普遍的なものと非物体的なものにかかわる〔前章1438節参照〕。したがって，可能知性は想像力ではない[2]。

1445. さらに，同じものが動かしつつ動かされるものであることは不可能である。ところが，アリストテレスが『魂について』第3巻〔7章431a14-15〕で述べているように，表象像は，可感的なものが感覚を動かすように，可能知性を動かす[3]。それゆえ，可能知性と想像力が同じであることは不可能である。

---

1) *ST* I, 78, 4の公式の記述によるならば，外部感覚と対比される内部感覚には「共通感覚（sensus communis）」「想像力（imaginatio, phantasia）」「評価力（vis aestimativa）」「記憶力（vis memorativa）」四つがある。この最後の三つは，感覚の対象が現前していない場合に働いている何らかの把握能力であり，この例のように，羊が狼の姿が見えなくなっても狼の危険性を把握して逃げるといった場合に働くのは評価力である。この箇所ではこれが想像力と呼ばれており，想像力という語のゆるやかな使用法である。

2) 能力・ちからの区別がそれが関わる対象の区別によるということは，アクィナスの基本的な見解である。

3) 1443節への注で述べたように，想像力は現前しない感覚的内容を把握するちからであ

1446. — Praeterea. Probatum est in III *de Anima* quod intellectus non est actus alicuius partis corporis. Imaginatio autem habet organum corporale determinatum. Non est igitur idem imaginatio et intellectus possibilis.

1447. — Hinc est quod dicitur *Iob* 35,11: *qui docet nos super iumenta terrae, et super volucres caeli erudit nos*. Per quod datur intelligi quod hominis est aliqua virtus cognoscitiva supra sensum et imaginationem, quae sunt in aliis animalibus.

1446. さらに,『魂について』第3巻〔4章429a24-25〕で証明されているように,知性は身体のどんな部分の現実態でもない。それに対して,想像力は特定の身体器官を持っている[4]。それゆえ,想像力と可能知性が同じであることは不可能である。

1447. 以上のことから,『ヨブ記』第35章11節で,「地の獣を越えてわれわれを教え,空の鳥を越えてわれわれを啓く方は」と言われているのである。この言葉によって,他の動物にある感覚と想像力を越えた何らかの認識のちからが人間にはあるということが理解されるのである。

る。さらには,見たこともない「黄金の山」を思い浮かべるちからでもある。しかし,想像力は同時に「表象像 (phantasmata)」をつくりだし,知性に対して物質的世界の情報を提供する能力でもある。しかし,想像力のこの二つのはたらきの間の関係についての十分な説明はアクィナスには見いだされない。

    4) *Sent*. II, d.20, q.2, a.2.によれば,「脳の前部」。

CAPUT 68.

Qualiter substantia intellectualis possit esse forma corporis.

1448. — Ex praemissis igitur rationibus concludere possumus quod intellectualis substantia potest uniri corpori ut forma.

1449. — Si enim substantia intellectualis non unitur corpori solum ut motor, ut Plato posuit, neque continuatur ei solum per phantasmata, ut dixit Averroes, sed ut forma; neque tamen intellectus quo homo intelligit, est praeparatio in humana natura, ut dixit Alexander; neque complexio, ut Galenus; neque harmonia, ut Empedocles; neque corpus, vel sensus, vel imaginatio, ut antiqui dixerunt: relinquitur quod anima humana sit intellectualis substantia corpori unita ut forma. Quod quidem sic potest fieri manifestum.

1450. — a) Ad hoc enim quod aliquid sit forma substantialis alterius, duo requiruntur. Quorum unum est, ut forma sit principium essendi substantialiter ei cuius est forma: principium autem dico, non factivum, sed formale, quo aliquid est et denominatur ens. Unde sequitur aliud, scilicet quod

第68章
知性的実体が身体の形相であり得るのはどのようにしてなのか

1448. さて，以上の諸論拠から知性的実体が身体に形相として合一し得ると結論することができる[1]。

1449. 実際，知性的実体は，プラトンが主張したように動かすものとしてだけ身体〔物体〕に合一しているのでも，アヴェロエスが言ったように，表象像を通じてだけ接合しているのでもない。そうではなく，形相として合一しているのである。また，人間がそれによって知性認識する知性は，アレクサンドロスが言ったように人間本性の中の準備ではないし，ガレノスの言ったように体質でもないし，エンペドクレスの言ったように調和でもなく，また古代の人々の言ったように，知性は身体〔物体〕でも感覚でも想像力でもないのである。それゆえ，人間の魂は身体に形相として合一している知性的実体であるということになる。このことは次のようにして明らかとされ得るであろう。

1450. a) 何かがそれとは別のものの実体的形相であるためには，二つのことが要求される。その一つは，形相がそれの形相であるものにとって実体的に存在するための原理だということである。ここで〈原理〉と私が言っているのは，制作的原理ではなく，何かがそれによって存在しそれによって〈存在者〉だと命名されるような形相的原理のことである。このことからもう一つのことが帰結する。

---

[1] この推論の構造は少し分かりにくい。第56章1319節 d) で「知性的実体はある種の物体〔身体〕の実体的形相であり得るのか」が問いはじめられ，1320-1325節でこの問題への否定的論拠が出された。その後，第57章から第67章まででは，次節に要約されているように，知性的魂が身体の実体的形相であることを否定する個々の立場が吟味され論駁された。「以上の諸論拠」とはその論駁の議論だと理解される。そこで，選択肢があらかじめ枚挙されていたわけではないが，知性的魂と身体との関係の理解についての可能な立場のうちで，知性的魂が身体に形相として合一しているという可能性だけが残されたのである。ここまではいわば消去法であり，「合一し得る」という可能様相で述べられているのはそのためである。その合一についての積極的な証明は1450節からあらためて始まるのであり，次節末尾の目指すべき結論は「合一している知性的実体である」と言われ可能様相が除かれているのはそのためである。本章から第70章までが人間の魂と身体の関係についてのアクィナス自身の根幹となる立場の提示である。

forma et materia conveniant in uno esse: quod non contingit de principio effectivo cum eo cui dat esse. Et hoc esse est in quo subsistit substantia composita, quae est una secundum esse, ex materia et forma constans.

b) Non autem impeditur substantia intellectualis, per hoc quod est subsistens, ut probatum est, esse formale principium essendi materiae, quasi esse suum communicans materiae. Non est enim inconveniens quod idem sit esse in quo subsistit compositum et forma ipsa: cum compositum non sit nisi per formam, nec seorsum utrumque subsistat.

1451. — Potest autem obiici quod substantia intellectualis esse suum materiae corporali communicare non possit, ut sit unum esse substantiae intellectualis et materiae corporalis: diversorum enim generum est diversus modus essendi; et nobilioris substantiae nobilius esse.

1452. — Hoc autem convenienter diceretur si eodem modo illud esse materiae esset sicut est substantiae intellectualis. Non est autem ita. Est enim materiae corporalis ut recipientis et subiecti ad aliquid altius elevati: substantiae autem intellectualis ut principii, et secundum propriae naturae congruentiam. Nihil igitur prohibet substantiam intellectualem esse formam

すなわち，形相と質料は一つの存在において合致しているということである。このことは作出的原理とその原理によって存在を与えられる当のものには生じない。そして，この〔一つの〕存在とはそのうちで複合実体が自存するものであり，その複合実体は質料と形相とから成り，存在にそくして一なる実体なのである[2]。

b) とはいえ，知性的実体は，すでに証明されたようにそれが自存するからといって[3]，質料にとっての存在の形相的原理であることが妨げられるわけではない。それは質料に自己の存在を伝達しているものとして形相的原理なのである。実際，〈複合体がそれによってある存在〉と〈形相それ自体がそれによってある存在〉とが同じであることは不都合ではない。なぜなら，複合体は形相によってしか存在しないのであるし，分けられたなら両者がともに自存しないからである[4]。

1451. だが，次のような反論が可能である。すなわち，知性実体は自分の存在を物体的質料に伝達し，その結果知性的実体の存在と物体的質料の存在とが一つとなることはできない。なぜなら，類が異なれば存在の様態も異なるからであり，より高貴なものである実体にはより高貴な存在が属するからである，と。

1452. だが，これが適当な言い方だということになるのは，その〔伝達され一つとなった〕存在が質料に属する様態と知性的実体に属する様態が同じであるという場合のことなのである。だが，この場合はそうではない。というのは，その存在が物体的質料に属するとき，その質料は受容するものであり，また何か上位のものへと高められる基体である。それに対して，その存在が知性的実体の方に属するとき，知性的実体は原理であり，またそれ固有の自然本性に適合しながら属しているからである[5]。したがって，知性的実体が人間の身体の形相であるこ

---

  2) 「AがBにとってその存在の原理である」という時に，二つの場合を区別する必要がある。作出的原理・原因の場合には，その原理に依存して存在する結果と存在において異なっており，結果に対して外在的である。たとえば，父と子の関係がそうである。それに対して形相的原理の場合には，それに依存する当のものとその原理とは存在として一つとなっており，このような原理は結果であるものにとって内在的なのである。

  3) 第51章参照。ここでは知性的実体とは質料を持たないものであることが証明されている。つまり，ここでの「自存する」とは「質料なしに形相だけで存在する」という意味である。

  4) この1450節から1452節がアクィナスの心身関係に関する理論的説明の最も根底をなすものである。「解説」4節を参照。

  5) 約言すれば，人間の魂と身体とはともに人間という存在の内的構成要素であるが，対等の関係にはない。合一によって魂の方は固有の自然本性を失うわけではないが，物体〔身体〕の方は魂の存在を受け取ることで魂化されて生きた物体つまり身体へと高められるのである。

corporis humani, quae est anima humana.

1453. — a) Hoc autem modo mirabilis rerum connexio considerari potest. Semper enim invenitur infimum supremi generis contingere supremum inferioris generis: sicut quaedam infima in genere animalium parum excedunt vitam plantarum, sicut ostrea, quae sunt immobilia, et solum tactum habent, et terrae in modum plantarum adstringuntur; unde et beatus Dionysius dicit, in VII cap. *de Div. Nom.*, quod divina sapientia coniungit *fines superiorum principiis inferiorum*. Est igitur accipere aliquid supremum in genere corporum, scilicet corpus humanum aequaliter complexionatum, quod attingit ad infimum superioris generis, scilicet ad animam humanam, quae tenet ultimum gradum in genere intellectualium substantiarum, ut ex modo intelligendi percipi potest.

b) Et inde est quod anima intellectualis dicitur esse quasi quidam *horizon et confinium* corporeorum et incorporeorum, inquantum est substantia incorporea, corporis tamen forma.

c) Non autem minus est aliquid unum ex substantia intellectuali et materia corporali quam ex forma ignis et eius materia, sed forte magis: quia quanto forma magis vincit materiam, ex ea et materia efficitur magis unum.

1454. — Quamvis autem sit unum esse formae et materiae, non tamen oportet quod materia semper adaequet esse formae. Immo, quanto forma est

とを妨げるものは何もなく，その形相が人間の魂なのである。

1453. a) さて，諸事物間の驚くべき連関は，次のように考えることができる。上位の類に属する最下位のものは下位の類に属する最上位のものと接しているのが，いつも見いだされる。たとえば，動物の類において最も下位には，牡蠣が動かず触覚だけを持ち植物のように地に張り付いているように，ほとんど植物の生を越え出ないものがある。だから聖ディオニシウス[6]も『神名論』第7章[7]において，神の知恵は「上位のものの終わりを下位のものの初めに」結びつけていると述べているのである。それゆえ，均衡ある仕方で構成されている人間の身体という物体の類における最上位のものは，人間の魂という〔物体より〕上位のものの類のうちの最下位のものに触れていると捉えなければならない。このことは知性認識の様態から理解できることなのである[8]。

b) ここから知性的魂は，知性的実体であるが身体にとっての形相である限りにおいて，物体的なものと非物体的なものとの間のいわば「地平であり境界」[9]であると言われるのである。

c) ところで，知性的実体と物体的質料とから成るものの一である程度が，火の形相とその質料とから成るものの一である程度より劣るわけではなく，むしろその程度は一層高いのである。というのは，形相が質料を打ち負かす程度が高いほど，それと質料とからできあがるものの一である程度は高いからである。

1454. だが，質料と形相とから一なる存在ができるにしても，質料が常に形相の存在と対等なものでなければならないわけではない。むしろ，形相がより高貴

---

6) 擬ディオニシウス・アレオパギータ。中世を通じてパウロの説教によって回心したディオニシウス（『使徒言行録』第17章34節）と見なされて大きな権威をもった。『天上位階論』『教会位階論』『神秘神学』『神名論』と10の書簡から成る「ディオニシウス文書」は，6世紀ごろのシリアの修道士によるものであろうと見なされており，今日では「擬」を付される。アクィナスは『神名論註解』を残している。

7) 3節（MG III, col.872B）

8) 純粋な知性実体すなわち天使の場合には，身体〔物体〕を持たず知性認識というはたらきにおいても身体に依存した感覚は必要ない。人間の知性認識は身体と感覚を必要とするという様態を持っており，このはたらきの様態から存在の様態が推論できるのである。

9) この表現はプロクロスの『神学綱要（*Elementa theologica*）』の抜粋である『原因論（*Liber de causis*）』（第2命題，第9命題）に見いだせる。

nobilior, tanto in suo esse superexcedit materiam. Quod patet inspicienti operationes formarum, ex quarum consideratione earum naturas cognoscimus: unumquodque enim operatur secundum quod est. Unde forma cuius operatio superexcedit conditionem materiae, et ipsa secundum dignitatem sui esse superexcedit materiam.

1455. — Invenimus enim aliquas infimas formas, quae in nullam operationem possunt nisi ad quam se extendunt qualitates quae sunt dispositiones materiae, ut calidum, frigidum, humidum et siccum, rarum, densum, grave et leve, et his similia: sicut formae elementorum. Unde istae sunt formae omnino materiales, et totaliter immersae materiae.

1456. — Super has inveniuntur formae mixtorum corporum, quae licet non se extendant ad aliqua operata quae non possunt compleri per qualitates praedictas, interdum tamen operantur illos effectus altiori virtute, quam sortiuntur ex corporibus caelestibus, quae consequitur eorum speciem: sicut adamas trahit ferrum.

1457. — Super has iterum inveniuntur aliquae formae quarum operationes extenduntur ad aliqua operata quae excedunt virtutem qualitatum praedictarum, quamvis qualitates praedictae organice ad harum operationes deserviant: sicut sunt animae plantarum, quae etiam assimilantur non solum virtutibus corporum caelestium in excedendo qualitates activas et passivas, sed ipsis motoribus corporum caelestium, inquantum sunt principia motus rebus viventibus, quae movent seipsas.

1458. — Supra has formas inveniuntur aliae formae similes superioribus substantiis non solum in movendo, sed etiam aliqualiter in cognoscendo; et sic sunt potentes in operationes ad quas nec organice qualitates praedictae

であればあるほど，形相はその存在において質料を凌駕するのである。このことは，諸形相のはたらきを眺めて，そのはたらきを考察することから形相の本性をわれわれが認識するならば明らかとなる。それぞれのものは存在に応じてはたらきをなすからである。それゆえ，そのはたらきが質料の条件を凌駕しているような形相は，それの存在の高貴さに応じて，形相それ自体が質料を凌駕していることになるのである。

1455. そこで最下位の形相を見てみると[10]，それは質料の状態であるような性質（熱，冷，湿，乾，粗，密，重，軽，その他同様のもの）が及ぶはたらき以外のはたらきをなにもなし得ないのである。これは諸元素の形相である。だから，これらの形相はまったく質料的であり，質料に全面的に取り込まれているのである。

1456. この形相の上に見いだされるのが，混合物体の形相である。これは前述の性質によって完遂され得ないようなどんな業にも及ばないのではあるが，時として天体から得られ，それによってその〔物体の〕種が得られるような上位のちからによってその結果をなすのである。たとえば，磁石が鉄を引きつける場合がそうである。

1457. この形相のさらに上に見いだされる形相は，そのはたらきが前述の性質の力を越えるような何らかの業にまで及ぶのであるが，前述の性質がこれらのはたらきに器官〔道具〕として資するのである。植物の魂がこのようなものであり，能動的性質や受動的性質を越える点で天体の力と類似したものとなるだけではなく，その魂は自分自身を動かす生き物にとっての動の原理であるかぎりにおいて，天体を動かしているものそのもの[11]と類似しているのである。

1458. これらの形相の上に別の形相が見いだされる。それは動かすという点でだけではなく何らかの仕方で認識をなすという点で上位の実体と類似している。だから，この形相は前述の性質がそれに対して器官〔道具〕として資するのでは

---

10) 以下，本章末まで自然物の形相のヒエラルキーが順番に述べられることになる。
11) 天体を動かしているのは知性実体〔天使〕であるとされている。

deserviunt, tamen operationes huiusmodi non complentur nisi mediante organo corporali; sicut sunt animae brutorum animalium. Sentire enim et imaginari non completur calefaciendo et infrigidando: licet haec sint necessaria ad debitam organi dispositionem.

1459. — a) Super omnes autem has formas invenitur forma similis superioribus substantiis etiam quantum ad genus cognitionis, quod est intelligere: et sic est potens in operationem quae completur absque organo corporali omnino. Et haec est anima intellectiva: nam intelligere non fit per aliquod organum corporale. Unde oportet quod illud principium quo homo intelligit, quod est anima intellectiva, et excedit conditionem materiae corporalis, non sit totaliter comprehensa a materia aut ei immersa, sicut aliae formae materiales. Quod eius operatio intellectualis ostendit, in qua non communicat materia corporalis.

b) Quia tamen ipsum intelligere animae humanae indiget potentiis quae per quaedam organa corporalia operantur, scilicet imaginatione et sensu, ex hoc ipso declaratur quod naturaliter unitur corpori ad complendam speciem humanam.

第 68 章

ないようなはたらきをなしうるものだというだけでなく，このようなはたらきは身体器官を媒介としなければ完遂されないのである。非理性的動物の魂がこのようなものである。実際，感覚することや想像することは暖まることや冷えることによっては完遂されないのである。ただし，器官をあるべき状態にするためにはこのようなこと〔暖まることや冷えること〕が必要ではあるのであるが。

1459. a) さて，以上すべての形相の上に，知性認識という認識の類に関してまで上位の実体と類似した形相が見いだされる。これはまったく身体器官なしに完遂されるようなはたらきをなし得るものなのである。これが知性的魂である。知性認識は何らかの身体器官を通じて生じるのではないからである。だから，人間がそれによって知性認識している原理，つまり知性的魂という物体的質料の条件を越えているこの原理は，他の質料的形相とはちがって，質料に全面的に含みこまれたり取り込まれたりしているのではない。この知性的はたらきにおいては物体的質料が共有していないということが，このことを示しているのである。

b) ただ，人間の魂の知性認識そのものは何らかの身体器官を通じてはたらくような能力，すなわち想像力と感覚を必要としているので，このことによって人間という種を完全なものとするために人間の魂は身体と自然本性的に合一しているということが明らかとなるのである[12]。

---

[12] アクィナスは知性的魂の身体に対する非依存性あるいは超越性と，「人間という種の完成」のためにはその魂が自然本性的に身体と合一しているという論点とを，ここでは極めてひっそりと述べているだけである。本書第80－81章1619節，および「解説」4節を参照。

CAPUT 69.

Solutio rationum quibus supra probatur quod substantia intellectualis non potest uniri corpori ut forma.

1460. — His autem consideratis, non est difficile solvere quae contra praedictam unionem supra opposita sunt.

1461. — In *prima* enim ratione falsum supponitur. Non enim corpus et anima sunt duae substantiae actu existentes, sed ex eis duobus fit una substantia actu existens: corpus enim hominis non est idem actu praesente anima, et absente; sed anima facit ipsum actu esse.

1462. — Quod autem *secundo* obiicitur, formam et materiam in eodem genere contineri, non sic verum est quasi utrumque sit species unius generis: sed quia sunt principia eiusdem speciei. Sic igitur substantia intellectualis et corpus, quae seorsum existentia essent diversorum generum species, prout uniuntur, sunt unius generis ut principia.

1463. — Non autem oportet substantiam intellectualem esse formam materialem, quamvis esse eius sit in materia: ut *tertia* ratio procedebat. Non enim est in materia sicut materiae immersa, vel a materia totaliter comprehensa, sed alio modo, ut dictum est.

第 69 章
知性的実体は身体に形相として合一し得ないことを
証明するとする上述の諸反論の解消

1460. さて，以上のように考察してみると，今述べた合一に対して先に反論されたこと〔第56章〕を解消することは困難ではない。

1461. 反論1〔1321節〕の前提には誤りがある。すなわち，身体と魂は現実態において存在している二つの実体ではない。そうではなく，その両者から現実態において存在する一つの実体が生じるのである。実際，人間の身体は魂がある場合とない場合とでは現実態において同じではないのであり，身体を現実態において存在させるのが魂なのである[1]。

1462. 反論2〔1322節〕で形相と質料は同じ類に含まれるとされていることについては，それが真なのはその両者が一つの類に属する種であるからではなく，両方が同じ種の〔二つの〕原理だからなのである。したがって，知性的実体と身体〔物体〕は，別々に現実存在しているならば異なった類に属する種であるにしても，合一している限りにおいては〔二つの〕原理として一つの類に属するのである。

1463. 知性的実体の存在は質料のうちにあるにしても，反論3〔1323節〕で行論されているように，知性的実体が質料的形相であるということにはならない。というのは，それが質料のうちにあるといっても，質料に取り込まれている，あるいは質料によって全面的に含みこまれているのではなく，先に述べたような別の仕方で質料のうちにあるからである[2]。

---

　　1) ここにはアクィナスの「実体的形相唯一説」が前提とされている。前章1455節以下にあるような存在のヒエラルキーという捉え方のもとで，より上位にある形相は実体を成立させている形相としては一つであるが，その形相の内には下位の形相が含まれているとされる。人間の実体的形相は知性的魂ただ一つであって，その中に動物の形相，植物の形相などが内包されている。人間の中に動物的魂や植物的魂が，知性的魂とは別の実体的形相として存在しているのではない。身体〔物体〕についても，それを人間の身体〔物体〕としているのは知性的魂という人間の実体的形相であり，死んで合一が解かれたときにその存在を物体としているのは物体性という別の実体的形相なのである。

　　2)「質料的形相（forma materialis）」は確かに質料のうちにその存在を持つが，その存在

1464. — Nec tamen per hoc quod substantia intellectualis unitur corpori ut forma, removetur quod a philosophis dicitur, intellectum esse a corpore separatum. Est enim in anima considerare et ipsius essentiam, et potentiam eius. Secundum essentiam quidem suam dat esse tali corpori: secundum potentiam vero operationes proprias efficit. Si igitur operatio animae per organum corporale completur, oportet quod potentia animae quae est illius operationis principium, sit actus illius partis corporis per quam operatio eius completur: sicut visus est actus oculi. Si autem operatio eius non compleatur per organum corporale, potentia eius non erit actus alicuius corporis. Et per hoc dicitur intellectus esse *separatus*: non quin substantia animae cuius est potentia intellectus, sive anima intellectiva, sit corporis actus ut forma dans tali corpori esse.

1465. — Non est autem necessarium, si anima secundum suam substantiam est forma corporis, quod omnis eius operatio fiat per corpus, ac per hoc omnis eius virtus sit alicuius corporis actus: ut *quinta* ratio procedebat. Iam enim ostensum est quod anima humana non sit talis forma quae sit totaliter immersa materiae, sed est inter omnes alias formas maxime supra materiam elevata. Unde et operationem producere potest absque corpore, idest, quasi non dependens a corpore in operando: quia nec etiam in essendo dependet a corpore.

1466. — Eodem etiam modo patet quod ea quibus Averroes suam opinionem confirmare nititur, non probant substantiam intellectualem corpori non uniri ut formam.

第 69 章

1464. また，知性的実体が形相として身体と合一しているからといって，知性は身体から分離しているという哲学者たちの言っていることが排除されるわけではない〔反論4，1324節〕。魂についてはその本質とその能力との両方を考察しなければならない。実際，魂はその本質にそくして一定の身体に存在を与えるが，能力にそくして固有のはたらきを作り出すのである。それゆえ，もし魂のはたらきが身体器官を通じて完遂されるのであれば，そのはたらきの原理である魂の能力は身体の部分の現実態であり，その部分を通じてそのはたらきが完遂されるのでなければならない。視覚が目の現実態だというのはこのような場合である。それにたいして，魂のはたらきが身体器官を通じて完遂されるのでないのであれば，その能力はどんな身体の現実態でもないことになろう。そして知性が「分離している」と語られるのはこの後者によるのである。とはいえ，知性という能力が属している魂の実体すなわち知性的魂は形相として身体の現実態であり，その形相が一定の身体に存在を与えているのではある[3]。

1465. だが，魂がその実体にそくしては身体の形相であるとしても，反論5〔1325節〕が行論するのとはちがって，魂のすべてのはたらきが身体を通じて生じ，それゆえ魂のすべてのちからが何らかの身体の現実態であるということが必然となるわけではない。というのは，既に示されていることであるが〔1459，1463節〕，人間の魂は質料に全面的に取り込まれている形相ではなく，他のすべての形相のうちで質料をもっとも越えて高められている形相だからである。それゆえ，魂は身体なしのはたらき，すなわちはたらくにおいて身体に依存しないはたらきをも産出しうるのである。それは存在することにおいてさえも身体に依存していないからである。

1466. また同じようにして，アヴェロエスが自分の意見をそれによって確証しようとしている事柄によっても，知性的実体が形相としては身体と合一していないということが証明されるわけではないことが明らかとなる[4]。

が本来帰属するのはその形相と質料とから成る複合体である。人間の知性的魂の存在の本来の帰属先は魂という形相であり，その存在が質料に伝達されることによって人間という複合体が成立する。人間の魂は「身体の形相」ではあるが「質料的形相」ではない。
　3）　知性的魂の身体に対する「分離／非分離」は，本質〔実体〕の次元と能力〔とはたらき〕の次元の区別というこの見解に支えられている。しかし，より根底にあるのは，前節にも示されている「存在」の帰属先の相違である。
　4）　ここからは第59章で掲げられていた，アリストテレスの言葉にもとづくアヴェロエス

1467. — Verba enim Aristotelis quae dicit de intellectu possibili, quod est *impassibilis* et *immixtus* et *separatus*, non cogunt confiteri quod substantia intellectiva non sit unita corpori ut forma dans esse. Verificantur enim etiam si dicatur quod intellectiva potentia, quam Aristoteles vocat *potentiam perspectivam*, non sit alicuius organi actus quasi per ipsum suam exercens operationem. Et hoc etiam sua demonstratio declarat: ex operatione enim intellectuali qua omnia intelligit, ostendit ipsum immixtum esse vel separatum; operatio autem pertinet ad potentiam ut ad principium.

1468. — a) Unde patet quod nec demonstratio Aristotelis hoc concludit, quod substantia intellectiva non uniatur corpori sicut forma. Si enim ponamus substantiam animae secundum esse corpori sic unitam, intellectum autem nullius organi actum esse, non sequetur quod intellectus *habeat aliquam naturam*, de naturis dico sensibilium: cum non ponatur *harmonia*, vel *ratio alicuius organi*, sicut de sensu dicit Aristoteles, in II *de Anima*, quod est *quaedam ratio organi*. Non enim habet intellectus operationem communem cum corpore.

b) Quod autem per hoc quod Aristoteles dicit intellectum esse *immixtum* vel *separatum*, non intendat excludere ipsum esse partem sive potentiam animae quae est forma totius corporis, patet per hoc quod dicit in fine primi *de Anima*, contra illos qui dicebant animam in diversis partibus cor-

第 69 章

1467. アリストテレスが可能知性について述べている「非受動で混じっておらず分離している」という言葉があるからといって〔理由1，1354節〕，知性的実体が存在を与える形相として身体と合一していないと言わねばならないわけではないのである。実際この言葉は，アリストテレスが「観想的能力」〔1398-1399節〕とよんでいる知性的能力が何らかの器官の現実態ではなく，その器官を通じて自分のはたらきを遂行しているのではないと言われるにしても，やはり真になるであろう。そしてこのことをアリストテレスの次の論証も明らかにしているのである。すなわち，〔その論証では〕アリストテレスは知性がそれによってすべてを知性認識するはたらきからはじめて，知性それ自身が混じり合っていないことあるいは分離していることを示しているが，そのはたらきは能力をその原理としそれに属しているのである[5]。

1468. a) だから，アリストテレスの論証も，知性的実体が形相として身体と合一していない〔理由2，1355節〕などと結論しているのではないのである。魂の実体が存在にそくしてそのような仕方で身体と合一しているが知性はどんな器官の現実態でもないとわれわれが主張するのである以上，知性が「何らかの本性」（私が「本性」というのは可感的事物の本性のことである）「を有していることになろう」ということは帰結しないのである。というのは，魂の実体は「調和」であるとは主張されておらず，あるいはアリストテレスが『魂について』第2巻〔12章424a27-28〕で感覚について「器官の何らかの比である」と言っているような意味で，魂の実体が「何らかの器官の比」だとは主張されていないからである。実際，知性は身体と共有するはたらきを有していないのである。

 b) ところで，アリストテレスが知性は「混じり合っていない」あるいは「分離している」と〔確かに〕述べているが，そのことで知性が身体全体の形相である魂の部分あるいは能力であることを排除しようとはしていないのである。このことは『魂について』第1巻末尾で，魂はそのさまざまな部分というものを身体のさまざまな部分において有していると述べていた人々に反対して，次のように

の反論が論駁されていく。

 5) はたらきのあり方から，それの原理である能力のあり方が知られる。知性認識というはたらきは身体と関係しない，「だから」そのための能力である知性も身体と混じり合っておらず分離していると推論することができるのである。ただ，この論証では知性的魂が形相として身体と合一していることが，この分離・独立性とどのように関係しているのかが示されているわけではない。

poris diversas sui partes habere: *Si tota anima omne corpus continet, convenit et partium unamquamque aliquid corporis continere. Hoc autem videtur impossibile. Qualem enim partem aut quomodo intellectus continet, grave est fingere.*

1469. — Patet etiam quod, ex quo intellectus nullius partis corporis actus est, quod non sequitur receptionem eius esse receptionem materiae primae: ex quo eius receptio et operatio est omnino absque organo corporali.

1470. — Nec etiam infinita virtus intellectus tollitur: cum non ponatur virtus in magnitudine, sed in substantia intellectuali fundata, ut dictum est.

述べていることから明らかである。すなわち「魂全体が身体全体を含んでいるならば、魂のそれぞれの部分も身体のある部分を含んでいるというのがふさわしいことになる。しかしこれは不可能であると思われる。実際、知性がどのような〔身体の〕部分を含み、どのような仕方で含んでいるのかは、仮想することさえ困難なのである」〔5章411b15–19〕と。

1469. また明らかなことであるが、知性がいかなる身体の部分の現実態でもないということからは、知性による受容が第一質料による受容のようなものだということ（理由3と4, 1356–1357節）は帰結しないのである。知性による受容とはたらきは身体器官をまったく欠いているからである[6]。

1470. また、知性の無限のちからが除かれてしまう（理由5, 1358節）ことにもならない。そのちからはすでに述べられたように、〔量的〕大きさにおけるちからではなく、知性的実体に基礎づけられたちからだからである。

---

6) この節には ex quo が二回現れるが、ex hoc quod の意味であると読む。2番目の ex quo の quo はその前の文章を受ける関係代名詞と読むことが可能であり、その場合には「以上のことから」と結論を導く帰結節となる（[F1] はそう読んでいる）が、文脈上は最初の ex quo と同様に理由・根拠を表すと読むのが適切である。

CAPUT 70.

QUOD SECUNDUM DICTA ARISTOTELIS OPORTET PONERE INTELLECTUM UNIRI CORPORI UT FORMAM.

1471. — Et quia Averroes maxime nititur suam opinionem confirmare per verba et demonstrationem Aristotelis, ostendendum restat quod necesse est dicere, secundum opinionem Aristotelis, intellectum secundum suam substantiam alicui corpori uniri ut formam.

1472. — Probat enim Aristoteles, in libro *Physicorum*, quod in motoribus et motis impossibile est procedere in infinitum. Unde concludit quod necesse est devenire ad aliquod primum motum, quod vel moveatur ab immobili motore, vel moveat seipsum. Et de his duobus accipit secundum, scilicet quod primum mobile moveat seipsum: ea ratione, quia *quod est per se, semper est prius eo quod est per aliud*. Deinde ostendit quod movens seipsum de necessitate dividitur in duas partes, quarum una est movens et alia est mota. Oportet igitur primum seipsum movens componi ex duabus parti-

第 70 章
アリストテレスの言葉にしたがえば，知性が形相として
身体と合一していると主張すべきこと

1471. アヴェロエスが自分の見解を最大限にアリストテレスの言葉と論証によって確証しようとしているので，アリストテレスの見解にしたがえば知性がその実体にそくして形相として何らかの身体に合一していると言わなければならないことを示すことが残された課題である[1]。

1472. アリストテレスは『自然学』[2]で，動かすものと動かされるものにおいて無限に遡行することは不可能であると証明している。そこから，何か第一の動かされるものに到達し，そしてそれは不動の動者によって動かされているのか，あるいは，自分自身を動かしているかのいずれかであることが必然であると結論している。そしてアリストテレスはこの二つのうちで後者，つまり第一に動かされるものは自己自身を動かしているという方を受け容れている[3]。それは，「それ自体によって存在するものは，他によって存在するものよりも常に先である」という理由による。ついでアリストテレスは，自分自身を動かしているものは必然的に二つの部分に分けられ，一方は動かす部分で他方は動かされる部分であることを示す[4]。したがって，自己自身を動かしている第一のものは，一方が動か

---
1) 次節以下を読むと分かるように，ここで「アリストテレスの見解・言葉」と語られているものは，直接に『魂について』に見いだされる人間の魂についての言葉や見解ではない。それはこれまでにもアリストテレスの引用を通して縷々語られてきた。ここでは「天体を動かすもの」としての知性実体（天使）と天体との合一の様態が1476節まで確認され，1477節で人間の魂と身体の関係と知性実体と天体の関係の類似性にもとづいて，形相としての合一がアリストテレスの見解であることが示されている。しかし，1478節では天体がある種の魂を持つという証明の核になるテーゼについては，アクィナスがそれを積極的に認めているわけではないことが示唆されており，証明の全体が「アリストテレスの言葉にしたがえば」という仮言的で対人論法的な性格を持っている。

2) 第 8 巻 5 章526a13-b3. また以下の証明全体については，*ScG* I, c.13 の神の存在論証を参照。

3) この立場はアクィナスによれば暫定的なものである。*InPh* VIII, 5, n.1040では，第一に動かされるものが自分を動かすものだという立場はプラトン主義者の一般の見解にしたがった仮定であり，アリストテレスはさらに不動の動者の存在が要請されると理解されている。

4) アリストテレス『自然学』第 8 巻 5 章257a33以下参照。

bus, quarum una est movens et alia mota. Omne autem huiusmodi est animatum. Primum igitur mobile, scilicet caelum, est animatum, secundum opinionem Aristotelis. Unde et in II *de Caelo* dicitur expresse quod caelum est animatum, et propter hoc oportet in eo ponere differentias positionis non solum quoad nos, sed etiam secundum se.

1473. — Inquiramus igitur, secundum opinionem Aristotelis, qua anima sit caelum animatum.

1474. — Probat autem in XI *Metaphysicae*, quod in motu caeli est considerare aliquid quod movet omnino immotum, et aliquid quod movet motum. Id autem quod movet omnino immotum, movet sicut desiderabile: nec dubium quin ab eo quod movetur. Ostendit autem quod non sicut desiderabile desiderio concupiscentiae, quod est desiderium sensus, sed sicut desiderabile intellectuali desiderio: unde dicit quod primum movens non motum est *desiderabile et intellectuale*. Igitur id quod ab eo movetur, scilicet caelum, est desiderans et intelligens nobiliori modo quam nos, ut subsequenter probat. Est igitur caelum compositum, secundum opinionem Aristotelis, ex anima intellectuali et corpore. Et hoc significat in II *de Anima*, ubi dicit quod *quibusdam inest intellectivum et intellectus: ut hominibus, et si aliquid huiusmodi est alterum, aut honorabilius*, scilicet caelum.

し他方が動かされるものという二つの部分から複合されているのでなければならないことになる。ところで，このようなものとはすべて魂を持つものである。それゆえアリストテレスの見解によれば，第一に動かされるもの，すなわち天は魂を持つものである。だから『天について』第2巻〔2章285a29-31〕においてもはっきりと，天は魂を持っており，そのために天にはわれわれにとってだけではなくそれ自体においても位置の相違があるのでなければならない5)と述べられているのである。

1473. そこでアリストテレスの意見にそって，天はどのような魂によって魂を持つものとなっているのかを探究してみよう。

1474. さてアリストテレスは『形而上学』第11巻6)で，次のような証明をしている。天の運動においてはまったく動かされることなく動かしている何かと，動かされて動かしている何かを考察しなければならない。さて，そのまったく動かされることなく動かしているものは，欲求されるものとして動かしている。そして，それが動かされているものによって欲求されているのは疑いない。ところで，アリストテレスはそれが欲求されるものであるのは，感覚の欲求である欲情という欲求によってではなく，知性的欲求によって欲求されるものであると明示している。それゆえに，動かされることなく動かしている第一のものは「欲求されるものであり知性的である」と述べているのである。それゆえ，その後でアリストテレスが証明しているように，それによって動かされているもの，すなわち天はわれわれよりもより高貴な仕方で欲求し知性認識するものなのである。したがって，アリストテレスの意見にしたがえば，天は知性的魂と物体とから複合されているのである。このことを表すために『魂について』第2巻〔3章414b18-19〕では，「知性的能力と知性は或るものに内在する。たとえば人間や，何かそのような他のものあるいはより高貴なものが存在するとすれば，それに内在する」と

---

5) 生物には他者との関係においてではなく，それ自身にとっての上下，左右という区別があるということ。

6) 第12巻7章1072a23-30. アクィナスの『形而上学』の引用・引証において，現在のラムダ巻を「第11巻」と呼んでいるか「第12巻」と呼んでいるのかによって，執筆年代を推測することができる。カッパ巻を含めたメルベカのギョームの新しい翻訳をアクィナスが知って用いはじめたのは1265-68年以降であると考えられているからである。だがこれには疑問も出されている。*Gauthier*, pp.62-67参照。なお，メルベカのギョームの新訳は友人アクィナスの依頼によるものだという「伝説」は今日では根拠のないものとされている。

1475. — Constat autem quod caelum non habet animam sensitivam, secundum opinionem Aristotelis: haberet enim diversa organa, quae non competunt simplicitati caeli. Et ad hoc significandum, subiungit Aristoteles quod *quibus de numero corruptibilium inest intellectus, insunt omnes aliae potentiae*: ut daret intelligere quod aliqua incorruptibilia habent intellectum quae non habent alias potentias animae, scilicet corpora caelestia.

1476. — Non poterit igitur dici quod intellectus continuetur corporibus caelestibus per phantasmata: sed oportebit dicere quod intellectus secundum suam substantiam uniatur corpori caelesti ut forma.

1477. — Sic igitur et corpori humano, quod est inter omnia corpora inferiora nobilissimum, et aequalitate suae complexionis caelo, ab omni contrarietate absoluto, simillimum, secundum intentionem Aristotelis substantia intellectualis unitur non per aliqua phantasmata sed ut forma ipsius.

1478. — Hoc autem quod dictum est de animatione caeli, non diximus quasi asserendo secundum fidei doctrinam, ad quam nihil pertinet sive sic sive aliter dicatur. Unde Augustinus, in libro *Enchiridion*, dicit: *Nec illud quidem certum habeo, utrum ad eandem societatem*, scilicet Angelorum, *pertineant sol et luna et cuncta sidera: quamvis nonnullis lucida esse corpora, non cum sensu vel intelligentia, videantur*.

述べているが，この後者とは天のことなのである。

1475. ところで，アリストテレスの意見によれば，天が感覚的魂を持っていないことは確かである。というのは，そうであれば多様な器官をもっていることになるが，それは天の単純性に適合しないのである。そしてこのことを表そうとして，アリストテレスは続けて「知性が可滅的なものに数えられるものに内在している場合には，他のすべての能力もそれに内在する」〔『魂について』第2巻3章 415a8-9〕と述べているのである。この言葉によって，何らかの不可滅的なものすなわち天体の場合には，知性は有しながらも魂の他の能力を有していないということを分かってもらおうとしたのである。

1476. そうであるとすると，知性が表象像を通じて天体と連続していると言うことはできないであろう。そうではなく，知性はその実体にそくして形相として天体と合一していると言わなければならないことになろう。

1477. それゆえ人間の身体にとっても同様なのである。人間の身体は月下のあらゆる物体のうちで最も高貴であり，その体質の均整において，あらゆる対立から切り離されている天にもっとも類似しているのである。だから，アリストテレスの意図にしたがえば，知性的実体は何らかの表象像を通じてではなく，その形相として人間の身体に合一しているのである。

1478. さて，以上で語られてきた天が魂を持つということについて，われわれはそう語ったのであるが，それをわれわれが信仰の教えにしたがって肯定しているわけではない。上記のようにであれ別の仕方においてであれ，そのようなことについて語ることは信仰の教えには属していないからである[7]。だからアウグスティヌスは『エンキリディオン』〔58章〕において次のように述べているのである。「太陽や月や多くの星々がそれの」すなわち天使の「集まりと同じものに属しているのかどうかについては，私は確実なことを有していない。ただし，少なからぬ人々には，光り輝く物体が感覚あるいは知性を持っていないと思われている」。

---

7) 1471節の注でも述べたように，この章でアクィナスは純粋なアリストテレス解釈者であり，アヴェロエスの解釈の誤りを指摘することに専念している。そのために，知性実体が天体に対して形相として合一しているというアヴィセンナの解釈の側に立ち，形相ではなく内的な動者としてのみ天体と結びついているというアヴェロエスの解釈を表立てていない。しかし，アクィナス自身はさまざまな箇所によって両者の解釈の間を揺れている。この点については，[F2], p.318, n.1を参照。

CAPUT 71.

Quod anima immediate unitur corpori.

1479. — Ex praemissis autem concludi potest quod anima immediate corpori unitur, nec oportet ponere aliquod medium quasi animam corpori uniens: vel phantasmata, sicut dicit Averroes; vel potentias ipsius, sicut quidam dicunt; vel etiam spiritum corporalem, sicut alii dixerunt.

1480. — Ostensum est enim quod anima unitur corpori ut forma eius. Forma autem unitur materiae absque omni medio: per se enim competit formae quod sit actus talis corporis, et non per aliquid aliud. Unde nec est aliquid unum faciens ex materia et forma nisi agens, quod potentiam reducit ad actum, ut probat Aristoteles, in VIII *Metaphysicae*: nam materia et forma habent se ut potentia et actus.

1481. — a) Potest tamen dici aliquid esse medium inter animam et corpus,

第 71 章

魂は身体に直接に合一していること

1479. さて，以上から次のように結論できる[1]。魂は身体と直接に合一しており，魂を身体に合一させているような何か媒介を措定すべきではないのである。その媒介としてアヴェロエスは表象像を，或る人々は魂の能力[2]を，また別の人々は物体的精気を措定したが[3]，そうすべきではないのである。

1480. 実際，先に示されたように〔68章〕，魂は身体にその形相として合一している。ところで，形相は質料にいかなる媒介もなしに合一している。というのは，特定の物体の現実態であるということが形相に適合するのは形相それ自体によってであって，何か他のものによってではないからである。それゆえ，アリストテレスが『形而上学』第8巻〔6章1045b16-23〕で証明しているように，質料と形相とから一つのものを作り出すものとは，可能態を現実態に引き出す作用者以外にはないのである。というのは，質料と形相の関係は可能態と現実態の関係だからである[4]。

1481. a) とはいえ，魂と身体との間に何か媒介となるものがあると語ることは

---

1) 本章と次の第72章は，身体と合一することが確定された後に，その合一の様態がいかなるものであるかの考察となっている。

2) この見解は『霊と魂について (*De spiritu et anima*)』に帰され，この著者はアウグスティヌスであると考えられていた。しかし，アクィナスは *QDA*, a.9, ad 1.や *QDSC*, a.3, ad 6. でこの著者がアウグスティヌスではないと認定している。

3) この見解は *QDSC*, a.3, arg 9.では，12世紀のイスラーム教徒でラテン訳が読まれていたコスタ・ベン・ルカ (Costa ben Luca) の『霊と魂の相違について (*De differentia Spiritus et Animae*)』に帰されている。

4) ここでは非常に簡略化して記述されているが，形相・現実態と質料・可能態が何か一つの存在の構成要素となることは，アクィナスにとってはそれらの概念から直ちに導き出されることなのである。或るものが存在者であることと一なるものであることとは相即する。「白い人間」においては人間が基体として可能態の位置を占め，白さという付帯的形相によって何か一つのものとなっており，白さと人間の結合を媒介するものはない。実体的形相と質料の関係においても同様であって，両者の結合によって一つの実体が成立する。アクィナスの実体的形相唯一説はアクィナスにとって，形相と質料という概念そのものから必然的に導出されるのである。*QDSC*, a.3を参照。

etsi non in essendo, tamen in movendo et in via generationis.

b) In movendo quidem, quia in motu quo anima movet corpus, est quidam ordo mobilium et motorum. Anima enim omnes operationes suas efficit per suas potentias: unde mediante potentia movet corpus; et adhuc membra mediante spiritu; et ulterius unum organum mediante alio organo.

c) In via autem generationis dispositiones ad formam praecedunt formam in materia, quamvis sint posteriores in essendo. Unde et dispositiones corporis quibus fit proprium perfectibile talis formae, hoc modo possunt dici mediae inter animam et corpus.

可能である。だが，その媒介は存在するという点においてではなく，動かすという点と生成〔誕生〕の途上という点においてのことである。

b) 実際，動かすという点に関しては，魂が身体を動かす動においては確かに動かすものと動かされるものの秩序がある。というのも，魂は自分のはたらきのすべてを自分の能力を通じて実現しているから，それゆえ能力を媒介として身体を動かしているのである。またさらに，精気を媒介として四肢を動かしているのであり，最後には一つの器官を媒介として他の器官を動かしているのである。

c) それに対して生成の途上という点に関しては，形相へ向かう状態というものが，存在の点では後なるものであるにしても，質料のうちにある形相に先行している。だからこの意味において，特定の形相によって完成され得る固有性が身体の状態によって生じるのであるが，その状態が魂と身体との間の媒介だと言い得るのである[5]。

---

5) この「生成・誕生」の観点と「存在」の観点の相違，生成とは存在へ向かうことだと見なすならば，分かりにくいかもしれない。人間を人間という存在にしているのは知性的魂という唯一の実体的形相である。だが，人間が誕生する過程では人間の「ような」身体と感覚的魂とだけが結合している状態がある。このときはまだ「人間」という存在があるのではない。しかし，その身体の中に知性的魂と合一する（アクィナスの考えでは，その身体の中に神が知性的魂を創造する）のに相応しい「状態」が形成される。この状態が人間が誕生する過程における「媒介」と呼ばれ得るのである。とはいえ，この「質料のうちにある形相に先行している」状態が「存在の点では後なるものである」と言われるのは何故なのか。QDA, a.9, c.で次のように述べられている。「しかし，理性的魂から下位の段階の完全性（たとえば物体であること，生きた物体〔身体〕であり動物であること）を受け取るものとして理解される限りでの質料は，同時に適切な状態をともないながら，究極の完全性を与えるものとしての理性的魂にとって固有な質料であると理解されねばならない」。肝心な点は質料・身体がそのようなものとして「理解される」と語られていることである。生成の過程で媒介であった感覚的魂に備わっていた適切な「状態」は，いったん人間が人間として存在してしまった時には，その人間に含まれる完全性の一部として理解されるのである。「生成」の過程では人間が人間となるための適切な状態であったものが，人間の全体を構成する一部としては，人間という「存在」にとって「後なるもの」とされるのである。第89章1740節 d) の注を参照。

CAPUT 72.

Quod anima sit tota in toto et tota in qualibet parte.

1482. — Per eadem autem ostendi potest animam totam in toto corpore esse, et totam in singulis partibus.

1483. — Oportet enim proprium actum in proprio perfectibili esse. Anima autem est actus *corporis organici*, non unius organi tantum. Est igitur in toto corpore, et non in una parte tantum, secundum suam essentiam, secundum quam est forma corporis.

1484. — Sic autem anima est forma totius corporis quod etiam est forma singularium partium. Si enim esset forma totius et non partium, non esset forma substantialis talis corporis: sicut forma domus, quae est forma totius et non singularium partium, est forma accidentalis. Quod autem sit forma substantialis totius et partium, patet per hoc quod ab ea sortitur speciem et totum et partes. Unde, ea abscedente, neque totum neque partes remanent eiusdem speciei: nam oculus mortui et caro eius non dicuntur nisi aequivoce. Si igitur anima est actus singularium partium; actus autem est in

第 72 章
魂の全体が身体の全体にあり，また全体が身体のどの部分にもあること

1482. 同じことから，魂の全体が身体の全体にあること，また，魂全体が〔身体の〕個々の部分にあることが示され得る。

1483. 固有の現実態はそれによって完成され得る固有なもののうちに存在しなければならない。ところで，魂とは「器官をそなえた物体〔身体〕の」[1] 現実態であって，一つの器官だけの現実態ではない。それゆえ，魂は身体全体のうちに存在するのであって，一つの部分においてだけ存在するのではない。そしてこれは身体の形相であるという魂の本質によるのである。

1484. とはいえ，魂が身体全体の形相であるというあり方によって，魂は〔身体の〕個々の部分の形相でもある。実際，もし魂が全体の形相であって部分の形相ではないとすると，そのような身体にとっての実体的形相ではなくなってしまうであろう。それはちょうど家の形相の場合のようなことになる。すなわち家全体の形相でありながらそれの個々の部分の形相ではない家の形相は付帯的形相なのである[2]。ところで，魂が身体の全体と部分の両方の実体的形相であるということは，全体と部分の両方がその形相によって種を得ることから明らかである。だからこそ，その形相が去ってしまえば，全体も部分も同じ種に止まることはないのである。たとえば，死者の目や肉は同名異義的にしか目や肉とは語られないのである[3]。それゆえ，魂が個々の部分の現実態であり，現実態とはそれの現実

---

1) 『魂について』第 2 巻 1 章 412b 5-6．この「物体」は単数形なのであって，「器官」が複数であってもそれらを備えた身体は全体として一なるものなのである。

2) *ST* I, q.76, a.8, c.の説明によるならば，家の全体的形相は屋根や柱や壁といった家の諸部分に存在を与える実体的形相ではなく，それらの諸部分の「構造と秩序（compositio et ordo)」という付帯的形相である。

3) しかし，前注の家の形相の例でも同様ではないのであろうか。つまり，柱が「柱」と語られるのは家という構造の部分となっているからであって，家が地震で倒壊してしまえば柱であった木片はもはや同名異義的にしか「柱」と語られないのではないであろうか。このアクィナスの説明には，魂と家という自然物と人工物の違いがあるにしても，難点があるように思われる。魂と呼ばれるものも身体全体とその諸部分の「構造と秩序」あるいは「調和」だとす

eo cuius est actus: relinquitur quod sit secundum suam essentiam in qualibet parte corporis.

1485. — a) Quod autem tota, manifestum est. Cum enim totum dicatur per relationem ad partes, oportet *totum* diversimode accipi sicut diversimode accipiuntur partes. Dicitur autem pars dupliciter: uno quidem modo, inquantum dividitur aliquid secundum quantitatem, sicut bicubitum est pars tricubiti; alio modo, inquantum dividitur aliquid secundum divisionem essentiae, sicut forma et materia dicuntur partes compositi. Dicitur ergo totum et secundum quantitatem, et secundum essentiae perfectionem. Totum autem et pars secundum quantitatem dicta formis non conveniunt nisi per accidens, scilicet inquantum dividuntur divisione subiecti quantitatem habentis. Totum autem vel pars secundum perfectionem essentiae invenitur in formis per se.

b) De hac igitur totalitate loquendo, quae per se formis competit, in qualibet forma apparet quod est tota in toto et tota in qualibet parte eius: nam albedo, sicut secundum totam rationem albedinis est in toto corpore, ita et in qualibet parte eius. Secus autem est de totalitate quae per accidens attribuitur formis: sic enim non possumus dicere quod tota albedo sit in qualibet parte. Si igitur est aliqua forma quae non dividatur divisione subiecti, sicut sunt animae animalium perfectorum, non erit opus distincti-

態であるもののうちに存在するのである以上，魂がその本質によって身体のどの部分にも存在するという結論になる。

1485. a) さて，魂の全体がそこにあるということは明らかである。というのは，全体ということは部分との関係において言われるのである以上，部分がさまざまな仕方で理解されるのと同様に，「全体」もさまざまな仕方で理解される[4]。さて，部分は二つの仕方で語られる。一つは何かが量において分割される限りにおいてであり，たとえば二尺は三尺の部分であるような場合である。もう一つは何かが本質の分割において分割される限りにおいてであり，形相と質料が複合体の部分と言われるような場合がそうなのである。したがって，全体ということも量と本質の完全性の両方にそくして語られることになる。さて，量にそくして語られた全体と部分が形相に適合するのは付帯的にでしかない。すなわち，量を持つ基体が分割されることによって分割される限りにおいてなのである。それに対して，本質の完全性にそくしては，全体と部分が形相のうちに見出されるのは自体的になのである。

b) それゆえ，形相に自体的に適合するようなこの全体性について語る場合には，どのような形相においてもその全体が全体においてあり，また全体がそれぞれの部分においてあるということが明らかである。たとえば，「白さ」〔という形相〕については，白さの全体的概念規定にそくして物体の全体においてあるのと同じように，白さは物体のどの部分にもあるのである[5]。だが，形相に付帯的に帰されるような全体性については別である。実際，この意味においては白さ全体がどの部分にも存在するとは語り得ない。したがって，完全な動物の魂[6]がそう

る見解への反駁については，本書第64章を参照。

　4)　部分と全体のさまざまな意味の区別については，*ST* I, q.76, a.8, c.を参照。

　5)　ここでは「白さの全体的概念規定（tota ratio）にそくして」という限定が重要である。*CF* の注によれば，この箇所の「本質の全体性」とは「概念規定の全体性」のことであり，質料と形相とからなるような「実在的（realis）」な全体性のことではない。ある物体の表面全体が白い場合に，その表面の全体にもその部分においても，白さという形相の概念規定は満たされている。同じように，魂の概念規定は身体の全体においてもその部分においても等しく満たされているのである。

　6)　「完全な動物」という概念には曖昧な点が残る。基本的には，場所的な運動をせずに植物的なあり方にとどまっているのではなく，動物固有のはたらきを完全に持っている動物を意味する（*ST* II–II, q.184, a.1, ad 2. 参照）。しかし，ここではある種の体節動物において身体が二つに分割されてもそれぞれが生命を持ち続けるようなあり方ではなく，魂の全体が身体の全体と合一している動物を意味するであろう。本書第86章1708節 d) を参照。

one, cum eis non competat nisi una totalitas: sed absolute dicendum est eam totam esse in qualibet parte corporis.

c) Nec est hoc difficile apprehendere ei qui intelligit animam non sic esse indivisibilem ut punctum; neque sic incorporeum corporeo coniungi sicut corpora ad invicem coniunguntur; ut supra expositum est.

1486. — Non est autem inconveniens animam, cum sit quaedam forma simplex, esse actum partium tam diversarum. Quia unicuique formae aptatur materia secundum suam congruentiam. Quanto autem aliqua forma est nobilior et simplicior, tanto est maioris virtutis. Unde anima, quae est nobilissima inter formas inferiores, etsi simplex in substantia, est multiplex in potentia et multarum operationum. Unde indiget diversis organis ad suas operationes complendas, quorum diversae animae potentiae proprii actus esse dicuntur: sicut visus oculi, auditus aurium, et sic de aliis. Propter quod animalia perfecta habent maximam diversitatem in organis, plantae vero minimam.

1487. — Hac igitur occasione a quibusdam philosophis dictum est animam esse in aliqua parte corporis: sicut ab ipso Aristotele, in libro *de Causa Motus Animalium*, dicitur esse in corde, quia aliqua potentiarum eius illi parti corporis attribuitur. Vis enim motiva, de qua Aristoteles in libro illo

第 72 章　　　　　　　　　　　　　　　　　151

であるように，基体が分割されることによって分割されるのではないような形相である場合には，一方の〔本質の完全性にそくした〕全体性しかそれには適合しないのである以上，区別をもうける必要はないであろう．そうではなく端的に，その形相の全体が物体のどの部分にもあると言わなければならないのである．

　c) 以上のことは次のことを理解する人には，了解困難ではない．つまり，先に〔第56章〕説明されたように，魂は点のような仕方で不可分なのではないこと，そして物体同士が結合しているような仕方で魂は身体と結合しているのではないことを理解すればよいのである．

1486.　とはいえ，魂は単純な形相の一つであるのに，このように多様な諸部分の現実態であるのは不都合だ，ということにはならない[7]．なぜなら，それぞれの形相には質料がその適合性に応じて配されるからである[8]．ところで，或る形相がより高貴で単純であればあるほど，より大きなちからを持つ．それゆえ，月下の形相のうちでもっとも高貴である魂は，実体において単純であるとしても，能力においては多であり，多くのはたらきを持つのである[9]．それゆえ，魂は自分のはたらきを完遂するために多様な器官を必要としており，魂の多様な能力はその器官に属している固有の現実態であると語られるのである．たとえば，視力は目の，聴力は耳の固有の現実態であり，他も同様なのである．以上のゆえに，完全な動物の器官の多様性は最高度であるのに対して，植物のは最小なのである．

1487.　このようなことがきっかけとなっているのか，魂は身体の特定の部分にあると語った哲学者たちがいたのである．たとえば，アリストテレス自身が『動物の運動の原因について』[10] において魂は心臓にあると語っている．それは魂の諸能力のうちの或るものが身体のその部分に帰属させられているからである．実

---

　7)　本書第56章のはじめから，人間の魂がそれ自体は質料を持たない知性的実体であるという前提から議論が始まっていた．その意味で魂が「単純な形相」であるなら，その魂が質料〔身体〕と結合するとしても，結合する相手は魂の単純性にみあった単純性を持っていなければならないのではないかという反論が考えられるのである．

　8)　「質料は形相のために存在するから，形相に適合するようなものでなければならない」という，しばしば言及される原則．この引用は *QDSC*, a. 4, c.

　9)　この「実体・能力・はたらき（substantia–potentia–operatio）」の三層の関係，それに単純な実体も複数の能力を持つことが可能であるという主張は，アクィナスの心身問題を理解するうえで極めて重要である．

　10)　『動物運動論』のこと．その第10章703a14-16

agebat, est principaliter in corde, per quod anima in totum corpus motum et alias huiusmodi operationes diffundit.

際，その書物でアリストテレスが問題としている運動力は，主要には心臓にあるのであって，心臓を通じて魂は身体全体に運動や他の同様のはたらきを広げているのである[11]。

---

11) この最後の節の見解をどのように位置づけるのかは，この箇所では明確ではない。*ST* I, q.76, a.8, c.を見るならば，「ちからの全体性（totalitas virtutis）」という観点から魂の全体が身体のどの部分にも宿っているとは言えないと明言されており，*QDSC*, a.4, ad 1.では「アリストテレスはここで運動力に関する限りでの魂について述べているのだ」と説明している。さらには，魂を単に身体を動かすものと見なすことは魂の本質の理解ではないというのがアクィナスの根本的主張であるから，「魂は心臓に存在する」という立場は，限定的に了承されるにすぎないものである。

CAPUT 73.

QUOD INTELLECTUS POSSIBILIS NON EST UNUS IN OMNIBUS HOMINIBUS.

1488. — Ex praemissis autem evidenter ostenditur non esse unum intellectum possibilem omnium hominum qui sunt et qui erunt et qui fuerunt: ut Averroes, in III *de Anima*, fingit.

1489. — Ostensum est enim quod substantia intellectus unitur corpori humano ut forma. Impossibile est autem unam formam esse nisi unius materiae: quia proprius actus in propria potentia fit; sunt enim ad invicem proportionata. Non est igitur intellectus unus omnium hominum.

1490. — Adhuc. Unicuique motori debentur propria instrumenta: alia enim sunt instrumenta tibicinis, alia architectoris. Intellectus autem comparatur ad corpus ut motor ipsius: sicut Aristoteles determinat in III *de Anima*. Sicut igitur impossibile est quod architector utatur instrumentis tibicinis, ita impossibile est quod intellectus unius hominis sit intellectus alterius.

1491. — Praeterea. Aristoteles, in I *de Anima*, reprehendit antiquos de hoc quod, dicentes de anima, nihil de proprio susceptibili dicebant: *quasi esset contingens, secundum Pythagoricas fabulas, quamlibet animam quodlibet corpus indui*. Non est igitur possibile quod anima canis ingrediatur corpus

第 73 章
可能知性はすべての人間において一つではないこと

1488. さて，アヴェロエスは『魂について』第 3 巻〔への『大註解』〕で，存在し，存在するであろう，そして存在したすべての人間にとって可能知性は一つであると仮想したのであるが，そうではないことが先述のことからはっきりと示されるのである[1]。

1489. すでに示されたように，知性の実体は形相として人間の身体に合一している。ところで，形相は一つの質料に属するのでなければ一つであることは不可能である。なぜなら固有の現実態は固有の可能態において生じるものだからであるが，それはその両者が相互に比例関係を持つものだからである。それゆえ，すべての人間に一つの知性があるのではない。

1490. さらに，動かすもののひとつひとつにはそれに固有の道具が帰される。実際，笛吹の道具と建築家の道具とは異なっているのである。ところで，アリストテレスが『魂について』第 3 巻〔1 章533a9-15〕で裁定を下しているように，知性は身体に対して身体を動かすものとして関係している。それゆえ，建築家が笛吹の道具を用いることが不可能であるのと同じように，一人の人間の知性が他の人間の知性であることは不可能なのである。

1491. さらに，アリストテレスは『魂について』第 1 巻〔3 章407b21-24〕において，古代の人々が魂について語りながらも，それを受け容れる固有なもの〔身体〕については何も語っておらず，「ピュタゴラス派の物語にしたがって，彼らは任意の魂が任意の身体に入り込むということが生じうるかのように」語っていると非難している。したがって，犬の魂が狼の身体に入ったり，人間の魂が人間

---

1) 「可能知性が離存実体である」という主張については，第59章から第61章においてすでに，アヴェロエスと関連づけられて論じられていた。しかし，そこでは可能知性の離存性が批判の中心であって，それの「単一性」は背景に隠されていた。アクィナスは人間の魂の「実体」に関する自己の主張を第68章から第70章までで確立した後，本章から第75章までで魂の「能力」としての知性に関して，アヴェロエスの「知性単一説 (monopsychism)」を改めて主題として取り上げるのである。この論点については本書「解説」4 節を参照のこと。

lupi, vel anima hominis aliud corpus quam hominis. Sed quae est proportio animae hominis ad corpus hominis, eadem est proportio animae huius hominis ad corpus huius hominis. Non est igitur possibile animam huius hominis ingredi aliud corpus quam istius hominis. Sed anima huius hominis est per quam hic homo intelligit: *homo enim per animam intelligit* secundum sententiam Aristotelis in I *de Anima*. Non est igitur unus intellectus istius et illius hominis.

1492. — Amplius. Ab eodem aliquid habet esse et unitatem: *unum* enim et *ens* se consequuntur. Sed unumquodque habet esse per suam formam. Ergo et unitas rei sequitur unitatem formae. Impossibile est igitur diversorum individuorum esse formam unam. Forma autem huius hominis est anima intellectiva. Impossibile est igitur omnium hominum esse unum intellectum.

1493. — a) Si autem dicatur quod anima sensitiva huius hominis sit alia ab anima sensitiva illius, et pro tanto non est unus *homo*, licet sit unus *intellectus*: hoc stare non potest.

b) Propria enim operatio cuiuslibet rei consequitur et demonstrat speciem ipsius. Sicut autem animalis propria operatio est sentire, ita hominis propria operatio est intelligere: ut Aristoteles dicit, in I *Ethicorum*. Unde oportet quod, sicut hoc individuum est animal propter sensum, secundum Aristotelem, in II *de Anima*; ita sit homo propter id quo intelligit. *Id autem quo intelligit anima*, vel *homo per animam*, est intellectus possibilis, ut dicitur in III *de Anima*. Est igitur hoc individuum homo per intellectum possibilem. Si igitur hic homo habet aliam animam sensitivam cum alio homine, non autem alium intellectum possibilem, sed unum et eundem, sequetur quod

の身体以外の身体に入ったりすることは不可能なのである。ところで，人間の魂と人間の身体との関係は，この人間の魂とこの人間の身体の関係と同じである。したがって，この人間の魂がその当の人間の身体以外の身体に入ることは不可能である。さて，この人間の魂とはそれによって〈この〉人間が知性認識するものである。実際，アリストテレスの『魂について』第1巻〔4章408b7-9〕の見解によれば，「人間は魂をつうじて知性認識する」のである。それゆえ，この人間の知性とあの人間の知性が一つであるということは不可能である。

1492. さらに，何かが存在を有するのと一性を有するのとは，同じものにもとづいてである。実際，「一」と「存在者」とは相互に随伴するものだからである。ところで，それぞれのものは自分の形相をつうじて存在を有している。それゆえ，事物の一性も形相の一性から帰結するのである。したがって，異なった個体に一つの形相が属することは不可能である。ところが，この人間の形相とは知性的魂である。したがって，すべての人間に一つの知性が属するということは不可能なのである。

〔応答1〕

1493. a) だが，「知性」は一つであるとしても，この人間の感覚的魂とあの人間の感覚的魂とは別であるのだから「人間」は一つではない〔から問題ない〕のだ，と反論されるかもしれない。だが，これは成立し得ない。

b) というのも，それぞれの事物に固有のはたらきはその事物の種から帰結しその種を明示している。ところで，アリストテレスが『倫理学』第1巻〔7章1097b33-1098a4〕で述べているように，動物に固有のはたらきは感覚することであるように，人間に固有のはたらきは知性認識することである。それゆえ，アリストテレスの『魂について』第2巻〔2章413b2〕にしたがって，この〔特定の〕個体が動物であるのは感覚のゆえであるように，それが人間であるのはそれによって知性認識しているもののゆえなのである。「ところで，魂がそれによって知性認識するもの」は，あるいは「それによって人間が魂をつうじて知性認識するもの」とは，『魂について』第3巻〔4章429a23〕において述べられているように，可能知性である。それゆえ，この個体が人間であるのは可能知性をつうじてなのである。したがって，仮にこの人間が別の人間とは別の感覚的魂を有しているが，別の可能知性を有しているのではなく同一の可能知性を有しているとした

sint duo animalia, sed non duo homines. Quod patet impossibile esse. Non est igitur unus intellectus possibilis omnium hominum.

1494. — His autem rationibus respondet Commentator praedictus, in III *de Anima*, dicens quod intellectus possibilis continuatur nobiscum per formam suam, scilicet per speciem intelligibilem, cuius unum subiectum est phantasma in nobis existens, quod est in diversis diversum. Et sic intellectus possibilis numeratur in diversis, non ratione suae substantiae, sed ratione suae formae.

1495. — Quod autem haec responsio nulla sit, apparet per ea quae supra dicta sunt. Ostensum est enim supra quod non est possibile hominem intelligere si sic solum intellectus possibilis continuaretur nobiscum.

1496. — Dato autem quod praedicta continuatio sufficeret ad hoc quod homo esset intelligens, adhuc responsio dicta rationes supra dictas non solvit. Secundum enim dictam positionem, nihil ad intellectum pertinens remanebit numeratum secundum multitudinem hominum nisi solum phantasma. Et hoc ipsum phantasma non erit numeratum secundum quod est intellectum in actu: quia sic est in intellectu possibili, et est abstractum a materialibus conditionibus per intellectum agentem. Phantasma autem, secundum quod est intellectum in potentia, non excedit gradum animae sensitivae. Adhuc igitur non remanebit alius hic homo ab illo nisi per animam sensitivam. Et sequetur praedictum inconveniens, quod non sint plures homines hic et ille.

第 73 章

ならば，帰結することはそれらが二つの動物であるということであって，二人の人間であるということではない。だがこれは不可能であることは明らかである。したがって，すべての人間に一つの可能知性が属することはないのである。

〔応答 2〕

1494. ところが，前述の注解者は以上の論拠に対して『魂について』〔への大註解〕第 3 巻〔5 章, 501-527〕で次のように言って応答している。すなわち，可能知性がわれわれと接合するのは自分の形相，すなわち可知的形象によってである。そして，その可知的形象の基体の一つはわれわれのうちに存在する表象像であり[2]，これは異なった人々においては異なったものなのである。こうして，可能知性は異なった人々において数え上げられることになるのであるが，それはその実体のゆえではなくそれの形相のゆえなのである，というわけである。

1495. だがこの応答が応答にもなっていないということは，先に述べたことから明らかである。実際，先に示したように，可能知性が以上のような方式においてだけわれわれと接合しているのであれば，〈知性認識しているのが人間だ〉ということにはなり得ないのである。

1496. さて，知性認識しているのは人間であるというために，仮に上述の接合で十分だったとしても，それでもこの応答は先に挙げた諸論拠を解消しはしないのである。実際，上述の立場にしたがえば，人間が多数であると数え上げられるときに，知性に属するもので残るのは表象像だけだということになるであろう。そして，この表象像それ自体は現実態において知性認識されている限りにおいては，〔多数のものとして〕数え上げられることはないであろう。なぜなら，表象像が現実態において知性認識されているのは可能知性においてであり，それは能動知性によって質料的諸条件から抽象されているからである。それに対し，可能態において知性認識されているものである限りでの表象像は，感覚的魂の段階を越え出てはいないのである。そうするとやはり，この人間とあの人間が別の人間であるということは，感覚的魂による他はないということになるであろう。よって，この人間とあの人間は複数の人間ではないことになるという，前述の不都合

---

2) もう一つの基体はもちろん単一のものとされる可能知性である。この「二重基体説」については，本書第 59 章 1360 節を参照。

1497. — Praeterea. Nihil sortitur speciem per id quod est in potentia, sed per id quod est actu. Phantasma autem, secundum quod est numeratum, est tantum in potentia ad esse intelligibile. Ergo per phantasma, secundum quod numeratur, non sortitur hoc individuum speciem animalis intellectivi, quod est ratio hominis. Et sic remanebit illud quod speciem humanam dat, non esse numeratum in diversis.

1498. — Adhuc. Illud per quod speciem sortitur unumquodque vivens, est perfectio prima, et non perfectio secunda: ut patet per Aristotelem, in II *de Anima*. Phantasma autem non est perfectio prima, sed perfectio secunda: est enim phantasia *motus factus a sensu secundum actum*, ut dicitur in libro *de Anima*. Non est igitur ipsum phantasma quod numeratur, a quo homo speciem habet.

1499. — Amplius. Phantasmata quae sunt intellecta in potentia, diversa sunt. Illud autem quo aliquid speciem sortitur, oportet esse unum: nam species una est unius. Non igitur per phantasmata, prout ponuntur numerari in diversis, ut sunt intellecta in potentia, homo speciem sortitur.

1500. — Item. Illud quo homo sortitur speciem, oportet semper esse manens in eodem individuo dum durat: alias individuum non semper esset unius et eiusdem speciei, sed quandoque huius, quandoque illius. Phantasmata autem non semper eadem manent in uno homine, sed quaedam de novo adveniunt, et quaedam praeexistentia abolentur. Individuum igitur hominis neque per phantasma sortitur speciem; neque per ipsum continuatur principio suae speciei, quod est intellectus possibilis.

1497. さらには，何かが種を得るのは可能態にあるものによってではなく，現実態にあるものによってでしかない。ところが，表象像は，それが〔多数として〕数え上げられる限りにおいては，可知的存在に対してただ可能態にある。それゆえ，人間の本質規定である知性的動物という種をこの個体が獲得するのは，数え上げられている限りでの表象像によってではない。この意味でやはり〔アヴェロエスの応答では〕，人間という種を与えるものはさまざまな人間において数え上げられるのではないことに変わりはないことになろう。

1498. さらに，アリストテレス『魂について』第2巻〔1章412a19-21〕において明らかなように，生きているそれぞれのものがそれによって種を得るのは，第一完全性であって第二完全性ではない[3]。ところが，表象像は第一完全性ではなく第二完全性である。というのは，『魂について』〔第3巻3章429a1-2〕で述べられているように，「現実態にそくした感覚によってなされた動」が表象だからである。それゆえ，数え上げられる表象像はそれによって人間が種を得るものではないのである。

1499. さらに，可能態において知性認識されている表象像はさまざまである。ところで，何かがそれによって種を得るものは一つでなければならない。一つのものには一つの種があるからである。それゆえ，可能態において知性認識されているものとして，さまざまな人間において数え上げられるものであると措定されている限りでの表象像はそれによって人間が種を得るものではないのである。

1500. 同じく，人間がそれによって種を得るものは，同じ個人が存続し続けている間は常にその個人のうちにとどまっているのでなければならない。そうでないとしたら，個体が常に同一の種に属するのではなく，ある時はこの種に別の時は別の種に属するということになってしまうからである。ところで，表象像は一人の人間において常に同じであるのではなく，新たに現れてきたり前にあったのに消え去ったりする。それゆえ，個体としての人間は表象像によって種を得るのでもないし，可能知性という自分の種の原理に接合するのも表象像によってではないのである。

---

3) ここで「完全性」と呼ばれているものは，「現実態」と同じである。すなわち，第一現実態（完全性）とはそれぞれの事物が現にそのものとして確定した種として存在している事態であり，第二現実態（完全性）とはその存在する事物がなすはたらきという事態である。

1501. — a) Si autem dicatur quod hic homo non sortitur speciem ab ipsis phantasmatibus, sed a virtutibus in quibus sunt phantasmata, scilicet imaginativa, memorativa et cogitativa, quae est propria homini, quam Aristoteles in III *de Anima, passivum intellectum* vocat: adhuc sequuntur eadem inconvenientia.

b) Quia, cum virtus cogitativa habeat operationem solum circa particularia, quorum intentiones dividit et componit, et habeat organum corporale per quod agit, non transcendit genus animae sensitivae. Homo autem ex anima sensitiva non habet quod sit homo, sed quod sit animal. Adhuc igitur relinquitur quod numeretur in nobis solum id* quod competit homini inquantum est animal.

1502. — Praeterea. Virtus cogitativa, cum operetur per organum, non est id quo intelligimus: cum intelligere non sit operatio alicuius organi. Id autem quo intelligimus, est illud quo homo est homo: cum intelligere sit propria operatio hominis consequens eius speciem. Non est igitur hoc individuum homo per virtutem cogitativam: neque haec virtus est id per quod homo substantialiter differt a brutis, ut Commentator praedictus fingit.

1503. — Adhuc. Virtus cogitativa non habet ordinem ad intellectum possibilem, quo intelligit homo, nisi per suum actum quo praeparantur phantasmata ut per intellectum agentem fiant intelligibilia actu et perficientia intellectum possibilem. Operatio autem ista non semper eadem manet in nobis.

---

* L,Lm,M では in であり，*Gauthier* も何も言及していない。根拠は何も記されていないが D1 のラテン語テキストだけは in ではなく id に変更している。ただ，諸訳も訳文としては id と読めるものとなっている。文法的にも文脈上も，id とするのが適当であると思われる。

〔応答3〕

1501. a) だが，次のような反論がなされるかもしれない。すなわち，この人間が種を得るのは表象像そのものによってではなく，表象像がそこにある諸々のちから，つまり想像力，記憶力，思考力によってなのである。そしてこの思考力は人間に固有なものであり，アリストテレスは『魂について』第3巻〔5章430a24〕においてこれを「受動知性」と呼んでいるのである，と[4]。だがこの反論によっても，先と同じ不都合が帰結するのである。

b) なぜなら，この思考力の持つはたらきは個別的なものにのみ関わり，その個別的なものの概念を分割し複合するのである。また，思考力は身体器官を有しそれをつうじて作用をなす。それゆえ，これは感覚的魂の類を超越していないのである。ところが，人間は感覚的魂によって人間であるという事態を有しているのではなく，それによっては動物であるという事態を有しているのである。それゆえこれではまだ，動物としての人間に適合することだけがわれわれにおいて数え上げられているということになるのである。

1502. さらに，思考力は器官をつうじてはたらきをなすのであるから，われわれがそれによって知性認識するものではない。知性認識するということはいかなる身体のはたらきでもないからである。ところで，われわれがそれによって知性認識するものが，人間がそれによって人間となるものである。知性認識することが人間の種に伴う人間固有のはたらきだからである。それゆえ，この個体が人間となるのは思考力によってではない。また，前述の注釈家は人間はこの思考力によって非理性的動物と実体的に異なっているのだと仮想しているが，そうではないのである。

1503. さらに，人間がそれによって知性認識するのは可能知性であるが，思考力がその可能知性への秩序を有しているのは，次のような作用をつうじてだけである。すなわち，表象像が能動知性によって現実態における可知的なものとなり，可能知性を完成するものとなるようにと，その表象像を準備するという作用をつうじてだけなのである。ところが，このはたらきはわれわれにおいて常に同じはたらきとしてとどまるわけではない。それゆえ，人間がこの力によって人間とい

---

[4] 「思考力」すなわち「受動知性」については，本書第60章を参照。

Impossibile est igitur quod homo per eam vel continuetur principio speciei humanae; vel per eam habeat speciem. Sic igitur patet quod praedicta responsio omnino confutanda est.

1504. — Item. Id quo aliquid operatur aut agit, est principium ad quod sequitur operatio non solum quantum ad esse ipsius, sed etiam quantum ad multitudinem aut unitatem: ab eodem enim calore non est nisi unum calefacere, sive una calefactio activa; quamvis possit esse multiplex calefieri, sive multae calefactiones passivae, secundum diversitatem calefactorum simul per unum calorem. Intellectus autem possibilis est *quo intelligit anima*: ut dicit Aristoteles in III *de Anima*. Si igitur intellectus possibilis huius et illius hominis sit unus et idem numero, necesse erit etiam intelligere utriusque esse unum et idem. Quod patet esse impossibile: nam diversorum individuorum impossibile est esse operationem unam. Impossibile est igitur intellectum possibilem esse unum huius et illius.

1505. — a) Si autem dicatur quod ipsum intelligere multiplicatur secundum diversitatem phantasmatum: hoc stare non potest.

b) Sicut enim dictum est, unius agentis una actio multiplicatur solum secundum diversa subiecta in quae transit illa actio. Intelligere autem et velle, et huiusmodi, non sunt actiones transeuntes in exteriorem materiam, sed manent in ipso agente quasi perfectiones ipsius agentis: ut patet per Aristotelem in IX *Metaphysicae*. Non potest igitur unum intelligere intellectus possibilis multiplicari per diversitatem phantasmatum.

1506. — Praeterea. Phantasmata se habent ad intellectum possibilem ut acti-

う種の原理と接合したり，その力によって種を得たりということは不可能なのである。だから，前述の応答はまったく拒絶されるべきであることが明らかなのである。

1504. 同じく，何かがそれによってはたらきや作用をなすものとは，そのはたらきがそれから帰結する原理であるが，それはその存在に関してだけではなく，多性や一性に関してもそのはたらきが帰結するような原理なのである。たとえば，同じ熱から出てくるのは一つの熱するということ，すなわち一つの能動的熱化だけである。それに対して，熱せられるということは多であり得る，すなわち受動的熱化は複数であり得るのであり，それは一つの熱によって同時に熱せられたものがさまざまであることによるのである。ところで，アリストテレスが『魂について』第3巻〔4章429a23〕で述べているように，「それによって魂が知性認識する」ものが可能知性である。それゆえ，もしこの人間の可能知性とあの人間の可能知性が一つで数的に同じであるとすると，両方の人間の知性認識するというはたらきも同一でなければならないであろう。これは明らかに不可能である。なぜなら，さまざまに異なった個体に一つのはたらきが属することが不可能だからである。したがって，この人間の可能知性とあの人間の可能知性とが一つであることは不可能なのである。

〔応答4〕

1505. a) だが，知性認識のはたらきそれ自体は表象像の多様性に応じて多数化されるのだと反論されるかもしれないが，これは成立し得ない[5]。

b) 先に〔1504節〕に述べたように，一つの作用者の一つの作用が多数化されるのは，その作用がそこへと出て行く基体がさまざまであることによってだけである。ところが，知性認識や意志のはたらきや同様のものはその外の質料へと出て行く作用ではなく，作用者自身のうちにとどまって作用者自身の完成であるような作用である。このことはアリストテレス『形而上学』第9巻〔第8巻8章1050a23-b2〕によって明らかである。それゆえ，可能知性の知性認識のはたらきが表象像がさまざまであることによって多数化されることはあり得ないのである。

1506. さらに，表象像と可能知性の関係は或る意味で能動的なものと受動的な

---

5) この〔応答4〕は直前の1504節への反論である。

vum quodammodo ad passivum: secundum quod Aristoteles dicit, in III *de Anima*, quod *intelligere quoddam pati est*. Pati autem ipsum patientis diversificatur secundum diversas formas activorum sive species, non secundum diversitatem eorum in numero. In uno enim passivo sequitur simul a duobus activis, scilicet calefaciente et desiccante, calefieri et desiccari: non autem a duobus calefacientibus sequitur in uno calefactibili duplex calefieri, sed unum tantum; nisi forte sint diversae species caloris. Cum enim calor duplex unius speciei non possit esse in uno subiecto; motus autem numeratur secundum terminum ad quem: si sit unius temporis et eiusdem subiecti, non poterit esse duplex calefieri in uno subiecto. Et hoc dico, nisi sit alia species caloris: sicut ponitur in semine calor ignis, caeli et animae. Ex diversitate igitur phantasmatum intellectus possibilis non multiplicatur nisi secundum diversarum specierum intelligentiam: ut dicamus quod aliud est eius intelligere prout intelligit hominem, et prout intelligit equum. Sed horum unum intelligere simul convenit omnibus hominibus. Ergo adhuc sequetur quod idem intelligere numero sit huius hominis et illius.

第73章

ものとの関係である。それはアリストテレスが『魂について』第3巻〔4章429a 13-14〕で「知性認識することは或る意味で受動することである」と述べていることによる。ところで，受動するものの受動すること自体が多様となるのは，能動的なものどもの形相あるいは種が多様であることによるのであって，それらが数的に多様であることによるのではない。実際，一つの受動するものにおいて，二つの能動的なものによって，たとえば熱くするものと乾かすものによって，熱くされることと乾いたものとされること〔という二つの受動〕が同時に帰結するのである。それに対して，熱くするものが二つあっても，熱くされ得る一つのものにおいては，その二つから帰結する熱くされるということは二つではなく，ただ一つなのである。(ただし，熱の種類が多様であれば別であろうが。)というのも，一つの種に属するものである二つの熱が一つの基体にあることはないし，動はそれへ向けて終局するものによって数え上げられるからである。だから，もし一つの時間において同じ基体に属するのであれば，二つの熱くされることが一つの基体に存在することは出来ないであろう。(ただ，私はこう言うが，熱の種類が別であれば話は違っている。たとえば，精液(精子)のなかには火の熱，天の熱，魂の熱があるようにである[6]。)それゆえ，表象像が多様であることによって可能知性が多数化されるのは，多様な種を知性認識することによってだけなのである。実際，人間を知性認識している場合と馬を知性認識している場合とでは，可能知性による知性認識のはたらきは別であるとわれわれは言うのである。ところが，これらのもの〔のそれぞれ〕については，それを知性認識するという一つののはたらきがすべての人間に同時に適合するのである。したがって，この人間の知性認識のはたらきとあの人間の知性認識のはたらきが数的に同じであると，やはり結論されることになるのである[7]。

---

6) この生殖力における3つの熱については，第86章1710節を参照。
7) この議論は複雑な構造をしているが，次のように理解できるであろう。二人の人間(そして可能的にはすべての人間)が馬という対象を認識しているとき，この応答4の立場からは，この二人の認識活動が二つであるのは彼らの持つ表象像が異なっていて二つだからであるということになる。しかし，アクィナスの見解では，二人の表象像は数的に異なっているとしても，同じ「馬の」表象像であるから種としては異ならないので，その表象像によって動かされて成立する受動としての知性認識活動は「一つの」活動であると言わなければならないことになる。つまり，動かされる可能知性を単一とする限り，同じ対象に関する二人の間の表象像の数的な異なりが知性認識活動の数的な異なりを説明したことにならないのである。次節をも参照。

1507. — Adhuc. Intellectus possibilis intelligit hominem, non secundum quod est hic homo, sed inquantum est *homo* simpliciter, secundum rationem speciei. Haec autem ratio una est, quantumcumque phantasmata hominis multiplicentur, vel in uno homine vel in diversis, secundum diversa individua hominis, quorum proprie sunt phantasmata. Multiplicatio igitur phantasmatum non potest esse causa quod multiplicetur ipsum intelligere intellectus possibilis respectu unius speciei. Et sic adhuc remanebit una actio numero diversorum hominum.

1508. — Item. Proprium subiectum habitus scientiae est intellectus possibilis: quia eius actus est considerare secundum scientiam. Accidens autem, si sit unum, non multiplicatur nisi secundum subiectum. Si igitur intellectus possibilis sit unus omnium hominum, necesse erit quod scientiae habitus idem secundum speciem, puta habitus grammaticae, sit idem numero in omnibus hominibus. Quod est inopinabile. Non est igitur intellectus possibilis unus in omnibus.

1509. — a) Sed ad hoc dicunt quod subiectum habitus scientiae non est intellectus possibilis, sed intellectus passivus et virtus cogitativa.

b) Quod quidem esse non potest. Nam, sicut probat Aristoteles, in II *Ethicorum, ex similibus actibus fiunt similes habitus, et similes etiam actus reddunt*. Ex actibus autem intellectus possibilis fit habitus scientiae in nobis: et ad eosdem actus potentes sumus secundum habitum scientiae. Habitus igitur scientiae est in intellectu possibili, non passivo.

第73章

1507. さらに，可能知性が人間を知性認識する場合，この〔個的な〕人間である限りではなく，種の本質規定にそくして端的に「人間」である限りにおいて知性認識するのである。ところで，人間の本質規定とは一なるものである。人間についての表象像の方は，一人の人間のうちであれ〔数的に〕多様な人間のうちであれ，表象像が固有の意味で属するのは人間という種の個体であるから，その個体が多様であることによって多数化されるが，それにしても人間の本質規定の方は一つなのである。それゆえ，表象像が多数化されているということは，一つの種に関する可能知性の知性認識というはたらき自体が多数化される原因にはなり得ないのである。だからやはり，数的に多様な人間たちに一つの作用が属することになるということは変わらないことになろう。

1508. 同じく，学知という習得態に固有の基体は可能知性である。なぜなら，可能知性の現実態は学知にそくして考察をなすことだからである。ところで，付帯性については，一つの付帯性であるならば，それが多数化されるのは基体にそくしてでしかない。それゆえ，もし可能知性がすべての人間にとって一つであるとすると，文法学の習得態のような種において同じ学知の習得態が，すべての人間において数的に一つであることが必然であろう。これは考えられないことである。したがって，すべての人間において可能知性は一つではないのである[8]。

〔応答5〕

1509. a) ところがこれに対して，学知という習得態の基体は可能知性ではなく受動知性であり思考力であると述べている人々がいるのである[9]。

b) こんなことはあり得ない。というのも，アリストテレスが『倫理学』第2巻〔1章1103b21-22〕で証明しているように，「類似した活動から類似した習得態が生じるのであり，それが活動を類似したものともするのである」。ところで，可能知性の活動からわれわれのうちに学知という習得態が生じるのであり，われわれが同じ活動ができるようになるのは学知という習得態にそくしてなのである。したがって，学知という習得態は可能知性にあるのであって，受動知性のうちに

---

8) この節は，〔応答4〕の論点である知性認識の活動それ自体ではなくて，その活動のための習得態（habitus）である学知の次元での難点を指摘し，次節以下の〔応答5〕と連続している。

9) 本書第60章1370節参照。

1510. — Adhuc. Scientia est de conclusionibus demonstrationum: nam demonstratio est *syllogismus faciens scire*, ut Aristoteles dicit in I *Posteriorum*. Conclusiones autem demonstrationum sunt universales, sicut et principia. Erit igitur in illa virtute quae est cognoscitiva universalium. Intellectus autem passivus non est cognoscitivus universalium, sed particularium intentionum. Non est igitur subiectum habitus scientiae.

1511. — Praeterea. Contra hoc sunt plures rationes adductae supra, cum de unione intellectus possibilis ad hominem ageretur.

1512. — a) Videtur autem ex hoc fuisse deceptio in ponendo habitum scientiae in intellectu passivo esse, quia homines inveniuntur promptiores vel minus prompti ad scientiarum considerationes secundum diversam dispositionem virtutis cogitativae et imaginativae.

b) Sed ista promptitudo dependet ab illis virtutibus sicut ex dispositionibus remotis: prout etiam dependet a bonitate tactus et corporis complexione; secundum quod dicit Aristoteles, in II *de Anima*, homines boni tactus et mollis carnis esse *bene aptos mente*. Ex habitu autem scientiae inest facultas considerandi sicut ex proximo principio actus: oportet enim quod habitus scientiae perficiat potentiam qua intelligimus, *ut agat cum voluerit* faciliter, sicut et alii habitus potentias in quibus sunt.

あるのではない。

1510. さらに，学知とは論証による結論に関わる。アリストテレスが『分析論後書』第1巻〔2章71b17-18〕で述べているように，論証とは「学知を得させる三段論法」だからである。ところで，論証による結論とは，原理もそうであるように，普遍的なものである。それゆえ，学知は普遍的なものを認識できるようなちからのうちにある。ところで，受動知性は普遍的なものを認識し得るものではなく，個別的な概念を認識するものである。したがって，受動知性は学知という習得態の基体ではない。

1511. さらには，先に可能知性と人間の合一を論じたとき〔第60章〕に導入した多くの論拠が，この考えを駁するものとなっている。

〔応答6〕

1512. a) さて，学知という習得態を受動知性のうちにあるとする誤謬が出て来たのは次の理由によると思われる。すなわち，人間の中には学知の考察においてすばやい者たちもいればそれほどすばやくない者たちもいるが，それが思考力や想像力の状態が多様であることによることが見いだされる，という理由である。

b) だがこのすばやさが依存しているちからというのは，遠隔的な状態づけとしてなのであり，そのすばやさは触覚の善さや体質にさえも依存していのである。これはアリストテレスが『魂について』第2巻〔9章421a26〕で述べているように，善い触覚と柔らかい肉を持つ人々は「精神においてよい状態にある」ということによる。ところが，考察をなすことに対する容易さは学知という習得態によって備わるのであるが，その習得態ははたらきの近接的原理なのである。というのは，他の習得態もそれがそこに備わる能力を完成するものであるように，学知という習得態はそれによってわれわれが知性認識する能力を完成し「そう望めば為せる」[10]ことを容易にするものだからである。

---

10) *Averroes* III, 18, p.438, 26-28.この箇所は『魂について』第3巻5章430a14-17の能動知性と可能知性の二分法が提示される箇所についての註解である。ところがアヴェロエスは可能知性（彼の用語では質料的知性）と習得態にある知性（intellectus in habitu）と能動知性の三分法にしたがって解釈をしており，テキスト上の問題を含んでいる。この点についてはLibera (1998), p.270, n.411を参照。しかしいずれにしても，習得態の定義に「望めば為せる」という付加をしたのはアヴェロエスであるから，アクィナスはアヴェロエスの立論をアヴェロエス自身によって論駁していることになるであろう。

1513. — Item. Dispositiones praedictarum virtutum sunt ex parte obiecti, scilicet phantasmatis, quod propter bonitatem harum virtutum praeparatur ad hoc quod faciliter fiat intelligibile actu per intellectum agentem. Dispositiones autem quae sunt ex parte obiectorum, non sunt habitus, sed quae sunt ex parte potentiarum: non enim dispositiones quibus terribilia fiunt toleranda, sunt habitus fortitudinis; sed dispositio qua pars animae, scilicet irascibilis, disponitur ad terribilia sustinenda. Ergo manifestum est quod habitus scientiae non est in intellectu passivo, ut Commentator praedictus dicit, sed magis in intellectu possibili.

1514. — Item. Si unus est intellectus possibilis omnium hominum, oportet ponere intellectum possibilem semper fuisse, si homines semper fuerunt, sicut ponunt: et multo magis intellectum agentem, quia *agens est honorabilius patiente*, ut Aristoteles dicit. Sed si agens est aeternum, et recipiens aeternum, oportet recepta esse aeterna. Ergo species intelligibiles ab aeterno fuerunt in intellectu possibili. Non igitur de novo recipit aliquas species intelligibiles. Ad nihil autem sensus et phantasia sunt necessaria ad intelligendum nisi ut ab eis accipiantur species intelligibiles. Sensus igitur non erit necessarius ad intelligendum, neque phantasia. Et redibit opinio Platonis, quod scientiam non acquirimus per sensus, sed ab eis excitamur ad rememorandum prius scita.

1513. 同じく，前述のちから〔思考力（受動知性）と想像力〕の状態づけは対象すなわち表象像の側のものであり，そのちからの善さのために表象像が能動知性によって容易に現実態において可知的なものとなるように準備される。ところが，対象の側にある状態づけが習得態なのではなく，能力の側にあるのが習得態である。たとえば，恐ろしいものがそれによって受け容れるべきものとなるような状態づけが剛毅という習得態〔徳〕なのではなく，魂の怒情的部分がそれによって恐ろしいものを耐えるように状態づけられるのが習得態なのである。したがって，前述の注釈家が述べているように学知という習得態は受動知性のうちにあるということはなく，むしろ可能知性のうちにあることが明らかなのである。

1514. 同じく，すべての人間の可能知性が一つであるとした場合，この論者がそう主張しているように人間が常に存在していたとすると[11]，可能知性は常に存在していたのでなければならない。ましてや，アリストテレスが「作用者は受動者よりもより貴い」と言っているのであるから〔『魂について』第3巻5章430 a 18-19〕，能動知性はいっそうそうでなければならない。ところが，作用者が永遠で受動者も永遠であるとすると，受容されたものも永遠でなければならない。したがって，可知的形象が可能知性のうちに永遠に存在していたことになる。そうすると，可能知性はどの可知的形象についても，それを新たに受け取るのではないことになる。ところで，知性認識のために感覚や表象が必要とされるのは，それらから可知的形象が受け取られるためでしかない。そうすると，知性認識のために感覚は必要ではなくなるし，想像力も必要でなくなる。こうして，われわれは学知を感覚をつうじて獲得するのではなく，以前に知っていたことを思い出すように感覚によって刺激されるのだというプラトンの意見[12]に戻ってしまうことになるであろう。

---

11) この主張，さらにその背後にある「世界は始まりを持たない」という主張（いわゆる「世界の永遠性」説）については，もちろんアクィナスはこれを信仰において承認しないが，この主張は純粋に哲学的に考察する限りその必然性も不可能性も論証できないとしている。*ScG* II, cc.31-38., *ST* I, q.46, a.2. 参照。

12) 『メノン』82b 以下，『パイドン』72e 以下。アクィナスのプラトンに関する知識については，本書第57章1327節の注を参照。

1515. — Sed ad hoc respondet Commentator praedictus, quod species intelligibiles habent duplex subiectum: ex uno quorum habent aeternitatem, scilicet ab intellectu possibili; ab alio autem habent novitatem, scilicet a phantasmate; sicut etiam speciei visibilis subiectum est duplex, scilicet res extra animam et potentia visiva.

1516. — Haec autem responsio stare non potest. Impossibile enim est quod actio et perfectio aeterni dependeat ab aliquo temporali. Phantasmata autem temporalia sunt, de novo quotidie in nobis facta ex sensu. Impossibile est igitur quod species intelligibiles, quibus intellectus possibilis fit actu et operatur, dependeant a phantasmatibus, sicut species visibilis dependet a rebus quae sunt extra animam.

1517. — Amplius. Nihil recipit quod iam habet: quia recipiens oportet esse denudatum a recepto, secundum Aristotelem. Sed species intelligibiles ante meum sentire vel tuum fuerunt in intellectu possibili: non enim qui fuerunt ante nos intellexissent, nisi intellectus possibilis fuisset reductus in actum per species intelligibiles. Nec potest dici quod species illae prius receptae in intellectu possibili, esse cessaverunt: quia intellectus possibilis non solum recipit; sed conservat quod recipit, unde in III *de Anima* dicitur esse *locus specierum*. Igitur ex phantasmatibus nostris non recipiuntur species in intellectu possibili. Frustra igitur per intellectum agentem fiunt intelligibilia actu nostra phantasmata.

1518. — Item. *Receptum est in recipiente per modum recipientis*. Sed intel-

〔応答7〕

1515. ところが，前述の注釈家はこれにたいして次のように応答している[13]。すなわち，可知的形象には二つの基体がある。可知的形象はそのうちの一つすなわち可能知性から永遠性を得ており，もう一方すなわち表象像からは新出性[14]を得ている。それはちょうど可視的な形象の基体も，魂の外の事物と視力という二つであるのと同じである，と。

1516. だが，このような応答は成立し得ない。というのは，永遠なるものの作用や完成が何か時間的なものに依存することは不可能である。ところが，表象像というのは時間的なものであって，われわれのうちで日々新たに感覚から生じている。それゆえ，可能知性がそれによって現実態になりはたらきをなす可知的形象が表象像に依存することは不可能なのであり，可視的形象が魂の外の事物に依存しているのとは違うのである。

1517. さらに，どんなものもすでに持っているものを受け取ることはない。というのも，アリストテレスによれば〔『魂について』第3巻4章429a20-21〕，受容するものは受容されるものを欠いているのでなければならないからである。ところが，〔この応答にしたがえば〕私が感覚したりあなたが感覚したりする前に可知的形象が可能知性のうちに存在していたことになる。というのは，われわれより前に存在していた人々が知性認識をしてしまっていたとしたら，それは可能知性が可知的形象によって現実態に引き出されてしまっていたはずだからである。また，可能知性のうちに以前に受容されていた可知的形象が存在しなくなっていたのだ，などと言うことも出来ない。なぜならば，可能知性は単に受容するだけでなく，受容しているものを保存してもいるからである。だから，『魂について』第3巻〔4章429a27-28〕で可能知性は「形象の場」であると述べられているのである。それゆえ，可能知性のうちにある形象はわれわれの表象像から受け取られたのではないことになるのである。そうすると，われわれの表象像が能動知性によって現実態において可知的なものとなるということは無益なことになるであろう。

1518. 同じく，「受け取られるものは受け取るものの様態にしたがって受け取る

---

13) *Averroes* III, 5, 376-423.
14) これは novitas の訳。永遠においては「すべてが同時に」存在しているのに対して，時間の推移のなかで何かが新たに現れてくる事態を表す。

lectus secundum se est supra motum. Ergo quod recipitur in eo, recipitur fixe et immobiliter.

1519. — Praeterea. Cum intellectus sit superior virtus quam sensus, oportet quod sit magis unita: et ex hoc videmus quod unus intellectus habet iudicium de diversis generibus sensibilium, quae ad diversas potentias sensitivas pertinet. Unde accipere possumus quod operationes pertinentes ad diversas potentias sensitivas, in uno intellectu adunantur. Potentiarum autem sensitivarum quaedam recipiunt tantum, ut sensus: quaedam autem retinent, ut imaginatio et memoria; unde et *thesauri* dicuntur. Oportet igitur quod intellectus possibilis et recipiat, et retineat recepta.

1520. — Amplius. In rebus naturalibus vanum est dicere quod id ad quod pervenitur per motum, non permaneat, sed statim esse desinat: propter quod repudiatur positio dicentium omnia semper moveri; oportet enim motum ad quietem terminari. Multo igitur minus dici potest quod receptum in intellectu possibili non conservetur.

1521. — Adhuc. Si ex phantasmatibus quae sunt in nobis intellectus possibilis non recipit aliquas species intelligibiles, quia iam recepit a phantasmatibus eorum qui fuerunt ante nos; pari ratione, a nullorum phantasmatibus recipit quos alii praecesserunt. Sed quoslibet aliqui alii praecesserunt, si mundus est aeternus, ut ponunt. Nunquam igitur intellectus possibilis recipit aliquas species a phantasmatibus. Frustra igitur ponitur intellectus agens ab Aristotele, ut faciat phantasmata esse intelligibilia actu.

もののうちにある」[15]。ところが，知性はそれ自体としては動を越えている。したがって，知性のうちに受け取られるものは固定した不動の様態で受け取られるのである[16]。

1519. さらに，知性は感覚よりも上位の力であるから，よりいっそう一なるものでなければならない。このことからわれわれに分かるのは，多様な類の可感的なものは多様な感覚的能力に属しているのに，そのような多様な類の可感的なものについて判断をもつ知性は一つだということである。だから，多様な可感的能力に属しているはたらきが知性においては一つにされているということが理解されるのである。ところで，可感的諸能力のうちには，感覚のように受け取るだけのものもあるし，想像力や記憶のように保持するものもある。だから後者は「倉庫」とも述べられるのである。したがって，可能知性は受け取りもするし受け取ったものを保持もするのでなければならないのである。

1520. さらに，自然物においては，動をつうじてそれへと到達するものが持続せずすぐに存在を止めると語ることは空虚である。だからこそ，万物は常に動いていると語る人々の立場は排除されている。動は静止へと終極しなければならないからである。だとするとましてや，可能知性のうちに受け取られているものが保存されないなどと語ることは出来ないのである。

1521. さらには，われわれより前に存在した人々の表象像から可能知性はすでに可知的形象を受け取っているということを理由にして，われわれのうちに存在している表象像からは可能知性はどんな可知的形象も受け取らないのだとしてみよう。その場合には同じ理由によって，別の人々についてもその前に存在したどんな人間の表象像からも可能知性は可知的形象を受け取らないことになる。ところが，そうだと主張されているように世界が永遠であるとしたら，どんな人間にもそれより前の別の人間がいたのである。それゆえ，可能知性は表象像からはどんな形象をも決して受け取らないことになる。だとすると，アリストテレスと能

---

15) これはアクィナスの認識理論にとって根本的な原理の一つである。この定式をアクィナスはボエティウス，『原因論』，擬ディオニシウスなどに帰している。中川純男（2005）を参照。

16) この節は，この〔応答7〕のアヴェロエスの立場が含意している「可能知性は一旦受容した可知的形象を保存しない」という見方を反駁していることになろう。すなわち，可能知性は質料的事物に関わる固有な意味での動・変化を越えているから，そこに受け取られる可知的形象は固定的にその場に保存されるのである。

1522. — Praeterea. Ex hoc videtur sequi quod intellectus possibilis non indi-geat phantasmatibus ad intelligendum. Nos autem per intellectum possibilem intelligimus. Neque igitur nos sensu et phantasmate indigebimus ad intelligendum. Quod est manifeste falsum et contra sententiam Aristotelis.

1523. — a) Si autem dicatur quod, pari ratione, non indigeremus phantasmate ad considerandum ea quorum species intelligibiles sunt in intellectu conservatae, etiam si intellectus possibiles sint plures in diversis: quod est contra Aristotelem, qui dicit quod *nequaquam sine phantasmate intelligit anima*: patet quod non est conveniens obviatio.

b) Intellectus enim possibilis, sicut et quaelibet substantia, operatur secundum modum suae naturae. Secundum autem suam naturam est forma corporis. Unde intelligit quidem immaterialia, sed inspicit ea in aliquo materiali. Cuius signum est, quod in doctrinis universalibus exempla particularia ponuntur, in quibus quod dicitur inspiciatur.

c) Alio ergo modo se habet intellectus possibilis ad phantasma quo indiget, ante speciem intelligibilem: et alio modo postquam recepit speciem intelligibilem. Ante enim, indiget eo ut ab eo accipiat speciem intelligibilem: unde se habet ad intellectum possibilem ut obiectum movens. Sed post speciem in eo receptam, indiget eo quasi instrumento sive fundamento suae speciei: unde se habet ad phantasmata sicut causa efficiens; secundum enim imperium intellectus formatur in imaginatione phantasma conveniens tali speciei intelligibili, in quo resplendet species intelligibilis sicut exemplar in

動知性が表象像を現実態において可知的なものとすると措定したことが無益なことになってしまうのである。

1522. さらに，このこと〔応答7〕からは，可能知性は知性認識するために表象像を必要としないことが帰結すると思われる。ところが，われわれは可能知性によって知性認識している。それゆえ，われわれも知性認識するために感覚も表象像も必要としないことになるであろう。これは明らかに偽であるし，アリストテレスの見解〔『魂について』第3巻8章432a3-10〕にも反しているのである。

〔応答8〕

1523. a）だが，次のような反論がある。すなわち，そうだとすると同じ理由で，たとえ可能知性がさまざまな人々において多数あるとしても，それの可知的形象が知性のうちに〔すでに〕保存されているものをわれわれが考察するのにも表象像はいらないことになるではないか。これは「魂は表象像なしには何も知性認識しない」というアリストテレス〔『魂について』第3巻7章431a16-17〕に反していることになるだろう，というわけである。しかし，これが適当な反論ではないことは明らかである。

b）というのも，どのような実体でもそうであるが，可能知性はその本性の様態にそくしてはたらく。ところが，可能知性はその本性において身体の形相である。それゆえ，それは非質料的なものを知性認識するが，それを何か質料的なもののうちで洞察するのである。そのことの徴表となるのは，普遍的学問においても個別的例示が提示され，〔教師によって〕語られることがその例示において洞察されるということである。

c）それゆえ，可能知性とそれが必要としている表象像との関係は，可知的形象を受け取る前と後とでは異なっているのである。実際，それ以前においては，それから可知的形象を受け取るために可能知性は表象像を必要としている。だから，表象像は可能知性を動かす対象として可能知性に関係しているのである。それに対して，可能知性のうちに形象を受け取った後では，可能知性はその形象の道具あるいは基礎として表象像を必要とするのである。だからその場合，可能知性は作出因として表象像に関係している。というのは，想像力のうちに当の可知的形象に適合する表象像が形成されるのは，知性の命令によるからである。この表象像のなかで可知的形象が輝いているのであるが，それは範型によって出来た

exemplato sive in imagine. Si ergo intellectus possibilis semper habuisset species, nunquam compararetur ad phantasmata sicut recipiens ad obiectum motivum.

1524. — Item. Intellectus possibilis est *quo anima et homo intelligit*, secundum Aristotelem. Si autem intellectus possibilis est unus omnium ac aeternus, oportet quod in ipso iam sint receptae omnes species intelligibiles eorum quae a quibuslibet hominibus sunt scita vel fuerunt. Quilibet igitur nostrum, qui per intellectum possibilem intelligit, immo cuius intelligere est ipsum intelligere intellectus possibilis, intelliget omnia quae sunt vel fuerunt a quibuscumque intellecta. Quod patet esse falsum.

1525. — Ad hoc autem Commentator praedictus respondet, dicens quod nos non intelligimus per intellectum possibilem nisi secundum quod continuatur nobis per nostra phantasmata. Et quia non sunt eadem phantasmata apud omnes nec eodem modo disposita, nec quicquid intelligit unus, intelligit alius. Et videtur haec responsio consonare praemissis. Nam etiam si intellectus possibilis non est unus, non intelligimus ea quorum species sunt in intellectu possibili nisi adsint phantasmata ad hoc disposita.

もの，つまり似像のうちで範型が輝いているようなものなのである。したがって，もしも可能知性が形象を常に持っていたのだとしたら，それと表象像の関係が受容するものと動かす対象との関係には決してならなかったことになるであろう[17]。

1524. 同じく，アリストテレスによれば〔『魂について』第3巻4章429a23〕，可能知性とは「それによって魂と人間とが知性認識するもの」である。ところで，もし可能知性がすべての人間にとって一つであり永遠であるとすると，任意の人間によって知られている，あるいは知られていたもののあらゆる可知的形象がその可能知性のうちにすでに受け取られてしまっているのでなければならない。そうすると，われわれのうちの誰であっても，可能知性によって知性認識している者は，さらに言えば，その知性認識のはたらきが可能知性の知性認識のはたらきそのものであるような者は誰でも，任意の人によって知性認識されている，あるいは知性認識されたことのあるすべてのことを知性認識していることになる。これは明らかに偽である。

〔応答9〕

1525. ところがこれに対して，前述の注釈家は次のように応答しているのである。すなわち，われわれが可能知性をつうじて知性認識しているというのは，可能知性がわれわれの表象像をつうじてわれわれと接合しているからでしかない。そして，すべての人間において表象像は同じではないし，同じ仕方で状態づけられてもいないのであるから，一人の人が知性認識していることのどれをも他の人が知性認識しているわけでもないのである，と。そして，この応答は前提とされていること[18]と調和しているように思われる。すなわち，たとえ可能知性が一つではないとしても，それの形象が可能知性のなかにあるものをわれわれが知性認識するのは，そのために状態づけられた表象像が可能知性に備わっている場合だ

---

17) この最後の帰結をみちびく論理は分かりづらい。可能知性のうちに受容され保持されている可知的形象についての考察には表象像が要らないことになるではないかという反論に対しては，形象が受容された後には可能知性と表象像の間に受容前とは別の関係が成立するという反論がなされている。しかし最後の結論で，形象を受容する前の両者の関係に関する〔応答7〕と同じレベルの回答にアクィナスが戻っていることは理解しがたい。受容後の問題はなくなったので，課題はやはり受容の成立という事態の方なのだと解することはできるかもしれない。

18) 〔応答8〕1523節での「能動知性が単一でないとしても」という，アヴェロエス自身の立場には反する前提のこと。

1526. — Sed quod dicta responsio non possit totaliter inconveniens evitare, sic patet. Cum intellectus possibilis factus est actu per speciem intelligibilem receptam, *potest agere per seipsum*, ut dicit Aristoteles, in III *de Anima*. Unde videmus quod illud cuius scientiam semel accepimus, est in potestate nostra iterum considerare cum volumus. Nec impedimur propter phantasmata: quia in potestate nostra est formare phantasmata accommoda considerationi quam volumus; nisi forte esset impedimentum ex parte organi cuius est, sicut accidit in phreneticis et lethargicis, qui non possunt habere liberum actum phantasiae et memorativae. Et propter hoc Aristoteles dicit, in VIII *Phys.*, quod ille qui iam habet habitum scientiae, licet sit potentia considerans, non indiget motore qui reducat eum de potentia in actum, nisi removente prohibens, sed potest ipse exire in actum considerationis ut vult. Si autem in intellectu possibili sunt species intelligibiles omnium scientiarum, quod oportet dicere si est unus et aeternus, necessitas phantasmatum ad intellectum possibilem erit sicut est illius qui iam habet scientiam ad considerandum secundum scientiam illam, quod etiam sine phantasmatibus non posset. Cum igitur quilibet homo intelligat per intellectum possibilem secundum quod est reductus in actum per species intelligibiles, quilibet homo poterit considerare, cum voluerit, scita omnium scientiarum. Quod est manifeste falsum: sic enim nullus indigeret doctore ad acquirendum scientiam. Non est igitur unus et aeternus intellectus possibilis.

けだとされているからである。

1526. だが，以上の応答では不都合を全面的に排除することはできないことは，次のようにして明らかとなる。すなわち，『魂について』第3巻〔4章429b7〕でアリストテレスが述べているように，可能知性がそこに受け容れられた可知的形象によって現実態となったときに，「それ自体で作用をなすことが出来る」ようになる。だからこそ，それの学知をわれわれがひとたび受け入れたものについては，それを欲するときにさらに考察することができる力がわれわれのうちにあるのが分かるのである。また，われわれが表象像によって〔考察することへと向かうことを〕妨げられることもない。なぜなら，欲している考察のはたらきに適合した表象像を形成することがわれわれの力のうちにあるからである。（ただし，表象像がそこにある身体器官の側に障碍がある場合は別である。たとえば，想像力や記憶力の自由な作用を持ち得ない狂気や昏睡の状態にある人々がそうである。）それゆえにアリストテレスは『自然学』第8巻〔4章255a33-b5〕において，学知という習得態をすでに持っている人は，考察のはたらきを可能態においてしか持っていないとしても，その人を可能態から現実態に引き出す動者は（障碍を取り除くものとして動者の場合を除けば）必要ないのであって，欲するときに考察するという作用へとみずから出て行くことができるのである。さて，可能知性が一つであり永遠であるとすると可能知性のうちにすべての学知の可知的形象が存在していると言わなければならない。もしそうだとすると，可能知性にとっての表象像の必要性というのは，すでに学知を持っていてその学知にそくして考察を行おうとする人々にとっての必要性（その考察であっても表象像なしにはあり得ない）のようなものであることになる。それゆえ，どのような人間も可能知性が可知的形象によって現実態に引き出されていることによって知性認識をしているのであるから，あらゆる学知によって知られる事柄をどんな人間も欲すれば考察できることになるであろう。これは明らかに偽である。なぜなら，もしそうだとすれば，学知を獲得するために誰も教師を必要としないことになるからである。したがって，可能知性が一つで永遠だということはないのである[19]。

---

19) 可能知性は永遠ですべての人間にとって一つであるとするアヴェロエスにとっても，知性認識の現実的なはたらきが個別的で1人1人の人間に固有なものであることを，表象像という各人に固有なものを使って説明しなければならない。だが，この節でのアクィナスの立場からは，一なる可能知性が永遠であるとすると，それはあらゆる学知の形象をすでにもってい

ることになり，習得態にある知性だということになる。したがって，個々人の個別的な知性認識のはたらきが表象像を通じて成立しているとしても，そのはたらきは習得態にある知性が現実にその学知を行使している状態になることなのである。これは「どんなことでも，知ろうとすれば誰でも知りうる」という奇妙なことを認めることになるのである。アヴェロエスとアクィナスのこの応酬の要点は，永遠な可能知性はあらゆる対象についての可知的形象をすでに持った習得態にある知性であることになるという点にある。そして，この論点に対する改善策がアヴィセンナの立場だと解して，アクィナスは次章の問題を提起するのである。

CAPUT 74.

DE OPINIONE AVICENNAE, QUI POSUIT FORMAS INTELLIGIBILES NON CONSERVARI IN INTELLECTU POSSIBILI.

1527. — Praedictis vero rationibus obviare videntur quae Avicenna ponit. Dicit enim, in suo libro *de Anima*, quod in intellectu possibili non remanent species intelligibiles nisi quandiu actu intelliguntur.

1528. — a) Quod quidem ex hoc probare nititur, quia, quandiu formae apprehensae manent in potentia apprehensiva, actu apprehenduntur: ex hoc enim fit *sensus in actu*, quod est *idem cum sensato in actu*, et similiter *intellectus in actu est intellectum in actu*. Unde videtur quod, quandocumque sensus vel intellectus est factus unum cum sensato vel intellecto, secundum quod habet formam ipsius, fit apprehensio in actu per sensum vel per intellectum.

b) Vires autem quae conservant formas non apprehensas in actu, dicit non esse vires apprehensivas, sed *thesauros virtutum apprehensivarum*: sicut imaginatio, quae est thesaurus formarum apprehensarum per sensum; et memoria, quae est, secundum ipsum, thesaurus intentionum apprehensarum absque sensu, sicut cum ovis apprehendit inimicitiam lupi. Hoc autem contingit huiusmodi virtutibus quod conservant formas non apprehen-

第 74 章
可知的形相は可能知性のうちに保存されないとする
アヴィセンナの見解について

1527. さて，以上の諸論拠に対立しているのがアヴィセンナの主張だと思われる。彼は自分の『魂論』という書物[1]において，可知的形象が可能知性のうちにとどまるのはそれが現実態において知性認識されている間だけのことであると述べているのである[2]。

1528. a) これをアヴィセンナは次のことから証明しようと試みている。すなわち，把握された形相が把握能力のうちにとどまっている間は，その形相は現実態において把握されている。実際，「感覚が現実態に」なるのはそれが「現実態にある感覚されたものと同じ」〔『魂について』第3巻2章425b25-26〕であることによるし，それと同様に「現実態にある知性は現実態において知性認識されたもの」〔同4章430a305〕なのである。それゆえ，感覚あるいは知性が感覚されたものあるいは知性認識されたものと，その形相を有していることにそくして一つとなっているときはいつでも，感覚あるいは知性による把握作用は現実態となっている。

b) ところで，現実態において把握されていない形相を保存する力は把握する力ではなく，「把握するちからの倉庫」であるとアヴィセンナは述べる[3]。たとえば，想像力は感覚によって把握された形相の倉庫であり，また彼によれば，記憶は，羊が狼が敵であることを把握する場合のように，感覚なしに把握された概念の倉庫である。このようなちからが現実態においては把握されていない形相を

---

1) これは『治癒（*Sufficientia*）』と呼ばれるアヴィセンナの主著のうちの「自然学第6部」をなす部分であり，ラテン世界では『魂論（*Liber de anima*）』と呼ばれていた。

2) 言うまでもなく歴史的には，アヴィセンナが後代のアヴェロエスの立場を批判しているということはない。アクィナスはアヴェロエスの知性単一説をここまで分析した上で，批判を網羅的・徹底的なものとするために理論的に可能な見解をアヴィセンナの中に見いだしているのである。第73章1526節の注を参照。

3) この「倉庫」という用語は，Avicenna, *Liber de anima* IV, c.1, V, c.5. などに頻出する。前章1519節，本章1538節も参照。

sas actu, inquantum habent quaedam organa corporea, in quibus recipiuntur formae receptione propinqua apprehensioni. Et propter hoc, virtus apprehensiva, convertens se ad huiusmodi thesauros, apprehendit in actu.

c) Constat autem quod intellectus possibilis est virtus apprehensiva, et quod non habet organum corporeum. Unde concludit quod impossibile est quod species intelligibiles conserventur in intellectu possibili, nisi quandiu intelligit actu.

d) Oportet ergo quod vel ipsae species intelligibiles conserventur in aliquo organo corporeo, sive in aliqua virtute habente organum corporeum; vel oportet quod formae intelligibiles sint per se existentes, ad quas comparetur intellectus possibilis noster sicut speculum ad res quae videntur in speculo; vel oportet quod species intelligibiles fluant in intellectum possibilem de novo ab aliquo agente separato, quandocumque actu intelligit.

e) Primum autem horum trium est impossibile: quia formae existentes in potentiis utentibus organis corporalibus, sunt intelligibiles in potentia tantum.

Secundum autem est opinio Platonis, quam reprobat Aristoteles, in *Metaphysica*.

Unde concludit tertium: quod quandocumque intelligimus actu, fluunt species intelligibiles in intellectum possibilem nostrum ab intellectu agente, quem ponit ipse quandam substantiam separatam.

1529. — a) Si vero aliquis obiiciat contra eum quod tunc non est differentia inter hominem cum primo addiscit, et cum postmodum vult considerare in actu quae prius didicit:

b) Respondet quod addiscere nihil aliud est quam *acquirere perfectam*

保存するということが生じるのは，そのちからが身体器官を有し，そこにおいて形相を把握と近い受容の仕方で受け取るという限りのことなのである。それゆえに，把握のちからがこのような倉庫に自分を向けることによって，現実態において把握作用をなすのである。

c) ところで，可能知性が把握のちからであり，それが身体器官を有していないことは確かである。それゆえ，アヴィセンナは可知的形象が可能知性のうちに保存されるのは，可能知性が現実態において知性認識している間だけなのだと結論する。

d) そこで，次のいずれかでなくてはならない。すなわち，可知的形象そのものが何らかの身体器官のうちか身体器官を有する何らかのちからのうちに保存されるのか，あるいは，可知的形相がそれ自体で存在しており，その形相とわれわれの可能知性との関係は鏡と鏡の中に映っている事物の関係のようなものであるのか，あるいは，可能知性が現実態において知性認識している時にはいつでも，何らかの分離した作用者から新たに可知的形象が可能知性に流れ込んでくるのか，のいずれかでなければならない。

e) だが，この三者のうちで第一の選択肢は不可能である。なぜなら，身体器官を使用する能力のうちに存在している形相は可能態においてのみ可知的だからである。

また第二の選択肢はプラトンの見解であり，これはアリストテレス『形而上学』において論駁されている[4]。

それゆえ，アヴィセンナは第三の選択肢を結論とする。すなわち，われわれが現実態において知性認識している時にはいつでも，われわれの可能知性に可知的形象が能動知性から流れ込んでくるのであり，この能動知性は何らかの離存実体であるとアヴィセンナは主張しているのである[5]。

1529. a) だが，それでは初めて何かを学ぶ人間と前に学んだことを後になって現実態において考察しようと欲している人間とでは差がないことになるではないか，とアヴィセンナに対して反対する人があるかもしれない。

b) これに対してはアヴィセンナは次のように応答している。学ぶということ

---

4) 第1巻9章990a34以下を参照。
5) 以上の議論は，Avicenna, *Liber de anima* V, c. 6 . に見いだせる議論の要約である。

habitudinem coniungendi se intelligentiae agenti ad recipiendum ab eo formam intelligibilem. Et ideo ante addiscere est nuda potentia in homine ad talem receptionem: addiscere vero est sicut *potentia adaptata*.

1530. — Videtur etiam huic positioni consonare quod Aristoteles, in libro *de Memoria*, ostendit memoriam non esse in parte intellectiva, sed in parte animae sensitiva. Ex quo videtur quod conservatio specierum intelligibilium non pertineat ad partem intellectivam.

1531. — Sed si diligenter consideretur, haec positio, quantum ad originem, parum aut nihil differt a positione Platonis. Posuit enim Plato formas intelligibiles esse quasdam substantias separatas, a quibus scientia fluebat in animas nostras. Hic autem ponit ab una substantia separata, quae est intellectus agens secundum ipsum, scientiam in animas nostras fluere. Non autem differt, quantum ad modum acquirendi scientiam, utrum ab una vel pluribus substantiis separatis scientia nostra causetur: utrobique enim sequetur quod scientia nostra non causetur a sensibilibus. Cuius contrarium apparet per hoc quod qui caret aliquo sensu, caret scientia sensibilium quae cognoscuntur per sensum illum.

1532. — Dicere autem quod per hoc quod intellectus possibilis inspicit singularia quae sunt in imaginatione, illustratur luce intelligentiae agentis ad cognoscendum universale; et quod actiones virium inferiorum, scilicet imaginationis et memorativae et cogitativae, sunt aptantes animam ad recipiendam emanationem intelligentiae agentis, est novum. Videmus enim quod anima nostra tanto magis disponitur ad recipiendum a substantiis separatis, quanto magis a corporalibus et sensibilibus removetur: per recessum enim ab eo quod infra est, acceditur ad id quod supra est. Non igitur

は「可知的形相を能動知性から受容するために，能動知性と自分とを結びつける完全な関係を獲得すること」以外のものではない。だから，学ぶ前に人間のうちにあるのは，このような受容に対するまっさらの能力であり，学ぶということは「適合化した能力」のようなものなのである[6]。

1530. またこの見解は，アリストテレスが『記憶〔と想起〕について』〔1章450 a9-14〕において示していること，つまり記憶は知性的部分にあるのではなく，魂の感覚的部分にあるということとも調和しているように思われる。このことから，可知的形象の保存は知性的部分に属することではないと思われるのである。

1531. しかし，詳細に考察してみるならば，この見解はその起源に関して，プラトンの見解とほとんどあるいはまったく異ならないのである。というのは，プラトンの主張したところでは，可知的形相とは何らかの離存実体〔複数形〕であり，それからわれわれの魂に学知が流れ込んでくるのである。それに対して，アヴィセンナの主張では，彼によるところの能動知性という一つの離存実体からわれわれの魂へ学知が流れ込んでくるのである。だが，われわれの学知の原因となるものが一つの離存実体なのか複数の離存実体なのかでは，学知獲得の様態に関しては相違がない。というのは，どちらの場合にも，われわれの学知が可感的なものを原因としないという帰結になるからである。だが，これとは反対のことが明らかであって，何か感覚を欠いているものはその感覚によって認識される可感的なものの学知を欠いているからである。

1532. とはいえ，可能知性が想像力のうちにある個別的なものを洞見することによって，可能知性は普遍的なものを認識するために能動的知性体の光によって照らされるということ，また，想像力，記憶力それに思考力という下位の力の作用とは能動的知性体の流出を受け取るように魂を適合化させることである，と語ることは〔プラトンにはない〕新しいことである。というのも，われわれの魂は，物体的で可感的なものから引き離されれば引き離されるだけ，離存実体から受け取るのにいっそう適した状態になるのが見て取れるからである。下位にあるものから退くことによって上位にあるものへと近づくものだからである。したがって，

---

  6) Mでイタリックとされているテキストは，そのままではアヴィセンナの中には見いだされない。ただ，Avicenna, *Liber de anima* の前掲箇所の pp.148-153に同様の見解が見いだせる。第76章1568節参照。

est verisimile quod per hoc quod anima respicit ad phantasmata corporalia, quod* disponatur ad recipiendam influentiam intelligentiae separatae.

1533. — Plato autem radicem suae positionis melius est prosecutus. Posuit enim quod sensibilia non sunt disponentia animam ad recipiendum influentiam formarum separatarum, sed solum expergefacientia intellectum ad considerandum ea quorum scientiam habebat ab exteriori causatam. Ponebat enim quod a principio a formis separatis causabatur scientia in animabus nostris omnium scibilium: unde addiscere dixit esse quoddam reminisci. Et hoc necessarium est secundum eius positionem. Nam, cum substantiae separatae sint immobiles et semper eodem modo se habentes, semper ab eis resplendet scientia rerum in anima nostra, quae est eius capax.

1534. — Amplius. Quod recipitur in aliquo, est in eo per modum recipientis. Esse autem intellectus possibilis est magis firmum quam esse materiae corporalis. Cum igitur formae fluentes in materiam corporalem ab intelligentia agente, secundum ipsum, conserventur in ea, multo magis conservantur in intellectu possibili.

1535. — Adhuc. Cognitio intellectiva est perfectior sensitiva. Si igitur in sensitiva cognitione est aliquid conservans apprehensa, multo fortius hoc erit in cognitione intellectiva.

1536. — Item. Videmus quod diversa quae in inferiori ordine potentiarum pertinent ad diversas potentias, in superiori ordine pertinent ad unum: sicut sensus communis apprehendit sensata omnium sensuum propriorum. Apprehendere igitur et conservare, quae in parte animae sensitivae pertinent ad

---

* この quod は verisimile quod の quod と重複している。per hoc quod のフレーズが挟まったための重複であると考えられる。

第 74 章

魂が物体的な表象像に向かうことによって分離した知性体の影響を受け取るのに適した状態になるということは，本当らしくはないのである[7]。

1533. だが，プラトンは自分の立場の根本をより立派な仕方で追究していた。実際，彼は可感的なものは，魂が分離した形相の影響を受け取るための状態づけを行うものではなくて，魂が外から原因されて持っていた学知の関わっていることがらを考察するようにただ知性を目覚めさせるものであると主張した。実際，知り得ることがらがすべてについての学知は，われわれの魂においては最初から分離した形相によって原因されていると主張していたのである。だから，学ぶということはある種の想起することであるとプラトンは述べたのである。そして，彼の立場からすればこれは必然なのである。というのは，離存実体は不動で常に同じ仕方で存在しているのであるから，事物についての学知はそれを受け容れ得るわれわれの魂においては，その離存実体によって常に輝いているのである[8]。

1534. さらに，或るもののうちに受け取られるものは受け取るものの様態をつうじてそのもののうちに受け取られる。ところで，可能知性の存在は物体的質料の存在よりもより強固である。それゆえ，能動的知性体から物体的質料に流れてくる形相は，アヴィセンナによれば，その質料において保存されるのであるから，可能知性のうちではなおさらいっそう保存されるはずなのである[9]。

1535. さらに，知性的認識は感覚的認識よりも完全である。それゆえ，もし感覚的認識のうちに把握されたものを保存する何かがあるとすれば，知性的認識においてはなおさらそうであろう。

1536. 同じく，諸能力のうちの下位の秩序において多様な能力に属している多様なことがらは，上位の秩序においては一つのものに属している。たとえば，すべての固有感覚によって感覚されたことがらを把握するのは〔一つの〕共通感覚なのである。それゆえ，把握することと保存することは，魂の感覚的部分にお

---

7) この箇所でアクィナスはプラトンの批判をしているように見えて，感覚的なものと知性的なものとの間の断絶というプラトン的原理によってアヴィセンナを批判していることになる。

8) 前章1514節参照。プラトン的原理からするなら，「可知的形象がその都度可能知性に流入してくる」という見解よりも想起説の方が首尾一貫していると理解されていることになる。

9) ここにはアヴィセンナの「形相の授与者（dator formarum）」という考えが前提されている。すなわち，能動知性（体）は質料的事物に形相を与えるものであると同時に，その事物の認識するための形相を人間の可能知性に与えるものでもある，と見なされている。第76章1564節も参照。

diversas potentias, oportet quod in suprema potentia, scilicet in intellectu, uniantur.

1537. — Praeterea. Intelligentia agens, secundum ipsum, influit omnes scientias. Si igitur addiscere nihil est aliud quam aptari ut uniatur intelligentiae agenti, qui addiscit unam scientiam, non magis addiscit illam quam aliam. Quod patet esse falsum.

1538. — Patet etiam quod haec opinio est contra sententiam Aristotelis, qui dicit, in III *de Anima*, quod intellectus possibilis est *locus specierum*: quod nihil aliud est dicere quam ipsum esse *thesaurum intelligibilium specierum*, ut verbis Avicennae utamur.

1539. — Item. Postea subiungit quod quando intellectus possibilis acquirit scientiam, *est potens operari per seipsum*, licet non actu intelligat. Non igitur indiget influentia alicuius superioris agentis.

1540. — Dicit etiam, in VIII *Physicorum*, quod ante addiscere est homo in potentia essentiali ad scientiam, et ideo indiget motore per quem reducatur in actu: non autem, postquam iam addidicit, indiget per se motore. Ergo non indiget influentia intellectus agentis.

1541. — Dicit etiam, in III *de Anima*, quod *phantasmata se habent ad intellectum possibilem sicut sensibilia ad sensum*. Unde patet quod species intelligibiles sunt in intellectu possibili a phantasmatibus, non a substantia separata.

1542. — Rationes autem quae videntur in contrarium esse, non est difficile solvere. Intellectus enim possibilis est in actu perfecto secundum species intelligibiles cum considerat actu: cum vero non considerat actu, non est in

第74章

ては多様な能力に属しているのであるが，知性という最上位の能力においては一つになっているのである。

1537. さらに，アヴィセンナによれば，能動的知性体はすべての学知を流れ込ませる。それゆえ，学ぶということは能動的知性体と合一するように適合化するということでしかないとしたら，一つの学知を学ぶ人がそれとは別の学知よりも当の学知をいっそう学んでいるということはなくなってしまう。だが，これは明らかに偽なのである。

1538. また，この見解がアリストテレスの主張に反していることは明らかである。実際，アリストテレスは『魂について』第3巻〔4章429a27-28〕において，可能知性は「形象の場」であると述べているが，これはアヴィセンナの言葉を用いるならば，可能知性が「可知的形象の倉庫」であると述べることに他ならないのである。

1539. 同じく，アリストテレスは少し後の箇所〔4章429b7〕で，可能知性が学知を獲得しているときには，たとえ現実態において知性認識していないとしても「それ自身によってはたらくことができるものである」と付言している。それゆえ，能動知性は上位のどんな能動者の影響も必要としていないのである。

1540. さらには，『自然学』第8巻〔4章255a33-b5〕では，人間は学ぶ前には学知に対して本質的な可能態においてあるので，それを現実態にもたらす動者を必要としているが，すでに学んでしまった後では自体的には動者を必要とはしないと述べている。それゆえ，人間は能動知性の影響を必要としないのである。

1541. また，『魂について』第3巻〔7章431a14-15〕では，「表象像と可能知性の関係は，可感的なものと感覚の関係のようなものである」とアリストテレスは述べている。それゆえ，可能知性のうちにある可知的形象は表象像に由来するのであって，離存実体に由来するのではないのである。

1542. さて，以上と対立していると思われる諸根拠については，それを解消するのは困難ではない。というのは[10]，可能知性が可知的形象にそくして完全な現実態にあるのは，現実態において考察を行っているときである。それに対して，

---

10) 本章1529節参照。

actu perfecto secundum illas species, sed se habet medio modo inter potentiam et actum. Et hoc est quod Aristoteles dicit, in III *de Anima*, quod, *cum haec pars*, scilicet intellectus possibilis, *unaquaeque sciat*, sciens dicitur secundum actum. Hoc autem accidit cum possit operari per seipsum. Est quidem et tunc potentia similiter quodammodo, non tamen similiter est*† *ante addiscere aut invenire*.

1543. — Memoria vero in parte sensitiva ponitur, quia est alicuius prout cadit sub determinato tempore: non est enim nisi praeteriti. Et ideo, cum non abstrahat a singularibus conditionibus, non pertinet ad partem intellectivam, quae est universalium. Sed per hoc non excluditur quin intellectus possibilis sit conservativus intelligibilium, quae abstrahunt ab omnibus conditionibus particularibus.

---

* L と M は sciat を fiat としているが，*Gauthier*, p.70 の考証にしたがった。
† ここも L と M は est を et としているが，同じく *Gauthier* にしたがう。

現実態において考察を行っていないときには，その形象にそくして完全な現実態にはなく，可能態と現実態との中間的なあり方をしている。このことをアリストテレスは『魂について』第3巻〔4章429b5-9〕においては次のように述べている。可能知性という「この部分が何であれ何かを知っているときに，それが知っていると言われるのは現実態にそくしてである。そしてこれが生じるのは，その部分がそれ自身によってはたらきをなし得るときである。そしてその時には，その部分は或る仕方では可能態と似た状態にあるが，学ぶ前や発見する前と似た状態にあるのではない」。

1543. また[11]，記憶力は感覚的部分に措定されるが，それは記憶力が特定の時間のもとにある限りでの何かに関わるからである。実際，記憶力は過去にしか関わらない。だから，個別的条件から抽象することはないために，普遍的なものに関わる知性的部分には属さないのである。だが，だからといって可能知性があらゆる個的条件から抽象されている可知的なことがらを保存するということが排除されるわけではないのである。

---

11) 1530節参照

CAPUT 75.

SOLUTIO RATIONUM QUIBUS VIDETUR PROBARI UNITAS INTELLECTUS POSSIBILIS.

1544. — Ad probandum autem unitatem intellectus possibilis quaedam rationes adducuntur, quas oportet ostendere efficaces non esse.

1545. — a) Videtur enim quod omnis forma quae est una secundum speciem et multiplicatur secundum numerum, individuetur per materiam: quae enim sunt unum specie et multa secundum numerum, conveniunt in forma et distinguuntur secundum materiam. Si igitur intellectus possibilis in diversis hominibus sit multiplicatus secundum numerum, cum sit unus secundum speciem, oportet quod sit individuatus in hoc et in illo per materiam. Non autem per materiam quae sit pars sui: quia sic esset receptio eius de genere receptionis materiae primae, et *reciperet formas individuales*; quod est contra naturam intellectus. Relinquitur ergo quod individuetur per materiam quae est corpus hominis cuius ponitur forma.

b) Omnis autem forma individuata per materiam cuius est actus, est forma materialis. Oportet enim quod esse cuiuslibet rei dependeat ab eo a quo dependet individuatio eius: sicut enim principia communia sunt de essentia speciei, ita principia individuantia sunt de essentia huius individui. Sequitur ergo quod intellectus possibilis sit forma materialis. Et per consequens quod non recipiat aliquid nec operetur sine organo corporali. Quod etiam est contra naturam intellectus possibilis. Igitur intellectus possibilis

第 75 章
可能知性の一性を証明すると思われる諸論拠の解消

1544. さて，可能知性が一つであることを証明するためにいくらかの論拠が持ち出されているのであるが，それらが有効な論拠ではないことを示さねばならない[1]。

1545. a) 〔論拠１〕さて[2]，種として一つであり数的に多数化される形相は，すべて質料によって個体化される。実際，種において一つであり数において多であるものは，形相において合致し質料にそくして区別されるからである。それゆえ，可能知性は種にそくして一つであるから，さまざまな人間において数にそくして多数化されているとしたら，この人間とあの人間とで個体化されるのは質料によってでなければならない。ところが，それは可能知性の部分であるような質料によって個体化されているのではない。というのは，もしそうだとすれば可能知性が受容するということが第一質料が受容するということと同じ類になってしまい，「個的な形相を受容することになってしまう」[3]からである。これは知性の本性に反しているのである。それゆえ，可能知性を個体化している質料とは，可能知性がそれの形相であると措定されている人間の身体であることになる。

b) ところで，形相がそれの現実態である質料によって個体化されているならば，そのような形相はすべて質料的形相である。というのは，それぞれの事物の存在はそれの個体化が依存しているものに依存しているからである。実際，共通的原理が種の本質に属しているように，個体化する原理はこの個体の本質に属しているのである。したがって，可能知性は質料的形相であることが帰結する。そうすると，可能知性は身体器官なしには何かを受容することもないしはたらくこともないという帰結になる。これもまた可能知性の本性に反している。したがっ

---

1) 本章は，第73章1526節の注で述べたように，74章のアヴィセンナの可能知性論批判を迂回して，第73章と連続している。
2) ここから1547節までは，*Averroes* III, c.5, 432以下の議論の要約となっている。
3) 同，444-445のパラフレーズ。

non multiplicatur in diversis hominibus, sed est unus omnium.

1546. — Item. Si intellectus possibilis esset alius in hoc et in illo homine, oporteret quod species intellecta esset alia numero in hoc et in illo, una vero in specie: cum enim specierum intellectarum in actu proprium subiectum sit intellectus possibilis, oportet quod, multiplicato intellectu possibili, multiplicentur species intelligibiles secundum numerum in diversis. Species autem aut formae quae sunt eaedem secundum speciem et diversae secundum numerum, sunt *formae individuales*. Quae non possunt esse formae intelligibiles: quia intelligibilia sunt universalia, non particularia. Impossibile est igitur intellectum possibilem esse multiplicatum in diversis individuis hominum. Necesse est igitur quod sit unus in omnibus.

1547. — Adhuc. Magister scientiam quam habet transfundit in discipulum. Aut igitur eandem numero: aut aliam numero diversam, non specie. Secundum videtur *impossibile esse*: quia sic magister causaret scientiam suam in discipulo sicut causat formam suam in alio *generando sibi simile in specie*; quod videtur pertinere ad agentia materialia. Oportet ergo quod eandem scientiam numero causet in discipulo. Quod esse non posset nisi esset unus intellectus possibilis utriusque. Necesse igitur videtur intellectum possibilem esse unum omnium hominum.

1548. — Sicut autem praedicta positio veritatem non habet, ut ostensum est, ita rationes positae ad ipsam confirmandam facile solubiles sunt.

1549. — Confitemur enim intellectum possibilem esse unum specie in diversis hominibus, plures autem secundum numerum: ut tamen non fiat in hoc vis, quod partes hominis non ponuntur in genere vel specie secundum

て，可能知性はさまざまな人間において多数化されているのではなく，すべての人間にとって一つなのである。

1546. 〔論拠2〕同じく，この人間とあの人間において可能知性が別であるとすると，知性認識された形象は種においては一つであるにしても，この人間とあの人間とで数的に別でなければならない。というのも，現実態において知性認識されている形象に固有の基体は可能知性であるから，可能知性が多数化されているなら，さまざまな可能知性において可知的形象が数にそくして多数化されているのでなければならないからである。ところが，種にそくして同じであり数にそくして多様である形象あるいは形相は「個体的形相」である。だが，このような形相は可知的形相ではあり得ない。なぜなら，可知的なものとは普遍的なものであって，個別的なものではないからである。それゆえ，可能知性が多様な個的人間において多数化されていることは不可能である。したがって，それはすべての人間において一つであることが必然である。

1547. 〔論拠3〕さらに[4]，教師は自分が持っている学知を生徒に伝えている。そうすると，その学知は数的に同じであるか，あるいは種においてではなく数において別のものかのどちらかである。だが，後者は「不可能である」と思われる。なぜなら，可能であるとすると，教師が自分の学知を弟子のうちに引き起こすということが，「種において自分に似たものを生み出すことによって」他のもののうちに自分の形相を引き起こすようなことになるが，これは質料的作用者に属することであると思われるからである。それゆえ，教師が数的に同じ学知を弟子のうちに引き起こすのでなければならない。このことが可能となるのは，両者にとっての可能知性が一つである場合だけなのである。それゆえ，可能知性はすべての人間にとって一つであることが必然であると思われるのである。

1548. さて，上述した見解〔第73章〕には真理はないのと同様に，その立場を確証するために提示された以上の論拠も容易に解消され得るものである。

1549. すなわち，さまざまな人間において可能知性が種において一つであるが数において多であること〔論拠1，1545節〕をわれわれは承認する。とはいえ，そうだからといって，人間の諸部分がそれ自体として類や種のうちに措定されな

---

4) 同，717-721のパラフレーズ。

se, sed solum ut sunt principia totius. Nec tamen sequitur quod sit forma materialis secundum esse dependens a corpore. Sicut enim animae humanae secundum suam speciem competit quod tali corpori secundum speciem uniatur, ita haec anima differt ab illa numero solo ex hoc quod ad aliud numero corpus habitudinem habet. Et sic individuantur animae humanae, et per consequens intellectus possibilis, qui est potentia animae, secundum corpora, non quasi individuatione a corporibus causata.

1550. — *Secunda* vero ratio ipsius defficit, ex hoc quod non distinguit inter id quo intelligitur, et id quod intelligitur. Species enim recepta in intellectu possibili non habet se ut quod intelligitur. Cum enim de his quae intelliguntur sint omnes artes et scientiae, sequeretur quod omnes scientiae essent de speciebus existentibus in intellectu possibili. Quod patet esse falsum: nulla enim scientia de eis aliquid considerat nisi rationalis et metaphysica. Sed tamen per eas quaecumque sunt in omnibus scientiis cognoscuntur. Habet se igitur species intelligibilis recepta in intellectu possibili in intelligendo sicut id quo intelligitur, non sicut id quod intelligitur:

いことになるのではなく，ただその諸部分は人間全体の原理だということになるだけである[5]。またさらに，可能知性が存在において身体に依存する質料的形相であることが帰結するわけでもない。というのは，人間の魂にはその種にそくして種において一定のあり方をした身体に合一するということが適合するように，この魂があの魂と数的にのみ異なるのは，数的に別の身体への関係を持っているからなのである。このように，個体化の原因は身体ではないのではあるが，人間の魂，したがって魂の能力である可能知性も身体にそくして個体化されるのである[6]。

1550. アヴェロエスの論拠2〔1546節〕は次の点で欠陥がある。すなわち，彼は〈それによって知性認識されるもの〉と〈知性認識されている当のもの〉とを区別していないのである。実際，可能知性のうちに受容される形象は〈知性認識される当のもの〉としてあるのではない。というのも，もしそうだとすれば，技術知や学知はすべて〈知性認識される当のもの〉の知なのである以上，あらゆる学知が可能知性のうちに存在している形象についての知であることが帰結することになってしまう。だが，これは明らかに偽である。そのようなものについて何らかの考察をする学知は理性の学問〔論理学〕と形而上学だけだからである[7]。それに対して，あらゆる学知に含まれていることはどんなものでも，可知的形象をつうじて認識される。それゆえ，知性認識するときに可能知性に受容される可知的形象は，〈それによって知性認識されるもの〉としてのあり方をしているのであって，〈知性認識される当のもの〉としてあるわけではない。それはちょう

---

[5] ここで「人間の諸部分」と言われているのは，形相である魂と質料である身体のこと。理性的動物である「人間」一般は，その内的構成要素として，やはり一般的に捉えられた魂と身体とを有している。

[6] 人間の本質（何であるのか）には身体が含まれていなくてはならない。しかし，人間の魂が個々の身体に対してもつ「関係」が個別的であることによって魂は個体化されているのであって，魂それ自体が個体となっている原因が身体なのではない。この分かりづらい見解の背後にあるのは，形相／質料の次元を越えた最終的な現実性である「存在（エッセ）」の帰属先が，人間の場合には魂と身体の複合体ではなく魂それ自体であるとするアクィナスの立場である。これについては，本書第68章1450節以下，および「解説」4節を参照。

[7] 論理学とは InPA, Prooem. によれば，「理性の活動それ自体を主題とする」という意味で理性的学問である。したがって，認識という理性・知性の活動の考察の中で〈それによって知性認識されるもの〉である可知的形象が反省的に〈知性認識されている当のもの〉の位置を占めることがある。また，形而上学は InMET, Pooem. によれば，「共通的存在者（ens commune）」を主題とするから，存在者の一つであり何らかの仕方で非質料的な可知的形象についての考察を含むことになる。本章1556節参照。

sicut et species coloris in oculo non est id quod videtur, sed id quo videmus. Id vero quod intelligitur, est ipsa ratio rerum existentium extra animam: sicut et res extra animam existentes visu corporali videntur. Ad hoc enim inventae sunt artes et scientiae ut res in suis naturis existentes cognoscantur.

1551. — a) Nec tamen oportet quod, quia scientiae sunt de universalibus, quod universalia sint extra animam per se subsistentia: sicut Plato posuit. Quamvis enim ad veritatem cognitionis necesse sit ut cognitio rei respondeat, non tamen oportet ut idem sit modus cognitionis et rei. Quae enim coniuncta sunt in re, interdum divisim cognoscuntur: simul enim una res est et alba et dulcis; visus tamen cognoscit solam albedinem, et gustus solam dulcedinem. Sic etiam et intellectus intelligit lineam in materia sensibili existentem, absque materia sensibili: licet et cum materia sensibili intelligere possit. Haec autem diversitas accidit secundum diversitatem specierum intelligibilium in intellectu receptarum: quae quandoque est similitudo quantitatis tantum, quandoque vero substantiae sensibilis quantae. Similiter autem, licet natura generis et speciei nunquam sit nisi in his individuis, intelligit tamen intellectus naturam speciei et generis non intelligendo principia individuantia: et hoc est intelligere universalia. Et sic haec duo non repugnant, quod universalia non subsistant extra animam: et quod intellectus, intelligens universalia, intelligat res quae sunt extra animam.

b) Quod autem intelligat intellectus naturam generis vel speciei denuda-

ど眼の中の色の形象も，〈見られる当のもの〉ではなくわれわれが〈それによって見るもの〉であるのと同じである。それに対し，〈知性認識される当のもの〉とは魂の外に存在している事物の本質規定そのものであり，それは身体的視力によって見られるのが魂の外に存在している事物であるのと同じことなのである。実際，事物がその本性において存在しているように認識されるためにこそ，技術知や学知は見いだされてきたからである[8]。

1551. a) ところで，学知は普遍的なものにかかわるからといって，プラトンが主張したように普遍は魂の外にそれ自体で自存するものであるということになるわけではない。というのも，認識が真理であるためには認識が事物と対応していることが必要ではあるけれども，認識の様態と事物の様態とが同じでなければならないわけではないからである。というのも，事物においては結合していることがらが分割されて認識されるということはあるからである。実際，一つの事物が白いものであると同時に甘いものである場合，視覚は白さだけを認識し味覚は甘さだけを認識するのである。このような仕方で，知性も可感的質料のうちに存在している線を可感的質料なしに知性認識するのである。（ただし，可感的質料をともなって認識することもできる。この相違が起こるのは，知性のうちに受容される可知的形象の相違による。つまり，可知的形象は量だけの類似である場合もあるし，量を持つ可感的実体の類似である場合もあるからである。）ところで，それと同様に，類と種の本性は個体のうちにしか存在しないにしても，知性は類や種の本性を，それを個体化している原理を知性認識することなしに知性認識するのであり，これが普遍的なものを知性認識するということなのである。だから，普遍が魂の外に自存していないということ，それと知性が普遍を知性認識するときにも魂の外にある事物を知性認識しているということ，この二つのことは矛盾してはいないのである。

b) さて，知性が類や種の本性をそれを個体化している諸原理からそぎ落とさ

---

[8] この〈それによって知性認識されるもの (id quo intelligitur)〉と〈知性認識される当のもの (id quod intelligitur)〉の区別はアクィナスの認識理論にとって肝要な区別であり，知性単一説論駁にとっても重要な論点である。すなわち，アヴェロエスの知性論は，知性的で普遍的な認識のレベルでは認識内容の同一性（私とあなたとでは同じ「馬」の本性を認識している）から，認識主体の同一性（わたしの可能知性とあなたの可能知性は同じ）が帰結するという前提を持っている。アクィナスのここでの区別によって，この前提が否定されることになるのである。*ST* I, q.76, a.2, ad 3. 参照。また，本書「解説」4 節も参照。

tam a principiis individuantibus, contingit ex conditione speciei intelligibilis in ipso receptae, quae est immaterialis effecta per intellectum agentem, utpote abstracta a materia et conditionibus materiae, quibus aliquid individuatur. Et ideo potentiae sensitivae non possunt cognoscere universalia: quia non possunt recipere formam immaterialem, cum recipiant semper in organo corporali.

1552. — Non igitur oportet esse numero unam speciem intelligibilem huius intelligentis et illius: ad hoc enim sequeretur esse unum intelligere numero huius et illius, cum operatio sequatur formam quae est principium speciei. Sed oportet, ad hoc quod sit unum intellectum, quod sit unius et eiusdem similitudo. Et hoc est possibile si species intelligibiles sint numero diversae: nihil enim prohibet unius rei fieri plures imagines differentes; et ex hoc contingit quod unus homo a pluribus videtur. Non igitur repugnat cognitioni universali intellectus quod sint diversae species intelligibiles in diversis.

1553. — Nec propter hoc oportet quod, si species intelligibiles sint plures numero et eaedem specie, quod non sint intelligibiles actu, sed potentia tantum, sicut alia individua. Non enim hoc quod est esse individuum, repugnat ei quod est esse intelligibile actu: oportet enim dicere ipsum intellectum possibilem et agentem, si ponuntur quaedam substantiae separatae corpori non unitae per se subsistentes, quaedam individua esse, et tamen intelligibilia sunt. Sed id quod repugnat intelligibilitati est materialitas: cuius signum est quod, ad hoc quod fiant formae rerum materialium intelligibiles actu, oportet quod a materia abstrahantur. Et ideo in illis in quibus indi-

れたものとして知性認識するということが生じるのは，知性のうちに受容されている可知的形象のあり方によるのである．何かが個体化されるのは質料や質料的諸条件によるのであるが，可知的形象はそれらから能動知性によって抽象されることで，非質料的なものとされているのである．だから，感覚的能力は普遍的なものを認識できない．なぜなら，それは常に身体器官において受容をするので非質料的形相を受容することが出来ないからである．

1552. それゆえ，知性認識しているこの人とあの人とで数的に一つの可知的形象がなければならないわけではないのである．というのも，そうだとすると，はたらきは種の原理である形相から帰結するものである以上，この人間とあの人間にとって数的に一つの知性認識のはたらきがあることになってしまうからである．そうではなく，知性認識されたものが一つであるためには，同一のものの類似が存在しなければならないのである．そして，このことは可知的形象が数的に多様であるとしても可能なのである．というのも，一つの事物にたいして複数の異なった像が生じても何ら差し支えないからであり，だからこそ複数の人が眺めているのが一人の人であるということも起こるのである．それゆえ，知性が普遍的な認識をするということと，さまざまな人々において可知的形象がさまざまであることとは矛盾しないのである[9]．

1553. また，可知的形象が数的には多数で種においては同じであるとしても，だからといって，他の個体の場合にはそうであるにしても，可知的形象が現実態においては可知的ではなく可能態においてのみ可知的であるということにはならない．というのは，個体として存在するということと現実態において可知的であるということとは矛盾しないからである．実際，仮に可能知性と能動知性が，身体と合一しておらずそれ自体で自存する何らかの離存実体であると主張されるとしても，それらは個体として存在するがそれでもそれは可知的であると言わなければならないからである．そうではなくて，可知性に矛盾するのは質料性なのである．質料的事物の形相が現実態において可知的となるためには，質料から抽象されなければならないということがその徴表である．だから，個体化ということ

---

9) アクィナスの立場では，可知的形象が〈それによって認識されるもの〉として1人1人の可能知性において個別化されているとしても，各人が同じ認識内容を持っているということが出来るのは，可知的形象が〈認識される当のもの〉の類似だからなのである．

viduatio fit per hanc materiam signatam, individuata non sunt intelligibilia actu. Si autem individuatio fiat non per materiam, nihil prohibet ea quae sunt individua esse actu intelligibilia. Species autem intelligibiles individuantur per suum subiectum, qui est intellectus possibilis, sicut et omnes aliae formae. Unde, cum intellectus possibilis non sit materialis, non tollitur a speciebus individuatis per ipsum quin sint intelligibiles actu.

1554. — Praeterea. In rebus sensibilibus, sicut non sunt intelligibilia actu individua quae sunt multa in una specie, ut equi vel homines; ita nec individua quae sunt unica in sua specie, ut hic sol et haec luna. Eodem autem modo individuantur species per intellectum possibilem sive sint plures intellectus possibiles sive unus: sed non eodem modo multiplicantur in eadem specie. Nihil igitur refert, quantum ad hoc quod species receptae in intellectu possibili sint intelligibiles actu, utrum intellectus possibilis sit unus in omnibus, aut plures.

1555. — Item. Intellectus possibilis, secundum Commentatorem praedictum, est *ultimus in ordine* intelligibilium substantiarum, quae quidem secundum ipsum sunt plures. Nec potest dici quin aliquae superiorum substantiarum habeant cognitionem eorum quae intellectus possibilis cognoscit: in motoribus enim orbium, ut ipse etiam dicit, sunt formae eorum quae causantur per orbis motum. Adhuc igitur remanebit, licet intellectus possibilis sit unus, quod formae intelligibiles multiplicentur in diversis intellectibus.

が指定されたこの質料によって生じるものにおいては，個体であるものは現実態において可知的ではない。それに対して，個体化が質料によって生じるのでない場合には，個体であるものが現実態において可知的であっても何ら差し支えないのである。ところで，可知的形象は他のすべての形相と同様に，可能知性という自分の基体によって個体化されている。したがって，可能知性は質料的ではない以上，それによって個体化されている形象が現実態において可知的であるということが斥けられるわけではないのである。

1554. さらに，可感的事物においては，馬や人間といった一つの種において複数の個体があるものがあり，それは現実態において可知的ではない。それと同様に，この太陽とかこの月のような，その種において一つしか個体がないものについても同様である。ところで，可知的形象も同じ仕方で可能知性によって個体化されているのであって，可能知性が複数か一つかには無関係なのである。だが，同じ種にある可知的形象が上と同じ仕方で多数化されるのではない[10]。それゆえ，可能知性のうちに受容されている形象が現実態において可知的であるかどうかに関しては，可能知性がすべての人間において一つであるのか多数であるのかは関連がないのである[11]。

1555. 同じく，前述の注解者〔アヴェロエス〕によれば[12]，可能知性は可知的諸実体（彼によればそれは複数存在する）の「秩序の末端」である。また，可能知性が認識していることの認識を何か上位の諸実体がもっていないと言うこともできない。というのは，注解者自身も述べているように[13]，天球を動かしているものの中には，天球の運動が原因となっているものの形相があるからである。それゆえ，可能知性が一つであるとしても，可知的形相がさまざまな知性において多数化されているということに変わりはないのである[14]。

---

10) つまり，可感的事物においては個体化は可知性と対立するが，可知的形象の場合には両者は互いに独立なのである。

11) 前節とこの節で，アヴェロエスとアクィナスの基本的な違いが明瞭である。アヴェロエスでは，知性的存在者である可能知性にとってその可知性と非個体性とは分離できない。可知性の根拠は非質料性であり，非質料性は認識内容の単一性と認識主体の単一性を帰結する。それに対してアクィナスの場合には，可能知性の存在における個体性とその認識作用における対象の可知性すなわち普遍性とは独立なのである。知性にとってそれが「存在すること」と「認識すること」との関係の捉え方が，両者において基本的に異なっていると言えよう。

12) *Averroes* III, c.19, 56 seq

13) Averroes, *In Metaphysicam* XII, 36.

1556. — Licet autem dixerimus quod species intelligibilis in intellectu possibili recepta, non sit quod intelligitur, sed quo intelligitur; non tamen removetur quin per reflexionem quandam intellectus seipsum intelligat, et suum intelligere, et speciem qua intelligit. Suum autem intelligere intelligit dupliciter: uno modo in particulari, intelligit enim se nunc intelligere; alio modo in universali, secundum quod ratiocinatur de ipsius actus natura. Unde et intellectum et speciem intelligibilem intelligit eodem modo dupliciter: et percipiendo se esse et habere speciem intelligibilem, quod est cognoscere in particulari; et considerando suam et speciei intelligibilis naturam, quod est cognoscere in universali. Et secundum hoc de intellectu et intelligibili tractatur in scientiis.

1557. — Per haec autem quae dicta sunt etiam *tertiae* rationis apparet solutio. Quod enim dicit scientiam in discipulo et magistro esse numero unam, partim quidem vere dicitur, partim autem non. Est enim numero una quantum ad id quod scitur: non tamen quantum ad species intelligibiles quibus scitur, neque quantum ad ipsum scientiae habitum. Non tamen oportet quod eodem modo magister causet scientiam in discipulo sicut ignis generat ignem. Non enim idem est modus eorum quae a natura generantur, et eorum quae ab arte. Ignis quidem enim generat ignem naturaliter, reducendo materiam de potentia in actum suae formae: magister vero causat scientiam in discipulo per modum artis; ad hoc enim datur ars demonstra-

第75章

1556. さて、われわれは先に可能知性のうちに受容されている可知的形象は知性認識される当のものではなく、それによって知性認識されるものであると述べた〔1550節〕。しかしそうだからといって、知性がある種の反省によって自分自身、自分の知性認識していること、さらにそれによって知性認識している形象を知性認識しているということが排除されるわけではない。ところで、知性が自分が知性認識していることを知性認識するのに二通りがある。一つは個別的に自分がその時知性認識していることを知性認識する場合であり、もう一つには普遍的に自分の作用の本性について推論をする限りにおいて知性認識する場合である。それゆえまた、知性が知性〔自身〕と可知的形象を知性認識するにも、同様に二通りがある。すなわち、一つは自分が存在し可知的形象を持っていることを把握することによってであり、これは個別的に認識することである。もう一つは自分と可知的形象の本性を考察することによってであり、これは普遍的に認識することである。そして、諸学において知性と可知的なものが論じられるのはこの後者の仕方においてなのである[15]。

1557. さて、以上語ったことによって、論拠3〔1547節〕も解消されることが明らかである。すなわち、生徒と教師において学知は数的に一つであると言うことは、部分的には真であるが、部分的にはそうではない。というのは、学知が数的に一つであるのは知られている当のことに関してであって、それによって知られる可知的形象に関してでも、学知という習得態それ自体についてでもないからである。とはいえ、教師が生徒の学知の原因となるということは、火が火を生むということと同じ仕方でなければならないわけではない。というのは、自然によって生み出されるものと技術知によって生み出されるものの様態は同じではないからである。実際、火は火を自然的に生み出すが、それは質料を自己の形相の現実態へと引き出すことによってである。それに対して、教師が生徒の学知の原因となるというのは、技術知の様態によってなのである。アリストテレスが『分析

---

14) この反論の背景にあるのは、可知的（知性的）実体は天球を動かし、その天球の運動は月下の世界の諸現象に何らかの仕方で影響を与えている、という世界像である。アヴェロエスによれば、可知的実体の序列の中で最下位の地位にある可能知性が認識していることを上位の知性実体は認識しているのであるから、人間の知性認識との関係を度外視しても、別の知性認識者たちにおいて可知的な形相（形象）が多数化されることが可能なのである。この見解と知性単一説との間の理論的齟齬をアクィナスは指摘していることになる。

15) この反省的認識の可能性については、本章1550節参照。

tiva, quam Aristoteles in *Posterioribus* tradit; demonstratio enim est *syllogismus faciens scire*.

1558. — a) Sciendum tamen quod, secundum quod Aristoteles in VII *Metaphysicae* docet, artium quaedam sunt in quarum materia non est aliquod principium agens ad effectum artis producendum, sicut patet in aedificativa: non enim est in lignis et lapidibus aliqua vis activa movens ad domus constitutionem, sed aptitudo passiva tantum. Aliqua vero est ars in cuius materia est aliquod activum principium movens ad producendum effectum artis, sicut patet in medicativa: nam in corpore infirmo est aliquod activum principium ad sanitatem. Et ideo effectum artis primi generis nunquam producit natura, sed semper fit ab arte: sicut domus omnis est ab arte. Effectus autem artis secundi generis fit et ab arte, et a natura sine arte: multi enim per operationem naturae, sine arte medicinae, sanantur.

b) In his autem quae possunt fieri et arte et natura, *ars imitatur naturam*: si quis enim ex frigida causa infirmetur, natura eum calefaciendo sanat; unde et medicus, si eum curare debeat, calefaciendo sanat. Huic autem arti similis est ars docendi. In eo enim qui docetur, est principium activum ad scientiam: scilicet intellectus, et ea quae naturaliter intelliguntur, scilicet prima principia. Et ideo scientia acquiritur dupliciter: et sine doctrina, per inventionem; et per doctrinam. Docens igitur hoc modo incipit docere sicut inveniens incipit invenire: offerendo scilicet considerationi dis-

論後書』で論じている論証術はそのためにあり，論証とは「学知を持つようにさせる三段論法」〔1巻2章71b17〕のことなのである。

1558. a) とはいえ，アリストテレスが『形而上学』第7巻〔9章1034a10-21〕で教示していることにしたがって，次のことを知らねばならない。すなわち，技術知のうちには，その質料〔素材〕の中にはその技術知で産出すべき結果に対する何の能動的原理もないようなものがある。これは建築術において明らかであるが，それは木や石の中には家を構成するために動かすようなどんな能動的力もなく，受動的適合性だけがあるからである。それに対して，或る種の技術知の場合には，その質料のうちにその技術知による結果を産出するように動く能動的原理があるものがある。これは医術において明らかであるが，それは病人の身体のうちには健康に対する何らかの能動的原理が存在しているからである。よって，最初の種類の技術知による結果を自然が産出することは決してなく，その結果が生じるのは常にその技術知によってである。たとえば，家全体は技術知によるのである。それに対して，2番目の種類の技術知による結果は，その技術知によっても生じるし自然によっても生じるのである。たとえば，多くの人は医学という技術知を欠いていても自然のはたらきによって健康なのである。

b) さて，技術知によっても生じるし自然によっても生じ得るようなことがらにおいては，「技術知は自然を模倣する」[16]。実際，寒さが原因となって病気になっている人があれば，自然はその人を暖めることによって健康にする。だから，医者もまた，その人を癒さねばならない場合には，暖めることによって健康にするのである。さて，教える技術知というものはこの種の技術知に類似しているのである。というのも，教えを受ける人のうちには学知への能動的原理が存在している。それが知性であり，また第一基本命題[17]のような自然本性的に知性認識されることがらなのである。だから，学知というものは二つの仕方で獲得される。すなわち，教えられることなく発見によって獲得される場合と，教えられることによって獲得される場合である。それゆえ，教える者は，発見する者が発見し始めるような仕方で，教え始めるのである。すなわち一つには，「あらゆる学問は

---

16) アリストテレス『自然学』第2巻2章194a21-22
17) 矛盾律や排中律のような，さらにさかのぼって根拠づけることができない命題。アリストテレス『形而上学』第4巻3章以下を参照。また，本書第83章1676-1679節を参照。

cipuli principia ab eo nota, quia *omnis disciplina ex praeexistenti fit cognitione*, et illa principia in conclusiones deducendo; et proponendo exempla sensibilia, ex quibus in anima discipuli formentur phantasmata necessaria ad intelligendum.

c) Et quia exterior operatio docentis nihil operaretur nisi adesset principium intrinsecum scientiae, quod inest nobis divinitus, ideo apud theologos dicitur quod *homo docet ministerium exhibendo, Deus autem interius operando*: sicut et medicus dicitur *naturae minister in sanando*. Sic igitur causatur scientia in discipulo per magistrum, non modo naturalis actionis, sed artificialis, ut dictum est.

1559. — Praeterea, cum Commentator praedictus ponat habitus scientiarum esse in intellectu passivo sicut in subiecto, unitas intellectus possibilis nihil facit ad hoc quod sit una scientia numero in discipulo et magistro. Intellectum enim passivum constat non esse eundem in diversis: cum sit potentia materialis. Unde haec ratio non est ad propositum, secundum eius positionem.

先在する認識から生じる」[18]のである以上，生徒の考察に対して生徒に知られている原理を示し，その原理を結論へと導くことによってであり，もう一つには，生徒の魂のうちに知性認識するのに必要な表象像が形成されるような可感的な例示を提示することによってなのである。

　c) そして，教える者の外的なはたらきは，神によってわれわれに内在している学知の内的原理が備わっていなければ，何も出来ないのである。だから，神学者たちにおいては「人が教えるのは援助を示すことによってであり，神が教えるのは内的に働くことによってである」[19]と語られるのである。それは，健康にすることにおいて医者も「自然本性の補助者」であると語られるのと同様なのである。したがって，このような意味で生徒のうちの学知は教師によって原因されるのであって，すでに述べたように，自然本性的な作用の様態ではなく技術知の様態においてなのである。

1559. さらに，前述の注解者〔アヴェロエス〕は諸学知の習得態が受動知性をその基体としていると主張しているのであるから，生徒と教師とにおいて数的に一つの学知があるということのためには，可能知性が一であるかどうかは関係がない。というのは，受動知性は質料的能力である以上，それがさまざまな人間において同じでないことは確かだからである。したがって，注解者の立場に従うならば，この根拠は当該の問題には関わりがないのである。

---

18) アリストテレス『分析論後書』第1巻1章71a1-2
19) Mがイタリックとしているこのテキストを正確に同定することはできないが，アウグスティヌス『教師論』38以下の議論を踏まえている。いわゆる「照明説」との関係では，アクィナスがここで学ぶ者の持つ内的原理が「神によってわれわれに内在している」と微妙な表現をとっていることが注目される。そして，「光」に喩えられる能動知性を次章で論じるための，準備の面を持っていると思われる。

CAPUT 76.

Quod intellectus agens non sit substantia separata, sed aliquid animae.

1560. — Ex his etiam concludi potest quod nec intellectus agens est unus in omnibus, ut Alexander etiam ponit, et Avicenna, qui non ponunt intellectum possibilem esse unum omnium.

1561. — Cum enim agens et recipiens sint proportionata, oportet quod unicuique passivo respondeat proprium activum. Intellectus autem possibilis comparatur ad agentem ut proprium passivum sive susceptivum ipsius: habet enim se ad eum agens *sicut ars ad materiam*, ut dicitur in III *de Anima*. Si igitur intellectus possibilis est aliquid animae humanae, multiplicatum secundum multitudinem individuorum, ut ostensum est; et intellectus agens erit etiam eiusmodi, et non erit unus omnium.

1562. — Adhuc. Intellectus agens non facit species intelligibiles actu ut ipse per eas intelligat, maxime sicut substantia separata, cum non sit in potentia: sed ut per eas intelligat intellectus possibilis. Non igitur facit eas nisi tales quales competunt intellectui possibili ad intelligendum. Tales autem facit

第76章
能動知性は離存実体ではなく魂に属する何かであること

1560. さて，以上のことからまた，能動知性もすべての人間において一つではないことが結論され得る。アレクサンドロスやアヴィセンナは，可能知性についてはすべての人間において一つであるとは主張していないけれども，能動知性についてはそう主張しているのである[1]。

1561. 作用者と受容者は相関しているので，それぞれの受動的なものにはそれ固有の能動的なものが対応しているのでなければならない。ところで，可能知性は能動知性に対してそれに固有の受動者あるいは受容者として関係している。それに対する能動知性の関係は，『魂について』第3巻〔5章430a12-13〕において述べられているように，「技術知の質料に対する関係のようなもの」だからである。それゆえ，すでに示されているように〔前章〕，可能知性が人間の魂に属する何かであり，個々人が多数であることによって多数化されているのであるとすると，能動知性もまたそのようなものであることになり，すべての人間にとって一つではないことになるであろう。

1562. さらに，能動知性は可知的形象を現実態にするのであるが，それは形象によって能動知性それ自体が知性認識をするためではない。とりわけ，それが可能態にはないからといって離存実体〔だと見なされるとそのように知性認識すると考えられることになるのであるが〕そうなのではない[2]。そうではなく，可知的形象によって可能知性が知性認識するためなのである。それゆえ，能動知性が可知的形象に対してなすことは，可能知性が知性認識をなすために適した状態に可知的形象をもたらすことだけなのである。ところで，能動知性は可知的形象を

---

   1) アリストテレス『魂について』第3巻5章にもとづく可能知性と能動知性との区別は，これまでも言及されてきたが，本章から第78章までで改めて，人間の知性的魂という実体の「能力」としての能動知性の存在論的身分について検討される。

   2) この文章，とりわけ maxime 以下には曖昧な点が残る。ここではD2の解釈に従い，このように訳しておく。

eas qualis est ipse: nam *omne agens agit sibi simile*. Est igitur intellectus agens proportionatus intellectui possibili. Et sic, cum intellectus possibilis sit pars animae, intellectus agens non erit substantia separata.

1563. — Amplius. Sicut materia prima perficitur per formas naturales, quae sunt extra animam, ita intellectus possibilis perficitur per formas intellectas in actu. Sed formae naturales recipiuntur in materia prima, non per actionem alicuius substantiae separatae tantum, sed per actionem formae eiusdem generis, scilicet quae est in materia: sicut haec caro generatur per formam quae est in his carnibus et in his ossibus, ut probat Aristoteles in VII *Metaphysicae*. Si igitur intellectus possibilis sit pars animae et non sit substantia separata, ut probatum est, intellectus agens, per cuius actionem fiunt species intelligibiles in ipso, non erit aliqua substantia separata, sed aliqua virtus activa animae.

1564. — Item. Plato posuit scientiam in nobis causari ab *ideis*, quas ponebat esse quasdam substantias separatas: quam quidem positionem Aristoteles improbat in I *Metaphysicae*. Constat autem quod scientia nostra dependet ab intellectu agente sicut ex primo principio. Si igitur intellectus agens esset quaedam substantia separata, nulla esset vel modica differentia inter opinionem istam et Platonicam a Philosopho improbatam.

能動知性自身がそうであるようなものとする。というのは，「すべての作用者は自分に類似したものを作る」からである。それゆえ，能動知性は可能知性と相関している3)。したがってまた，可能知性が魂の部分である以上，能動知性は離存実体ではないことになろう。

1563. さらに，第一質料が完成されるのは魂の外にある自然的形相によってであるのと同様に，可能知性が完成されるのは現実態において知性認識された形相によってである。ところで，自然的形相が第一質料のうちに受容されるのは何か離存実体の作用によってだけではなく，同じ類にある形相，すなわち質料のうちにある形相の作用によってでもある。たとえば，アリストテレスが『形而上学』第7巻〔8章1033b19-1034a8〕で証明しているように，この肉が生まれるのはこの肉やこの骨のうちにある形相によってなのである。それゆえ，すでに証明されているように〔第59章〕，可能知性が魂の部分であって離存実体でないとすれば，その作用によって可能知性のうちに可知的形象が生じる能動知性も離存実体ではなく，魂の何らかの能動的ちからであることになろう。

1564. 同じく，プラトンはわれわれのうちにある学知の原因は「イデア」であると主張し，それは何らかの離存実体であると主張した。この主張をアリストテレスは『形而上学』第1巻〔9章〕で論駁している。ところで，われわれの学知が第一原理としての能動知性に依存していることは確かである。それゆえ，もし能動知性が何らかの離存実体であるとすると，この見解と哲学者〔アリストテレス〕が論駁したプラトン的見解の間には何の違いもない，あるいはささいな違いしかないことになろう4)。

---

　　3)　すなわち，能動知性が可知的形象を「現実態にもたらす」ことを通じて，可能知性が実際に認識を行うという「現実態にもたらされる」のであり，「相関している」とはこの意味であろう。またここで，人間の知性認識のいわば「主体」はあくまで可能知性であり，能動知性は認識作用の可能性の条件をなすというのがアクィナスの見解であることが分かる。
　　4)　「ささいな違い」とニュアンスが弱められているのは当然であろう。アリストテレスを経由してアクィナスに知られている限りでの「プラトン」であっても，その「イデア」が何か能動的な作用者であり，個々の人間のうちに現実的な認識作用を引き起こすものであるとは考えられていない。「イデア」はアリストテレス的理論枠からすれば「形相」の一種のはずだからである。それに対して，アヴィセンナの能動知性は「形相の授与者（dator formarum）」であって確かに作用者なのである（1571節参照）。したがって，プラトン的見解とアヴィセンナ的見解の間に「ささいな違い」しかないということは，両方の見解において「イデア」も「形相の受容者」もともに，人間の現実的な認識作用にとって「外在的な原因」である点で共通す

1565. — Adhuc. Si intellectus agens est quaedam substantia separata, oportet quod eius actio sit continua et non intercisa: vel saltem oportet dicere quod non continuetur et intercidatur ad nostrum arbitrium. Actio autem eius est facere phantasmata intelligibilia actu. Aut igitur hoc semper faciet, aut non semper: si non semper, non tamen hoc faciet ad arbitrium nostrum. Sed tunc intelligimus actu quando phantasmata fiunt intelligibilia actu. Ergo oportet quod vel semper intelligamus; vel quod non sit in potestate nostra actu intelligere.

1566. — Praeterea. Comparatio substantiae separatae ad omnia phantasmata quae sunt in quibuscumque hominibus, est una: sicut comparatio solis est una ad omnes colores. Res autem sensibiles similiter sentiunt scientes et inscii: et per consequens eadem phantasmata sunt in utrisque. Similiter igitur fient intelligibilia ab intellectu agente. Uterque ergo similiter intelliget.

1567. — Potest autem dici quod intellectus agens semper agit quantum in se est, sed non semper phantasmata fiunt intelligibilia actu, sed solum quando sunt ad hoc disposita. Disponuntur autem ad hoc per actum cogitativae virtutis, cuius usus est in nostra potestate. Et ideo intelligere actu est in nostra potestate. Et ob hoc etiam contingit quod non omnes homines intelligunt ea

第 76 章

1565. さらに，もし能動知性が何らかの離存実体であるとすると，その作用は連続的で切れ目のないものでなければならない。あるいは少なくとも，われわれの自由決定力に応じて連続しなかったり切れたりすると言うべきではない。ところで，能動知性の作用とは表象像を現実態において可知的なものとすることである。それゆえ，能動知性はこのことを常になしているか，常にはなしていないかのいずれかである。そしてもし常になしていないとしても，能動知性がわれわれの自由決定力に応じてそれをなしているのではないであろう。だが，われわれが現実態において知性認識するのは，表象像が現実態において可知的とされるときである。それゆえ，われわれは常に知性認識しているか，あるいは現実態において知性認識するということがわれわれの支配下にはないか，のいずれかでなければならないことになろう〔が，そのいずれもが不都合である〕5)。

1566. さらに，離存実体とそれぞれの人間のうちにある表象像のすべてとの関係は一つである。それは太陽とすべての色との関係が一つであるのと同様である。ところで，学知を持つ人と持たない人は可感的事物を類似した仕方で感覚しており，だから，両者において表象像は同じである。それゆえ，可知的なものはそれと類似した仕方で〔離存実体だと仮定されている〕能動知性から生じることになる。したがって，両者は類似した仕方で知性認識することになる〔が，これは不可能である〕6)。

1567. だが，次のような反論が可能であろう。すなわち，能動知性はそれ自体においては常に作用をなしているが，表象像は常に現実態において可知的なものとなるのではなく，そうなるために状態づけられた時にだけ可知的なものとなるのである。ところで，そうなるための状態づけは思考力のはたらきによるのであって，それを使用することはわれわれの支配下にある。それゆえ，現実態において知性認識するということもわれわれの支配下にある7)。また，すべての人間がそれの表象像を持っているものを知性認識するわけではないということが生じ

るからなのである。

5) この反論の基礎にあるのは，われわれの知性認識作用は随意に行われているという経験である。理論的には，選択の能力である「自由決定力（liberum arbitrium）」あるいは欲求する「意志（voluntas）」が認識能力としての知性のはたらきを駆動させていると説明される。ST I–II, q.17, aa.1, 6. 参照。

6) 学知を持っている者と持っていない者との区別が消失するからである。

7) 以上が1565節への反論。これ以下が1566節への反論。

quorum habent phantasmata: quia non omnes habent actum virtutis cogitativae convenientem, sed solum qui sunt instructi et consueti.

1568. — Videtur autem quod haec responsio non sit omnino sufficiens. Haec enim dispositio quae fit per cogitativam ad intelligendum, oportet quod sit vel dispositio intellectus possibilis ad recipiendum formas intelligibiles ab intellectu agente fluentes, ut Avicenna dicit, vel quia disponuntur phantasmata ut fiant intelligibilia actu, sicut Averroes et Alexander dicunt. Primum autem horum non videtur esse conveniens. Quia intellectus possibilis secundum suam naturam est in potentia ad species intelligibiles actu: unde comparatur ad eas sicut diaphanum ad lucem vel ad species coloris. Non autem indiget aliquid in cuius natura est recipere formam aliquam, disponi ulterius ad formam illam: nisi forte sint in eo contrariae dispositiones, sicut materia aquae disponitur ad formam aëris per remotionem frigiditatis et densitatis. Nihil autem contrarium est in intellectu possibili quod possit impedire cuiuscumque speciei intelligibilis susceptionem: nam species intelligibiles etiam contrariorum in intellectu non sunt contrariae, ut probat Aristoteles in VII *Metaphysicae*, cum unum sit ratio cognoscendi aliud. Falsitas autem quae accidit in iudicio intellectus componentis et dividentis, provenit, non ex eo quod in intellectu possibili sint aliqua intellecta, sed ex eo quod ei aliqua desunt. Non igitur, quantum in se est, intellectus

のも，このことゆえなのである。なぜなら，思考力の適切なはたらきをすべての人間が持っているわけではなく，持っているのは教育を受け習熟した人々だけだからである，というわけである。

1568. だが，このような応答は完全な意味で十分なものでないと思われる。すなわち，思考力をつうじて生じる知性認識のためのこの状態づけは，アヴィセンナが述べるように[8]，能動知性から流れ出る可知的形相を受容するための可能知性の状態づけであるのか，あるいは，アヴェロエス[9]とアレクサンドロス[10]が述べているように，表象像が現実態において可知的となるように状態づけられるのであるかのいずれかである。

だが，前者は適切ではないと思われる[11]。というのは，可能知性はその本性からして現実態にある可知的形象に対して可能態にあり，だから可能知性は可知的形象に対して，透明体が光あるいは色の形象に対してあるような関係にある。ところが，何らかの形相を受容するということがその本性であるようなものが，その形相に対してさらに状態づけられる必要はない。ただし，そのもののうちに反対的な状態があるとすれば話は別である。たとえば，水の質料が空気の形相に対して状態づけられるのは，冷と密が除去されることによってなのである。しかし，可能知性のうちにはどのような可知的形象であってもそれを受け取ることを妨げ得るような対立的なものは何もないのである。というのは，アリストテレスが『形而上学』第7巻〔7章1032b2–3〕で証明しているように，可知的形象は，たとえそれが対立的なものについての形象であっても，知性においては対立的ではないからである。なぜなら，〔その対立的なものどもの〕一方は他方を認識するための根拠だからである[12]。ところで，誤謬は複合分割する知性の判断において生じるのであるが，それは可能知性のうちに何らかの知性認識されたものがあるからではなく，それになんらかのことが欠けているからである。したがって，可

---

8) 第74章1529節b)を参照。可知的形相が能動知性から「流れ出てくる」というのはアヴィセンナの立場であって，アクィナスがその理論を認めているわけではない。
9) 第59章1360節を参照。
10) 第62章1403節を参照。
11) Mでは段落が続いているが，ここから1571節まではアヴィセンナの立場への反論なのでここで改行した。
12) たとえば，健康と病気とは対立した状態であるが，健康についての認識と病気についての認識とは対立せず，むしろ一方が知られたら他方も知られるという関係にある。

possibilis indiget aliqua praeparatione ut suscipiat species intelligibiles ab intellectu agente fluentes.

1569. — Praeterea. Colores facti visibiles actu per lucem pro certo imprimunt suam similitudinem in diaphano, et per consequens in visum. Si igitur ipsa phantasmata illustrata ab intellectu agente non imprimerent suas similitudines in intellectum possibilem, sed solum disponunt ipsum ad recipiendum; non esset comparatio phantasmatum ad intellectum possibilem sicut colorum ad visum, ut Aristoteles ponit.

1570. — Item. Secundum hoc phantasmata non essent per se necessaria ad intelligendum, et per consequens nec sensus: sed solum per accidens, quasi excitantia et praeparantia intellectum possibilem ad recipiendum. Quod est opinionis Platonicae, et contra ordinem generationis artis et scientiae quem ponit Aristoteles, in I *Metaph.* et ult. *Poster.*, dicens quod *ex sensu fit memoria, ex multis memoriis unum experimentum; ex multis experimentis universalis acceptio, quae est principium scientiae et artis*.

1571. — Est autem haec positio Avicennae consona his quae de generatione rerum naturalium dicit. Ponit enim quod omnia agentia inferiora solum per suas actiones praeparant materiam ad suscipiendas formas quae effluunt in materias ab intelligentia agente separata. Unde et, eadem ratione, ponit quod phantasmata praeparant intellectum possibilem, formae autem intelligibiles fiuunt a substantia separata.

1572. — Similiter autem quod per cogitativam disponuntur phantasmata ad hoc quod fiant intelligibilia actu et moventia intellectum possibilem, conveniens non videtur si intellectus agens ponatur substantia separata. Hoc enim videtur esse conforme positioni dicentium quod inferiora agentia sunt solum disponentia ad ultimam perfectionem, ultima autem perfectio est ab agente separato: quod est contra sententiam Aristotelis in VII *Metaphysicae*.

能知性はそれ自体としては，能動知性から流れ出てくる可知的形象を受け取るためのどんな準備も必要としないのである。

1569. さらに，色は光によって現実態において可視的なものとされ，それが透明体に，さらにそれをつうじて視覚に自分の類似性を確かに刻印する。それゆえ，能動知性によって照らされた表象像それ自体が自分の類似性を可能知性に刻印せず可能知性を受容するようにと状態づけるだけであるとすると，アリストテレスの主張〔『魂について』第3巻5章430a16-17〕のようには，表象像の可能知性に対する関係は色が視覚に対する関係のようだということにはならなくなってしまうであろう。

1570. 同じく，これによれば知性認識のために表象像は自体的には必要ではなくなり，したがって感覚も必要ではなくなる。そうではなく，可能知性が受容するように励起し準備するものとして付帯的に必要とされるだけになる。これはプラトン的見解であり，アリストテレスが『形而上学』第1巻〔1章980b25–981a12〕や『分析論後書』末尾〔第2巻19章100a3-8〕で主張しているような技術知と学知の生成の秩序に反している。その後者でアリストテレスは次のように述べているのである。「感覚から記憶が，多くの記憶から一つの経験が，多くの経験から普遍的な把握が生じ，その把握が学知と技術知の原理〔端緒〕なのである」。

1571. ただ，このアヴィセンナの立場は彼が自然的事物の生成について述べていることと調和している。実際，アヴィセンナは月下の世界のすべての作用者は自分の作用を通じて質料が形相を受け容れるように準備をするだけであり，その形相は分離した能動的知性体から質料へ流れ出てくるのだと主張しているのである。だからまた，同じ理由によって，表象像は可能知性を準備するのであり，可知的形相は離存実体から流れ出てくると主張したのである〔第74章1534節参照〕。

1572. さて，思考力によって表象像が現実態において可知的になり可能知性を動かすものとなるために状態づけられるのだという反論も，能動知性が離存実体だと主張されるならば，同様に適当であるとは思われない。というのは，これに適合的な立場とは，下位の作用者は究極の完成へと状態づけるものでしかなく，その究極の完成とは分離した作用者によると語る人々の立場であると思われるからである。だがこの立場はアリストテレス『形而上学』第7巻〔8章1033b19–1034a8〕の主張に反している。実際，知性認識に対する人間の魂のあり方が，下位

Non enim videtur imperfectius se habere anima humana ad intelligendum, quam inferiora naturae ad proprias operationes.

1573. — a) Amplius. Effectus nobiliores in istis inferioribus producuntur non solum ab agentibus superioribus, sed requirunt agentia sui generis: *hominem enim generat sol et homo*. Et similiter videmus in aliis animalibus perfectis quod quaedam ignobilia animalia ex solis tantum actione generantur, absque principio activo sui generis: sicut patet in animalibus generatis ex putrefactione. Intelligere autem est nobilissimus effectus qui est in istis inferioribus. Non igitur sufficit ponere ad ipsum agens remotum, nisi etiam ponatur agens proximum.

b) Haec tamen ratio contra Avicennam non procedit: nam ipse ponit omne animal posse generari absque semine.

1574. — Adhuc. Intentio effectus demonstrat agentem. Unde animalia generata ex putrefactione non sunt ex intentione naturae inferioris, sed superioris tantum, quia producuntur ab agente superiori tantum: propter quod Aristoteles, in VII *Metaph.*, dicit ea fieri casu. Animalia autem quae fiunt ex semine, sunt ex intentione naturae superioris et inferioris. Hic autem effectus qui est abstrahere formas universales a phantasmatibus, est in intentione nostra, non solum in intentione agentis remoti. Igitur oportet in nobis

の自然のそれ固有のはたらきに対するあり方より不完全であるとは思われないのである[13]。

1573. a) さらに，月下の世界における高貴な結果は上位の作用者だけによって産出されるのではなく，結果と類を同じくする作用者も必要とされる。「人間を生みだすのは太陽と人間」〔アリストテレス『自然学』第2巻2章194b13〕なのである。同様に，完成された動物においてわれわれの観察するところでも，認識を欠いた動物の或るものは太陽の作用だけから生成し，類を同じくする能動的原理を欠いている。これは腐敗から発生する動物において明らかである[14]。それに対して，知性認識するということは月下の世界における最も高貴な結果である。それゆえ，知性認識のはたらきに対しては，それの近接した作用者も措定されなければならず，遠隔作用者を措定するだけでは十分ではないのである。

b) ただし，この根拠はアヴィセンナに対しては有効にはたらかない。なぜなら，彼はすべての動物は精子なしに生成すると主張しているからである[15]。

1574. さらに，結果への意図は作用者というものを指し示している。それゆえ，腐敗から発生する動物は上位の作用者だけによって産出されるのであるから，下位の本性の意図によるのではなく，上位の本性の意図だけによって存在する。このためにアリストテレスは『形而上学』第7巻〔7章1032a26-32〕で，それは偶然によって生じると述べているのである[16]。それに対して，精子から生じる動物は上位の本性と下位の本性の両方の意図によって存在する。ところで，表象像から普遍的形相を抽象するというこの結果は，遠隔作用者の意図においてだけではなく，われわれの意図のうちにある。それゆえ，このような結果の何らかの近接

---

13) ここで挙げられている『形而上学』の箇所で，アリストテレスはイデア論者を批判する文脈の中で，何か質料的なものが生成するためには当該の種類の事物のうちに形相を生み出すものがあれば十分であると述べている。アクィナスはこれを承けて，質料的自然物の世界でその内部的な原因があれば生成にとって十分であるのに，知性認識の世界で人間の魂に内在する思考力は認識のための準備しかしないとすると，下位の自然よりも人間の魂がより不完全だということになると批判しているのである。

14) アリストテレス『動物発生論』第3巻11章を参照。貝類などは生殖物質を自分では生み出すことなく，自然発生すると考えられた。『魂について』第2巻4章415a26-415b1を参照。

15) アヴィセンナ『動物の本性について（*De natura animalium*）』第15巻1章。ただ，アクィナスはアヴィセンナのこの考えをアヴェロエスを通じて知ったとのことである。

16) 「偶然（casus）」とは，作用者に基づきながらその意図からはずれて生起することがらである。ScG III, c.3, n.1886.参照。

ponere aliquod proximum principium talis effectus. Hoc autem est intellectus agens. Non est igitur substantia separata, sed aliqua virtus animae nostrae.

1575. — Item. In natura cuiuslibet moventis est principium sufficiens ad operationem naturalem eiusdem: et si quidem operatio illa consistat in actione, adest ei principium activum, sicut patet de potentiis animae nutritivae in plantis; si vero operatio illa consistat in passione, adest ei principium passivum, sicut patet de potentiis sensitivis in animalibus. Homo autem est perfectissimus inter omnia inferiora moventia. Eius autem propria et naturalis operatio est intelligere: quae non completur sine passione quadam, inquantum intellectus patitur ab intelligibili; et etiam sine actione, inquantum intellectus facit intelligibilia in potentia esse intelligibilia in actu. Oportet igitur in natura hominis esse utriusque proprium principium scilicet intellectum agentem et possibilem; et neutrum secundum esse ab anima hominis separatum esse.

1576. — Adhuc. Si intellectus agens est quaedam substantia separata, manifestum est quod est supra naturam hominis. Operatio autem quam homo exercet sola virtute alicuius supernaturalis substantiae, est operatio supernaturalis: ut miracula facere et prophetare, et alia huiusmodi quae divino munere homines operantur. Cum igitur homo non possit intelligere nisi virtute intellectus agentis, si intellectus agens est quaedam substantia separata, sequetur quod intelligere non sit operatio naturalis homini. Et sic homo non poterit definiri per hoc quod est *intellectivus aut rationalis*.

1577. — Praeterea. Nihil operatur nisi per aliquam virtutem quae formaliter in ipso est: unde Aristoteles, in II *de Anima*, ostendit quod quo vivimus et sentimus, est forma et actus. Sed utraque actio, scilicet intellectus possibilis

原理をわれわれのうちに措定しなければならないのであり，これが能動知性なのである。したがって，能動知性は離存実体ではなく，われわれの魂に属する何らかのちからなのである。

1575. 同じく，どのような動かすものであっても，その本性のうちにはそのものの本性的はたらきにとって十分な原理が存在している。そして，そのはたらきが能動として成立しているならば，それには能動的原理が備わっているのである。このことは植物のうちにある栄養摂取的魂の諸能力について明らかである。それに対して，そのはたらきが受動として成立しているならば，それには受動的原理が備わっている。このことは動物のうちにある感覚的諸能力について明らかである。ところで，人間は月下にある動かすものすべてのうちでもっとも完全であるが，その人間に固有で本性的なはたらきとは知性認識のはたらきである。そしてこのはたらきは，知性が可知的なものを受動している限りにおいて，何らかの受動なしには完遂されない。また，知性が可能態にある可知的なものを現実態にある可知的なものとなしている限りにおいては，何らかの能動なしにも完遂されないのである。それゆえ，人間の本性のうちには両方の固有な原理，すなわち能動知性と受動知性とがなければならないのであり，どちらも人間の魂から存在にそくして分離していないものでなければならないのである。

1576. さらに，もし能動知性がなんらかの離存実体であるとしたら，それが人間の本性より上位のものであることは明らかである。ところで，人間が何らかの超自然的実体のちからのみによって遂行しているはたらきとは，超自然本性的はたらきである。たとえば，奇跡をなすとか，予言をするとか，他の同様の神のめぐみによって人間たちがなしていることがらがそうである。それゆえ，人間が能動知性の力によらねば知性認識し得ないのである以上，能動知性が何らかの離存実体であるとしたら，知性認識のはたらきは人間にとって自然本性的はたらきではないことが帰結することになる。そうすると，人間というものが「知性的」とか「理性的」であるということによって定義され得ないことになるであろう。

1577. さらに，どんなものであっても，そのうちに形相的に存在している何らかのちからによってしか，はたらきをなさない。それゆえ，アリストテレスは『魂について』第2巻〔2章414a4-19〕で，われわれがそれによって生きて感覚しているものは形相であり現実態であると明示しているのである。ところが，可

et intellectus agentis, convenit homini: homo enim abstrahit a phantasmatibus, et recipit mente intelligibilia in actu; non enim aliter in notitiam harum actionum venissemus nisi eas in nobis experiremur. Oportet igitur quod principia quibus attribuuntur hae actiones, scilicet intellectus possibilis et agens, sint virtutes quaedam in nobis formaliter existentes.

1578. — a) Si autem dicatur quod hae actiones attribuuntur homini inquantum praedicti intellectus continuantur nobis, ut Averroes dicit,

b) iam supra ostensum est quod continuatio intellectus possibilis nobiscum, si sit quaedam substantia separata, qualem ipse intelligit, non sufficit ad hoc quod per ipsum intelligamus. Similiter etiam patet de intellectu agente. Comparatur enim intellectus agens ad species intelligibiles receptas in intellectu possibili, sicut ars ad formas artificiales quae per artem ponuntur in materia: ut patet ex exemplo Aristotelis in III *de Anima*. Formae autem artis non consequuntur actionem artis, sed solum similitudinem formalem: unde nec subiectum harum formarum potest per huiusmodi formas actionem artificis facere. Ergo nec homo, per hoc quod sunt in ipso species intelligibiles actu factae ab intellectu agente, potest facere operationem intellectus agentis.

1579. — Adhuc. Unumquodque quod non potest exire in propriam operationem nisi per hoc quod movetur ab exteriori principio, magis agitur ad ope-

能知性と能動知性に属する作用が両方とも人間に適合している。人間は表象像から抽象をなし，現実態にある可知的なものを精神において受容しているからである。実際，それらの作用をわれわれが自分のうちで経験しているのでなければ，それらの作用を知るに至っていなかったことであろう[17]。したがって，これらの作用がそれに帰属させられる原理，すなわち可能知性と能動知性は，われわれのうちに形相的に存在しているなんらかの力でなければならないのである。

1578. a) だが，アヴェロエスが述べたように〔1360節〕，これらの作用が人間に帰属させられるのは前述の〔可能〕知性がわれわれに接合する限りにおいてなのだ，という反論がなされるかもしれない。

b) これに対しては先に明示されたのであるが〔1362節〕，アヴェロエスがそうだと考えているように，可能知性が何らかの離存実体であるとしたら，それとわれわれ〔人間〕の接合では，われわれが可能知性をつうじて知性認識しているとするには十分ではない。能動知性についても同様のことが明らかである。というのは，能動知性と可能知性のうちに受容されている可知的形象の関係は，技術知とそれによって質料のうちに置かれることになる技術知的形相の関係のようなものだからである。このことはアリストテレスの『魂について』第3巻〔5章430a 11-13〕のたとえによって明らかである。ところで，技術知による形相はその技術知による作用をともなうのではなく，形相的類似性だけをともなう。だから，これらの形相をもつ基体がそのような形相をつうじて技術者の作用をなすことも出来ないのである。それゆえ，人間もそのうちに能動知性によって現実態とされた可知的形象があることによって，能動知性のはたらきをなしうるわけではないのである[18]。

1579. さらに，どんなものであっても，外的な原理によって動かされなければ固有のはたらきに出てゆくことができないものは，自分自身を作用させていると

---

[17] ここで「経験」が語られていることに注意。アクィナスは知性認識という出来事が個々の人間に帰属していることを「〈この〉人間が知性認識する（hic homo intelligit）」〔本書第73章1491節〕が，この三人称表現は実際は「私が私のうちで知性認識作用が生じていることを経験している」ということなのである。*DUI* III, p.303, 27-31, 邦訳 p.539参照。

[18] たとえば家の形相を持っている人間がそれだけで家を建てるという能動的はたらきをもつわけではない。アヴェロエスの見解は人間がなぜ家の形相を持っているのかということの説明にはなるが，その人間が家を建てるはたらきを持っていることの説明にはなっていないと批判されていることになる。

randum quam seipsum agat. Unde animalia irrationalia magis aguntur ad operandum quam seipsa agant, quia omnis operatio eorum dependet a principio extrinseco movente: sensus enim, motus a sensibili exteriori, imprimit in phantasiam, et sic per ordinem procedit in omnibus potentiis usque ad motivas. Operatio autem propria hominis est intelligere: cuius primum principium est intellectus agens, qui facit species intelligibiles, a quibus patitur quodammodo intellectus possibilis, qui factus in actu, movet voluntatem. Si igitur intellectus agens est quaedam substantia extra hominem, tota operatio hominis dependet a principio extrinseco. Non igitur erit homo agens seipsum, sed actus ab alio. Et sic non erit dominus suarum operationum; nec merebitur laudem aut vituperium; et peribit tota scientia moralis et conversatio politica; quod est inconveniens. Non est igitur intellectus agens substantia separata ab homine.

いうよりは，はたらきをなすように作用を受けているのである。だから非理性的動物は自分自身が作用しているというよりは，はたらくように作用を受けているのである。なぜなら，それらのすべてのはたらきは外的な動かす原理に依存しているからである。実際，感覚は外的な可感的なものによって動かされて表象に刻印をなし，そのようにあらゆる能力において動かす能力にまで順番に進んでゆくのである。ところで，人間に固有のはたらきは知性認識のはたらきである。そしてその第一の原理は可知的形象を作り出す能動知性であり，その形象によって可能知性が何らかの仕方で受動をし，その可能知性が現実態になって意志を動かすのである。それゆえ，もしも能動知性が人間の外にある何らかの実体であるとすると，人間のはたらき全体が外的な原理に依存することになる。そうすると，人間は自分自身を作用させるものではなく，他によって作用されるものであることになる。こうして人間は自分のはたらきの主人ではなく，賞賛や非難を受けるものでもなくなるであろう[19]。そして，道徳学の全体や政治的〔社会的〕まじわりが消滅してしまうことになるが，これは不都合である。したがって，能動知性は人間から分離した実体ではないのである[20]。

---

19) 本書第60章1374節参照。
20) 能動知性を個々の人間から独立した離存実体とする見解に対して，1577節ではこの見解では「自分自身が知性認識している」という経験的事実が説明されないとされたのであるが，本節でのアクィナスの反論は単に認識論上の問題にとどまるのではなく，社会的存在としての人間の，さらには神との関係における人間の責任や罪の所在の問題と連続していることが分かる。

CAPUT 77.

Quod non est impossibile intellectum possibilem et agentem in una substantia animae convenire.

1580. — Videbitur autem forsan alicui hoc esse impossibile, quod una et eadem substantia, scilicet nostrae animae, sit in potentia ad omnia intelligibilia, quod pertinet ad intellectum possibilem, et faciat ea actu, quod est intellectus agentis: cum nihil agat secundum quod est in potentia, sed secundum quod est actu. Unde non videbitur quod agens et possibilis intellectus possint in una substantia animae convenire.

1581. — Si quis autem recte inspiciat, nihil inconveniens aut difficile sequitur. Nihil enim prohibet hoc respectu illius esse secundum quid in potentia et secundum aliud in actu, sicut in rebus naturalibus videmus: aer enim est actu humidus et potentia siccus, terra autem e converso. Haec autem comparatio invenitur esse inter animam intellectivam et phantasmata. Habet enim anima intellectiva aliquid in actu ad quod phantasma est in potentia: et ad aliquid est in potentia quod in phantasmatibus actu invenitur. Habet enim substantia animae humanae immaterialitatem, et, sicut ex dictis patet, ex hoc habet naturam intellectualem: quia omnis substantia immaterialis est huiusmodi. Ex hoc autem nondum habet quod assimiletur huic vel illi rei determinate, quod requiritur ad hoc quod anima nostra hanc vel illam rem determinate cognoscat: omnis enim cognitio fit secundum similitudinem

第77章
可能知性と能動知性が魂の一つの実体において
合致することが不可能でないこと

1580. だがおそらく，次のことは不可能だと思われる人がいることであろう。すなわち，われわれの魂という同一の実体がすべての可知的なものに対して可能態にありながら（このことが可能知性に属している），すべての可知的なものを現実態とする（このことが能動知性に属している）ということが，である。というのは，どんなものでも可能態にある限りにおいてではなく，現実態においてある限りにおいて作用するからである。だから，能動知性と可能知性とが魂の一つの実体において合致しているとは思われないことになるのである[1]。

1581. だが，正しく洞見してみるならば，不適切なことも困難なことも何ら帰結するわけではないのである。すなわち，これがあれに対して或る観点では可能態にあり，別の観点では現実態にあることは何ら差し支えない。このことが自然物において見て取れる。実際，空気は現実態において湿であり可能態において乾であるし，土の場合は逆なのである。この関係が知性的魂と表象像との間に見いだされる。というのは，知性的魂が持っている何か現実態にあるものに対して表象像は可能態にあるし，また，知性的魂がそれに対して可能態にあるものが表象像においては現実態においてあるものとして見いだされるのである。すなわち，人間の魂の実体は非質料性を有しており，上述のこと〔68章〕から明らかなように，それゆえに知性的本性を有している。非質料的実体のすべてがそのようなものだからである。しかし，そうだからといって人間の魂の実体が確定的にこの事物やあの事物に類似化されているという状態になるわけではないが，こうなることがわれわれの魂が確定的にこの事物やあの事物を認識しているということのた

---

1) 一般的に，同じものが別の同じものとの関係で能動的でありつつ同時に受動的であるというあり方は理解しがたい。この困難のために，前章で批判された立場のように，能動知性を個々の人間の外部に置こうとする見解が提出されたのである。そこでアクィナスは以下で「観点（respectus）の相異」を導入することによって，同じ人間の知性が能動的でもあり受動的でもあることを保持しようとするのである。

cogniti in cognoscente. Remanet igitur ipsa anima intellectiva in potentia ad determinatas similitudines rerum cognoscibilium a nobis, quae sunt naturae rerum sensibilium. Et has quidem determinatas naturas rerum sensibilium praesentant nobis phantasmata. Quae tamen nondum pervenerunt ad esse intelligibile: cum sint similitudines rerum sensibilium etiam secundum conditiones materiales, quae sunt proprietates individuales, et sunt etiam in organis materialibus. Non igitur sunt intelligibilia actu. Et tamen, quia in hoc homine cuius similitudinem repraesentant phantasmata, est accipere naturam universalem denudatam ab omnibus conditionibus individuantibus, sunt intelligibilia in potentia. Sic igitur habent intelligibilitatem in potentia, determinationem autem similitudinis rerum in actu. E contrario autem erat in anima intellectiva. Est igitur in anima intellectiva virtus activa in phantasmata, faciens ea intelligibilia actu: et haec potentia animae vocatur *intellectus agens*. Est etiam in ea virtus quae est in potentia ad determinatas similitudines rerum sensibilium: et haec est potentia *intellectus possibilis*.

1582. — Differt tamen hoc quod invenitur in anima, ab eo quod invenitur in agentibus naturalibus. Quia ibi unum est in potentia ad aliquid secundum eundem modum quo in altero actu invenitur: nam materia aeris est in potentia ad formam aquae eo modo quo est in aqua. Et ideo corpora naturalia, quae communicant in materia, eodem ordine agunt et patiuntur ad invicem.

めには必要なのである。認識というものはすべて認識者のうちの認識されたものの類似にそくして生じるからである。それゆえ，知性的魂それ自体は，可感的事物の本性というわれわれによって認識されうる事物の確定された類似に対しては可能態にとどまっているのである。そしてこの可感的事物の確定された本性をわれわれに現前させるのが表象像なのである。ところが，この表象像の方は可知的存在にまでまだ到達していない。それは確かに可感的事物の類似ではあるが，個体的固有性であり質料的器官において存在してもいる質料的諸条件にそくしての類似なのである。だから，表象像は現実態において可知的ではないのである。そうではなく，類似を現前させている表象像は〈この人間〉に属しており，個体化しているあらゆる条件をそぎ落とした普遍的本性を受け取らねばならない[2]のはその人間においてである以上，表象像は可能態においては可知的なのである。以上のように，表象像は可知性を可能態において有し，事物の確定した類似を現実態において有している。それに対して，知性的魂は逆なのである[3]。それゆえ，知性的魂のうちには，表象像を現実態において可知的なものとなすような，表象像に対する能動的なちからがある。この魂の能力が「能動知性」と呼ばれている。また，知性的魂のうちには可感的事物の確定した類似に対しては可能態にあるようなちからも存在している。そしてこれが「可能知性」という能力なのである[4]。

1582. ただし，魂のうちに見いだされる以上のことと自然的作用者のうちに見いだされることとは異なっている。というのは，後者の場合には，或る作用者が何かに対して可能態にあるときの様態は，別の作用者においてはその何かは現実態にあるからである。たとえば，空気の質料は水の形相に対して可能態にあるが，それと同じ様態でその水の形相は水のうちに現実態においてあるのである。それゆえ，質料の点で共通する自然的物体は同じ秩序において相互に作用し受動する

---

2) この能動知性のはたらきが「抽象 (abstrahere)」と呼ばれ，次節では「質料的諸条件からの」抽象と呼ばれている。

3) すなわち，知性的魂は可知性を現実態において有し，事物の類似を可能態において有している。

4) 人間の知性が現実に認識を行うための条件には，(a) 認識対象の確定，(b) 認知内容の非質料性，という2つがある。(a) を与えてくれるのが，事物についての感覚による把握である表象像であるが，その表象像はそれ自体では (b) の条件を満たしていないのである。それゆえ，人間の知性は (a) の条件から見るならば，「まだ認識対象の確定を受けていないもの」として可能知性と呼ばれ，(b) の条件を「自分で満足させるちからを持っているもの」としては能動知性と呼ばれるのである。

Anima autem intellectiva non est in potentia ad similitudines rerum quae sunt in phantasmatibus per modum illum quo sunt ibi: sed secundum quod illae similitudines elevantur ad aliquid altius, ut scilicet sint abstractae a conditionibus individuantibus materialibus, ex quo fiunt intelligibiles actu. Et ideo actio intellectus agentis in phantasmate praecedit receptionem intellectus possibilis. Et sic principalitas actionis non attribuitur phantasmatibus, sed intellectui agenti. Propter quod Aristoteles dicit quod se habet ad possibilem *sicut ars ad materiam*.

1583. — Huius autem exemplum omnino simile esset si oculus, simul cum hoc quod est diaphanum et susceptivus colorum, haberet tantum de luce quod posset colores facere visibiles actu: sicut quaedam animalia dicuntur sui oculi luce sufficienter sibi illuminare obiecta; propter quod de nocte vident magis, in die vero minus; sunt enim debilium oculorum, quia parva luce moventur, ad multam autem confunduntur. Cui etiam simile est in intellectu nostro quod *ad ea quae sunt manifestissima, se habet sicut oculus noctuae ad solem*: unde parvum lumen intelligibile quod est nobis connaturale, sufficit ad nostrum intelligere.

1584. — Quod autem lumen intelligibile nostrae animae connaturale sufficiat ad faciendum actionem intellectus agentis, patet si quis consideret necessitatem ponendi intellectum agentem. Inveniebatur enim anima in potentia ad intelligibilia, sicut sensus ad sensibilia: sicut enim non semper sentimus, ita non semper intelligimus. Haec autem intelligibilia quae anima intellectiva humana intelligit, Plato posuit esse intelligibilia per seipsa, scilicet *ideas*: unde non erat ei necessarium ponere intellectum agentem ad in-

のである。それに対して、知性的魂は表象像のうちにある事物の類似に対して可能態にあるが、それはその類似が表象像のうちにある様態によってではないのである。そうではなく、その類似が何かより高いものへと高められる限りでのこと、すなわち、個体化している質料的諸条件から抽象され、そのことによって現実態において可知的となる限りでのことなのである。よって、表象像に対する能動知性の作用の方が可能知性が受容することよりも先行する。この意味で、主要な作用は表象像に帰されるのではなく、能動知性に帰されることになる。このことゆえにアリストテレスは能動知性は可能知性に対して「技術知が質料に対するように」関係していると述べているのである〔『魂について』第3巻5章430a12-13〕。

1583. だが、目がもしも透明体であり色を受容しうるものであると同時に、色を現実態において可視的なものとし得るだけの光を持っているとしたら、このたとえは〔知性的魂の場合と〕まったく類似したものとなるであろう。実際、或る種の動物たちは対象を自分に対して照らし出すのに自分自身が持つ目の光で十分であると言われている。そのために、その動物たちは夜の方がよく見え、昼間はよく見えない。実際、それらの目が脆弱であるのは、わずかの光に動かされるのだが大量の光には朦朧となるからである。これと類似したことがわれわれの知性にもある。われわれの知性は「もっとも明白なことがらに対しては、フクロウの目が太陽に対するようなもの」[5]だからである。だから、われわれの本性に合った可知的な光はわずかなものであって、われわれの知性認識のはたらきにはそれで十分なのである[6]。

1584. とはいえ、われわれの魂の本性に適合した可知的光で能動知性の作用を起こすには十分であるということは、能動知性を措定すべき必要性を考えれば明らかである。というのは、可知的なものに対して魂は可能態にあるが、それは感覚が可感的なものに対して可能態にあるのと同様であった。実際、われわれは常に感覚しているわけではないのと同じように、常に知性認識しているわけでもないのである。ところで、人間の知性的魂が知性認識しているこの可知的なことがらを、プラトンは自体的に可知的なものすなわち「イデア」であると主張した。

---

[5] 本書60章1391節参照。

[6] それゆえ、人間の知性は非資料的であるとしても、あくまで身体の形相である魂の能力であるために、その自然本性にかなった認識対象は「物体的質料のうちに存在している何性あるいは本性 (quidditas sive natura in materia corporali existens)」だとされるのである (*ST* I, q. 84, a.7, c.などを参照)。

telligibilia. Si autem hoc esset verum, oporteret quod, quanto aliqua sunt secundum se magis intelligibilia, magis intelligerentur a nobis. Quod patet esse falsum: nam magis sunt nobis intelligibilia quae sunt sensui proximiora, quae in se sunt minus intelligibilia. Unde Aristoteles fuit motus ad ponendum quod ea quae sunt nobis intelligibilia, non sunt aliqua existentia intelligibilia per seipsa, sed quod fiunt ex sensibilibus. Unde oportuit quod poneret virtutem quae hoc faceret. Et haec est intellectus agens. Ad hoc ergo ponitur intellectus agens, ut faceret intelligibilia nobis proportionata. Hoc autem non excedit modum luminis intelligibilis nobis connaturalis. Unde nihil prohibet ipsi lumini nostrae animae attribuere actionem intellectus agentis: et praecipue cum Aristoteles intellectum agentem comparet lumini.

だからプラトンにとってその可知的なものに対する能動知性を措定する必要はなかったのである。だが，もしこの主張が本当であるとすると，何かがそれ自体でより可知的であればあるほど，よりいっそうわれわれによってそれは知性認識されるのでなければならないことになるであろう。だが，これは偽である。というのは，〈われわれにとって〉より可知的なものとは感覚により近いものであり，これは〈それ自体としては〉可知性の程度がより低いものなのである。だからこそアリストテレスはわれわれにとって可知的であるものとは，それ自体で存在する可知的なものなのではなく，可感的なものから可知的になるものなのだと主張するようになったのである。それゆえ，このようなことをなしているちからを措定せざるをえなかったのであり，それが能動知性なのである。したがって，能動知性が措定されるのはわれわれに釣り合った可知的なものを作り出すためなのである。だが，このことはわれわれの本性に適合した可知的な光の様態を越え出てはいない。それゆえ，能動知性の作用をわれわれの魂の光そのものに帰属させることを妨げるものは何もない。そして，とりわけアリストテレスが能動知性を光にたとえている〔『魂について』第3巻5章430a15-17〕のであるから，そうなのである[7]。

---

7) 本章は人間の知性的魂の複雑な存在様態についてのアクィナスの理解をよく示している。人間の魂の内部に可能知性と能動知性という二つのちからの区別を認めなければならないのは，人間という存在が質料的・可感的世界と非質料的・可知的世界の境界領域（confinium）に位置するからである。ただし，アクィナスの立場が能動知性という認識の能動的原理をあくまで個々の人間の内部に設定しそれ自体が光であるとする点に特徴があることは間違いないが，それでもその光は神の光の「分有されたもの」であるとされている（ST I, q.79, a.4, ad 1. 参照）ことにも注意されなければならない。

CAPUT 78.

Quod non fuit sententia Aristotelis de intellectu agente quod sit substantia separata, sed magis quod sit aliquid animae.

1585. — Quia vero plures opinioni supra positae assentiunt credentes eam fuisse opinionem Aristotelis, ostendendum est ex verbis eius quod ipse hoc non sensit de intellectu agente, quod sit substantia separata.

1586. — Dicit enim, primo, quod, *sicut in omni natura est aliquid quasi materia in unoquoque genere, et hoc est in potentia ad omnia quae sunt illius generis; et altera causa est quasi efficiens, quod facit omnia quae sunt illius generis, sicut se habet ars ad materiam: necesse est et in anima esse has differentias. Et huiusmodi quidem*, scilicet quod in anima est sicut materia, *est intellectus* (possibilis) *in quo fiunt omnia intelligibilia. Ille vero*, qui in anima est sicut efficiens causa, *est intellectus quo* est omnia facere* (scilicet intelligibilia in actu), idest intellectus agens, *qui est sicut habitus*, et non sicut potentia. Qualiter autem dixerit intellectum agentem habitum, exponit subiungens quod est *sicut lumen: quodam enim modo lumen facit potentia colores esse actu colores*, inquantum scilicet facit eos visibiles actu: hoc autem circa intelligibilia attribuitur intellectui agenti.

1587. — Ex his manifeste habetur quod intellectus agens non sit substantia separata, sed magis aliquid animae: expresse enim dicit quod intellectus

---

* L と M は in quo としているが、*Gauthier* にしたがう。

第 78 章
能動知性は離存実体ではなく魂に属する何かであるというのが
アリストテレスの見解であったこと

1585. ところが，先に提示した意見〔第76章〕がアリストテレスの意見だと信じてそれに同意している人がたくさんいるので，能動知性が離存実体だというのがアリストテレスの意見ではないということを，彼自身の言葉によって示さねばならない[1]。

1586. 第一に，アリストテレスは次のように述べている〔430a10-17〕。「すべての自然においてそれぞれの類における質料としてあるものがあり，これはその類に属するすべてのものに対して可能態にある。また別のものは作出因としてあり，これが技術知が質料に対するように，その類に属するすべてのものを作り出す。それと同じように，魂においてもこの区別が存在していることが必然である。そしてこのようなものが」，すなわち質料として魂においてあるものが，（可能）「知性であり，そこにおいてすべての可知的なものが生じる。それに対して，かのものが」すなわち作出因として魂においてあるものが，「そこにおいてすべてを作り出す」（すなわち現実態において可知的にする）「知性」すなわち能動知性であり，「それは」可能態としてではなく「習得態としてある」。だが，アリストテレスは能動知性がどのような意味で「習得態」であると言おうとしているのかを，次のように続けて説明している。能動知性は「光のようなものである。というのは，或る意味で光は可能態において色であるものを現実態において色とするからである」。すなわちこれは色を現実態において可視的とすることによってである。そして，可知的なものに関しては，このようなことは能動知性に帰されるのである。

1587. 以上の言葉から明らかに，能動知性は離存実体ではなくむしろ魂に属する何かであるということになる。実際，アリストテレスは可能知性と能動知性は

---

1) 本章はアリストテレス『魂について』第3巻5章430a10-23全体に対する，能動知性のあり方についてのアクィナスの立場からの註解となっている。

possibilis et agens sunt *differentiae animae*, et quod sunt *in anima*. Neutra ergo earum est substantia separata.

1588. — a) Adhuc. Ratio eius hoc idem ostendit. Quia in omni natura in qua invenitur potentia et actus, est aliquid quasi materia, quod est in potentia ad ea quae sunt illius generis, et aliquid quasi agens, quod reducit potentiam in actum, sicut in artificialibus est ars et materia. Sed anima intellectiva est quaedam natura in qua invenitur potentia et actus: cum quandoque sit actu intelligens et quandoque in potentia. Est igitur in natura animae intellectivae aliquid quasi materia, quod est in potentia ad omnia intelligibilia, quod dicitur *intellectus possibilis*: et aliquid quasi causa efficiens, quod facit omnia in actu, et dicitur *intellectus agens*.

b) Uterque igitur intellectus, secundum demonstrationem Aristotelis, est in natura animae, et non aliquid separatum secundum esse a corpore cuius anima est actus.

1589. — Amplius. Aristoteles dicit quod intellectus agens est *sicut habitus quod est lumen*. Habitus autem non significatur ut aliquid per se existens, sed alicuius habentis. Non est igitur intellectus agens aliqua substantia separatim per se existens, sed est aliquid animae humanae.

1590. — Non autem intelligitur littera Aristotelis ut habitus dicatur esse effectus intellectus agentis, ut sit sensus: agens facit hominem intelligere omnia, quod est sicut habitus. *Haec enim est definitio habitus*, ut Commentator Averroes ibidem dicit, *quod habens habitum intelligat per ipsum quod est sibi proprium ex se et quando voluerit, absque hoc quod indigeat in eo*

「魂の区別」であり「魂における」ものと明白に述べているのである。そして離存実体にはこの両方ともがあてはまらないのである。

1588. a) さらに，アリストテレスの理性的根拠も同じことを示している。すなわち，可能態と現実態が見出されるあらゆる自然においては，何かが質料としてあり，その類に属するものに対する可能態にあるし，また何かは作用者としてあり，可能態を現実態にもたらすものである。このことは人工物において技術知と質料とがあるのと同様である。ところで，知性的魂はそのうちに可能態と現実態が見いだされる自然の一つである。それは現実態において知性認識している時もあれば，可能態において知性認識している時もあるからである。それゆえ，知性的魂の本性のうちには質料としての何かがあり，それは可知的なものすべてに対して可能態にあるのであり，これが「可能知性」と呼ばれている。また，そのうちには作出因としての何かがあり，それはすべてのものを現実態とするのであり，これが「能動知性」と呼ばれているのである。

b) したがって，アリストテレスの論証によれば，この両方の知性が魂の本性のうちにあり，魂がそれの現実態である身体から存在にそくして分離しているような何かではないのである。

1589. さらに，アリストテレスは能動知性は「光という習得態のようなもの」[2]であると述べている。だが，習得態ということによって意味されているのは，何か自体的に存在するものではなく，それを所有するものに属する何かである。したがって，能動知性はそれ自体で分離して存在する何らかの実体ではなく，人間の魂に属する何かなのである。

1590. とはいえ，アリストテレスのこの言葉は，習得態というのは能動知性の結果であると述べられているのだと理解して，〈能動知性は人間がすべてのものを知性認識しているようにさせるのであり，この〔認識している状態〕は習得態のようなものである〉という意味なのだと理解されるわけではない。というのも，注解者アヴェロエスがその箇所で述べているように，「習得態の定義とは，習得態を持つものが自分に固有なものをつうじて欲するときに，その者のうちに何か

---

2) これは『魂について』第3巻5章430a15によるが，正確には「光のようなある種の習得態（sicut habitus quidam, ut lumen）」である。

aliquo extrinseco. Expresse enim assimilat habitui non ipsum factum, sed *intellectum quo est omnia facere*.

1591. — Nec tamen intelligendum est quod intellectus agens sit habitus per modum quo habitus est in secunda specie qualitatis, secundum quod quidam dixerunt intellectum agentem esse *habitum principiorum*. Quia habitus ille principiorum est acceptus a sensibilibus, ut probat Aristoteles in II *Posteriorum*: et sic oportet quod sit effectus intellectus agentis, cuius est phantasmata, quae sunt intellecta in potentia, facere intellecta in actu. Sed accipitur habitus secundum quod dividitur contra *privationem et potentiam*: sicut omnis forma et actus potest dici habitus. Et hoc apparet, quia dicit hoc modo intellectum agentem esse habitum *sicut lumen habitus est*.

1592. — a) Deinde subiungit, quod *hic intellectus*, scilicet agens, *est separatus et immixtus et impassibilis et substantia actu est**. Horum autem quatuor quae attribuit intellectui agenti, duo supra expresse de intellectu possibili dixerat, scilicet quod sit *immixtus* et quod sit *separatus*. Tertium, scili-

---

* L と M は ens とするが, *Gauthier* にしたがう。

外的なものを必要とすることなく，知性認識すること」[3]だからである。実際，アリストテレスは明らかに習得態を作り出されたことそれ自体[4]にではなく，「すべてを作り出すことがそれによる知性」になぞらえているのである。

1591. しかし，能動知性が習得態であるということを，ある人々が能動知性とは「基本命題の習得」であると述べたことにしたがって，習得態とは性質の第二の種にあるものだとして理解してはならない[5]。というのは，その基本命題の習得は，アリストテレスが『分析論後書』第2巻〔19章100a3-8〕で証明しているように，可感的なものから受け取られるものであり，それは能動知性の結果でなければならないからである。すなわち，可能態において知性認識されたものである表象像を現実態において知性認識されたものとすることは，能動知性に属するのである。そうではなくて習得態ということは「欠如と可能態」に対して区分されるものとして理解されるのである。つまり，あらゆる形相や現実態が習得態（所持）であると語られ得るような意味においてなのである。そしてこのことが明らかとなるのは，アリストテレスが「光は習得態である」というような意味で能動知性は習得態であると述べているからである。

1592. a) つぎに，アリストテレスは次のように続けている〔430a17-18〕。「この知性は」すなわち能動知性は「分離していて，混じり合っておらず，非受動的で，現実態において実体である」。さて，彼が能動知性に帰しているこれら四つのうちの二つ，すなわち「混じり合っていない」ことと「分離していること」は，アリストテレスがその前の部分〔第3巻4章429a18-24〕で可能知性について述べていたことである。第三番目の「非受動的である」という点については，区別

---

3) この箇所は *Averroes* III, 18, p.438, 26-29.の正確な引用。この箇所は『魂について』第3巻5章430a13-17に対する註解であるが，アヴェロエスの用いているアリストテレスのテキストそのものがアクィナスのものと大きく相違している。アヴェロエスのテキストと註解では，この箇所で人間の魂が三区分されている。すなわち，可能知性，能動知性，「習得態にある知性」の3つである。それに対してアクィナスは現在のテキストと同様に，可能知性と能動知性の二区分を読み取り，能動知性を「ある種の習得態のようなもの」と理解するのである。

4) 「作り出されたこと」とは，アヴェロエスによれば可能知性と能動知性から作り出された習得態の状態の知性であることになる。

5) 「（第一）基本命題」については，第75章1558節 b) を参照。性質の区分については *ST* I-II, q.49, a.2.を参照。性質は大きく本質的性質と付帯的性質とに分けられ，前者は実体の種差のことであり，付帯性としての本来の性質が後者であり，これが四つに区分される。そのうちの第二は「能力・無能力」という意味での性質である。そして，第一の種類の性質が「習得態と状態（habitus et dispositio）」であるとされる。

cet quod sit impassibilis, sub distinctione dixerat: ostendit enim primo quod non est passibilis sicut sensus; et postmodum ostendit quod, communiter accipiendo *pati*, passibilis est, inquantum scilicet est in potentia ad intelligibilia. Quartum vero omnino negaverat de intellectu possibili, dicendo quod erat *in potentia ad intelligibilia, et nihil horum erat actu ante intelligere*. Sic igitur in duobus primis intellectus possibilis convenit cum agente; in tertio partim convenit et partim differt; in quarto autem omnino differt agens a possibili.

b) Has quatuor conditiones agentis probat per unam rationem, subiungens: *Semper enim honorabilius est agens patiente, et principium*, scilicet activum, *materia*. Supra enim dixerat quod intellectus agens est sicut causa efficiens, et possibilis sicut materia. Per hoc autem medium concluduntur duo prima, sic: agens est honorabilius patiente et materia. Sed possibilis, qui est sicut patiens et materia, est separatus et immixtus, ut supra probatum est. Ergo multo magis agens. Alia vero per hoc medium sic concluduntur: agens in hoc est honorabilius patiente et materia, quod comparatur ad ipsum sicut agens et actu ens ad patiens et ens in potentia. Intellectus autem possibilis est patiens quodammodo et potentia ens. Intellectus igitur agens est agens non patiens, et actu ens.

c) Patet autem quod nec ex his verbis Aristotelis haberi potest quod intellectus agens sit quaedam substantia separata: sed quod sit *separatus* hoc modo quo supra dixit de possibili, scilicet *ut non habeat organum*.

をもうけて語っていた。というのも，アリストテレスは最初に可能知性が感覚のように受動的であることを示し〔429a13-18〕，その後で，「受動する」ということを一般的に捉えた上で，それが受動的であると，すなわち可知的なものにたいして可能態にある限りにおいて受動的であることを示しているのである〔429a29-b5〕。それに対して，四番目のこと〔現実態にあること〕をアリストテレスは可能知性に関しては完全に否定し，それは「可知的なものに対して可能態にあり，可知的なもののどれも知性認識のはたらき以前には現実態においては存在しない」と述べていた〔430a18-19〕。以上のように，最初の二つの点では可能知性は能動知性と一致しており，三番目については部分的には合致し部分的には相違している。だが四番目の点では能動知性は可能知性とまったく異なっているということになるのである。

　b）能動知性の有するこの四つのあり方をアリストテレスは一つの根拠によって証明し，次のように続けている〔430a18-19〕。「というのは，作用者は受動者よりも常に高貴なものであり，原理」すなわち能動的原理は「質料よりも高貴なものである」。というのはアリストテレスはその前で，能動知性は作出因としてあり，可能知性は質料としてあると述べていたのであり，この媒介項をつうじて最初の二つのあり方が次のようにして結論されるからである。すなわち〔一つには〕，作用者は受動者や質料よりもより高貴なものである。ところで，先に証明されたように，受動者や質料として存在する可能知性は分離しており混じり合っていない。したがって，能動知性はよりいっそうそうなのである。また，この媒介項をつうじて別の〔二つの〕あり方も次のようにして結論される。すなわち，作用者が受動者や質料より高貴であるのは，その関係が作用者で現実態において存在するものが受動者で可能態にあるものに対する関係だという点においてである。ところで，可能知性は或る意味で受動者であり可能態において存在するものである。それゆえ，能動知性は受動しない作用者であり，現実態において存在するものなのである。

　c）ところで，アリストテレスのこれらの言葉からは，能動知性が何らかの離存実体であるということになるわけではないことが明らかである。そうではなくて，能動知性が「分離している」のは，先に可能知性について彼が述べていたような意味で，すなわち，「器官を持っていないものとして」という意味なのである。

d) Quod autem dicit quod est *substantia actu ens*, non repugnat ei quod substantia animae est in potentia, ut supra ostensum est.

1593. — a) Deinde subiungit: *Idem autem est secundum actum scientia rei*. In quo Commentator dicit quod *differt intellectus agens a possibili*: nam in intellectu agente idem est intelligens et intellectum; non autem in possibili. . Hoc autem manifeste est contra intentionem Aristotelis.

b) Nam supra eadem verba dixerat de intellectu possibili, ubi dixit de intellectu possibili quod *ipse intelligibilis est sicut intelligibilia: in his enim quae sine materia sunt, idem est intellectus et quod intelligitur; scientia namque speculativa, et quod speculatum est, idem est*. Manifeste enim per hoc quod intellectus possibilis, prout est actu intelligens, idem est cum eo quod intelligitur, vult ostendere quod intellectus possibilis intelligitur sicut alia intelligibilia.

c) Et parum supra dixerat quod intellectus possibilis *est potentia quodammodo intelligibilia, sed nihil actu est antequam intelligat*: ubi expresse dat intelligere quod per hoc quod intelligit actu, fit ipsa intelligibilia.

d) Nec est mirum si hoc dicit de intellectu possibili: quia hoc etiam supra dixerat de sensu et sensibili secundum actum. Sensus enim fit actu per speciem sensatam in actu; et similiter intellectus possibilis fit actu per speciem intelligibilem actu; et hac ratione intellectus in actu dicitur ipsum intelligibile in actu.

第78章

d) また，アリストテレスが能動知性が「現実に存在している実体である」と述べていることが，魂の実体が可能態においてあるということと矛盾していないということは，先に〔第77章〕示しておいた。

1593. a) さらにアリストテレスは続けて述べている〔430a19-20〕。すなわち，「現実態においては学知は事物と同じである」。注解者は次のように述べている[6]。この点において「能動知性は可能知性と異なっている」。というのは，能動知性においては知性認識するものと知性認識されたものとは同一であるが，可能知性においてはそうではない，と。だがこれがアリストテレスの意図に反していることは明らかである。

b) というのは，アリストテレスはその前で〔430a2-5〕可能知性について同じ言葉を述べていた。そこでは可能知性について，次のように言っていたのである。「それ自体は可知的なものと同様に可知的である。というのは，質料のないものにおいては知性と知性認識されたものとは同じだからである。たとえば，観想的学知と観想されたものとは同じなのである」。現実態において知性認識している限りにおける可能知性は知性認識されているものと同じであるとすることによって，アリストテレスは明らかに可能知性は他の可知的なものと同様に知性認識されるのだということを示そうとしているのである。

c) また，その前で〔429b30-31〕アリストテレスは，可能知性は「可能態においては何らかの仕方で可知的なものであるが，知性認識する前には現実態においては何ものでもない」と同様のことを述べていたのである。そこで明らかにアリストテレスが理解させようとしているのは，可能知性は現実態において知性認識することをつうじて可知的なものそれ自体になる，ということなのである。

d) そして，可能知性についてこう言われていることは驚くべきことではない。なぜならその前のところ〔2章425b22-426a1〕でも，現実態にある感覚と可感的なものについてアリストテレスはこのことを述べていたからである。すなわち，感覚が現実態になるのは現実態にある感覚された形象をつうじてであるが，それと同様に可能知性が現実態になるのは現実態にある可知的形象をつうじてである。そしてこの理由によって，現実態にある知性は現実態にある可知的なものそのものなのである。

---

6) *Averroes* III, 19, p.443, 85-91.

e) Est igitur dicendum quod, postquam Aristoteles determinavit de intellectu possibili et agente, hic incipit determinare de intellectu in actu, dicens quod *scientia in actu est idem rei scitae in actu*.

1594. — a) Deinde dicit: *Qui vero secundum potentiam, tempore prior in uno est: omnino autem, neque in tempore*. Qua quidem distinctione inter potentiam et actum in pluribus locis utitur: scilicet quod actus secundum naturam est prior potentia; tempore vero, in uno et eodem quod mutatur de potentia in actum, est prior potentia actu; simpliciter vero loquendo, non est potentia etiam tempore prior actu, quia potentia non reducitur in actum nisi per actum. Dicit ergo quod *intellectus qui est secundum potentiam*, scilicet possibilis, prout est in potentia, *prior est tempore* quam intellectus in actu: et hoc dico *in uno et eodem*. *Non tamen omnino*, idest universaliter: quia intellectus possibilis reducitur in actum per intellectum agentem, qui est actu, ut dixit, et iterum per aliquem intellectum possibilem factum actu; unde dixit in III *Physic.*, quod ante addiscere indiget aliquis docente ut reducatur de potentia in actum.

b) Sic igitur in verbis istis ostendit ordinem intellectus possibilis, prout est in potentia, ad intellectum in actu.

1595. — Deinde dicit: *Sed non aliquando quidem intelligit, et aliquando non intelligit*. In quo ostendit differentiam intellectus in actu et intellectus possibilis. Supra enim dixit de intellectu possibili quod non semper intelligit, sed quandoque non intelligit, quando est in potentia ad intelligibilia;

第 78 章　　　　　　　　　　　　　　　　253

　e) それゆえ次のように言わなければならない。アリストテレスは可能知性と能動知性について裁定を下してしまった後に，この箇所で「現実態にある学知は現実態において知られている事物と同じである」と述べることによって，〈現実態にある知性〉についての裁定を始めているのである。

1594. a) そのつぎにアリストテレスは次のように述べている〔430a20-21〕。「それに対して，可能態にそくしてあるものは，1人の人においては時間において先である。だが，全体としては時間においても先ではない」。実際，アリストテレスは可能態と現実態のこの区別を多くの箇所で用いている。すなわち〔その区別とは次のようなものである〕，本性にそくしては現実態は可能態よりも先であるが，時間においては可能態から現実態へと変化する同一のものの場合には可能態が現実態よりも先である。それに対して，端的に語るならば，時間的にも可能態は現実態よりも先ではない。それは可能態が現実態へと引き出されるのは現実態をつうじてでしかないからである。そうであるから，アリストテレスが〔ここで〕述べていることとは，「可能態にそくしてある知性は」すなわち可能態にある限りでの可能知性は，現実態にある知性よりも「時間的には先である」。そして私がこう言うのは「同一のものにおいては」という意味においてである。「しかしながら全体としては」すなわち一般的には「そうではない」。なぜなら，アリストテレスが言っていたように，可能知性が現実態に引き出されるのは現実態にある能動知性をつうじてであり，さらに現実態になった何らかの可能知性をつうじてだからである。だからこそアリストテレスは『自然学』第3巻〔3章202b5-10〕で，人が学ぶ前には，可能態から現実態に引き出されるために教える人が必要だと述べていたのである。

　b) したがって，この言葉〔430a20-21〕においてアリストテレスは，可能態にある限りでの可能知性の現実態にある知性への秩序というものを示しているのである。

1595. そのつぎにアリストテレスは次のように述べている〔430a22〕。「しかしそれは，時に知性認識し時に知性認識しないといったことはない」。ここで明示されているのは現実態にある知性と可能知性の相違である。というのも，先のところで〔4章430a5-9〕アリストテレスは，可能知性について次のように述べていたのである。すなわち，それは常に知性認識しているわけではない。そうではなく，時に可知的なものに対して可能態にある場合には知性認識していないこと

quandoque intelligit, quando scilicet est actu ipsa. Intellectus autem per hoc fit actu quod est ipsa intelligibilia, ut iam dixit. Unde non competit ei quandoque intelligere et quandoque non intelligere.

1596. — Deinde subiungit: *Separatum autem hoc solum quod vere est*. Quod non potest intelligi de agente: non enim ipse solus est separatus; quia iam idem dixerat de intellectu possibili. Nec potest intelligi de possibili: quia iam idem dixerat de agente. Relinquitur ergo quod dicatur de eo quod comprehendit utrumque, scilicet de intellectu in actu, de quo loquebatur: quia hoc solum in anima nostra est separatum, non utens organo, quod pertinet ad intellectum in actu; idest, illa pars animae qua intelligimus actu, comprehendens possibilem et agentem. Et ideo subiungit quod *hoc solum animae est immortale et perpetuum*: quasi a corpore non dependens, cum sit separatum.

もあるし，時に現実態において可知的なものである場合には知性認識していることもある，と。ところで，すでにアリストテレスが述べていたように，知性が現実態となるのは知性が可知的なものそのものであることによってである。それゆえ，時に知性認識し時に知性認識しないこともあるということは，それ〔現実態にある知性〕には適合しないのである[7]。

1596. そのつぎに，アリストテレスは「真に存在するものだけが分離している」と続けている〔430a22-23〕。これは能動知性についてのことであると理解することはできない。それだけが分離しているわけではなく，同じことを可能知性についてもすでにアリストテレスは述べていたからである。また，これを可能知性についてのことであると理解することもできない。彼は同じことを能動知性についてもすでに述べていたからである。したがって，この言葉はその両方を含んでいるもの，すなわちアリストテレスが述べてきた現実態にある知性について語られているのだということになる。というのは，われわれの魂においては，現実態にある知性に属するものだけが分離し器官を使用しないのである。つまり，可能知性と能動知性を含む，それによってわれわれが現実態において知性認識する魂の部分のことなのである。それゆえにアリストテレスは「魂に属するこれだけが不死で永続的である」〔5章430a23〕と続けているのであり，それは分離しているがゆえに身体に依存していないものとしてそうなのである。

---

[7] アリストテレスのこの〈時に知性認識し時にしないこともある，ということはない〉という主張は，能動知性に関する主張だという理解が当時一般的であった。アクィナスも *Sent.* I, d.3, q.4, a.5, sc.; II, d.3, q.3, a.4, arg. 4.の初期の著作ではこの立場を取っていると思われる。*InDA* III, c.4, p.222, 192-197への注を参照。

CAPUT 79.

Quod anima humana, corrupto corpore, non corrumpitur.

1597. — Ex praemissis igitur manifeste ostendi potest animam humanam non corrumpi, corrupto corpore.

1598. — Ostensum est enim supra omnem substantiam intellectualem esse incorruptibilem. Anima autem hominis est quaedam substantia intellectualis, ut ostensum est. Oportet igitur animam humanam incorruptibilem esse.

1599. — Adhuc. Nulla res corrumpitur ex eo in quo consistit sua perfectio: hae enim mutationes sunt contrariae, scilicet ad perfectionem et corruptionem. Perfectio autem animae humanae consistit in abstractione quadam a corpore. Perficitur enim anima scientia et virtute: secundum scientiam autem tanto magis perficitur quanto magis immaterialia considerat; virtutis autem perfectio consistit in hoc quod homo corporis passiones non sequatur, sed eas secundum rationem temperet et refraenet. Non ergo corruptio animae consistit in hoc quod a corpore separetur.

第79章
身体が消滅しても人間の魂は消滅しないこと

1597. さて以上のことから，身体が消滅しても人間の魂は消滅しないということが明らかに示され得る[1]。

1598. すべての知性的実体は不可滅であるということが先に示されている[2]。ところで，人間の魂はある種の知性的実体であることが先に示されている[3]。したがって，人間の魂は不可滅的でなければならない。

1599. さらに，どんな事物も自分の完成がそこにおいて成立するものから消滅するということはない。というのは，この変容，すなわち完成への変容と消滅への変容は反対的だからである。ところで，人間の魂の完成は身体からの何らかの抽象において成立する。実際，魂は学知と徳において完成されるが，学知に関してはよりいっそう非質料的なものを考察すればするほどより完成されるし，徳の完成は人が身体の情念に従うことなく理性によってそれを節制し制御する点に成立するのである。したがって，魂の消滅は身体から分離するという点で成立するのではないのである。

---

[1] 前章末尾で引用された「不死である」というアリストテレスのテキストとの関係では，この章の問題は自然な推移であると思われる。しかし，アリストテレスの『魂について』それ自体のなかでは，人間の魂の不死性は主題的に扱われているとは言えず，イスラーム圏やアクィナス以前のキリスト教圏での議論を踏まえた，展開的な議論がここから始まり，第90章まで続くことになる。そして，第78章までが身体と合一している人間の魂の存在そのものが構造的に解明されてきたのに対して，本章から第85章まではその魂の「持続（duratio）」の様態が検討されることになる。

[2] *ScG* II, c.55. ここには知性的実体の不可滅性が詳細に論じられているが，根底にあるのは，知性的実体が質料を伴わず形相だけで存在する実体であるという根拠である。ところが，可滅性とは実体的形相であれ付帯的形相であれ，質料（あるいは質料にあたるもの）と形相とが分離することであるとされる以上，知性的実体は当然不可滅的であることになる。

[3] この箇所は本書第56章であると言ってもよいが，そもそも第56章からの議論は「知性的実体である人間の魂がどのようにして身体という質料と結びつき得るのか」ということを明らかにするためのものであった。「解説」2節を参照。

1600. — a) Si autem dicatur quod perfectio animae consistit in separatione eius a corpore secundum operationem, corruptio autem in separatione secundum esse, non convenienter obviatur.

b) Operatio enim rei demonstrat substantiam et esse ipsius: quia unumquodque operatur secundum quod est ens, et propria operatio rei sequitur propriam ipsius naturam. Non potest igitur perfici operatio alicuius rei nisi secundum quod perficitur eius substantia. Si igitur anima secundum operationem suam perficitur in relinquendo corpus, incorporea substantia sua in esse suo non deficiet per hoc quod a corpore separatur.

1601. — Item. Proprium perfectivum hominis secundum animam est aliquid incorruptibile. Propria enim operatio hominis, inquantum huiusmodi, est intelligere: per hanc enim differt a brutis et plantis et inanimatis. Intelligere autem universalium est et incorruptibilium inquantum huiusmodi. Perfectiones autem oportet esse perfectibilibus proportionatas. Ergo anima humana est incorruptibilis.

1602. — Amplius. Impossibile est appetitum naturalem esse frustra. Sed homo naturaliter appetit perpetuo manere. Quod patet ex hoc quod esse est quod ab omnibus appetitur: homo autem per intellectum apprehendit esse non solum ut nunc, sicut bruta animalia, sed simpliciter. Consequitur ergo homo perpetuitatem secundum animam, qua esse simpliciter et secundum omne tempus apprehendit.

1603. — Item. Unumquodque quod recipitur in aliquo, recipitur in eo secundum modum eius in quo est. Formae autem rerum recipiuntur in intel-

第79章

1600. a) だが，魂の完成ははたらきにそくして魂が身体から分離する点において成立するのであって，存在にそくして分離する点に成立するのではないのだと言われるかもしれないが，これが適切な反論となるわけではない。

b) というのは，事物のはたらきはそれの実体と存在とを明らかにしている。なぜなら，それぞれのものはそれが存在者であることにそくしてはたらきをなすのであり，事物に固有のはたらきはそれに固有の本性にしたがうからである。それゆえ，なんらかの事物の実体が完成されるのでなければ，それのはたらきが完成されることはない。したがって，魂がそのはたらきにそくして身体を離れても完成されるのである以上，魂の非物体的実体は，身体から分離することによってはその存在の点で毀損されることはないのである[4]。

1601. 同じく，人間を魂にそくして完成し得る固有なものとは何か不可滅的なものである。すなわち，人間である限りでの人間に固有のはたらきとは知性認識することである。人間はこのはたらきによって非理性的動物や植物や魂を持たないものと異なったものとなっているからである。ところで，知性認識することは普遍的で不可滅的である限りでのそのようなものに関わっている。ところで，完成というのは完成され得るものと相関的でなければならない。それゆえ，人間の魂は不可滅的である。

1602. さらに，本性的欲求が無駄となることは不可能である。ところが，人間は本性的に永続的に存続することを欲求している。このことは次のことから明らかである。すなわち，すべてのものによって欲求されるのは存在であるが，人間は知性をつうじて，非理性的動物のように今という存在だけでなく，端的な意味での存在を把握している。したがって，人間は端的な意味での，しかもあらゆる時間において存在するということを魂によって把握し，その魂にそくして永続性を追求しているのである[5]。

1603. 同じく，何か或るもののうちに受容されるものはどれでも，それがそのうちに存在するものの様態にそくしてそのもののうちに受容される[6]。ところで，

---

  4) これは1599節のアクィナスの論拠に対して，存在の次元とはたらきの次元を分離できるとする反論への再反論である。アクィナスはその二つの次元の平行関係を強調し，はたらきが身体なしに完成されること，つまり身体器官をともなわない知性認識のはたらきが人間の魂には属していることが，その魂が身体なしにも存在することの根拠であるとしている。

  5) 動物以上の存在者においては，欲求（appetitus）は把握（apprehensio）に後続するし，把握の様態と欲求の様態は平行的なのである。

lectu possibili prout sunt intelligibiles actu. Sunt autem intelligibiles actu prout sunt immateriales, universales, et per consequens incorruptibiles. Ergo intellectus possibilis est incorruptibilis. Sed, sicut supra est probatum, intellectus possibilis est aliquid animae humanae. Est igitur anima humana incorruptibilis.

1604. — Adhuc. Esse intelligibile est permanentius quam esse sensibile. Sed id quod se habet in rebus sensibilibus per modum primi recipientis, est incorruptibile secundum suam substantiam, scilicet materia prima. Multo igitur fortius intellectus possibilis, qui est receptivus formarum intelligibilium. Ergo et anima humana, cuius intellectus possibilis est pars, est incorruptibilis.

1605. — Amplius. *Faciens est honorabilius facto*: ut etiam Aristoteles dicit. Sed intellectus agens facit actu intelligibilia: ut ex praemissis patet. Cum igitur intelligibilia actu, inquantum huiusmodi, sint incorruptibilia, multo fortius intellectus agens erit incorruptibilis. Ergo et anima humana, cuius lumen est intellectus agens, ut ex praemissis patet.

1606. — Item. Nulla forma corrumpitur nisi vel ex actione contrarii, vel per corruptionem sui subiecti, vel per defectum suae causae: per actionem quidem contrarii, sicut calor destruitur per actionem frigidi; per corruptionem autem sui subiecti, sicut, destructo oculo destruitur vis visiva; per defectum autem causae, sicut lumen aeris defficit deficiente solis praesentia,

事物の形相は現実態において可知的である限りにおいて可能知性のうちに受容される。そして，それが可知的であるのは非質料的で普遍的である限りにおいてであり，したがって不可滅的である限りにおいてなのである。それゆえ，可能知性は不可滅的である。ところが，先に〔59章〕証明されたように，可能知性は人間の魂に属する何かである。したがって，人間の魂は不可滅的である。

1604. さらに，可知的な存在は可感的な存在よりもより持久的である。ところが，可感的事物において第一受容者という仕方であるもの，すなわち第一質料はその実体にそくして不可滅的である。それゆえ，可知的形相を受容し得るものである可能知性はなおさらいっそう不可滅的である[7]。したがって，可能知性を部分とする人間の魂も不可滅的である。

1605. さらに，アリストテレスも言っているように〔『魂について』第3巻5章430a18–19〕，「作り出すものは作られるものよりも高貴なものである」。ところで，前述のことがら〔第76章〕から明らかなように，能動知性は現実態において可知的なものを作り出す。それゆえ，現実態における可知的なものはそのようなものである限りにおいて不可滅的である以上，能動知性はなおさら一層不可滅的であることになろう。したがって，能動知性は人間の魂にとって光であることは先述のことから明らかであるから[8]，人間の魂も不可滅的なのである。

1606. 同じく，形相が消滅するということがおこるのは対立する形相の作用によるか，形相の基体の消滅によるか，あるいは形相の原因の欠陥によるか，のいずれかでしかない。対立する形相の作用によるというのは熱が冷の作用によって破壊されるような場合であり，基体の消滅によるというのは目が破壊されると視力も破壊されるような場合であり，さらに原因の欠陥によるというのは空気の光

---

6) この一般原則については，本書第73章1518節参照。

7) 「第一質料（prima materia）」はそれ自体は何の形相も持たず，最高度に可能態にある。その限りで存在性の段階の最下位に位置づけられるが，形相を持たないゆえに形相からの分離ということが生起しないので不可滅であることになる。可能知性は可感的・質料的事物の圏域にはないが，もっとも知性的・非質料的圏域においては最高度に可能態にあるがゆえに，第一質料と平行的に語られることが可能なのである。

8) 本書第78章。能動知性が「人間の魂にとって光」という言葉は，その光が魂にとって外在的なものであるとも解し得るが，アクィナスにとっては人間の魂に内在する光であることは既知のことなのである。

quae erat ipsius causa. Sed anima humana non potest corrumpi per actionem contrarii: non est enim ei aliquid contrarium; cum per intellectum possibilem ipsa sit cognoscitiva et receptiva omnium contrariorum. Similiter autem neque per corruptionem sui subiecti: ostensum est enim supra quod anima humana est forma non dependens a corpore secundum suum esse. Similiter autem neque per deficientiam suae causae: quia non potest habere aliquam causam nisi aeternam, ut infra ostendetur. Nullo igitur modo anima humana corrumpi potest.

1607. — Adhuc. Si anima corrumpitur per corruptionem corporis, oportet quod eius esse debilitetur per debilitatem corporis. Si autem aliqua virtus animae debilitetur debilitato corpore, hoc non est nisi per accidens, inquantum scilicet virtus animae indiget organo corporali: sicut visus debilitatur debilitato organo, per accidens tamen. Quod ex hoc patet. Si enim ipsi virtuti per se accideret aliqua debilitas, nunquam restauraretur organo reparato: videmus autem quod, quantumcumque vis visiva videatur debilitata, si organum reparetur, quod* vis visiva restauratur; unde dicit Aristoteles, in I *de Anima*, quod, *si senex accipiat oculum iuvenis, videret utique sicut iuvenis*. Cum igitur intellectus sit virtus animae quae non indiget organo, ut ex praemissis patet, ipse non debilitatur, neque per se neque per accidens, per senium vel per aliquam aliam debilitatem corporis. Si autem in operatione intellectus accidit fatigatio aut impedimentum propter infirmitatem corporis, hoc non est propter debilitatem ipsius intellectus, sed propter debilitatem virium quibus intellectus indiget, scilicet imaginationis, memorativae et

---

* この quod は videmus autem quod の quod と文法的には重複している。

がそれの原因であった太陽の現前が欠けることによってなくなるような場合のことである。ところで，人間の魂が対立するものの作用によって消滅することはあり得ない。それに対立するようなものはないからである。というのは，人間の魂は可能知性によって対立することがらを認識し受容し得るものとなっているからである[9]。また同様に，基体の消滅によって消滅することもない。人間の魂がその存在にそくして身体に依存していない形相であることが先に〔第68章〕示されているからである。さらに同様に，その原因の欠陥によって消滅することもない。それは，後に〔第87章〕示されるように，人間の魂が持ち得る原因は永遠な原因でしかないからである。したがって，人間の魂はどの仕方によっても消滅することは不可能なのである。

1607. さらに，もし身体が消滅することによって魂も消滅するのであれば，身体が弱くなることによって魂の存在も弱くなるのでなければならない。ところで，身体が弱くなることによって魂の何らかのちからが弱くなるとしても，それは付帯的にでしかない。つまり，魂のちからが身体器官を必要とする限りでしかなく，たとえば，器官〔眼〕が弱くなると視力が弱まるのであるが，それは付帯的にでしかないのである。これは以下のことから明らかである。すなわち，ちからそのものに何らかの弱さが自体的に生じているのだとしたら，器官が元に戻ってもちからは決して回復することはないであろう。ところが，視力がどれほど弱くなっていると見えても，器官が元に戻ったら視力も回復するのが観測されるのである。だから，アリストテレスは『魂について』第1巻〔4章408b21-22〕で「老人が若者の目を手に入れたとしたら，若者のように見ることができるであろう」と述べているのである。それゆえ，前述のこと〔第68章〕から明らかなように，知性は器官を必要としない魂のちからである以上，そのちからは老年や身体が何か他の点で弱くなることによっては，自体的にも付帯的にも弱くなることはないのである。ただし，知性のはたらきにおいて疲労や身体の脆弱さによる障碍が生じるとしたら，それは知性そのものの弱さのためではなく，知性が必要としているち

---

9) たとえば，美しいものと醜いものはそれ自体として存在する限り対立しているが，人間の魂はその両者を認識することができる。また，感覚ではなく知性の行う普遍的認識について言えば，美しさ（美しいものの形相）を認識するということは，それに対立する醜さを同時に認識することでもある。さらには，可能態においては人間の「魂はすべてのもの」であるから，魂に対立するものは存在しないと言われるのである。

cogitativae virtutum. Patet igitur quod intellectus est incorruptibilis. Ergo et anima humana, quae est intellectiva quaedam substantia.

1608. — Hoc etiam apparet per auctoritatem Aristotelis. Dicit enim, in I *de Anima*, quod *intellectus videtur substantia quaedam esse, et non corrumpi*. Quod autem hoc non possit intelligi de aliqua substantia separata quae sit intellectus possibilis vel agens, ex praemissis haberi potest.

1609. — Praeterea apparet ex ipsis verbis Aristotelis in XI *Metaphysicae*. Ubi dicit, contra Platonem loquens, quod *causae moventes praeexistunt, causae vero formales sunt simul cum his quorum sunt causae: quando enim sanatur homo, tunc sanitas est*, et non prius: contra hoc quod Plato posuit formas rerum praeexistere rebus. Et his dictis, postmodum subdit: *Si autem et posterius aliquid manet, perscrutandum est. Nam in quibusdam nihil prohibet: ut si est anima tale; non omnis, sed intellectus*. Ex quo patet, cum loquatur de formis, quod vult intellectum, qui est forma hominis, post materiam remanere, scilicet post corpus.

1610. — Patet autem ex praemissis Aristotelis verbis quod, licet ponat animam esse formam, non tamen ponit eam non subsistentem et per consequens corruptibilem, sicut Gregorius Nyssenus ei imponit: nam a generalitate aliarum formarum animam intellectivam excludit, dicens eam *post corpus remanere, et substantiam quandam esse*.

から，つまり想像力，記憶力，思考力の弱さのためなのである。したがって，知性が不可滅であることは明らかである。それゆえ，何らかの知性的実体である人間の魂もそうなのである。

1608. 以上のことはアリストテレスの権威によっても明らかである。実際『魂について』第1巻〔4章408b18-19〕では「知性は何らかの実体であり，消滅しないと思われる」と述べられている。そして，これが何らかの離存実体に関する言葉であり，その実体が可能知性や能動知性であるなどとは理解し得ないということは，先述のことがら〔第61章，第78章〕から確保され得るのである。

1609. さらに，『形而上学』第11巻〔第12巻3章1070a21-26〕のアリストテレスの言葉そのものからも明らかである。そこではプラトンに反対して，次のように述べられている。「動かす原因は先在するが，形相的原因はそれが原因となっているものと同時に存在する。実際，人間が健康にされるときには健康〔という形相的原因〕が存在している」のであって，それより前に存在しているのではない。これは諸事物の形相は事物よりも先在すると主張したプラトンに反対している言葉なのである。そして，こう述べた後にアリストテレスは次のように続けている。「だが，何かが後にもそのままにとどまるかどうかを探究しなければならない。というのは，或るものの場合にはそうであることを妨げるものはなにもないからである。たとえば，ある種の魂があればそうであるようにである。だが，すべての魂がそうではなく，知性がそうなのである」。この言葉によって，アリストテレスは形相について語っているのであるから，知性は人間の形相であり，それが質料の後に，すなわち身体の後にもそのままとどまると言おうとしていることが明らかなのである。

1610. さて，以上のアリストテレスの言葉から明らかなことであるが，魂は形相であると主張しているけれども，魂は自存するものではなくそれゆえに可滅的であると主張してなどいないのである（ニュッサのグレゴリウスはアリストテレスがそう主張しているとしたのであるが[10]）。というのは，アリストテレスは魂は「身体の後に残り」〔1609節〕，「何らかの実体である」〔1608節〕と述べているのであって，他の諸形相一般から知性的魂を除外しているからである。

---

10) これはネメシウス『人間の本性について』c.2, p.41, 100-101. ネメシウスについては，本書第57章1327節参照。

1611. — Praemissis autem sententia Catholicae Fidei concordat. Dicitur enim in libro *de Ecclesiasticis Dogmatibus: Solum hominem credimus habere animam substantivam, quae et exuta corpore vivit, et sensus suos atque ingenia vivaciter tenet; neque cum corpore moritur, sicut Arabs asserit; neque post modicum intervallum, sicut Zenon; quia substantialiter vivit*.

1612. — a) Per hoc autem excluditur error impiorum, ex quorum persona Salomon dicit, *Sap.* 2, 2: *Ex nihilo nati sumus, et post hoc erimus tanquam non fuerimus*; et ex quorum persona Salomon dicit, *Eccle.* 3, 19: *unus est interitus hominum et iumentorum, et aequa utriusque conditio. Sicut moritur homo, sic et illa moriuntur. Similiter spirant omnia, et nihil habet homo iumento amplius*. Quod enim non ex persona sua sed impiorum dicat, patet per hoc quod in fine libri quasi determinando subiungit: Donec *revertatur pulvis in terram suam unde erat, et spiritus redeat ad eum qui dedit illum*.

b) Infinitae etiam sunt auctoritates sacrae Scripturae quae immortalitatem animae protestantur.

第79章

1611. さて，前述のことがらにはカトリックの信仰の主張が調和している。『教会の教え』の書では次のように語られている[11]。「われわれは次のように信じる。人間だけが実体的魂を有し，それは身体が離れていっても生きているし，自己の感覚と才を生き生きと保持する。また，アラブ人が肯定しているのとはちがって，身体とともに死ぬこともないし，ゼノンとはちがって，わずかの間隔ののちに死ぬこともない。人間の魂は実体として生きているからである」。

1612. a) さてこのことによって不敬虔な者たちの誤りが排除される。不敬虔な者に成り代わってソロモンは『知恵の書』2章2節で「われわれは無から生まれた。そしてこの後には存在しなかったのと同じように存在することになろう」と言っており，また不敬虔な者に成り代わって『コヘレトの言葉』3章19節で次のように述べている。「人間と家畜の死は一つであり，両方の条件は等しい。人間が死ぬのと同じように，家畜も死ぬ。そのすべてが同じように息をし，人間が家畜よりも豊かに持っているものなど何もない」。この言葉をソロモンは自分のものとしてではなく不敬虔なものに成り代わって語っているということは，その書の末尾〔12章7節〕でいわば裁定を下しつつ次のように続けられていることから明らかである。「塵がそこから来た地に帰る」時までに「霊もそれを与えた」者「に帰る」，と。

b) さらに，魂の不死性を証している聖書の権威は無数に存在している。

---

11) 16章，PL. 42, col.1216B. この書物については，本書第58章1352節を参照。

CAPITA 80–81.

Rationes probantes animam corrumpi corrupto corpore (et solutio ipsarum).

1613. — Videtur autem quibusdam rationibus posse probari animas humanas non posse remanere post corpus.

1614. — Si enim animae humanae multiplicantur secundum multiplicationem corporum, ut supra ostensum est, destructis ergo corporibus, non possunt animae in sua multitudine remanere. Unde oportet alterum duorum sequi: aut quod totaliter anima humana esse desinat; aut quod remaneat una tantum. Quod videtur esse secundum opinionem illorum qui ponunt esse incorruptibile solum illud quod est unum in omnibus hominibus: sive hoc sit intellectus agens tantum, ut Alexander dicit; sive cum agente etiam possibilis, ut dicit Averroes.

1615. — Amplius. Ratio formalis est causa diversitatis secundum speciem. Sed, si remanent multae animae post corporum corruptionem, oportet eas esse diversas: sicut enim idem est quod est unum secundum substantiam, ita diversa sunt quae sunt multa secundum substantiam. Non potest autem esse in animabus remanentibus post corpus diversitas nisi formalis: non enim sunt compositae ex materia et forma, ut supra probatum est de omni substantia intellectuali. Relinquitur igitur quod sunt diversae secundum speciem. Non autem per corruptionem corporis mutantur animae ad aliam speciem: quia omne quod mutatur de specie in speciem, corrumpitur. Relinquitur ergo quod etiam antequam essent a corporibus separatae, erant secun-

第80-81章
身体が消滅すると魂も消滅することを証明する諸論拠
（およびその解消）

1613. ところが，人間の魂が身体の後に残存し得ないことが証明できると思われるようないくつかの論拠があるのである。

1614. 〔論拠1〕先に証明されたことであるが，身体が多数化されることに応じて人間の魂は多数化されるのだとすれば，身体が破壊された場合には，魂はその複数性のままに残存し得ない[1]。それゆえ，次の二つの選択肢のいずれかが帰結することになる。すなわち，〔身体が破壊された場合〕人間の魂は全面的に存在することを止めるか，あるいは，ただ一つの魂として残存するかのいずれかである。すべての人間において一つであるものだけが不可滅であると主張する人々の見解によれば後者になると思われる。ただ，この一つのものがアレクサンドロスの言うように能動知性だけであるのか〔第76章1560節〕，アヴェロエスの言うように能動知性とともに可能知性もそうであるのか〔第73章〕，の相違はあるにしてもである。

1615. 〔論拠2〕形相的根拠が種にそくした多様性の原因である。ところが，もし身体の消滅の後に多数の魂が残存するとすると，その魂は多様でなければならない。というのは，実体にそくして一であるものが同じであるように，実体にそくして多であるものは多様だからである。ところで，身体の〔消滅の〕後に残存する魂の間にあり得る多様性は形相的な多様性だけである。なぜなら，先に知性的実体すべてについて証明されているように〔第50-51章〕，魂は質料と形相の複合体ではないからである。したがって，その魂は種にそくして多様だということになる。ところが，魂は身体の消滅によってある種から別の種へと変化するのではない。なぜなら，種から種へと変化するものはすべて消滅するからである。したがって，魂は身体から分離する前であっても種にそくして多様だというこ

---

1) つまりこの反論は，身体の多数化と魂の多数化との関係を原因と結果の関係とみなし，原因がなくなれば結果もなくなるという原則を適用していることになる。

dum speciem diversae. Composita autem sortiuntur speciem secundum formam. Ergo et individua hominum erant secundum speciem diversa. Quod est inconveniens. Ergo impossibile videtur quod animae humanae multae remaneant post corpora.

1616. — Adhuc. Videtur omnino esse impossibile, secundum ponentes aeternitatem mundi, ponere quod animae humanae in sua multitudine remaneant post mortem corporis. Si enim mundus est ab aeterno, motus fuit ab aeterno. Ergo et generatio est aeterna. Sed si generatio est aeterna, infiniti homines mortui sunt ante nos. Si ergo animae mortuorum remanent post mortem in sua multitudine, oportet dicere animas infinitas esse nunc in actu hominum prius mortuorum. Hoc autem est impossibile: nam infinitum actu non potest esse in natura. Relinquitur igitur, si mundus est aeternus, quod animae non remaneant multae post mortem.

1617. — Item. *Quod advenit alicui et discedit ab eo praeter sui corruptionem, advenit ei accidentaliter*: haec enim est definitio accidentis. Si ergo

とになる。ところが，複合したものがその種を得るのは形相にそくしてである。それゆえ，個体としての人間も種にそくして多様だったことになる。これは不都合である。したがって，身体の後に人間の魂が多なるものとして残存することは不可能であると思われる[2]。

1616. 〔論拠3〕さらに，世界の永遠性を主張する人々によるならば，人間の魂が身体の死の後に多数のままに残存すると主張することはまったく不可能であると思われる。というのも，世界が永遠から存在しているとすれば動も永遠から存在したのであり，それゆえ生成も永遠である。ところが，もし生成が永遠であるとすると無限の数の人間がわれわれより前に死んだことになる。それゆえ，死者の魂が多数のまま死後に残存しているとするならば，以前に死んだ人間の無限の数の魂が今，現実態において存在していると言わねばならないことになる。だが，これは不可能である。というのは，自然の中に現実態における無限が存在することはできないからである。したがって，もし世界が永遠であるとするならば，死後に多数の魂が残存することはないということになるのである[3]。

1617. 〔論拠4〕同じく，「何かが消滅することなく，それに到来したりそれから離れたりするものは，それに付帯的に到来する」[4]。実際，これが付帯性の定

---

[2] これは帰謬法による反論である。身体の消滅の後に複数の魂が残存すると仮定する。その残存している魂自体は質料を含まない形相だけの存在である。そうすると，残存している複数の魂の間の相違は形相の相違であることになる。その形相による相違は種の相違をもたらす。したがって，残存している複数の魂は相互に種を異にしたものとして存在している。その残存している魂は身体から分離する前と実体として同一であるから，身体から分離する前の魂も相互に種として異なっていたことになる。つまり，その魂と身体とが合一している1人1人の人間同士も種として異なった存在であることになる。これは人間という同一の種の存在を否定することになり，受け容れられない帰結となるのである。アクィナスの立場では，純粋な離存実体（天使）においては一つの種に一つの個体しかないことが承認されるので（この点については *ScG* II, c.93 ; *ST* I, q.50, a.4.などを参照。），この反論は人間の魂と天使との区別を破棄することになってしまうという結論をいかにして回避するかという課題を提示していることになる。

[3] この反論については，*ScG* II, c.38, n.1148ですでに触れられていた。世界が時間的な始まりを持つのか持たないかという重大な論点に関して，アクィナスは純粋な自然本性的理性によっては，つまり哲学的には，蓋然性を提示することは出来ても必然的な結論を提示出来ないという立場を取る。つまり，世界が時間的な始まりを持たないという見解は可能であり，哲学的に論駁することは出来ず，信仰によって否定するしかない。*ScG* II, c.38, n.1142; *ST* I, q.46, a.2.などを参照。

[4] ポルピュリオス『エイサゴーゲー』第5章。ただし，ここはボエティウス訳とはかな

anima non corrumpitur corpore abscedente, sequetur quod anima accidentaliter corpori uniatur. Ergo homo est ens per accidens, qui est compositus ex anima et corpore. Et sequetur ulterius quod non sit aliqua species humana: non enim ex his quae coniunguntur per accidens, fit species una; nam *homo albus* non est aliqua species.

1618. — Amplius. Impossibile est aliquam substantiam esse cuius non sit aliqua operatio. Sed omnis operatio animae finitur cum corpore. Quod quidem patet per inductionem. Nam virtutes animae nutritivae operantur per qualitates corporeas, et per instrumentum corporeum, et in ipsum corpus quod perficitur per animam, quod nutritur et augetur, et ex quo deciditur semen ad generationem. Operationes etiam omnes potentiarum quae pertinent ad animam sensitivam, complentur per organa corporalia: et quaedam earum complentur cum aliqua transmutatione corporali, sicut quae dicuntur animae passiones, ut amor, gaudium et huiusmodi. Intelligere autem etsi non sit operatio per aliquod organum corporale exercita, tamen obiecta eius sunt phantasmata, quae ita se habent ad ipsam ut colores ad visum: unde, sicut visus non potest videre sine coloribus, ita anima intellectiva non potest intelligere sine phantasmatibus. Indiget etiam anima ad intelligendum virtutibus praeparantibus phantasmata ad hoc quod fiant intelligibilia actu, scilicet virtute cogitativa et memorativa: de quibus constat quod, cum sint actus quorundam organorum corporis per quae operantur, quod non possunt remanere post corpus.

義なのである。それゆえ，もし身体が退いても魂が消滅しないとするなら，魂は身体と付帯的に合一していることになる。よって，魂と身体との複合体である人間は付帯的存在者であることになる。そしてさらに，それ〔複合体〕は人間という特定の種ではないということが帰結することになる。なぜなら，付帯的に結合しているものどもからは一つの種が生じることはないからである。たとえば，「白い人間」というのは特定の種ではないのである。

1618. 〔論拠5〕さらに，何か実体が存在しそれに何のはたらきも属さないということは不可能である。ところが，魂のすべてのはたらきは身体とともに限定を受けている。実際，このことは〔次のような〕帰納によって明らかである。すなわち，栄養摂取的魂のちからは物体的性質と身体器官をつうじてはたらき，その魂によって完成されている身体そのものへと向かい，その身体が栄養を摂り成長するのであるし，発生のために種子がその身体から分離するのである。また，感覚的魂に属する能力のすべてのはたらきは身体器官をつうじて完遂される。そのはたらきの中には，愛，喜びなどのような魂の受動〔情念〕と呼ばれるもののような，何らかの身体の変化をともなって完遂されるものがある。それに対して，知性認識のはたらきは，たしかに何らかの身体器官をつうじて引き起こされるようなはたらきではないにしても，その対象は表象像であり，表象像と知性的魂の関係は色と視力のようなものなのである。だから，色がなければ視力は見るというはたらきをなし得ないのと同様に，知性的魂は表象像なしには知性認識のはたらきをなし得ないのである。さらには，知性認識をするために魂は，表象像が現実態において可知的となるために表象像を準備する力を必要としている。たとえば，思考力や記憶力がそうである。これらのちからについては，何らかの身体器官の現実態であり，身体器官をつうじてはたらくものである以上，身体の後に残存することができないことは確かなのである[5]。

り相違するラテン訳となっている。
　5) この反論では魂の「すべての」はたらきを枚挙・吟味して，そこからの帰納によって一般的な主張「身体とともに限定を受けている」が導き出されるとされている。ただし，考察されているのは栄養摂取的魂と感覚的魂と知性的魂という3つの魂であり，それぞれに能力・ちからが属し，その能力がなすはたらきを原理的に枚挙していることになっている。ただ，アクィナスは3つの種類の魂の持つ能力としては，栄養的能力，感覚的能力，知性的能力の他に，場所的運動能力と欲求能力があるとする。この二つは，魂の内部にとどまる認知の能力とはちがって，外的な事物に向かう場合の能力であると規定されている。しかし，場所的運動能力も欲求能力も感覚的魂と知性的魂にともなうものであるために，原理的には「すべての」能力が

Unde et Aristoteles dicit quod *nequaquam sine phantasmate intelligit anima*; et quod *nihil intelligit sine intellectu passivo*, quem vocat virtutem cogitativam, qui est corruptibilis. Et propter hoc dicit, in I *de Anima*, quod *intelligere hominis corrumpitur quodam interius corrupto*, scilicet phantasmate vel passivo intellectu. Et in III *de Anima*, dicitur quod *non reminiscimur*, post mortem, eorum quae scivimus in vita.

Sic igitur patet quod nulla operatio animae potest remanere post mortem. Neque igitur substantia eius manet: cum nulla substantia possit esse absque operatione.

(Cap.81)

1619. — Has autem rationes, quia falsum concludunt, ut ex praemissis est ostensum, tentandum est solvere.

1620. — Ac primo sciendum est quod quaecumque oportet esse invicem coaptata et proportionata, simul recipiunt multitudinem vel unitatem, unumquodque ex sua causa. Si igitur esse unius dependeat ab altero, unitas vel multiplicatio eius etiam ex illo dependet: alioquin, ex alia causa extrinseca. Formam igitur et materiam semper oportet esse ad invicem proportionata et quasi naturaliter coaptata: quia proprius actus in propria materia fit. Unde semper oportet quod materia et forma consequantur se invicem in multitudine et unitate. Si igitur esse formae dependet a materia, multiplicatio ipsius a materia dependet, et similiter unitas. Si autem non, erit quidem necessarium multiplicari formam secundum multiplicationem materiae, idest simul cum materia, et proportionem ipsius: non autem ita quod dependeat unitas vel multitudo ipsius formae a materia. Ostensum est autem

以上のことから，アリストテレスも次のように述べているのである。「魂は表象像なしには何も知性認識しない」〔『魂について』第3巻7章431a16-17〕し，「受動知性なしには何も知性認識しない」〔5章430a24-25〕のであるが，アリストテレスはこの受動知性を思考力と呼んでおり，これは可滅的なのである。このために，『魂について』第1巻〔4章408b24-25〕でアリストテレスは「何か内的なものが」すなわち表象像あるいは受動知性が「消滅すると，人間の知性認識のはたらきは消滅する」と述べている。また，『魂について』第3巻〔5章430a23-24〕では，この世でわれわれが知っていたことがらを，死後には「われわれは想い出さない」と述べられているのである。

以上から明らかなように，魂のどんなはたらきも死後には残存し得ないのである。それゆえまた，魂の実体もそのままにとどまり得ないのである。なぜなら，はたらきを欠いた実体など存在し得ないからである。

〔第81章〕

1619. だが，以上の諸論拠は誤った結論を導いていることは前述のこと〔79章〕から明らかであるから，その論拠を解消するように努めねばならない。

1620. 〔論拠1の解消〕最初に知っておくべきことは次の点である。相互に適合し合い相関し合っていなければならないものどもは多性あるいは一性を同時に受容するのであり，それぞれが自分の原因によってそれを受容するのである。それゆえ，一方の存在が他方に依存しているならば，一方の一性あるいは多性も他方に依存しているのである。もしそうでないならば，別の外的原因に依存することになるからである。だから，形相と質料は相互に相関し合い，いわば本性的に適合し合っているのでなければならない。なぜなら，固有な現実態がそれに固有の質料のうちに生じるものだからである[6]。それゆえ，形相と質料は多性と一性の点で常に相互に随伴し合っているのでなければならない。したがって，形相の存在が質料に依存しているならば，形相の多性も質料に依存しているのであり，一性も同様なのである。だが，もし依存していないとしても，形相は質料の多性にそくして，すなわち質料とともに，また質料との相関にそくして多数化されることが必然であろう。とはいえ，形相そのものの一性あるいは多性が質料に依存し

吟味し尽くされたと見なされているのであろう。*ST* I, q.78, a.1. 参照。

6) 正確な引用ではないが，『魂について』第2巻2章414a25-27のパラフレーズ。

quod anima humana est forma secundum suum esse a materia non dependens. Unde sequitur quod multiplicantur quidem animae secundum quod multiplicantur corpora, non tamen multiplicatio corporum erit causa multiplicationis animarum. Et ideo non oportet quod, destructis corporibus, cesset pluralitas animarum: ut *prima* ratio concludebat.

1621. — Ex quo etiam de facili patet responsio ad *secundam* rationem. Non enim quaelibet formarum diversitas facit diversitatem secundum speciem, sed solum illa quae est secundum principia formalia, vel secundum diversam rationem formae: constat enim quod alia est essentia formae huius ignis et illius, nec tamen est alius ignis neque alia forma secundum speciem. Multitudo igitur animarum a corporibus separatarum consequitur quidem diversitatem formarum secundum substantiam, quia alia est substantia huius animae et illius: non tamen ista diversitas procedit ex diversitate principiorum essentialium ipsius animae, nec est secundum diversam rationem animae; sed est secundum diversam commensurationem animarum ad corpora; haec enim anima est commensurata huic corpori et non illi, illa autem alii, et sic de omnibus. Huiusmodi autem commensurationes remanent in animabus etiam pereuntibus corporibus: sicut et ipsae earum substantiae ma-

第 80-81 章

ているというような仕方においてではない。さて，人間の魂が存在にそくして質料に依存していないような形相であることが，先に〔第68章〕明示されている。それゆえ，魂は身体が多数化されることに〈そくして多数化〉されるということが帰結するのであるが，それは身体の多数化が魂の〈多数化の原因〉ではないのである。それゆえ，身体が破壊されると魂の複数性もなくなってしまうと，論拠1〔1614節〕が結論していたのであるが，そうである必然性はないのである[7]。

1621. 〔論拠2の解消〕以上からまた，論拠2〔1615節〕への解答も容易に明らかとなる。種にそくした形相の多様性を作り出すのは，どんな種類の多様性であってもいいというわけではなく，形相的原理あるいは形相の多様な規定にそくした多様性だけなのである。というのも，〔たとえば〕この火の形相の本質はあの火の形相の本質と別であることは確かであるが，それは種にそくして別の火でもないし，別の形相でもないのである。それゆえ，身体から分離した魂の多性は確かに，実体にそくした形相の相異から帰結するが，それはこの魂の実体とあの魂の実体は別だからである。しかしながら，この多様性は魂そのものの本質的原理の多様性から出てくるのではないし，魂の規定が多様であることにそくしているのでもない。そうではなくて，魂の多性は魂の身体への〈比例関係〉が多様であることにそくしているのである。つまり，この魂はこの身体に比例し，あの身体には比例していない。また，あの魂は別の身体に比例しており，すべての魂についても同様なのである[8]。ところが，このような諸々の比例関係は身体が去ったとしても魂のうちに残存するのである。それは，魂の実体そのものが存在にそく

---

7) この論駁は質料と形相の関係についての，アクィナスの根底的で微妙な見直しを提示するものとなっている。一般的に形相と質料とは現実的に存在している存在者の内的な構成要素であるから，両者の関係は相互的であり，質料が形相に存在の上で依存しているように，形相も質料に依存していると見なされる。ここでもこの種の質料／形相関係が存在することは承認されている。しかしここではもう一つのタイプの質料／形相関係が想定され，存在において質料に依存しない形相が可能であるとされているのである。ただし，このタイプであっても，それが質料／形相関係である以上，両者の間に「適合し相関する」関係があり，形相が質料に「そくして（secundum）」一であったり多であったりする。しかしこの「そくして」多数化されるということは，このタイプにおいては質料が形相の多数性の「原因（causa）」ではないのは，形相の存在が質料に依存しないからなのである。そして，このタイプの形相が人間の知性的魂なのである。本書第68章1452節を参照。

8) 前節で人間の魂が質料の多数性に「そくして多数化される」と語られたことが，ここでは身体への「比例関係（commensuratio）」と表現されている。また，第83章1680節では身体への「秩序（ordo）」と言われている。人間の種としての一性を決定している知性的魂の本質的原理あるいは本質的規定が，各人の魂において異なっているわけではない。そうではなく，

nent, quasi a corporibus secundum esse non dependentes. Sunt enim animae secundum substantias suas formae corporum: alias accidentaliter corpori unirentur, et sic ex anima et corpore non fieret unum per se, sed unum per accidens. Inquantum autem formae sunt, oportet eas esse corporibus commensuratas. Unde patet quod ipsae diversae commensurationes manent in animabus separatis: et per consequens pluralitas.

1622. — a) Occasione autem *tertiae* rationis inductae, aliqui aeternitatem mundi ponentes in diversas opiniones extraneas inciderunt.

b) Quidam enim conclusionem simpliciter concesserunt, dicentes animas humanas cum corporibus penitus interire.

c) Alii vero dixerunt quod de omnibus animabus remanet aliquid unum separatum quod est omnibus commune: scilicet intellectus agens, secundum quosdam; vel cum eo intellectus possibilis, secundum alios.

d) Alii autem posuerunt animas in sua multitudine post corpora remanere: sed, ne cogerentur animarum ponere infinitatem, dixerunt easdem animas diversis corporibus uniri post determinatum tempus. Et haec fuit Platonicorum opinio, de qua infra agetur.

e) Quidam vero, omnia praedicta vitantes, dixerunt non esse inconveniens animas separatas actu existere infinitas. Esse enim infinitum actu in his quae non habent ad invicem ordinem, est esse infinitum per accidens: quod ponere non reputant inconveniens. Et est positio Avicennae et Algazelis.

第 80-81 章

して身体に依存しないものとして残存するのと同様なのである。実際，魂はその実体にそくして身体の形相である。そうでないとしたら，魂は身体に付帯的に合一していることになり，そうだとすると魂と身体とから自体的に一なるものが生じるのではなくて，付帯的に一なるものが生じることになってしまうであろう。しかしながら，魂が形相である限りにおいては，身体と比例していなければならない。それゆえに，〔身体に対する〕多様な比例関係そのものは分離した魂においてそのままであり，したがって多数性もそのままであることが明らかである[9]。

1622. 〔論拠3の解消〕a) さて，論拠3〔1616〕が導入されたことが機会となって，世界の永遠性を主張するある人々はさまざまな見当外れの見解へと落ち込んでしまった。

b) 或る人々はその結論を端的に承認して，人間の魂は身体とともにまったく無くなってしまうと述べている。

c) また別の人々は，すべての魂からそのすべてに共通な何か一つの分離したものが残存するのだと言った。それは或る人たちによれば能動知性であるし，別の人たちによるならば能動知性とともに可能知性もそうなのである〔1614節参照〕。

d) また別の人々は，魂はその多性のままに身体の後に残存すると主張したが，無限の数の魂があると措定することを余儀なくされることのないように，同じ魂が一定の時間の後にさまざまな身体に合一するのだと述べたのである。これはプラトン主義者の見解であり，これについては後に〔83章〕論じる。

e) それに対して或る人々は，以上のすべての見解を避けようとして，分離した後に無限の数の魂が現実態において実在することは不適切ではないと述べた。というのは，相互に秩序ももっていないことがらにおいて現実態にある無限であるということは，付帯的に無限なことだからであり，これを措定することは不適

魂のいわば「外にある」身体との比例関係，つまり身体の多数性と「ともに測れる」という関係性が，各人の魂によって異なっているのである。

9) 前注で述べた「比例関係」をアクィナスは「身体との合一への自然本性的適合性と傾向性（aptitudo et inclinatio naturalis ad corpri unionem）」（*ST* I, q.76, a.1, ad 3）とも表現しているが，死後もこれが人間の魂に残っているということが，身体をともなった復活への傾向性を保持していることを示すことになる。また，死後において魂だけで存在することになる人間の魂が，身体と分離したからといって純粋な離存実体（天使）に変化してしまうわけではないことの理由もこの点にある。

f) Quid autem horum Aristoteles senserit, ab eo expresse non invenitur: cum tamen expresse mundi aeternitatem ponat.

g) Ultima tamen praedictarum opinionum principiis ab eo positis non repugnat. Nam in III *Phys*. et in I *Caeli et Mundi*, probat non esse infinitum actu in corporibus naturalibus, non autem in substantiis immaterialibus.

h) Certum tamen est circa hoc nullam difficultatem pati Catholicae Fidei* professores, qui aeternitatem mundi non ponunt.

1623. — Non est etiam necessarium, quod si anima manet corpore destructo, quod fuerit ei accidentaliter unita: ut *quarta* ratio concludebat. Accidens enim describitur: *quod potest adesse et abesse praeter corruptionem subiecti compositi ex materia et forma*. Si autem referatur ad principia subiecti compositi, verum non invenitur. Constat enim materiam primam ingenitam et incorruptibilem esse: ut probat Aristoteles in I *Physicorum*. Unde, recedente forma, manet in sua essentia. Non tamen forma accidentaliter ei uniebatur, sed essentialiter: uniebatur enim ei secundum esse unum. Similiter autem anima unitur corpori secundum esse unum, ut supra ostensum est. Unde, licet maneat post corpus, substantialiter ei unitur, non accidentaliter. —Quod autem materia prima non remanet actu post formam nisi

---

* M は Catholicae Fidei をイタリックにしているが, L に従った。

切ではないと見なしているのである。これはアヴィセンナとアルガザーリーの立場である[10]。

f) さて，アリストテレスがこのうちのどの見解を持っていたのかは，彼自身からははっきりとは見いだされない。ただ，彼ははっきりと世界の永遠性を主張している[11]。

g) とはいえ，前述の諸見解の最後のもの〔本節e)〕は，アリストテレスの措定している諸原理に矛盾していない。というのも，『自然学』第8巻〔5章204a8-206a8〕と『天体論』第1巻〔6-7章〕においてアリストテレスは，自然的物体においては現実態において無限なものは存在しないが，非質料的実体においてはそうではないということを証明しているからである。

h) だが，この点に関しては，世界の永遠性を主張していないカトリックの信仰を告白している者たちに何の困難もないことは確かである。

1623. 〔論拠4の解消〕また，論拠4〔1617節〕は身体が破壊されても魂は残るとしたら，魂は身体に付帯的に合一していたことになると結論していたのであるが，これは必然的ではないのである。付帯性は「質料と形相とから複合された基体が消滅することなく，備わっていたり離れていたりすることのできるもの」と記述されている。だが，このことが複合した基体の〔内的〕原理に関係づけられるならば，それは真だとは見いだされない。というのは，第一質料は，アリストテレスが『自然学』第1巻〔9章192a28-29〕で証明しているように，生成しないものであり不可滅だということは確かだからである。それゆえ，形相が過ぎ去っても第一質料はその本質にとどまるにしても，それに形相が付帯的に合一しているのではなく本質的に合一しているのである。なぜなら，一つの存在にそくして第一質料に形相が合一しているからである。さて，それと同様に，魂は身体と一つの存在にそくして合一しているということが先に〔第68章〕明示されている。それゆえ，魂は身体の後にとどまるとしても，身体と実体的に合一するのであって付帯的に合一するのではないのである。──ただし，第一質料が形相の後に現

---

10) この点については，*ST* I, q.7, a.4, c.を参照。

11) 初期の *Sent.* I, d.1, q.1, a.1. c.でも，アクィナスは世界が始まりを持たずに永遠から存在していたという主張をアリストテレスがしていたと解釈している。ここでも同様である。しかし，後期の *ST* I, q.46, a.2. などでは，この主張にアリストテレスが確信をもっていたというよりは，蓋然性を認めていたという解釈に傾いたと思われる。

secundum actum alterius formae, anima autem humana manet in actu eodem, ex hoc contingit quod anima humana est forma et actus, materia autem prima potentia ens.

1624. — Quod autem *quinta* ratio proponebat, nullam operationem posse remanere in anima si a corpore separetur, dicimus esse falsum: manent enim operationes illae quae per organa non exercentur. Huiusmodi autem sunt intelligere et velle. Quae autem per organa corporea exercentur, sicut sunt operationes potentiarum nutritivae et sensitivae, non manent.

1625. — a) Sciendum tamen est quod alio modo intelligit anima separata a corpore et corpori unita, sicut et alio modo est: unumquodque enim secundum hoc agit secundum quod est. Esse quidem animae humanae dum est corpori unita, etsi sit absolutum a corpore non dependens, tamen *stramentum* quoddam ipsius et subiectum ipsum recipiens est corpus. Unde et consequenter operatio propria eius, quae est intelligere, etsi non dependeat a corpore quasi per organum corporale exercita, habet tamen obiectum in cor-

実態において残存するのは，その形相とは別の形相の現実態にそくしてでしかないが，人間の魂は同じ現実態においてとどまる。このことゆえに，人間の魂は形相であり現実態であるのに第一質料の方は可能態における存在者であるということになるのである[12]。

1624.　〔論拠5の解消〕また，論拠5〔1618節〕は魂が身体から分離するならば魂のうちに何のはたらきも残存し得ないことになると主張していたのであるが，われわれに言わせればこれは偽である。というのは，〔身体〕器官をつうじて遂行されるのではないようなはたらきは残るからである。知性認識のはたらきや意志するはたらきがこのようなものである。それに対して，身体器官をつうじて遂行される，栄養摂取的能力や感覚的能力のはたらきのようなものは，残らないのである。

1625.　a）ただ，次のことを知らねばならない。身体から分離した魂と身体と合一している魂とでは，存在の様態が別であるように，知性認識の様態は別である。どのようなものであっても，それが存在するあり方にそくして作用をなすからである。実際，身体と合一している間の人間の魂の存在は，身体に依存していない独立したものであるにしても，その存在のある種の「苗床」であり[13]存在を受容している基体は身体なのである。それゆえその帰結として，知性認識という魂に固有のはたらきも，身体器官をつうじて遂行されるはたらきのように身体に依存

---

　12)　質料的世界において，第一質料と人間の魂は存在の段階においていわば両極にある。質料的世界に存在するすべてのものが，究極的には第一質料という，それ自体はまったく形相を欠いていると理解されなければならないものを含んでいる。しかし，現実態において存在している質料的存在者は，その現実態の根拠としての形相によってそのものとなっている。第一質料とそれに合一している実体的形相とは，その二つから複合されている事物の内在的な原理であり，その合一によってその事物が現実にそのものとして存在するようになるものであるから，その結合は決して付帯的なものではない。しかし，第一質料は純粋な可能態であるから，それだけでは存在しえず，必ず何かの形相と合一した複合体の成分として存在する。だから，或る形相との合一が解かれた後には必ず別の形相と合一している。それに対して，知性的魂という人間の実体的形相は，人間という質料的事物の内在構成要素であるがゆえに，質料（身体）との合一はやはり付帯的ではなく実体的である。しかし，形相の方は現実態の原理であることによって，しかも質料的世界における最高度の完全性を持つ形相であることによって，知性的魂は身体との合一が解かれた後も現実態において存続し続けるのである。

　13)　諸家は stramentum という語は『原因論』第3命題によるとする。『原因論』の中では，離存実体にとって魂が stramentum であることが述べられており，アクィナスも『原因論註解』（p.23, 8-14）では忠実な解釈を提示している。しかしこの箇所では，魂にとって身体が stramentum とされており，本来の意味からははずれている。

pore, scilicet phantasma. Unde, quandiu est anima in corpore, non potest intelligere sine phantasmate: nec etiam reminisci nisi per virtutem cogitativam et memorativam, per quam phantasmata praeparantur, ut ex dictis patet. Et propter hoc intelligere, quantum ad hunc modum, et similiter reminisci, destruitur corpore destructo.

b) Esse vero separatae animae est ipsi soli absque corpore. Unde nec eius operatio, quae est intelligere, explebitur per respectum ad aliqua obiecta in corporeis organis existentia, quae sunt phantasmata: sed intelliget per seipsam, ad modum substantiarum quae sunt totaliter secundum esse a corporibus separatae, de quibus infra agetur. A quibus etiam tanquam a superioribus, uberius influentiam recipere poterit ad perfectius intelligendum.

c) Cuius signum etiam in iuvenibus apparet. Nam anima, quando impeditur ab occupatione circa corpus proprium, redditur habilior ad intelligendum aliqua altiora: unde et virtus temperantiae, quae a corporeis delectationibus retrahit animam, praecipue facit homines ad intelligendum aptos.

d) Homines etiam dormientes, quando corporeis sensibus non utuntur, nec est aliqua perturbatio humorum aut fumositatum impediens, percipiunt de futuris, ex superiorum impressione, aliqua quae modum ratiocinationis humanae excedunt.

e) Et hoc multo magis accidit in syncopizantibus et exstasim passis: quanto magis fit retractio a corporeis sensibus.

f) Nec immerito hoc accidit. Quia, cum anima humana, ut supra ostensum est, in confinio corporum et incorporearum substantiarum, *quasi in horizonte existens aeternitatis et temporis*, recedens ab infimo, appropinquat ad summum.

g) Unde et, quando totaliter erit a corpore separata, perfecte assimilabitur substantiis separatis quantum ad modum intelligendi, et abunde influentiam

しているのではないにしても，身体のうちにある対象つまり表象像を持っているのである。それゆえ，先述のことから明らかなように，身体のうちに存在している間の魂は表象像なしには知性認識し得ない。さらにまた，表象像がそれによって準備される思考力や記憶力をつうじてでなければ，想起することもできない。そして以上から，この様態に関する限りでは，身体が破壊されたら，知性認識のはたらきは破壊されるのであり，想起するはたらきも同様なのである。

b）それに対して，分離した魂の存在は身体なしにそれ自身だけに属している。それゆえ，その魂の知性認識するというはたらきも，表象像という身体器官のうちに存在する何らかの対象への関係において実現されるのではない。そうではなく，その魂はそれ自身によって知性認識するのであり，存在にそくして身体から全面的に分離している実体（これについては後に〔第96章以下〕論じる）の持つ様態において知性認識するのである。また，上位のものであるこれらの実体から，より完全に知性認識するためのより豊かな影響を受け取り得ることになるのである。

c）また，このことの徴表となることが，若者たちにおいて明らかである。つまり，魂はそれ固有の身体について気を遣うことを阻害されている時に，より容易に何かより高度なことがらを知性認識できるようになる。だからまた，身体的快から魂を引き離す節制の徳によって，人間はとりわけ知性認識に対して適切な状態になるのである。

d）さらには，人が眠っていて，身体の感覚を用いず体液や蒸気の何らかの混乱が妨げとなってもいない時には，上位のものの刻印によって，未来に関して人間並みの推論の様式を越えているようなことがらを把握するのである。

e）またこのことは失神状態にある人や脱我状態に陥っている人々にはいっそうよく生じるのである。その時には，身体の感覚からのより一層の乖離が生じているからである。

f）そしてこんなことが生じるのは故なきことではないのである。というのは，先に〔第58章1453節〕明示されたように，人間の魂は物体的実体と非物体的実体の境界に位置し，「いわば永遠性と時間の地平に存在するもの」であるから，最下位の方から遠ざかることによって最上位の方へと近づくからである。

g）それゆえまた，人間の魂が身体から全面的に分離することになる時には，知性認識の様態に関して離存実体と完全に似たものとされるのであり，それら

eorum recipiet.

1626. — Sic igitur, etsi intelligere nostrum secundum modum praesentis vitae, corrupto corpore corrumpatur, succedet tamen alius modus intelligendi altior.

1627. — Reminisci autem, cum sit actus per corporeum organum exercitus, ut in libro *de Memoria et Reminiscentia* Aristoteles probat, non poterit post corpus in anima remanere: nisi *reminisci* aequivoce sumatur pro intelligentia eorum quae quis prius novit; quam oportet animae separatae adesse etiam eorum quae novit in vita, cum species intelligibiles in intellectu possibili indelebiliter recipiantur, ut supra ostensum est.

1628. — a) Circa alias vero animae operationes, sicut est amare, gaudere, et alia huiusmodi, est aequivocatio cavenda. Nam quandoque sumuntur ut sunt animae passiones. Et sic sunt actus sensibilis appetitus secundum concupiscibilem vel irascibilem, cum aliqua permutatione corporali. Et sic in anima manere non possunt post mortem: ut Aristoteles probat in libro *de Anima*.

b) Sumuntur autem quandoque pro simplici actu voluntatis, qui est absque passione. Unde Aristoteles dicit, in VII *Ethic.*, quod *Deus una simplici operatione gaudet*; et in X, quod in contemplatione sapientiae est *delectatio admirabilis*; et in VIII, *amorem amicitiae ab amatione*, quae est passio,

の[14]影響を豊かに受けることになるのである。

1626. 以上のようにして，現在の〔身体とともにある〕状態にあるわれわれの知性認識のはたらきは，身体の消滅によって消滅するにしても，別のより高次の様態の知性認識のはたらきが後に続くのである[15]。

1627. さて，想起のはたらきについては，アリストテレスが『記憶と想起について』〔1章451a14-17〕で証明しているように，身体器官をつうじて遂行される現実態であるから，身体の後に魂のうちに残存することはできないことになるであろう。ただし，「想起する」ということを同名異義的に〈人が以前に知っていたことについての知解〉というように理解するならば別である。このような知解は分離した魂に，それが生きているときに知っていたことがらについても，備わっているのでなければならない。なぜなら，先に〔第74章〕明示したように，可知的形象は可能知性のうちに消えることのない仕方で受容されているからである。

1628. a) それに対して，愛することや喜ぶことや他の同様のことのような，魂の別のはたらきについては，その同名異義性に注意をしなければならない。というのは，それらのはたらきは時には魂の情念として捉えられることがある。その場合には身体の何らかの変容を伴った，欲情的部分と怒情的部分にそくした感覚的欲求の現実態であることになる。そうすると，それらのはたらきは，アリストテレスが『魂について』〔第1巻4章408b27-29〕で証明しているように，死後に魂のうちに残ることはできないのである。

b) だがそれらのはたらきは，時には情念を欠いた意志の端的な現実態と捉えられることもある。だからアリストテレスは『〔ニコマコス〕倫理学』第7巻〔15章1154b26〕では「神は一つの単純なはたらきにおいて喜ぶ」と述べ，第10巻〔7章1177a25-26〕では知恵の観照のうちに「驚嘆すべき快がある」とし，第8

---

14) 一つの写本だけが eorum（男性あるいは中性形）ではなく，earum（女性形）をとる。ここは離存実体（substantiae separatae, 女性形）の方が文法的には適切であるが，アクィナスのなかでは「天使（angeli, 男性形）」との置換が起こっているのかもしれない。

15) この点については，アクィナス自身が認めるある種の困難がある。すなわち，身体器官を経て知性認識することが人間の本性にとって相応しい認識様態であるとすると，死後に身体から分離した知性的魂のなす知性認識のはたらきは「より高次の」様態をもつとしても，人間の本性に相応しいものではなくならないのかという問題である。この点については，*ST* I, q.89, a.1.を参照。

distinguit.

c) Cum vero voluntas sit potentia non utens organo, sicut nec intellectus, palam est huiusmodi, secundum quod sunt actus voluntatis, in anima separata remanere.

1629. — Sic igitur ex praedictis rationibus concludi non potest animam hominis esse mortalem.

巻〔7章1157b28-32〕では「友愛の愛は」情念である「情愛とは」区別されると述べているのである。

　c）ところで，その意志は知性と同様に器官を使用しない能力であるから，そのようなものは意志の現実態である限り，分離した魂のうちに残存することは明らかなのである[16]。

1629. このように以上の諸論拠から，人間の魂が死すべきものであると結論することはできないのである。

---

16) 本書では「意志（voluntas）」については本格的な考察はないが，アクィナスにおいては，すでに ScG I, c.72, n.618. で神が知性認識者であることから，神が「意志するもの」であることが直ちに帰結するとされているように，知性的な認知作用を行うものが，その認知によって把握された対象を「欲求する」能力として意志は規定される。すなわち，「知性的欲求」が意志である以上，知性の認知作用が死後も残存するとするならば，当然意志の働きも残存するのである。

CAPUT 82.

QUOD ANIMAE BRUTORUM ANIMALIUM NON SUNT IMMORTALES.

1630. — Ex his autem quae dicta sunt, evidenter ostenditur brutorum animas non esse immortales.

1631. — Iam enim ostensum est quod nulla operatio sensitivae partis esse sine corpore potest. In animabus autem brutorum non est invenire aliquam operationem superiorem operationibus sensitivae partis: non enim intelligunt neque ratiocinantur. Quod ex hoc apparet, quia omnia animalia eiusdem speciei similiter operantur, quasi a natura motae et non ex arte operantes: omnis enim hirundo similiter facit nidum, et omnis aranea similiter telam. Nulla igitur est operatio animae brutorum quae possit esse sine corpore. Cum igitur omnis substantia aliquam operationem habeat, non poterit anima bruti absque corpore esse. Ergo, pereunte corpore, perit.

1632. — Item. Omnis forma separata a materia est intellecta in actu: sic enim intellectus agens facit species intelligibiles actu, inquantum abstrahit eas, ut ex supra dictis patet. Sed, si anima bruti manet corrupto corpore, erit forma a materia separata. Ergo erit forma intellecta in actu. Sed *in separatis a materia idem est intelligens et intellectum*, ut Aristoteles dicit, in III *de Anima*. Ergo anima bruti, si post corpus manet, erit intellectualis.

第 82 章

非理性的動物の魂は不死ではないこと

1630. さて，いま述べられたことから，非理性的動物の魂は不死ではないことが明証的に示されることになる[1]。

1631. 先に〔第66, 67章〕明示したように，感覚的部分のはたらきはどれも身体なしにはあり得ない。ところで，非理性的動物においては感覚的部分のはたらきよりも上位のはたらきは何も見いだされない。知性認識することも推論することもないからである。このことは次のことから明らかである。すなわち，同じ種に属する〔非理性的〕動物のすべてが，自然本性によって動かされるものであり，また，技術知によってはたらきをなしていないものであるために，なされるはたらきは類似している。たとえば，すべてのツバメは巣を類似した仕方で作るし，すべてのクモは網を類似した仕方で作るのである。それゆえ，非理性的動物の魂には身体なしであり得るようなはたらきは何もないのである。したがって，すべての実体がなんらかのはたらきを有している以上，非理性的動物の魂は身体なしにはあり得ないことになる。それゆえに，その魂は身体が過ぎ去ってしまうと消滅するのである。

1632. 同じく，質料から分離したすべての形相は現実態において知性認識されている。実際，先に〔第77章〕述べたことから明らかなように，能動知性は可知的形象を抽象する限りにおいてそれを現実態にするのである。ところで，身体が消滅しても非理性的動物の魂が残存するなら，その魂は質料から分離した形相であることになる。しかし，アリストテレスが『魂について』第 3 巻〔4 章430a3-4〕で述べているように，「質料から分離したものにおいて，知性認識するものと

---

[1] この章の課題は，前章での人間の知性的魂の不死性の証明の裏側であり，あらためて論じる必要がないように見える。確かに1636節まではそういえるであろう。しかし，1637節以降のプラトン的な魂論に対する批判が付加されており，知性的魂と感覚的魂の間にある相違ではなく，魂を持つものと持たないものの相違の要点である「自己自身を動かすもの」という生物の一般的特徴によっては不死性は導き出されないことを明らかにしている点に意義がある。

Quod est impossibile.

1633. — Adhuc. In qualibet re quae potest pertingere ad aliquam perfectionem, invenitur naturalis appetitus illius perfectionis: *bonum enim est quod omnia appetunt*, ita tamen quod *unumquodque proprium bonum*. In brutis autem non invenitur aliquis appetitus ad esse perpetuum, nisi ut perpetuentur secundum speciem, inquantum in eis invenitur appetitus generationis, per quam species perpetuatur, qui quidem invenitur et in plantis et in rebus inanimatis: non autem quantum ad proprium appetitum animalis inquantum est animal, qui est appetitus apprehensionem consequens. Nam, cum anima sensitiva non apprehendat nisi hic et nunc, impossibile est quod apprehendat esse perpetuum. Neque ergo appetit appetitu animali. Non est igitur anima bruti capax perpetui esse.

1634. — Amplius. Cum *delectationes operationes perficiant*, ut patet per Aristotelem in X *Ethic.*, ad hoc ordinatur operatio cuiuslibet rei sicut in finem in quo sua delectatio figitur. Delectationes autem brutorum animalium omnes referuntur ad conservantia corpus: non enim delectantur in sonis, odoribus et aspectibus, nisi secundum quod sunt indicativa ciborum vel ve-

知性認識されたものとは同じである」。それゆえ，非理性的動物の魂が身体の後に残存するとすると，それは知性的なものであることになるが，これは不可能である。

1633. さらに，何らかの完全性へと到達できる事物であればどんなものでも，そのうちにはこの完全性への本性的欲求が見いだされる。「というのは，善とはすべてのものが欲求するものである」[2] が，「それぞれのものはそれに固有の善を」[3] 欲求するからである。ところで，非理性的動物には永続的に存在することへの欲求は見いだされない。ただし，種にそくして永続するための欲求は別である。すなわち，非理性的動物には種がそれによって永続する生成〔発生，誕生〕の欲求が見いだされる限りにおいてである。実際，この欲求は植物にも魂を持たないものにも見いだされるのである[4]。だが，それ〔永続的に存在することへの欲求〕は動物が動物である限りでの固有な欲求，すなわち把握をともなう欲求なのではない。というのは〔非理性的動物に永続的に存在することへの欲求が見いだされないのは〕，感覚的魂は今ここにあるものしか把握しないのである以上，永続的な存在を把握することは不可能だからである。それゆえ，非理性的動物は動物的欲求によってはその存在を欲求することもないのである。したがって，非理性的動物の魂は永続的存在を受け容れないのである。

1634. さらに，アリストテレス『倫理学』第10巻〔4章1175a15-16〕において明らかなように，「快ははたらきを完成させる」のであるから，どんな事物であってもそのはたらきは自分の快がそこに見いだされるものを目的として，それへと秩序づけられている。ところで，非理性的動物のあらゆる快は身体の保存に関係づけられている。実際，音や臭いや見え姿に快をおぼえるのは，それらが食物

---

2) 『ニコマコス倫理学』第1巻1章1094a3を参照。この箇所への註解において，このテキストではさしあたり，〈すべてのものが欲求するような何か一つの善が存在する〉という意味ではなく，〈何かを欲求するということはいつもそれを善として目指しているのだ〉ということが語られている，と述べている。

3) 同じく『ニコマコス倫理学』第8巻2章1155b23-25参照。

4) 「欲求（appetitus）」という訳語には不十分な面が残る。アクィナスはこの語を認識を持たない自然物についても用いるのであって，すべての存在者はその本性に応じた目的への「傾き（inclinatio）」を持っているとする。動物は自己の目的となるものを何らかの仕方で認識した上でそれへと傾くが，植物以下の存在者はただその本性によって目的へと傾いているだけで，目的を認識してはいない。「欲求」という日本語は通常認識をともなった傾きしか意味しないから，その限りで不十分な訳語なのである。

nereorum, circa quae est omnis eorum delectatio. Tota igitur operatio eorum ordinatur ad conservationem esse corporei sicut in finem. Non igitur est eis aliquod esse absque corpore.

1635. — Huic autem sententiae doctrina Catholicae Fidei concordat.

a) Dicitur enim *Gen*. 9, de anima bruti, *Anima illius in sanguine est*: quasi dicat: *Ex sanguinis permanentia esse illius dependet*.

b) Et in libro *de Ecclesiasticis Dogmatibus: Solum hominem dicimus animam substantivam habere*, idest per se vitalem: *brutorum animas cum corporibus interire*.

1636. — Aristoteles etiam, in II *de Anima*, dicit quod *intellectiva pars animae separatur ab aliis sicut incorruptibile a corruptibili*.

1637. — Per hoc autem excluditur positio Platonis, qui posuit etiam brutorum animas immortales.

1638. — Videtur tamen posse probari brutorum animas esse immortales. Cuius enim est aliqua operatio per se separatim, et ipsum est per se subsistens. Sed animae sensitivae in brutis est aliqua operatio per se in qua non communicat corpus, scilicet *movere*: nam movens componitur ex duobus, quorum unum est movens et alterum est motum; unde, cum corpus sit motum, relinquitur quod anima sola sit movens. Ergo est per se subsistens. Non igitur potest per accidens corrumpi, corpore corrupto: illa enim solum per accidens corrumpuntur quae per se non habent esse. Per se autem non potest corrumpi: cum neque contrarium habeat, neque sit ex contrariis composita. Relinquitur igitur quod sit omnino incorruptibilis.

1639. — a) Ad hoc etiam videbatur redire Platonis ratio qua probabat *om-*

第82章

や生殖活動を指し示している限りなのであって，かれらの快のすべてはこれらのものに関わっているのである。それゆえ，非理性的動物のはたらきの全体は身体的存在の保存を目的として，それに秩序づけられているのである。したがって，それらには身体を欠いたどんな存在も備わっていないのである。

1635. この見解とカトリックの信仰の教えは合致している。

a)『創世記』9章〔4-5節〕では，非理性的動物の魂について，それらの「魂は血のうちにある」と語られており，これは「それらの存在は血の持続に依存している」と語っているようなものなのである。

b) また『教会の教えについて』〔第16，17章〕という書物には，「人間だけが実体的魂を」すなわちそれ自体によって生命的な魂を「有しており」，また「非理性的動物の魂は身体とともに過ぎ去ると私たちは言う」とある。

1636. また，アリストテレスも『魂について』第2巻〔2章413b24-27〕において，「魂の知性的部分は他の部分から，不可滅的なものが可滅的なものから分離しているように，分離している」と述べているのである。

1637. さて，以上によって非理性的動物の魂も不死であると主張したプラトンの立場が排除されることになる。

1638. とはいえ，非理性的動物の魂が不死であると証明することが可能であるようにも思われるのである。すなわち，何らかのはたらきをそれ自体で分離して有しているものは，そのもの自体もそれ自体で自存するものである。ところが，非理性的動物の感覚的魂には，身体が関与しない何らかのはたらきが自体的に属している。それが「動かす」というはたらきである。というのは，動かすものは二つのものから複合されており，その一方は動かすものでありもう一つは動かされるものである。だから，身体が動かされるものである以上，動かしているのは魂だけだということになる。したがって，その魂はそれ自体で自存するものとなる。それゆえ，身体が消滅しても，魂が付帯的に消滅するということはあり得ない。というのは，付帯的に消滅するのは存在を自体的には持っていないものだけだからである。ところで，その魂は自体的に消滅することはあり得ない。なぜなら，反対的なものを持ってもいないし，反対的なものから複合されてもいないからである。したがって，非理性的動物の魂はまったく不可滅であるということになる。

1639. a) また，「すべての魂は不死である」と証明したプラトンの次のような

nem animam esse immortalem: quia scilicet *anima est movens seipsum*; omne autem movens seipsum oportet esse immortale. Corpus enim non moritur nisi abscedente eo a quo movebatur; idem autem a seipso non potest discedere; unde sequitur, secundum ipsum, quod movens seipsum non possit mori. Et sic relinquebatur quod anima omnis motiva esset immortalis, etiam brutorum.

b) Ideo autem hanc rationem in idem redire diximus cum praemissa, quia cum, secundum Platonis positionem, nihil moveat nisi motum, illud quod est seipsum movens, est per seipsum motivum, et sic habet aliquam operationem per se.

1640. — Non solum autem in movendo, sed etiam in sentiendo ponebat Plato animam sensitivam propriam operationem habere. Dicebat enim quod sentire est motus quidam ipsius animae sentientis: et ipsa, sic mota, movebat corpus ad sentiendum. Unde, definiens sensum, dicebat quod est *motus animae per corpus*.

1641. — Haec autem quae dicta sunt, patet esse falsa. Non enim sentire est movere, sed magis moveri: nam ex potentia sentiente fit animal actu sentiens per sensibilia, a quibus sensus immutantur. Non autem potest dici similiter sensum pati a sensibili sicut patitur intellectus ab intelligibili, ut sic sentire possit esse operatio animae absque corporeo instrumento, sicut est intelligere: nam intellectus apprehendit res in abstractione a materia et materialibus conditionibus, quae sunt individuationis principia; non autem sensus. Quod exinde apparet quia sensus est particularium, intellectus vero

第 82 章　　　　　　　　　　　　　　　　　　　　　　　　　　297

根拠もこれに帰するように思われる[5]。すなわち，「魂は自分自身を動かすもの」であるが，自分を動かすものはすべて不死でなければならない。実際，身体が死ぬのは身体がそれによって動かされていたものから離れることによってでしかない。ところが，同じものが自分自身から離れることはできない。それゆえ，プラトンによれば，自分自身を動かしているものは死ぬことが不可能であるという帰結になるのである。したがって，動かす力を持っている魂はすべて，非理性的動物の魂であっても不死だということになるのである。

　b）さて，この論拠が前述の論拠と同じものに帰すとわれわれは言ったのであるが，それは，プラトンの立場によれば，何ものも動かされなければ動かすことはないのであるから，自分自身を動かすものであるものは自分自身によって動かす力をもっているものであり，したがって何らかのはたらきを自体的に有していることになるからである。

1640.　だがプラトンは感覚的魂は，動かすという点においてだけではなく感覚するという点においてもそれ固有のはたらきを持っていると主張した。実際，感覚するということは感覚している魂自身の或る動であり，魂それ自体はその意味で動かされながら身体を感覚するようにと動かす，と述べたのである。それゆえ，プラトンは感覚を定義する場合に，「身体を通じた魂の動」だと言ったのである。

1641.　だが，以上述べられたことが偽であることは明らかなのである。というのは，感覚することは動かすことではなく，むしろ動かされることなのである。なぜなら，動物が可能態において感覚するものから現実態において感覚するものになるのは可感的事物によってであるが，感覚はその可感的事物によって変化を受けるのである。だが，感覚が可感的なものからはたらきを受けると言っても，知性が可知的なものからはたらきを受けるのと同様であり，したがって知性認識と同じように感覚することが身体的道具を欠いた魂のはたらきであり得る，と言うことはできない。というのは，知性が事物を把握するのは，個体化の原理である質料と質料的条件からの抽象によってであるが，感覚はそうではないからである。このことは感覚が個別的なものに関わるのに対して，知性は普遍的なものに

　　5）　たとえば，『パイドロス』245C–E を参照。ただし，アクィナスのプラトンに関する知識は間接的でしかなかったことについては，第57章1327節の注を参照。

universalium. Unde patet quod sensus patiuntur a rebus secundum quod sunt in materia: non autem intellectus, sed secundum quod sunt abstractae. Passio igitur intellectus est absque materia corporali, non autem passio sensus.

1642. — Adhuc. Diversi sensus sunt susceptivi diversorum sensibilium: sicut visus colorum, auditus sonorum. Haec autem diversitas manifeste ex dispositione diversa organorum contingit: nam organum visus oportet esse in potentia ad omnes colores, organum auditus ad omnes sonos. Si autem haec receptio fieret absque organo corporali, eadem potentia esset omnium sensibilium susceptiva: nam virtus immaterialis se habet aequaliter, quantum de se est, ad omnes huiusmodi qualitates; unde intellectus, qui non utitur organo corporali, omnia sensibilia cognoscit. Sentire igitur non fit absque organo corporeo.

1643. — Praeterea. Sensus corrumpitur ab excellentia sensibilium: non autem intellectus, quia *qui intelligit altiora intelligibilium, non minus poterit alia speculari, sed magis*. Alterius igitur generis est passio sensus a sensibili, et intellectus ab intelligibili. Intellectus quidem passio fit absque organo corporali: passio vero sensus cum organo corporali, cuius harmonia solvitur per sensibilium excellentiam.

1644. — Quod autem Plato dixit, *animam esse moventem seipsam*, certum esse videtur ex hoc quod circa corpora apparet. Nullum enim corpus videtur movere nisi sit motum. Unde Plato ponebat omne movens moveri.

関わるということから明らかである．それゆえ，感覚は質料のうちにある限りでの事物からはたらきを受けるが，知性はそうではなく抽象されている限りでの事物からはたらきを受けるのである．したがって，知性の受動は身体的質料を欠いているが，感覚の受動はそうではないのである．

1642. さらに，視覚は色を聴覚は音をというように，異なった感覚は異なった可感的なものを受容するものである．ところで，その相異が器官の相異した状態から生じていることは明らかである．なぜなら，視力の器官はすべての色に対して可能態にならなければならず，聴覚の器官はすべての音に対してそうでなければならないからである．ところが，もしこの受容が身体器官なしに生じるのだとすれば，同じ能力がすべての可感的なものを受容することができるものであることになる．なぜなら，非質料的ちからはそれ自体では，このような質のすべてに対して等しい仕方で関わるからである．それゆえ，身体器官を用いない知性は可感的なもののすべてを認識するのである[6]．それゆえ，感覚するということは身体器官がなければ生じないのである．

1643. さらに，感覚は可感的なものが並はずれていると破壊されるが，知性はそうではない．なぜなら，「より高度に可知的なものを知性認識している者は，他のことを観想するのにより劣るのではなく，より優れることになる」[7]からである．それゆえ，可感的なものによる感覚の受動と可知的なものによる知性の受動とは別の類に属するのである．実際，知性の受動は身体器官なしに生じるが，感覚の受動は身体器官とともに生じるのであって，可感的なものが並はずれているとその身体器官の調和が壊されるのである．

1644. ところで，プラトンは「魂は自分自身を動かすものである」と言ったが，このことは物体についての明らかなことから確実であると思われるのである．実際，どんな物体も動かされるのでなければ動かされることはないと思われる．だから，プラトンは動かすものはすべて動かされていると主張したのである．そし

---

　6) もちろん「知性が可感的なものすべてを認識する」と言っても，可感的事物の持つ普遍的・可知的な本性一般を認識するのであって，個別的・可感的性質をその限りにおいて認識するのではない．

　7) 『魂について』第3巻4章429a29-b4参照．Mではイタリックで引用とされているが，正確な引用ではない．

Et quia non itur in infinitum ut unumquodque motum ab alio moveatur, ponebat primum movens in unoquoque ordine movere seipsum. Et ex hoc sequebatur animam, quae est primum movens in motibus animalium, esse aliquod movens seipsum.

1645. — Hoc autem patet esse falsum, dupliciter:

Primo quidem, quia probatum est quod omne quod movetur per se, est corpus. Unde, cum anima non sit corpus, impossibile est ipsam moveri nisi per accidens.

1646. — Secundo quia, cum movens inquantum huiusmodi sit actu, motum autem inquantum huiusmodi sit in potentia; nihil autem potest esse secundum idem actu et potentia: impossibile erit quod idem secundum idem sit movens et motum, sed oportet, si aliquid dicitur movens seipsum, quod una pars eius sit movens et alia pars sit mota. Et hoc modo dicitur animal movere seipsum: quia anima est movens, et corpus est motum. Sed quia Plato animam non ponebat esse corpus, licet uteretur nomine *motus*, qui proprie corporum est, non tamen de hoc motu proprie dicto intelligebat, sed accipiebat motum communius pro qualibet operatione: prout etiam Aristoteles dicit, in III *de Anima*, quod *sentire et intelligere sunt motus quidam*. Sic

て，動かされるもののどれもが別のものによって動かされているということは無限に進行しないのであるから，それぞれの秩序における第一の動かすものは自分自身を動かしているものであると主張したのである。そしてこのことから，動物の動における第一に動かすものである魂は自分自身を動かしている何かであることが導かれたのである。

1645. だが，これが偽であることは二つの仕方で明らかである。第一には，先に証明されたように[8]，自体的に動かされるものはすべて物体である。それゆえ，魂は物体ではない以上，魂が動かされるということは，付帯的な仕方を除けば不可能なのである。

1646. 第二。動かしているものである限りでの動かしているものは現実態にあり，動かされているものである限りでの動かされているものは可能態にある。また，何ものも同じものに関して現実態にありかつ可能態にあるということはできない。なぜなら，同じものが同じものに関して動かすものでありかつ動かされるものであることは不可能である。そうではなく，もし何かが自分自身を動かしていると言われるならば，それの一部分は動かし別の部分が動かされているのでなければならない。そして，〈動物が自分を動かしている〉というのはこの意味なのである。魂が動かすものであり，身体が動かされるものだからである。ところで，プラトンは魂は身体であるとは主張しなかったのであるから，固有の意味では身体に関わる「動」という名称を用いているにしても，この固有の意味で語られた動のことを考えていたのではない。そうではなく，動ということをより広くあらゆる〈はたらき〉として捉えていたのである。アリストテレスもまた『魂について』第3巻〔7章431a6-7〕で「感覚することと知性認識することは或る種の動である」と述べているような意味においてである。だが，この意味での運動

---

8) *ScG* I, c.13. 参照。

9) 「動（motus）」は本来の自然学的な意味においては，「可能態にある存在者の現実態」として規定され，可能態にあることは不完全性を示すのであるから，この意味での運動は「不完全なものの現実態（actus imperfecti）」である。冷たいものが熱いものへと変化する場合，冷たいものは熱さという点で可能態にあり不完全なのである。それに対して，アリストテレス自身も広義では，すでに現実態にあるものの現実態を「動」と呼ぶ。感覚作用や知性認識作用や意志作用といった心的作用がそうであり，この箇所にもあるように，アクィナスはこの種の「動」は本来的には〈はたらき（operatio）〉と呼ばれるものだとしている。*InDA* III, c.6, p.230, 17-37を参照。

autem motus non est actus existentis in potentia, sed actus perfecti. Unde, cum dicebat animam movere seipsam, intendebat per hoc dicere quod ipsa operatur absque adminiculo corporis, e contrario ei quod accidit in aliis formis, quae non agunt absque materia: non enim calor calefacit separatim, sed calidum. Ex quo volebat concludere omnem animam motivam esse immortalem: nam quod per se habet operationem, et per se habet operationem, et per se existentiam habere potest.

1647. — Sed iam ostensum est quod operatio animae brutalis, quae est *sentire*, non potest esse sine corpore. Multo autem magis hoc apparet in operatione eius quod est *appetere*. Nam omnia quae ad appetitum sensitivae partis pertinent, manifeste cum transmutatione aliqua corporis fiunt: unde et *passiones* animae dicuntur.

1648. — Ex quibus sequitur quod nec ipsum *movere* sit operatio animae sensitivae absque organo. Non enim movet anima brutalis nisi per sensum et appetitum. Nam virtus quae dicitur *exequens motum*, facit membra esse obedientia imperio appetitus: unde magis sunt virtutes perficientes corpus ad moveri, quam virtutes moventes.

1649. — Sic igitur patet quod nulla operatio animae brutalis potest esse absque corpore. Ex quo de necessitate concludi potest quod anima brutalis cum corpore intereat.

第 82 章

は可能態において存在するものの現実態ではなく，完成されたものの現実態である[9]。それゆえ，プラトンが魂は自分自身を動かしていると述べたときに言おうとしていたのは，魂は身体のささえなしにはたらくということだったのである。これは質料なしには作用しない他の形相において生じていることとは反対なのである。たとえば，熱〔という形相〕がそれだけで分離して熱するのではなく，熱いもの〔質料と形相の複合体〕が熱するのである。以上のことからプラトンは動かす力を持つすべての魂は不死であると結論しようとしたのである。なぜなら，自体的にはたらきを有するものは，自体的にはたらきを有すると同時に，自体的な存在を有し得るからである。

1647. だが，すでに明示されたように，「感覚する」という非理性的魂のはたらきは身体なしには存在し得ない。このことは「欲求する」というそれのはたらきにおいていっそう明らかである。というのは，感覚的部分の欲求に属するすべてのことは，身体の何らかの変容をともなって生じることが明らかだからである。だから，それらは魂の「受動〔情念〕」と呼ばれるのである。

1648. 以上から，「動かす」ことそのものも身体を欠いた感覚的魂のはたらきではないということが帰結する。実際，非理性的魂が動かすのは感覚と欲求を通じてでしかない。というのは，「動を遂行するもの」と言われるちからによって，四肢は欲求の命令に従うものとなる。だから，それは動かすちからであるよりは，身体を動かされることへと完成させるちからなのである。

1649. こうして，非理性的魂のはたらきのどれも身体なしにはあり得ないことが明らかである。そこから必然的に，非理性的魂は身体とともに無くなってしまうということが結論され得るのである。

CAPUT 83.

Quod anima humana incipiat cum corpore.

1650. — Sed quia eaedem res inveniuntur et esse incipere et finem essendi habere, potest alicui videri quod, ex quo anima humana finem essendi non habet, quod nec principium essendi habuerit, sed fuerit semper. Quod quidem videtur his rationibus posse probari.

1651. — Nam illud quod nunquam esse desinet, habet virtutem ut sit semper. Quod autem habet virtutem ut sit semper nunquam de eo verum est dicere *non esse*: quia quantum se extendit virtus essendi, tantum res durat in esse. Omne autem quod incoepit esse, est aliquando verum dicere *non esse*. Quod igitur nunquam desinet esse, nec esse aliquando incipiet.

1652. — Adhuc. Veritas intelligibilium, sicut est incorruptibilis, ita, quantum est de se, est aeterna: est enim necessaria; omne autem necessarium est aeternum, quia quod necesse est esse, impossibile est non esse. Ex incorruptibilitate autem veritatis intelligibilis ostenditur anima secundum esse incorruptibilis. Pari ergo ratione, ex eius aeternitate potest probari animae aeternitas.

第83章
人間の魂は身体と同時に始まったこと

1650. だが，存在し始めるということと存在の終わりを持つということの両方が同じ事物に見いだされるために，或る人々には，人間の魂は存在の終わりを持っていないがゆえに，存在の始まりも持っておらず，常に存在していたのだと思われ得たのである[1]。実際，このことは次の諸論拠によって証明され得るように思われるのである。

1651. 決して存在を手放さないものは常に存在するちからを持っている。ところで，常に存在するちからを持っているものについては，「存在しない」と語ることは真ではない。なぜなら，存在するちからが及ぶ限りにおいて，事物は存在において持続するものだからである。さて，存在することを始めたものはすべて，「存在しない」と語ることがどこかの時点では真になる。それゆえ，決して存在を手放さないものはある時点で存在することを始めたのでもないのである。

1652. さらに，可知的なものの真理は，不可滅であるのと同様に，それ自体としては永遠でもある。その真理は必然的なのであるが，必然的なものはすべて永遠だからである。というのは，存在することが必然であるものは存在しないことが不可能だからである。さて，この可知的真理の不可滅性から，魂が存在にそくして不可滅であることが明示される。それゆえ，同様の根拠によって，その真理の永遠性からは魂の永遠性が証明され得るのである[2]。

---

[1] 本章と次章での論点は，人間の魂の特別なあり方をはっきりと示している。人間において魂と身体とは形相と質料の関係である。そして，人間以下の質料的事物の場合には，その事物が存在し「始める」のは形相と質料とが合一したときであり，存在を「終える」のも両者が分離した時である。しかし人間の場合には，質料である身体から分離しても形相である魂は存在し続け終わりを持たないことがすでに証明されているので，人間の魂は存在し「始める」ということがないことになるのではないか。アクィナスはそうではないと主張するのである。つまり，存在の始まりと終わりに関して，質料形相論の大枠からは平行的でなければならないはずなのに，人間の魂だけは始まりはあるのに終わりはないという特別なあり方をしているのである。

[2] この推論の背後には，「真理（veritas）」というものが本質的に事物を把握する知性的

1653. — Amplius. Illud non est perfectum cui plurimae suarum principalium partium desunt. Patet autem principales partes universi esse intellectuales substantias, in quarum genere ostensum est supra esse animas humanas. Si igitur quotidie de novo tot animae humanae esse incipiant quot homines nascuntur, patet quotidie universo plurimas principalium partium addi, et plurimas ei deesse. Sequitur igitur universum esse imperfectum. Quod est impossibile.

1654. — Adhuc etiam quidam argumentantur ex auctoritate sacrae Scripturae. Dicitur enim *Gen.* 1, quod *Deus die septimo complevit opus suum quod fecerat, et requievit ab omni opere quod patrarat.* Hoc autem non esset si quotidie novas animas faceret. Non igitur de novo animae humanae esse incipiunt, sed a principio mundi fuerunt.

1655. — a) Propter has ergo et similes rationes quidam, aeternitatem mundi ponentes, dixerunt animam humanam, sicut est incorruptibilis, ita et ab aeterno fuisse.

b) Unde qui posuerunt animas humanas in sui multitudine esse immortales, scilicet Platonici, posuerunt easdem ab aeterno fuisse, et nunc quidem corporibus uniri, nunc autem a corporibus absolvi, hac vicissitudine secundum determinata annorum curricula observata.

c) Qui vero posuerunt animas humanas esse immortales secundum aliquid unum quod ex omnibus hominibus manet post mortem, posuerunt hoc ipsum unum ab aeterno fuisse: sive hoc sit intellectus agens tantum, ut posuit

第83章

1653. さらに，自分の主要な部分の多くが欠けているようなものは完全ではない。ところで，知性的実体が宇宙の主要な部分であり，先に明示されたように，人間の魂はその知性的実体の類に属する。それゆえ，もし人間が生まれるのと同じ数だけ人間の魂が日々あらたに存在し始めているのだとすると，明らかに宇宙には日々その主要な部分の多くが付加され，またその多くが欠落していることになる。だとすると宇宙は不完全であることになるが，これは不可能なのである[3]。

1654. さらにまた，聖書の権威にもとづいて議論をする人々もいる。すなわち，『創世記』第1章〔第2章2節〕では「神はなしていた自分の仕事を第7日目に完了し，仕上げたあらゆる仕事をはなれて休まれた」と語られている。だが，もし神が日々新しい魂を作り出しているのだとしたら，こうはならないであろう。それゆえ，人間の魂があらたに存在し始めることはなく，世界の初めから存在していたのである。

1655. a) こうして以上の論拠や同様の論拠のゆえに，或る人々は世界の永遠性[4]を主張しつつ，人間の魂は，不可滅なものであるのと同様に永遠から存在してもいたのだと語ったのである。

 b) それゆえ，人間の魂が多数のままに不死であると主張した人々つまりプラトン派は，人間の魂は永遠から存在していたのであるが，ある時には身体と合一しある時には身体から切り離されるのであって，この変化は年月の一定の周期にそくして見いだされるのだと主張したのである[5]。

 c) また或る人々の主張するところによれば，人間の魂は何か一つのものにそくして不死であり，その一つのものがあらゆる人間から離れて死後に残るのである。そしてこの人々はこの一つのものそれ自体は永遠から存在したのだと主張し

認識能力との関係を有していること，人間の知性的魂は可知的な真理を現に把握していること，そして，把握されている真理のあり方とそれを把握している認識能力との間に平行関係があること，が前提されている。

 3) この推論は世界・宇宙が完全なものとして創られたことを前提としており，アクィナスもこのことを認めるのであるが，問題は「世界が完全である」とはどのような意味においてなのかである。

 4) 魂の存在と世界の永遠性の関係については，第73章1514節も参照。

 5) この「魂の輪廻」説の情報はアウグスティヌス『神の国』第12巻13章によると考えられている。*ST* I, q.46, a.2, ad 8. 参照。

Alexander sive, cum eo, etiam intellectus possibilis, ut posuit Averroes.

d) Hoc etiam videntur sonare et Aristotelis verba: nam, de intellectu loquens, dicit ipsum non solum incorruptibilem, sed etiam *perpetuum* esse.

1656. — a) Quidam vero Catholicam Fidem profitentes, Platonicorum doctrinis imbuti, viam mediam tenuerunt. Quia enim, secundum Fidem Catholicam, nihil est aeternum praeter Deum, humanas quidem animas aeternas non posuerunt, sed eas cum mundo, sive potius ante mundum visibilem, creatas fuisse, et tamen eas de novo corporibus alligari.

b) Quam quidem positionem primus inter Christianae Fidei professores Origenes posuisse invenitur, et post eum plures ipsum sequentes.

c) Quae quidem opinio usque hodie apud haereticos manet: quorum Manichaei eas etiam aeternas asserunt, cum Platone, et de corpore ad corpus transire.

1657. — Sed de facili ostendi potest praemissas positiones non esse veritate subnixas. Quod enim non sit unus omnium intellectus possibilis neque agens, iam supra ostensum est. Unde restat contra istas positiones procedere quae dicunt plures animas esse hominum, et tamen ponunt eas ante corpora extitisse, sive ab aeterno sive a mundi constitutione. Quod quidem videtur inconveniens his rationibus.

1658. — Ostensum est enim supra animam uniri corpori ut formam et ac-

た。これはアレクサンドロスが主張したように能動知性だけであるとされることもあるし，アヴェロエスが主張したように能動知性とともに可能知性もそうだとされることもある[6]。

d）さらにまた，アリストテレスの言葉もこれに共鳴しているように思われる。アリストテレスは知性について語るときに，それが不可滅であると述べるだけでなく「永続的」〔『魂について』第3巻5章430a23〕であるとも述べているからである。

1656. a）さて，カトリックの信仰を告白している人々の間にも，プラトン派の教説に鼓吹されて中間の途を取った人々がいた。というのは，カトリックの信仰によれば神以外の何ものも永遠ではないのである以上，彼らは人間の魂が永遠であるとは主張しなかったが，それは世界とともに，あるいはむしろ目に見える世界の前に創造されたのであり，それが身体に結合されるのは後からあらたになのだ，と主張したのである。

b）キリスト教の信仰の告白者で最初にこの主張をしたのはオリゲネスであるのが知られており[7]，彼の後に追随者が多くいたのである。

c）実際，この意見は今日に至るまで異端者たちのもとに残っている。そのうちのマニ教徒は人間の魂が永遠でもあることをプラトンとともに肯定し，魂は身体から身体へと移りゆくのだとしているのである[8]。

1657. しかしながら，前述の諸見解が真理に基づいていないことを明示することは容易である。実際，可能知性も能動知性もそれがすべての人々にとって一つでないことは，先に〔第59章，第76章〕明示されたのである。それゆえ，議論を進めるべく残されていることは[9]，人間たちには複数の魂があると言いながら，人間の魂は身体より前に（永遠からであろうと世界が作られたときからであろうと）存在していたのだと主張する諸見解を反駁することなのである。そして，これは以下の諸論拠によって不適当であると思われるのである。

1658. 先に〔第68章〕示されたように，魂は形相や現実態として身体に合一し

---

6) 本書80章1614節参照。
7) オリゲネス『諸原理について』第2巻9章5-7. 参照。
8) Gauthier pp.137-138.によるならば，この「今日」の「マニ教徒」とここで呼ばれているのは，北イタリアのカタリ派に属する「アルバニア派」の見解である。
9) つまり，1655節 c）への論駁はもはや必要がない。

tum ipsius. Actus autem, licet sit naturaliter prior potentia, tamen, in uno et eodem, tempore est posterior: movetur enim aliquid de potentia in actum. Prius igitur fuit semen, quod est potentia vivum, quam esset anima, quae est actus vitae.

1659. — Adhuc. Unicuique formae naturale est propriae materiae uniri: alioquin constitutum ex forma et materia esset aliquid praeter naturam. Prius autem attribuitur unicuique quod convenit ei secundum naturam, quam quod convenit ei praeter naturam: quod enim convenit alicui praeter naturam inest ei per accidens, quod autem convenit secundum naturam inest ei per se; quod autem per accidens est, semper posterius est eo quod est per se. Animae igitur prius convenit esse unitam corpori quam esse a corpore separatam. Non igitur creata fuit ante corpus cui unitur.

1660. — Amplius. Omnis pars a suo toto separata est imperfecta. Anima autem, cum sit forma, ut probatum est, est pars speciei humanae. Igitur, existens per se absque corpore, est imperfecta. Perfectum autem est prius imperfecto in rerum naturalium ordine. Non igitur competit naturae ordini quod anima fuerit prius creata a corpore exuta, quam corpori unita.

1661. — a) Amplius. Si animae sunt creatae absque corporibus, quaerendum est quomodo sint corporibus unitae. Aut enim hoc fuit violenter: aut per naturam.

ている。ところで，現実態は本性上は可能態よりも先であるとはいえ，同一のものにおいて時間的には後である。というのは，何かが動くのは可能態から現実態へだからである。それゆえ，生命の現実態である魂が存在する前に，可能態において生きているものである種子〔精子〕が存在していたのである[10]。

1659. さらに，それぞれの形相にとってそれに固有の質料と合一することが本性的である。そうでないとしたら，形相と質料とから構成されたものは何か本性を外れたものであることになってしまうからである。さて，それぞれのものには，本性にそくして適合するものの方が，本性を外れて適合するよりも先に帰される。というのも，何かに本性を外れて適合するものはそれに付帯的に内在するのであり，本性にそくして適合するものは自体的にそれに内在するのであるが，付帯的にあるものは自体的にあるものよりも常に後なるものだからなのである。それゆえ，身体と合一しているという方が，身体から分離しているよりも魂には先に適合する。したがって，魂はそれに合一している身体よりも前に創造されたのではないのである。

1660. さらに，全体から分離された部分はすべて不完全である。ところで，先に証明されたように，魂は形相であり，人間という種の部分である。それゆえ，魂は身体なしでそれ自体で存在している場合には不完全である。さて，実在の秩序においては完全なものの方が不完全なものよりも先である。それゆえ，魂が身体と合一した状態よりも前に身体から解き放たれた状態で創造されたということは，本性の秩序には適合しないのである[11]。

1661. a) さらに，もし魂が身体なしで創造されたのだとしたら，どのような仕方で身体と合一することになるのかが探究されねばならない。実際，それは強制的にか，本性によってであるのか，のいずれかだったはずである。

---

10) このアクィナスの反論は，本書第86章以下で「人間の魂は精子とともに伝達されるのではない」という主張と合わせて理解しなければならない。人間の魂の場合も，動物以下の魂と同様に，父母の生殖行為が何らかの意味で時間的に先行している。しかし，人間の魂は神によって直接に創造されるという点で，他の魂の場合とは決定的に異なっており，ここでの「種子の時間的先在」は魂一般についての基本的理解を提示したものとして注意が必要である。

11) 以上の原則的反論はいずれも，知性的魂が人間という種の本性の構成要素である点を強調したものとなっている。その限りで他の動物などと同じように，人間の魂が魂一般に帰される形相というあり方を有し，質料を欠いた仕方で存在し始めることの不都合を提示している。知性的である限りでの人間の魂の特質は問題とされていないのである。

b) Si autem violenter; omne autem violentum est contra naturam: unio igitur animae ad corpus est praeter naturam. Homo igitur, qui ex utroque componitur, est quid innaturale. Quod patet esse falsum.

c) Praeterea, substantiae intellectuales altioris ordinis sunt quam corpora caelestia. In corporibus autem caelestibus nihil invenitur violentum neque contrarium. Multo igitur minus in substantiis intellectualibus.

d) Si autem naturaliter animae sunt corporibus unitae, naturaliter igitur animae in sui creatione appetierunt corporibus uniri. Appetitus autem naturalis statim prodit in actum nisi sit aliquid impediens, sicut patet in motu gravium et levium: natura enim semper uno modo operatur. Statim igitur a principio suae creationis fuissent corporibus unitae nisi esset aliquid impediens. Sed omne impediens executionem naturalis appetitus, est violentiam inferens. Per violentiam igitur fuit quod animae essent aliquo tempore a corporibus separatae. Quod est inconveniens. Tum quia in illis substantiis non potest esse aliquid violentum, ut ostensum est. Tum quia violentum, et quod est contra naturam, cum sit per accidens, non potest esse prius eo quod est secundum naturam, neque totam speciem consequens.

1662. — Praeterea. Cum unumquodque naturaliter appetat suam perfectionem, materiae est appetere formam, et non e converso. Anima autem comparatur ad corpus sicut forma ad materiam, ut supra ostensum est. Non igitur unio animae ad corpus fit per appetitum animae, sed magis per appeti-

第83章

b）強制的にであった場合。強制されたものはすべて本性に反している[12]。それゆえ，魂の身体への合一は自然を外れたことになる。したがって，その両者から複合されている人間は何か非本性的なものであることになるが，これが偽であることは明らかである。

c）さらに，知性的実体は天体よりもより上位の秩序に属している。ところで，天体には強制されたものも反対的なものも何もない。それゆえ，知性的実体の場合にはなおさらいっそうそうなのである。

d）逆に，本性的に魂が身体と合一しているとする場合。その場合，魂はその創造において身体と合一することを本性的に欲求している。ところで，本性的欲求は，何か妨げるものがなければ，ただちに現実態へと出て行く。たとえば，重いものや軽いものの運動において明らかである。というのは，自然本性は常に一つの仕方ではたらくからである。それゆえ，魂はその創造の初めから，何か妨げるものがあるのでなければ，ただちに身体と合一したのである。さて，本性的欲求の遂行を妨げるものはすべて強制をもたらすものである。それゆえ，魂がある時点において身体から分離しているという状態は強制によったことになるが，これは不適切である。というのは一つには，先に明示されたように，この実体には強制されたものは何もないからである。もう一つには，強制されたものや本性に反したものは，付帯的にあるものである以上，本性にそくしてあるものよりも先であることはできないし，種の全体を帰結させるものでもあり得ないからである[13]。

1662. さらに，それぞれのものは自分の完成を本性的に欲求するのであるから，形相を欲求することが質料に属しているのであって，その逆ではない。ところで，魂と身体への関係は形相の質料への関係であることが先に〔第68章〕明示された。それゆえ，魂の身体への合一というのは魂に属する欲求によって生じるのではな

---

12) 「強制（violentia）」はここにあるように強制を受けるものの自然本性に対立するが，他方では「意志的なもの（voluntarium）」に対立するとも言われる。強制のこの二つの対立項は，意志的であることが自然本性であることもあるから，相互に排除的なものではない。しかし，本章1665節以下で自発的意志の論点が別に立てられているので，本節から1664節までの「自然本性」は次のd）で述べられているように，「別のあり方を許さない必然的なもの」として捉えられている。

13) この最後の「種の全体」への言及は，人間という種の完成には身体だけでも魂だけでもなく，その両方が必要であることの再確認である。

tum corporis.

1663. — a) Si autem dicatur quod utrumque est animae naturale, scilicet uniri corpori et esse a corpore separatum, pro diversis temporibus: —hoc videtur esse impossibile.

b) Quia ea quae naturaliter variantur circa subiectum, sunt accidentia: sicut iuventus et senectus. Si igitur uniri corpori et separari a corpore naturaliter circa animam varietur, erit accidens animae corpori uniri. Et sic ex hac unione homo constitutus non erit ens per se, sed per accidens.

1664. — Praeterea. Omne illud cui accidit alteritas aliqua secundum diversitatem temporum, est subiectum caelesti motui, quem sequitur totus temporis cursus. Substantiae autem intellectuales et incorporeae, inter quas sunt animae separatae, excedunt totum ordinem corporum. Unde non possunt esse subiectae caelestibus motibus. Impossibile est igitur quod, secundum diversa tempora, naturaliter uniantur quandoque et separentur quandoque, vel naturaliter nunc hoc, nunc illud appetant.

1665. — a) Si autem dicatur quod neque per violentiam neque per naturam corporibus uniuntur, sed spontanea voluntate: —hoc esse non potest.

b) Nullus enim vult in statum peiorem venire nisi deceptus. Anima autem

く，むしろ身体の持つ欲求によって生じるのである[14]。

1663. a) だが，身体と合一していることと身体から分離して存在することの両方が，時が違えばどちらも魂にとって本性的であると反論されるかもしれない。だがこれは不可能であると思われる。

b) というのは，〔同じ〕基体に関して本性的に変化するものは付帯性である。たとえば，若年と老年がそうである。それゆえ，もし身体と合一していることと身体から分離していることが魂に関して本性的に変化するのだとしたら，身体に合一することは魂にとっての付帯性であることになろう[15]。そうすると，この合一から構成されている人間というものは自体的存在者ではなく，付帯的存在者であることになってしまうのである。

1664. さらに，時間の相違に応じて何らかの別異性が生じるようなもののすべては，時間の流れ全体がそこから帰結する天の運動に服している。ところが，〔身体から〕分離した魂もその一つであるような知性的で非物体的な実体は，物体の秩序全体を越えている。それゆえ，天の諸々の運動に服しているものであることは出来ないのである。したがって，魂が時間の相違に応じて，合一するときがあったり分離するときがあったりすることが本性的であるとか，あるいは，本性的にこれを欲求する場合とあれを欲求する場合とがあるということは，不可能なのである。

1665. a) だが，魂が身体と合一するのは強制によるのでも本性によるのでもなく，自発的意志によるのだと反論されるかもしれない。だが，これはあり得ないのである。

b) 過誤に陥っているのでなければ，誰もより劣悪な状態へ向かうことを意志

---

14) この「欲求」を何か意識された心的出来事と考えることはもちろん出来ない。可能態である身体〔物体〕が現実態である形相に対して有している本性的傾きという存在論的な意味である。第82章1633節参照。

15) この「本性的に変化する」という場合の「本性的」の意味は理解しにくい。そのような仕方で変化するものが付帯性であるとされている以上，その変化の前後で付帯性の基体であるものは同じものであり，その限りでその基体の「本性」は変化していないはずである。ここで挙げられている例示において，人間には老年である人間と若年である人間のいずれかしかいないとすると，人間の本性それ自体は変化しないけれども，その本性のもとでは二つの状態のいずれかを取ることが必然であるという意味で，人間の本性に常に随伴するために「本性的」であると理解出来るかもしれない。もしそうだとすると，ここで「付帯性」と呼ばれているものも，基体にとってあってもなくてもよいという意味で付帯するのではないであろう。

separata est altioris status quam corpori unita: et praecipue secundum Platonicos qui dicunt quod ex unione corporis patitur oblivionem eorum quae prius scivit, et retardatur a contemplatione pura veritatis. Non igitur volens corpori unitur nisi decepta. Deceptionis autem nulla in ea causa potest existere: cum ponatur, secundum eos, scientiam omnem habere. Nec posset dici quod iudicium ex universali scientia procedens in particulari eligibili subvertatur propter passiones, sicut accidit in incontinentibus: quia passiones huiusmodi non sunt absque corporali transmutatione; unde non possunt esse in anima separata. Relinquitur ergo quod anima, si fuisset ante corpus, non uniretur corpori propria voluntate.

1666. — Praeterea. Omnis effectus procedens ex concursu duarum voluntatum ad invicem non ordinatarum, est effectus casualis: sicut patet cum aliquis, intendens emere, obviat in foro creditori illuc non ex condicto venienti. Voluntas autem propria generantis, ex qua dependet generatio corporis, non habet ordinem cum voluntate animae separatae uniri volentis. Cum igitur absque utraque voluntate unio corporis et animae fieri non possit, sequitur quod sit casualis. Et ita generatio hominis non est a natura, sed a casu. Quod patet esse falsum: cum sit ut in pluribus.

1667. — a) Si autem rursus dicatur quod non ex natura, neque ex propria voluntate anima corpori unitur, sed ex divina ordinatione: —hoc etiam non videtur conveniens, si animae ante corpora fuerunt creatae.

b) Unumquodque enim Deus instituit secundum convenientem modum

しない。ところで，分離した魂は身体と合一した状態よりもより上位の状態にある。このことはプラトン派の人々によればとりわけそうなのである。というのは，彼らは身体との合一によって，魂は以前に知っていたことを忘却するという苦しみを受け，真理の純粋な観想を遅らされることになると述べているからである。それゆえ，魂は過誤に陥っているのでなければ，身体と合一することを意志しないことになる。だが，魂の中には過誤の原因は何も存在し得ない。なぜなら，プラトン派の人々にしたがえば，魂はすべての学知を有しているとされているからである。また，抑制のない人々にそういうことが起こるのであるが，情念によって普遍的な学知から選択されるべき個別的なことへと進む判断が転倒しているのだと言うこともできない。というのは，このような情念は身体の変化なしにはないのであるから，分離した魂には存在し得ないからである。したがって，魂がもし身体より前に存在していたとしたら，それに固有の意志で身体と結合するなどということはない，ということになるのである。

1666. さらに，相互に秩序づけられていない二つの意志が協働することからでてくる結果は，すべて偶然的な結果である。たとえば，人が買い物をすることを意図しながら広場で，約束して来ていたわけではない債権者と遭遇するいった場合に明らかである[16]。ところで，身体の生成がそれに依存している生成させるものに固有の意志は，〔身体との〕合一を意志している分離した魂の意志との間に秩序を持っていない。それゆえ，身体と魂の合一は両方の意志がなければ生じないのであるから，その合一は偶然的であるということが帰結する。こうして人間の生成は本性によるものではなく，偶然によることになる。これが偽であることは明らかである。人間の生成は多くの場合に生じることだからである[17]。

1667. a) だがさらに，魂の身体との合一は本性によるのでも〔魂に〕固有の意志によるのでもなく神の秩序づけによるのだ，と反論されるかもしれない。だがこれもまた，魂が身体より前に創造されたのだとしたら，適切であるとは思われない。

b) 神はそれぞれのものを，それの本性の適切な様態にそくして制定する。だ

---

16) アリストテレス『自然学』第 2 巻 4 章 195b36-196a7 の「偶然・偶運」を扱った箇所に，類似した例示が見いだせる。

17) アリストテレス『自然学』第 2 巻 5 章 196b10-17 において，「常に」斉一に生成するものばかりではなく，「多くの場合に」斉一的であるものも偶然に対立するものとしている。

suae naturae: unde et *Gen.* 1, de singulis creatis dicitur, *Videns Deus quod esset bonum*, et simul de omnibus, *Vidit Deus cuncta quae fecerat, et erant valde bona*. Si igitur animas creavit a corporibus separatas, oportet dicere quod hic modus essendi sit convenientior naturae earum. Non est autem ad ordinationem divinae bonitatis pertinens res ad inferiorem statum reducere, sed magis ad meliorem promovere. Non igitur ex divina ordinatione factum fuisset quod anima corpori uniretur.

1668. — Praeterea. Non pertinet ad ordinem divinae sapientiae cum superiorum detrimento ea quae sunt infima nobilitare. Infima autem in rerum ordine sunt corpora generabilia et corruptibilia. Non igitur fuisset conveniens ordini divinae sapientiae, ad nobilitandum humana corpora, animas praeexistentes eis unire: cum hoc sine detrimento earum esse non possit, ut ex dictis patet.

1669. — Hoc autem Origenes considerans, cum poneret animas humanas a principio fuisse creatas, dixit quod ordinatione divina animae corporibus sunt unitae, sed in earum poenam. Nam ante corpora eas peccasse existimavit; et pro quantitate peccati corporibus nobilioribus vel minus nobilibus eas esse, quasi quibusdam carceribus, inclusas.

1670. — a) Sed haec positio stare non potest. Poena enim bono naturae adversatur, et ex hoc dicitur mala. Si igitur unio animae et corporis est quoddam poenale, non est bonum naturae. Quod est impossibile: est enim inten-

から『創世記』第1章でも，個々の被造物については「神はそれが善いものであるのを見る」と言われ，またそのすべてについて「神は作ったすべてを見た。それらはまことに善かった」と言われているのである[18]。それゆえ，もし神が魂を身体から分離したものとして創造したのだとすると，この存在様態の方が魂の本性にとってより適切であると言わねばならない。ところが，神の善性の秩序づけに属しているのは，事物を下位の状態に引き戻すということではなくて，むしろよりよい状態へと上昇させることなのである。それゆえ，魂が身体に合一すると言うことが神の秩序づけによってなされたということはないのである。

1668. さらに，上位のものの毀損をともないながら最下位のものを高貴なものとすることは，神の知恵の秩序に属していない。ところで，諸事物の秩序において最下位のものとは生成消滅する物体である。それゆえ，人間の身体〔物体〕を高貴なものとするために先在していた魂の方をそれに合一させるということは，神の知恵の秩序にとっては適切ではなかったのである。上述のことから明らかなように，魂を毀損することなしにこのようなことはあり得ないからである。

1669. さて，このことを考慮したオリゲネスは，人間の魂が初めから創造されたと主張していたために，魂は神の秩序づけによって身体と合一したのではあるが，それは魂への罰としてだったのだと言ったのである。というのも，身体〔と合一する〕より前に魂は罪を犯し，その罪の量に応じて魂はより高貴な身体やそれほど高貴でない身体のなかに，いわば監獄のなかに閉じ込められるように閉じ込められるのだと，オリゲネスは見なしたのである[19]。

1670. a) だがこの見解は成立し得ない。というのも，罰というのは本性の善に対立するものであり，そこから悪と言われる。それゆえ，もし魂と身体の合一が何らかの罰によるものであるとすると，それは本性の善ではないことになるが，

---

[18] 『創世記』第1章の「六日の業」の記述において，それぞれの日の業の後に（第2日は例外）神は創ったものを「善い」とし，すべての業の後に全体を「まことに善かった」とされている。アクィナスは，個々の被造物が「善い」のはそのものの本性においてであり，すべてが「まことに善い」のは宇宙の秩序という究極的な完成の故であるとしている。*ScG* II, c. 45, n.1228. 参照。

[19] この考えが見いだされるのはオリゲネス『諸原理について』第2巻9章であるが，アクィナスは直接にこの書を読んだのではなく，アウグスティヌス（『神の国』第11巻23章など）を通して知ったと考えられている。

tum per naturam; nam ad hoc naturalis generatio terminatur.

b) Et iterum sequeretur quod esse hominem non esset bonum secundum naturam: cum tamen *Gen.* 1, 31 dicatur, post hominis creationem, *Vidit Deus cuncta quae fecerat, et erant valde bona*.

1671. — Praeterea. Ex malo non provenit bonum nisi per accidens. Si igitur propter peccatum animae separatae hoc constitutum est, quod anima corpori uniatur, cum hoc sit quoddam bonum, per accidens erit. Casuale igitur fuit quod homo fieret. Quod derogat divinae sapientiae, de qua dicitur, *Sap.* 11, 21, quod *omnia in numero, pondere et mensura instituit*.

1672. — Adhuc autem et hoc repugnat manifeste apostolicae doctrinae. Dicitur enim *Rom.* 9 de Iacob et Esau, quod, 11, *cum nondum nati essent aut aliquid boni aut mali egissent, dictum est*, 12 quod *maior serviet minori*. Non igitur, antequam hoc verbum diceretur, aliquid eorum animae peccaverant: cum tamen hoc post eorum conceptionem dictum fuerit, ut patet *Gen.* 25, 23.

1673. — Sunt autem supra, cum de distinctione rerum ageretur, plura contra Origenis positionem inducta, quae etiam hic possent assumi. Et ideo, eis praetermissis, ad alia transeundum est.

1674. — a) Item. Necesse est dicere quod anima humana aut indigeat sensibus: aut non. Videtur autem manifeste per id quod experimur, quod indigeat sensibus: quia qui caret sensu aliquo, non habet scientiam de sensibilibus quae cognoscuntur per sensum illum; sicut caecus natus nullam scien-

第83章

これは不可能である。というのは，合一が本性によって目指されているからであり，実際，本性的な生成はこの合一へと終極するものだからである。

b) さらには，〔オリゲネスの見解からは〕人間であるということが本性にそくして善なのではないということが帰結することになるであろう。ところが，『創世記』第1章31節では人間の創造の後に，「神は作ったすべてを見た。それらはまことに善かった」と述べられているのである。

1671. さらに，悪から善が出てくるのは付帯的にのみである。それゆえ，もし魂が身体と合一するということが離在していた魂の罪のために創出されるのだとしたら，合一することは何らかの善である以上，それは付帯的であることになるであろう。それゆえ，人間が生じるということは偶然的であったことになる。これは神の知恵を損なうことになる。神の知恵について『知恵の書』第11章21節[20]で神は「すべてのものを数，重さ，尺度において」制定すると語られているからである。

1672. さらにまたこれは使徒の教えに反していることは明白である。というのは，『ローマの信徒への手紙』第9章〔11-12節〕ではヤコブとエサウについて次のように語られている。彼らが「まだ生まれておらず」，「何か善いことも何か悪いこともしていない時」，「兄は弟に仕えるであろうと語られた」。それゆえ，この言葉が語られる前には，彼らの魂は何の罪も犯していなかったのである。だが，これが彼らの受胎の後に語られたことは，『創世記』第25章23節から明らかなのである。

1673. ところで，先に〔第44章〕諸事物の区別を論じたときに，オリゲネスの立場に反対する多くのことがらが提示されたが，それらのことはここでも取り入れることが出来る。そこで，それら〔既述〕のことは除外して，他の論点に移るべきである。

1674. a) 人間の魂が感覚を必要とするか必要としないかのいずれかであると言うことは必然である[21]。ところで，われわれが経験していることを通じて，感覚を必要としていることは明らかであると思われる。なぜなら，或る感覚を欠いている人はその感覚によって認識される可感的なものについての学知を持っていな

---

20) 新共同訳では，第11章20節。
21) この節は，身体を必要とする感覚のはたらきと知性認識のはたらきの間にある自然

tiam habet nec aliquid intelligit de coloribus.

b) Et praeterea, si non sunt necessarii humanae animae sensus ad intelligendum, non inveniretur in homine aliquis ordo sensitivae et intellectivae cognitionis. Cuius contrarium experimur: nam ex sensibus fiunt in nobis memoriae, ex quibus experimenta de rebus accipimus, per quae ad comprehendendum universalia scientiarum et artium principia pervenimus.

c) Si ergo anima humana ad intelligendum sensibus indiget; *natura* autem nulli *defficit in necessariis* ad propriam operationem explendam, sicut animalibus habentibus animam sensitivam et motivam, dat convenientia organa sensus et motus: non fuisset anima humana sine necessariis adminiculis sensuum instituta. Sensus autem non operantur sine organis corporeis, ut ex dictis patet. Non igitur fuit instituta anima sine organis corporeis.

d) Si autem anima humana non indiget sensibus ad intelligendum, et propter hoc dicitur absque corpore fuisse creata; oportet dicere quod, antequam corpori uniretur, omnium scientiarum veritates intelligebat per seipsam. Quod et Platonici concesserunt, dicentes *ideas*, quae sunt formae rerum intelligibiles separatae secundum Platonis sententiam, causam scientiae esse: unde anima separata, cum nullum impedimentum adesset, plenarie omnium scientiarum cognitionem accipiebat. Oportet igitur dicere quod, dum corpori unitur, cum inveniatur ignorans, oblivionem praehabitae scientiae patiatur. Quod etiam Platonici confitentur: huius rei signum esse dicentes quod quilibet, quantumcumque ignoret, ordinate interrogatus de his quae in scientiis traduntur, veritatem respondet; sicut, cum aliquis iam oblito aliquorum quae prius scivit, seriatim proponit ea quae prius fuerat

いからである。たとえば，生まれつき目の見えない人は，色については何の学知も持っていないし何かを知性認識することもないのである。

b) さらにまた，もし人間の魂にとって知性認識するために感覚が必要でないとしたら，人間には可感的認識と可知的認識の間に何の秩序も見いだされないことになる。だが，その反対のことをわれわれは経験している。というのは，われわれのうちでは諸感覚から記憶が生じ，記憶から諸事物の経験を獲得し，われわれはその経験を通じて諸学知と技術知の普遍的原理の把握へと至るからである。

c) それゆえ，人間の魂が知性認識のために感覚を必要としているのであり，また，「自然は」それに固有のはたらきを完遂するのに「必要なものにおいて」何も「欠けるところがない」〔『魂について』第3巻9章432b21-22〕（たとえば，感覚的で動かす魂を持っている動物には，感覚と運動のための適切な器官が自然によって与えられている）のである以上，人間の魂が感覚のために必要なささえを欠いたまま創出されたということはないのである。ところで，感覚は身体器官なしにははたらきをなさないことは，すでに〔第57章〕述べられたことから明らかである。それゆえ，魂が身体器官なしに創出されたということはないのである。

d) それにたいして，人間の魂は知性認識するために感覚を必要とせず，そのために身体なしに創造されたのだと語られるとするなら，それが身体と合一する前にすべての学知の真理を魂がそれ自体で知性認識していたのだと言わねばならなくなる。プラトン派の人々もこのことを承認したのである。彼らはプラトンの見解にしたがって，諸事物の分離した可知的形相である「イデア」が学知の原因であり，だから離在した魂には何の障碍もないのであるから，すべての学知の認識を欠けるところなく捉えていたと言っていたのである。そうだとすると，魂が身体と合一している間に，無知であることが見いだされるときには，魂は以前に所有していた学知を忘却するという苦しみを受けていると言わなければならない。このこともプラトン派の人々は明言しているのである。そして，誰でも諸学知において伝えられていることがらについて，どれほど無知であるとしても順序よく質問されるならば真理を答えるものだというのが，このことの徴表なのだと彼らは述べている。それはちょうど，人が以前に知っていた何らかのことがらをすで

本性的関係から，人間の魂が身体を欠いた状態で創造されることの矛盾を指摘する。と同時に，この節からはじまって1679節まで，プラトン主義の想起説の不自然さに反論が加えられる。

oblitus, in eorum memoriam ipsum reducit. Ex quo etiam sequebatur quod discere non esset aliud quam reminisci.

e) Sic igitur ex hac positione de necessitate concluditur quod unio corporis animae praestet intelligentiae impedimentum. Nulli autem rei natura adiungit aliquid propter quod sua operatio impediatur: sed magis ea per quae fiat convenientior. Non igitur erit unio corporis et animae naturalis. Et sic homo non erit res naturalis, nec eius generatio naturalis. Quae patet esse falsa.

1675. — Praeterea. Ultimus finis rei cuiuslibet est illud ad quod res pervenire nititur per suas operationes. Sed per omnes proprias operationes ordinatas et rectas homo pervenire nititur in veritatis contemplationem: nam operationes virtutum activarum sunt quaedam praeparationes et dispositiones ad virtutes contemplativas. Finis igitur hominis est pervenire ad contemplationem veritatis. Propter hoc igitur anima est unita corpori: quod est esse hominem. Non igitur per hoc quod unitur corpori, scientiam habitam perdit, sed magis ei unitur ut scientiam acquirat.

1676. — Item. Si aliquis scientiarum ignarus de his quae ad scientias pertinent interrogetur, non respondebit veritatem nisi de universalibus principiis, quae nullus ignorat, sed sunt ab omnibus eodem modo et naturaliter cognita.

に忘れてしまった者に対して，その以前に忘れてしまっていたことがらをつなげて提示するときには，それらのことがらの記憶をその者自身が取り戻すようにさせるようなものなのである。このことによってまた，学ぶということは想起することに他ならないということが導かれたのである。

 e）こうしてこの立場からは，身体の魂との合一は知性体に障碍を与えるものであると，必然的に結論されるのである。だが，自然はどんな事物に対しても，その事物のはたらきが妨げられるようになるために何かを付加することはない。むしろ，はたらきがそれによってより適切に生じるようなものを付加するものなのである。したがって〔この立場によれば〕，身体と魂の合一は自然本性的なものではないことになるであろう。そうすると，人間は自然本性的事物ではなく，その生成も自然本性的ではないことになるが，これが偽であることは明らかなのである。

1675. さらに，それぞれの事物の究極目的とは，事物が自分のはたらきを通じてそれに到達しようと努めているものである。ところが，人間が自己に固有で，秩序づけられた正しいはたらきのすべてを通じて到達しようとしているのは，真理の観想である[22]。というのは，活動的ちからのはたらきは観想的ちからのためのある種の準備であり状態づけだからである[23]。それゆえ，人間の目的は真理の観想に到達することなのである。よって，このことのために魂は身体と合一しているのであり，それが人間であるということなのである。したがって，魂が身体と合一するということによって，所有していた学知を失うのではなく，むしろ学知を獲得するために身体と合一しているのである。

1676. 同じく，諸学知に無知な人がその諸学知に属することがらについて質問された場合に，真理を答えるのは普遍的な原理についてだけであろう。その原理については誰も無知でいられないのであり，すべての人に同じ仕方で本性的に認

---

 22) 真理の観想（contemplatio）が人間の本性にもっとも相応しい，人間固有のはたらきであり，その実現に人間の幸福が存するという立場は，アクィナスがアリストテレス『ニコマコス倫理学』第10巻7，8章から得たものであろうが，同時に真理そのものである神を見ること・見神（visio Dei）が人間にとっての至福であるとするキリスト教の立場でもある。*ScG* III, c.37, *ST* I–II, q.3, a.8.を参照。
 23) この「活動的力（virtus acivae）」は，ここでは受動的力との対比ではなく，内的な活動である観想に対して外的な活動をなすための能力のことである。これが観想的なはたらきのための準備であるという点については，*ST* II–II, q.182, a.4.を参照。

Postmodum autem ordinate interrogatus, respondebit veritatem de his quae sunt propinqua principiis, habito respectu ad principia; et sic deinceps quousque virtutem primorum principiorum ad ea de quibus interrogatur, applicare potest. Ex hoc igitur manifeste apparet quod per principia prima, in eo qui interrogatur, causatur cognitio de novo. Non igitur prius habitae notitiae reminiscitur.

1677. — Praeterea. Si ita esset animae naturalis cognitio conclusionum sicut principiorum, eadem esset sententia apud omnes de conclusionibus sicut de principiis: quia quae sunt naturalia, sunt eadem apud omnes. Non est autem apud omnes eadem sententia de conclusionibus, sed solum de principiis. Patet igitur quod cognitio principiorum est nobis naturalis, non autem conclusionum. Quod autem non est naturale nobis, acquirimus per id quod est naturale: sicut etiam in exterioribus per manus instituimus omnia artificialia. Non ergo conclusionum scientia est in nobis nisi ex principiis acquisita.

1678. — Adhuc. Cum natura semper ordinetur ad unum, unius virtutis oportet esse naturaliter unum obiectum: sicut visus colorem, et auditus sonum. Intellectus igitur cum sit una vis, est eius unum naturale obiectum, cuius per se et naturaliter cognitionem habet. Hoc autem oportet esse id sub quo comprehenduntur omnia ab intellectu cognita: sicut sub colore comprehenduntur omnes colores, qui sunt per se visibiles. Quod non est aliud quam *ens*. Naturaliter igitur intellectus noster cognoscit ens, et ea quae sunt

識されているのである[24]。だが，後に順序立てて質問されるならば，その人は原理との関係を捉えて，原理に近接したことがらについての真理を答えるであろう。そうして最後には，質問されている当のことがらに対して第一原理のちからを適用することができるようにまでなるであろう。それゆえこのように，問われている人の中にある第一原理を通じてあらたな認識が引き起こされるということは明白である。したがって，以前に所有していた知を想起するわけではないのである。

1677. さらに，もし結論についての認識が原理についての認識と同様に魂にとって本性的であるとしたら，原理についてと同様に結論についての見解がすべての人々において同じであるということになるであろう。なぜなら，本性的なことがら[25]はすべての人々において同じだからである。ところが，結論についての見解はすべての人々において同じではなく，同じなのは原理についてだけである。それゆえ，原理の認識はわれわれにとって本性的であるが結論の認識はそうではないことが明らかである。ところで，われわれにとって本性的でないことを，われわれは本性的であるものを通じて獲得する。それは，外的なことがらにおいても，われわれはすべての人工物を手〔という自然物〕を通じて制作するのと同じである。したがって，われわれが持つ結論についての学知は原理を通じて獲得されたものでしかありえないのである。

1678. さらに，本性は一つのものに常に秩序づけられているのであるから，本性的には一つのちからには一つの対象が属していなければならない。たとえば，視力には色が聴力には音が，といったようにである。それゆえ，知性は一つの力であるから，それの本性的対象は一つであり，その対象についての認識を知性は自体的で本性的にもっている。ところで，この対象は知性によって認識されるすべてのことがそのもとに包含されるようなものでなければならない。それは，自体的に可視的であるすべての〔個々の〕色が色のもとに包含されるようにである。そしてこれ〔知性の対象〕は「存在者」でしかない。それゆえ，われわれの知性

---

[24] この普遍的な原理は第一原理・第一基本命題と言ってよい矛盾律や排中律を指す。アクィナスはこの種の原理は，何か感覚的な経験を通じて知られるのではないという限りで生得的に知られていると考える。本書第75章1558節b），第78章1591節，以下の1678節参照。

[25] この「本性的なことがら」とは人間が生まれつき，自然本性的に知っている第一原理のことである。

per se entis inquantum huiusmodi; in qua cognitione fundatur primorum principiorum notitia, ut *non esse simul affirmare et negare*, et alia huiusmodi. Haec igitur sola principia intellectus noster naturaliter cognoscit, conclusiones autem per ipsa: sicut per colorem cognoscit visus tam communia quam sensibilia per accidens.

1679. — Praeterea. Id quod per sensum in nobis acquiritur, non infuit animae ante corpus. Sed ipsorum principiorum cognitio in nobis ex sensibilibus causatur: nisi enim aliquod totum sensu percepissemus, non possemus intelligere quod *totum esset maius parte*; sicut nec caecus natus aliquid percipit de coloribus. Ergo nec ipsorum principiorum cognitio affuit animae ante corpus. Multo igitur minus aliorum. Non igitur firma est Platonis ratio quod anima fuit antequam corpori uniretur.

1680. — a) Item. Si omnes animae praeextiterunt corporibus quibus uniuntur, consequens videtur quod eadem anima secundum vicissitudinem temporum diversis corporibus uniatur. Quod quidem aperte consequitur ponentes aeternitatem mundi. Si enim generatio hominum est sempiterna, oportet infinita corpora humana generari et corrumpi secundum totum temporis decursum. Aut ergo oportebit dicere animas praeextitisse actu infinitas, si singulae animae singulis corporibus uniuntur: aut oportebit dicere, si animae sunt fini-

は存在者，それに存在者である限りでの存在者に自体的に属していることがらを，本性的に認識するのである。そして，「肯定することと否定することは同時には存在しない」や他の同様の第一基本命題の知は，このようなものに基礎づけられているのである。それゆえ，このような基本命題のみをわれわれの知性は本性的に認識するのであり，結論の方はそれを通じて認識するのである。それはちょうど，視力が付帯的に可感的なものだけでなく共通的な可感的なものを，色を通じて認識するのと同じなのである[26]。

1679. さらに，〔プラトン派によれば〕われわれのうちで感覚を通じて獲得されるものは，身体〔と合一する〕より前に魂に内在していたのではない。ところで，さきの基本命題の認識はわれわれのうちでは諸感覚によって引き起こされる。というのは，感覚によってなんらかの全体をわれわれが把握していたのでなければ，「全体は部分より大きい」ということをわれわれは知性認識することが出来なかったはずだからである[27]。それはちょうど，生まれつき目の見えない人が色に関わることを何も把握しないのと同じなのである。それゆえ，基本命題の認識が身体より前に魂に備わっていたのではないのである。だとすると，それ以外のものの認識についてはなおさらそうである。したがって，魂は身体と合一する前に存在していたというプラトンの根拠は堅固なものではないのである。

1680. a）同じく，すべての魂が合一する身体より前に存在していたのだとすると，同じ魂が時間の変転に応じてさまざまな身体と合一するという帰結になると思われる。実際，世界の永遠性を主張する人々には明らかにこのような帰結になる[28]。というのは，もし人間の生成が永続的であるとしたら，時間の流れ全体において無限の数の人間の身体が生成消滅しなければならない。そうすると，個々の魂は個々の身体と合一する以上，無限の数の魂が前もって現実態において存在していたのだと言わなければならなくなるか，あるいは，もし無限の数の魂が存

---

26) 視覚の自体的な対象は色であるが，「ソクラテスは白い」といった個別的事態は視覚にとって「付帯的に可感的なもの（sensibilia per accidens）」であるし，触覚によっても捉えられる「白いソクラテスの身長」は「共通的な可感的なもの（communia sensibilia）」である。この点については，アリストテレス『魂について』第2巻6章と第3巻1章を参照。

27) このように，基本命題の認識に「生得性」があると言っても，このように具体的な感覚的認識とは独立に，それだけが認識されるものとして人間の魂に備わっているわけではない。

28) 本章1655節参照。

tae, quod eaedem uniantur nunc his, nunc illis corporibus.

b) Idem autem videtur sequi si ponantur animae praefuisse corporibus, et tamen generatio non sit aeterna. Etsi enim ponatur humana generatio non semper fuisse, tamen nulli dubium est quin secundum naturam in infinitum possit durare: sic enim est unusquisque naturaliter institutus, nisi per accidens impediatur, ut, sicut est ab alio generatus, ita possit alium generare. Hoc autem esset impossibile, si, animabus existentibus finitis, una pluribus corporibus uniri non possit.

c) Unde et plures ponentium animas ante corpora, ponunt transitum animae de corpore in corpus. Hoc autem est impossibile. Non igitur animae ante corpora praeextiterunt.

d) Quod autem sit impossibile unam animam diversis corporibus uniri, sic patet. Animae enim humanae non differunt specie ab invicem, sed numero solo: alioquin et homines specie differrent. Differentia autem secundum numerum est secundum principia materialia. Oportet igitur diversitatem animarum secundum aliquid materiale sumi. Non autem ita quod ipsius animae sit materia pars: ostensum est enim supra quod est substantia intellectualis, et quod nulla talis substantia materiam habet. Relinquitur ergo quod secundum ordinem ad diversas materias quibus animae uniuntur, diversitas et pluralitas animarum sumatur, eo modo quo supra dictum est. Si igitur sunt diversa corpora, necesse est quod habeant diversas animas sibi unitas. Non igitur una pluribus unitur.

第83章

在しているとするなら，同じ魂がある時点ではこの身体と合一し別の時点にはあの身体と合一しているのだと言わなければならなくなるか，のいずれかになるからである。〔しかし，どちらも不可能なのである。〕

b) ただ，魂は身体より前に存在していたのであるが生成は永遠ではないのだと主張されるとしても，同じことが帰結すると思われる。というのは，人間の生成が常に存在したわけではないと主張されるにしても，それが本性にそくして無限に持続し得ることは誰にとっても疑いようがない。実際，付帯的に妨げられるのでないならば，それぞれのものは他のものから生成するのと同様に他のものを生成させるように，本性的に制定されているからである。だが，こんなことは，有限の数の魂が存在していてその一つが複数の身体と合一し得るのでなければ，不可能であろう。

c) それゆえまた，魂を身体より前に措定している人々のうちの多くの人が，魂が身体から身体へと移ってゆくと主張しているのである。だが，こんなことは不可能である。それゆえ，魂が身体より前に存在しているということはないのである。

d) ところで，一つの魂がさまざまな身体と合一することが不可能であるということは[29]，次のようにして明らかとなる。人間たちの魂は種において相互に異なっているのではなく，数においてのみ異なっている。そうでなければ，人間たちもまた種において異なっていることになるからである。ところで，数にそくした差異は質料的原理による。それゆえ，魂の相違は何か質料的なものにそくして捉えられねばならない。だが，魂そのものに質料という部分があるというわけではない。というのは，先に〔第68章〕明示されたように，魂は知性的実体であり，そのような実体にはどんな質料もないからである。したがって，魂の相違と多数性は先に述べられたような意味で，魂がそれに合一しているさまざまな質料に対する秩序にそくして捉えられるということになる[30]。それゆえ，身体がさまざまであるならば，その身体はそれに合一したさまざまな魂を持っているということが必然なのである。したがって，一つの魂が複数の身体と合一してはいないのである。

---

29) 本節 a) の後半の選択肢と b) の帰結のこと。この点の証明が1683節まで続く。
30) この重要な論点については，第81章1621節を参照。

1681. — Adhuc. Ostensum est supra animam uniri corpori ut formam. Formas autem oportet esse propriis materiis proportionatas: cum se habeant ad invicem sicut potentia et actus; proprius enim actus propriae potentiae respondet. Non ergo una anima pluribus corporibus unitur.

1682. — Amplius. Virtutem motoris oportet esse suo mobili proportionatam: non enim quaecumque virtus movet quodcumque mobile. Anima autem, etsi non sit forma corporis, non tamen potest dici quod non sit motor ipsius: animatum enim ab inanimato distinguimus sensu et motu. Oportet igitur secundum diversitatem corporum esse diversitatem animarum.

1683. — Item. In his quae generantur et corrumpuntur, impossibile est per generationem reiterari idem numero: cum enim generatio et corruptio sit motus in substantiam, in his quae generantur et corrumpuntur non manet substantia eadem, sicut manet in his quae secundum locum moventur. Sed si una anima diversis corporibus generatis unitur successive, redibit idem numero homo per generationem. Quod Platoni de necessitate sequitur, qui dixit hominem esse *animam corpore indutam*. Sequitur etiam et aliis quibuscumque: quia, cum unitas rei sequatur formam, sicut et esse, oportet quod illa sint unum numero quorum est forma numero una. Non igitur est possibile unam animam diversis corporibus uniri. Ex quo etiam sequitur quod nec animae fuerunt ante corpora.

1684. — a) Huic autem veritati Catholicae Fidei sententia concordat. Dicitur enim *in Psalmo: Qui finxit singillatim corda eorum*: quia scilicet unicuique seorsum Deus animam fecit, non autem simul omnes creavit, neque unam diversis corporibus adiunxit.

第83章

1681. さらに，魂は形相として身体に合一していることが先に〔第68章〕明示された。ところで，形相はそれ固有の質料と相関していなければならない。質料と形相は可能態と現実態として相互に関係し，固有の現実態は固有の可能態と対応しているからである。それゆえ，一つの魂が複数の身体と合一しているのではないのである。

1682. さらに，動かすもののちからはそれによって動かされるものと相関していなければならない。任意のちからが任意の動かされるものを動かすというわけではないからである。ところで，魂はたとえ身体の形相ではないとしても，身体を動かしているものではないとは言い得ない。われわれが魂を持つものを持たないものから区別するのは感覚と運動によってだからである[31]。それゆえ，身体が相違するのに応じて魂が相違するのでなければならないのである。

1683. 同じく，生成消滅するものにおいては，数的に同じものが生成によって繰り返されるということは不可能である。というのは，生成消滅は実体への動であるから，場所的に動くものにおいて実体が同じままにとどまるのとは違って，生成消滅するものにおいては同じ実体がそのままであることはないからである。ところで，もし魂が生成したさまざまな身体と継起的に合一するのだとしたら，生成によって数的に同じ人間が立ち戻ってくることになるであろう。このことは，人間とは「身体をまとった魂」であると述べていたプラトンにとっては必然的に帰結することである[32]。また，他の誰にとってもそういう帰結になる。なぜなら，事物の一性は，存在もまたそうであるように，形相に随伴するものである以上，その形相が数的に一であるようなものどもは数的に一なるものだからである。したがって，一つの魂がさまざまな身体に合一するということは可能ではないのである。そこからまた，魂も身体より前に存在していたのではないということが帰結するのである。

1684. a) さて，この真理にカトリックの信仰の主張は調和している。『詩篇』〔33篇15節〕では「彼〔神〕はかれらのこころをひとつひとつ作った」と述べられている。すなわち，神は一人一人別々に魂を作ったのであり，すべての魂を同時に創造したのではないし，一つの魂をさまざまな身体に結びつけたのでもない

---

31) アリストテレス『魂について』第1巻2章403b25-27参照。
32) 第57章1329節参照。

b) Hinc etiam in libro de *Ecclesiasticis Dogmatibus* dicitur: *Animas hominum dicimus non esse ab initio inter ceteras intellectuales naturas, nec simul creatas, sicut* Origenes *fingit*.

のである。

　b）ここからまた『教会の教えについて』33)という書において，オリゲネスがそのように「仮想した」のとはちがって，「人間のもろもろの魂は最初から他の知性的本性のうちのひとつとして存在するのでもないし，同時に創造されたのでもないとわれわれは主張する」と述べられているのである。

---

　33)　第14章。この書物については，第58章1352節を参照。

CAPUT 84.

Solutio rationum praemissarum.

1685. — Rationes autem quibus probatur animas ab aeterno fuisse, vel saltem corporibus praeextitisse, facile est solvere.

1686. — Quod enim *primo* dicitur, animam habere virtutem ut sit semper, concedi oportet: sed sciendum quod virtus et potentia rei non se extendit ad id quod fuit, sed ad id quod est vel erit; unde et in praeteritis possibilitas locum non habet. Non igitur ex hoc quod anima habet virtutem ut sit semper, potest concludi quod semper fuerit; sed quod semper erit.

1687. — Praeterea. Ex virtute non sequitur id ad quod est virtus, nisi supposita virtute. Quamvis igitur anima habeat virtutem ut sit semper, non tamen potest concludi quod anima sit semper, nisi postquam hanc virtutem accepit. Si autem sumatur quod hanc virtutem ab aeterno habuerit, erit petitum id quod oportebit probari, scilicet quod fuerit ab aeterno.

1688. — a) Quod vero *secundo* obiicitur, de aeternitate veritatis, quam intelligit anima, considerare oportet quod intellectae veritatis aeternitas potest intelligi dupliciter: uno modo, quantum ad id quod intelligitur; alio modo,

第 84 章
前章の諸論拠の解消

1685. さて，魂が永遠から存在していたということ，あるいは少なくとも身体よりも先に存在していたということを証明しているとする諸論拠については，それを解消することは容易である。

1686. 第1に〔1651節〕，魂は常に存在するためのちからを有していると語られていることについては，了承すべきである。ただし，知らなければならないのは，事物のちからと能力とは存在したものにまで及ぶのではなくて，今存在するか存在するであろうものに及ぶということである。だから，過去における可能性のこと〔を言うこと〕は場違いなのである。それゆえ，魂が常に存在するためのちからを有しているということからは，常に存在したということが帰結するのではなくて，常に存在するであろうということが帰結するのである。

1687. さらに，ちからがそれへと向かっているものがそのちからから帰結するのは，そのちからが前提されている場合だけである。それゆえ，常に存在するちからを魂が持っているとしても，魂が常に存在するということが結論され得るのは，このちからを魂が受け取った後のことでしかないのである。ところが，もし魂がこのちからを永遠から有していたと仮定されるのであれば，魂が永遠から存在していたという証明されるべきであることが〔前提として〕要請されることになってしまうのである[1]。

1688. a) また第2に〔1652節〕，魂が知性認識している真理の永遠性に関して反論されていることについては，知性認識された真理の永遠性は二通りの仕方で理解され得るということを考えてみなくてはならない。すなわち，その永遠性は

---

[1] この二つの反論はともに人間の魂に固有なあり方に依拠した反論ではなく，実体とそれが持つ能力の間の一般的関係に基づいている。永遠に存在するための能力を有しているとしても，能力はあくまで実体に帰属するものであり，実体の現実的な存在を前提とするのである。またこの反論には，魂が時間的な世界の中に創造される被造物であり，無時間的な永遠性との決定的な相異が前提とされている。

quantum ad id quo intelligitur. Et si quidem veritas intellecta sit aeterna quantum ad id quod intelligitur, sequetur aeternitas rei quae intelligitur, non autem intelligentis. Si autem veritas intellecta sit aeterna quantum ad id quo intelligitur, sequeretur intelligentem animam esse aeternam. Sic autem veritas intellecta non est aeterna, sed primo modo: ex praemissis enim patet species intelligibiles quibus anima nostra intelligit veritatem, de novo nobis advenire ex phantasmatibus per intellectum agentem. Unde non potest concludi quod anima sit aeterna: sed quod veritates intellectae fundentur in aliquo aeterno; fundantur enim in prima veritate, sicut in causa universali contentiva omnis veritatis. Ad hoc autem aeternum comparatur anima, non sicut subiectum ad formam, sed sicut res ad proprium finem: nam verum est bonum intellectus et finis ipsius. Ex fine autem argumentum accipere possumus de rei duratione, sicut et de initio rei argumentari possumus per causam agentem: quod enim est ordinatum ad finem sempiternum, oportet esse capax perpetuae durationis. Unde potest probari ex aeternitate veritatis intelligibilis immortalitas animae, non autem eius aeternitas.

b) Quod vero etiam non possit probari ex aeternitate agentis, patet ex his quae supra dicta sunt cum de aeternitate creaturarum quaereretur.

1689. — Quod etiam *tertio* obiicitur, de perfectione universi, necessitatem

一つには〈知性認識されている当のもの〉に関わり，もう一つには〈それによって知性認識されているもの〉に関わるのである[2]。そして，知性認識された真理ということが〈知性認識された当のもの〉に関して永遠であるとするなら，そこから帰結するのは知性認識されている事物の永遠性であって，知性認識しているものの永遠性ではない。それに対して，知性認識された真理ということが〈それによって知性認識されるもの〉に関して永遠であるとすると，知性認識している魂が永遠であることが帰結するのである。だが，永遠なのはこの後者の意味で知性認識された真理ではなく，第一の意味における真理なのである。というのは，前述〔第76章〕のことから明らかであるが，われわれの魂がそれによって真理を知性認識するのは可知的形象であるが，それは表象像から能動知性を通じてわれわれにあらたに到来するものだからである。それゆえ，魂が永遠であるとは結論され得ないのであり，結論されるのは知性認識された真理が何らかの永遠なるものに基礎づけられているということなのである。実際，その真理は第一真理を，すべての真理を含み得る普遍的原因としそれに基礎づけられているからである。さて，この永遠なるものに対する魂の関係は，基体の形相に対する関係ではなく，事物のそれ固有の目的に対する関係なのである。なぜなら，真は知性にとっての善であり，その目的だからである[3]。ところで，われわれが事物の持続についての証明を得るのは目的からであり，それは事物の始まりについての証明を得るのが作動因を通じてであるのと同様なのである。実際，常住的な目的へと秩序づけられているものは永続的持続を受け容れ得るものでなければならないのである。それゆえ，可知的真理の永遠性から証明され得るのは魂の不死性であって，それの永遠性ではないのである。

b）だが，作用者の永遠性からこのことを証明することもできないということは，先に被造物の永遠性について問題にしたときに述べられたことから明らかなのである[4]。

1689. また第3に〔1653節〕，宇宙の完全性に関して反論されていることについ

---

2) この区別については，第75章1550節を参照。
3) アリストテレス『ニコマコス倫理学』第6巻2章1139a27-31参照。
4) *ScG* II, c.35. 参照。神は永遠であり，神のはたらきも永遠であるとしても，そのことから神のはたらきの結果である被造物の永遠性を「必然的な証明」を通じて知ることはできないのである。

non habet. Universi enim perfectio attenditur quantum ad species, non autem quantum ad individua: cum continue universo plurima individua addantur praeexistentium specierum. Animae autem humanae non sunt diversae secundum speciem, sed solum numero, ut probatum est. Unde non repugnat perfectioni universi si animae de novo creentur.

1690. — Ex quo etiam patet solutio ad id quod *quarto* obiicitur. Simul enim dicitur, *Gen*. 1, quod *Deus consummavit opera sua*, et quod *requievit ab omni opere quod patrarat*. Sicut ergo consummatio sive perfectio creaturarum secundum species consideratur et non secundum individua, ita quies Dei est intelligenda secundum cessationem a novis speciebus condendis: non autem a novis individuis, quorum similia secundum speciem praecesserunt. Et sic, cum omnes animae humanae sint unius speciei sicut et omnes homines, non repugnat praedictae quieti si Deus quotidie novas animas creat.

1691. — Sciendum autem est quod ab Aristotele non invenitur dictum quod intellectus humanus sit *aeternus*: quod tamen dicere consuevit in his quae secundum suam opinionem semper fuerunt. Dicit autem ipsum esse *perpetuum*: quod quidem potest dici de his quae semper erunt, etiam si non semper fuerunt. Unde et in XI *Metaphys.*, cum animam intellectivam a conditione aliarum formarum exciperet, non dixit quod haec forma fuerit ante materiam, quod tamen Plato de *ideis* dicebat, et sic videbatur conveniens materiae in qua loquebatur ut aliquid tale de anima diceret: sed dixit quod *manet post* corpus.

ては，そこには必然性がないのである。というのも，宇宙の完全性が認められるのは種に関してであって，個体に関してではない。宇宙には種が先在しそれに属する多くの個体が持続的に付加されているからである。ところで先に〔第81章〕証明されたように，人間の諸々の魂は種にそくして相違しているのではなく，ただ数においてのみ相違している。それゆえ，魂があらたに創造されるとしても，それが宇宙の完全性と矛盾することにはならないのである。

1690. 以上からまた，第4に〔1654節〕反論されていることに対する解決も明らかである。『創世記』第1章〔第2章2節〕では，「神は自分の仕事を完了した」ことと「仕上げたあらゆる仕事をはなれて休まれた」ことが同時に語られている。それゆえ，被造物の完了すなわち完成は種にそくして考察されているのであって，個にそくして考察されているのではないのと同様に，神の休息ということは新しい種を立てることをやめるというように理解しなければならないのである[5]。こうして，人間の魂のすべては人間のすべてもそうであるように，一つの種に属している以上，神が日々新しい魂を創造しているとしても，そのことは前述の休息と矛盾しはしないのである。

1691. ところで，知っておかなければならないのであるが，アリストテレスが人間の知性は「永遠」であると述べているのは見いだされず，自分の見解にもとづいて常に存在していたものどもに関してそのように語るのが常だったということである。それに対して，彼は知性は「永続的」であると述べているのであって，これはたとえ常に存在していたのではないにしても，〔これから〕常に存在するであろうものについてそう言うことは可能なのである。だから，『形而上学』第11巻〔第12巻3章1070a24-25〕でも知性的魂を他の諸形相の条件からはずして例外扱いするときに，この形相が質料の前に存在した（プラトンは「イデア」についてこのように言っていたのであり，自分が語っている主題についてはそのようなことを魂について述べることが適切であると思われていたのであるが）とは述べなかったのであり，そうではなくてアリストテレスは魂は身体の「後に残る」と述べたのである。

---

5) 聖書のテキストのこの理解は進化論，つまり種の変化を認める理論に反対するアクィナスの立場を示していることになろう。

CAPUT 85.

Quod anima non sit de substantia Dei.

1692. — Ex his etiam patet animam non esse de substantia Dei.

1693. — Ostensum est enim supra divinam substantiam esse aeternam, nec aliquid eius de novo incipere. Animae autem humanae non fuerunt ante corpora, ut ostensum est. Non igitur anima potest esse de substantia divina.

1694. — Amplius. Ostensum est supra quod Deus nullius rei forma esse potest. Anima autem humana est forma corporis, ut ostensum est. Non igitur est de substantia divina.

1695. — Praeterea. Omne illud ex quo fit aliquid, est in potentia ad id quod fit ex eo. Substantia autem Dei non est in potentia ad aliquid: cum sit purus actus, ut supra ostensum est. Impossibile est igitur quod ex substantia Dei fiat anima, vel quodcumque aliud.

1696. — Adhuc. Illud ex quo fit aliquid, aliquo modo mutatur. Deus autem est omnino immobilis, ut supra probatum est. Impossibile est igitur quod ex eo aliquid fieri possit.

1697. — Amplius. In anima manifeste apparet variatio secundum scientiam

第 85 章

魂は神の実体の一部ではないこと

1692. さらに以上から，魂が神の実体の一部ではないことが明らかとなる[1]。

1693. 先に〔第1巻第15章〕明示したように，神の実体は永遠であり，神のうちの何かがあらたに始まるということはない。ところが，人間の魂は身体より前に存在していたのではないことが明示された〔第83, 84章〕。したがって，魂は神の実体の一部であることは不可能なのである。

1694. 神はいかなる事物の形相でもあり得ないことが先に〔第1巻第27章〕明示されている。ところが，人間の魂が身体の形相であることが明示されている。それゆえ，それは神の実体の一部ではないのである。

1695. さらに，それから何か生じるようなものはすべて，それがそれから生じるものに対して可能態にある。ところで，神の実体は何かに対して可能態にはない。先に〔第1巻第16章〕明示されたように，神は純粋現実態だからである。したがって，魂が，あるいは他のどんなものであってもそれが神の実体から生じることは不可能なのである。

1696. さらに，何かがそこから生じるものは何らかの仕方で変化を受ける。ところが，先に〔第1巻第13章〕証明されたように，神はまったく不動である。したがって，それから何かが生じ得るということは不可能なのである[2]。

1697. さらに，魂のうちには学知や徳とそれに対立するものとにおける変容が

---

1) ここで「神の実体の一部である」と訳した部分は「神の実体に属する」とも訳せる。また，前置詞 de は「そこから」というニュアンスも持ち，魂が神の実体の一部であるという仕方で，神から出てきたものだという見解が否定されるのである。次注も参照。また，ここでの「実体」は1698節にあるように，「本性」と同義である。

2) この節と前節では魂が「神の実体から（ex）生じる」ことの不可能性が提示されているだけで，魂が神の実体の一部でないことは示されていないように思われる。しかし，ここで「生じる」と言われているのは，第87章で述べられるような「魂が神によって創造される」ということとは異なる。可能態にあるものから変化をともなって「生じる」ことで存在するようになる事物においては，そこから生じるものと生じたものとの何らかの同質性が認められ，魂が神から生じたとすれば，やはり魂は神の実体と何らかの同質性を持つことになるのである。

et virtutem et eorum opposita. Deus autem est omnino invariabilis, et per se et per accidens. Non igitur anima potest esse de substantia divina.

1698. — Item. Supra ostensum est quod Deus est actus purus, in quo nulla potentialitas invenitur. In anima autem humana invenitur et potentia et actus: est enim in ea intellectus possibilis, qui est potentia ad omnia intelligibilia, et intellectus agens, ut ex supra dictis patet. Non est igitur anima humana de natura divina.

1699. — Item. Cum substantia divina sit omnino impartibilis, non potest aliquid substantiae eius esse anima nisi sit tota substantia eius. Substantiam autem divinam impossibile est esse nisi unam, ut supra ostensum est. Sequitur igitur quod omnium hominum sit tantum anima una quantum ad intellectum. Et hoc supra improbatum est. Non est igitur anima de substantia divina.

1700. — Videtur autem haec opinio ex triplici fonte processisse.

1701. — a) Quidam enim posuerunt nullam substantiam incorpoream esse. Unde nobilissimum corporum Deum esse dicebant, sive hoc esset aër, sive ignis, sive quodcumque aliud principium ponebant, et de natura huius corporis animam esse dicebant: nam omnes id quod ponebant principium, animae attribuebant, ut patet per Aristotelem in I *de Anima*. Et sic sequebatur animam esse de substantia divina.

b) Et ex hac radice pullulavit positio Manichaei, qui existimavit Deum esse quandam lucem corpoream per infinita spatia distensam, cuius quandam particulam humanam animam esse dicebat.

明らかに現れている。ところが，神は自体的にも付帯的にもまったく変容を受けないものである。したがって，魂が神の実体の一部であることはできない。

1698. 同じく，先に〔第１巻第16章〕明示されたように，神は純粋現実態であって，そのうちにはいかなる可能態性も見いだされない。だが，人間の魂のうちには可能態と現実態の両方が見いだされる。というのは，そこにはすべての可知的なものに対する可能態にある可能知性と能動知性があることが，上述〔第61，76章〕のことから明らかだからである。したがって，人間の魂は神の本性の一部ではない。

1699. 同じく，神の実体は部分に分けることがまったくできないのであるから，その実体の何か〔一部〕が魂であるとしたらその実体の全体もそうであるほかはない。ところが，先に〔第１巻第42章〕明示されたように，神の実体は一つの実体でしかあり得ない。そうすると，すべての人間に対して知性に関してただ一つの魂が属することが帰結する。そして，このことは先に〔第73章以下〕反駁されたのである。したがって，魂は神の実体の一部ではないのである。

1700. ところで，この見解が出て来たのには３つの源があると思われる。

1701. a)〔第１の源〕ある人々は非物体的な実体などというものは一つも存在しないと主張した。だから，神とは最も高貴な物体なのだと述べたのである[3]。その物体が空気であるとか，火であるとか，何か他の原理であるとか彼らは主張したのである。そしてまた，魂はこの物体の本性の一部であると述べた。というのも，アリストテレスの『魂について』第１巻〔２章404b8-11〕において明らかなように，彼らはみな自分が原理であると主張したものを魂に帰属させているからである。このようにして，魂は神の実体の一部であるという帰結になったのである。

b）そして，この根っこからマニ教徒の立場が芽生えてきたのである。彼らは神を無限の空間にひろがっている何か物体的な光であると見なし，その光の何らかの小部分が人間の魂であると述べていたのである[4]。

---

[3] このような立場については，*ScG* I, c.20.において多くの見解が紹介され反駁されている。

[4] *ScG* I, c.20, n.194. 参照。このマニ教の考えをアクィナスはアウグスティヌスの『諸々の異端について』第46章（PL 42, col.34）から得たと思われる。

c) Haec autem positio supra improbata est, et per hoc quod ostensum est Deum non esse corpus; et per hoc quod ostensum est animam etiam humanam corpus non esse, nec aliquam intellectualem substantiam.

1702. — a) Quidam vero posuerunt intellectum omnium hominum esse unum, vel agentem tantum, vel agentem et possibilem simul, sicut supra dictum est.

b) Et quia quamlibet substantiam separatam antiqui Deum esse dicebant, sequebatur animam nostram, idest intellectum quo intelligimus, esse divinae naturae.

c) Unde et a quibusdam nostri temporis Christianae Fidei professoribus, ponentibus intellectum agentem separatum, dictum est expresse quod intellectus agens sit Deus.

d) Haec autem positio de unitate intellectus nostri supra improbata est.

1703. — Potuit autem et ex ipsa similitudine animae nostrae ad Deum haec opinio nasci. Intelligere enim, quod maxime aestimatur proprium Dei, nulli substantiae in mundo inferiori convenire invenitur nisi homini, propter animam. Unde videri potuit animam ad naturam divinam pertinere. Et praesertim apud homines in quorum opinionibus erat firmatum quod anima hominis esset immortalis.

1704. — a) Ad hoc etiam coadiuvare videtur quod *Gen.* 1, 26, postquam dictum est: *Faciamus hominem ad imaginem et similitudinem nostram*, subditur: *Formavit Deus hominem de limo terrae, et inspiravit in faciem eius spiraculum vitae*.

c）だがこの立場は先に〔第１巻第20章〕，神が物体ではないということが明示されたことによって論駁されているし，また，人間の魂であっても魂は物体ではなくどんな知性的実体も物体ではないことが明示された〔第49，65章〕ことによっても論駁されている。

1702. a）〔第２の源〕それに対してある人々は，先に〔第73章以下〕述べたように，能動知性だけとするにしても，あるいは能動知性と可能知性が同時にであるとしても，すべての人の知性は一つであると主張していたのである。

b）そして，古代の人々は離存実体のどんなものでもそれを神と呼んでいたので，われわれの魂は，すなわちわれわれがそれによって知性認識する知性は神的本性に属しているという帰結になったのである。

c）それゆえまた，われわれの時代でキリスト教信仰を告白している人々のうちにも，能動知性が離存していると主張して，能動知性とは神であるとはっきりと語った人々がいたのである[5]。

d）だが，われわれの知性の一性に関するこの立場は，先に論駁されているのである。

1703. 〔第３の源〕だがこの見解は，われわれの魂が有している神との類似性それ自体からも生まれてくることができたのである。というのも，知性認識のはたらきは神に最も固有であると見なされているのだが，月下の世界における実体でそのはたらきが適合しているのが見いだされるのは人間の実体だけなのであり，それは魂ゆえなのである。それゆえ，魂は神的本性に属していると見なされることが可能だったのである。特に，人間の魂は不死であるという堅固な意見を持っていた人々においてはそうなのである。

1704. a）さらにまた，この〔見解にとって〕助けとなると思われるのは『創世記』第１章26節である。そこでは「われわれは人間をわれわれの像と類似性にそくして作ろう」と語られているのであるが，その後に「神は人間を地の塵から形作った，そしてその顔に命の息を吹き込んだ」〔２章７節〕と続けられているからである。

5）オーベルニュのギィヨーム，ロバート・グロステスト，ロジャー・ベーコンなどがこのように主張したとされる。アヴィセンナの知性論をアウグスティヌスの立場と結合したこの立場は，E. ジルソンによって「アヴィセンナ的アウグスティヌス主義（augustinism avicennisant）」と呼ばれている。É. Gilson（1929-30）を参照。

b) Ex quo quidam accipere voluerunt quod anima sit de natura divina. Qui enim in faciem alterius spirat, idem numero quod in ipso erat, in alium emittit. Et sic videtur Scriptura innuere quod aliquid divinum a Deo in hominem ad ipsum vivificandum immissum sit.

1705. — Sed similitudo praedicta non ostendit hominem esse aliquid substantiae divinae: cum in intelligendo defectum multipliciter patiatur, quod de Deo dici non potest. Unde haec similitudo magis est indicativa cuiusdam imperfectae imaginis quam alicuius consubstantialitatis. Quod etiam Scriptura innuit cum dicit *ad imaginem* Dei hominem factum. Unde et inspiratio praedicta processum vitae a Deo in hominem secundum quandam similitudinem demonstrat, non secundum unitatem substantiae. Propter quod et *in faciem spiritus vitae* dicitur *inspiratus*: quia, cum in hac parte corporis sint plurium sensuum organa sita, in ipsa facie evidentius vita monstratur. Sic igitur Deus inspirasse in faciem hominis spiraculum dicitur, quia spiritum vitae homini dedit, non eum ex sua substantia decidendo. Nam et qui corporaliter insufflat in faciem alicuius, unde videtur sumpta esse metaphora, aerem in faciem eius impellit, non autem aliquam suae substantiae partem in ipsum immittit.

b）ある人々はこの言葉から，魂は神的本性の一部であるのだと理解しようとしたのである。というのも，他の人の顔に息を吹き込む者は，自分自身の中にあったのと数的に同じものをその人に送るのであり，そのように何か神的なものが神から人間へ，人間を生かすために送り込まれてきたと聖書は告げていると思われたのである。

1705. だが，〔聖書で〕今言われた〈類似性〉は人間が神の実体に属する何かであるということを示してはいない。というのも，〔人間の場合〕知性認識することにおいて多くの仕方で欠落を受けるが，神においてはそうは言い得ないからである。だから，この類似性は何らかの仕方で実体を共有しているということよりも，何らかの仕方で像が不完全であることを指し示しているのである。聖書もまた，人間は神の「像にそくして〔像へと〕」[6]作られたと述べるときに，このことを告げているのである。それゆえまた，前述の〈息を吹き込む〉ということも，神から人間に生命が出て行くことを示しているが，それは何らかの類似性にそくしてであって，実体の一性にそくして出ていくことを示してはいないのである。それゆえ「その顔に命の息が吹き込まれた」とも述べられているのである。というのも，身体のこの部分には多くの感覚器官が位置しているので，生命は顔そのものにおいてよりはっきりと示されるからである。それゆえ，神が人間の顔に息を吹き込んだと語られているのは，命の息を人間に神が与えたからではあるが，それは神の実体からその息を分離させることによってではないのである。実際，人の顔に身体的に息を吹きかけるということからこの〔聖書の〕比喩が得られたのであるが，そのようなことをする人は顔に空気を吹きつけるのであって，自分の実体の何らかの部分をその人に送り込むわけではないのである。

---

[6] 人間は確かに神との何らかの類似を持ち神の像であるが，『創世記』第1章26節では端的にそう語られているのではなく，神の「像と類似性にそくして（ad）」と語られている。この前置詞は神の像としてのあり方が不完全であり，神へと接近すべきあり方を示しているとアクィナスは解釈するのである。*ST* I, q.93, a.1, c. 参照。

CAPUT 86.

Quod anima humana non traducatur cum semine.

1706. — Ex praemissis autem ostendi potest quod anima humana non traducitur cum semine, quasi per coitum seminata.

1707. — Quorumcumque enim principiorum operationes non possunt esse sine corpore, nec eorum initium sine corpore esse potest: sic enim res habet esse sicut et operatur, cum unumquodque operetur inquantum est ens. E contrario vero, quorum principiorum operationes sunt sine corpore, eorum generatio non est per generationem corporis. Operatio autem animae nutritivae et sensitivae non potest esse sine corpore, ut ex praemissis patet. Operatio autem animae intellectivae non fit per organum corporeum, ut supra habitum est. Igitur anima nutritiva et sensitiva per generationem corporis generatur: non autem anima intellectiva. Sed traductio seminis ad corporis generationem ordinatur. Igitur anima nutritiva et sensitiva esse incipiunt per seminis traductionem, non autem intellectiva.

1708. — a) Adhuc. Si anima humana per traductionem seminis esse inciperet, hoc non posset esse nisi dupliciter.

b) Uno modo, ut intelligeretur esse in semine actu, quasi per accidens divisa ab anima generantis, sicut semen dividitur a corpore: ut videmus in

第 86 章
人間の魂は精子とともに伝えられるのではないこと

1706. さて，前述のことから，人間の魂が性交によって伝播し精子とともに伝えられるのではないということが明示され得る[1]。

1707. どのような原理であっても，その原理によるはたらきが物体なしに存在し得ないものは，その原理のはじめも物体なしにはあり得ない。というのは，それぞれのものは存在者である限りにおいてはたらきをなすのであるから，事物ははたらきをなすのと同じように存在を持つからである。またそれとは逆に，その原理によるはたらきが物体なしに存在するものについては，その原理の生成は物体の生成を通じてなされるのではない。ところで，栄養摂取的魂と感覚的魂のはたらきは身体なしにはあり得ないことが，前述のことから明らかである。だが，知性的魂のはたらきは身体器官を通じてなされるのではないことが，先に確保されている。したがって，栄養摂取的魂と感覚的魂は身体の生成を通じて生成するが，知性的魂はそうではないのである。ところで，精子の伝播は身体の生成のために秩序づけられている。それゆえ，栄養摂取的魂と感覚的魂は精子の伝播を通じて存在し始めるのであるが，知性的魂はそうではないのである。

1708. a) さらに，もし人間の魂が精子の伝播によって存在し始めるのだとすると，こんなことが起こり得るのは二つの仕方によってである。

b) 一つには，人間の魂が精子のうちに現実態において存在していると理解する場合である。つまり，精子が身体から分離されるのと同じように，魂は生成さ

---

1) これまで人間の知性的魂が，身体と合一して存在することを本性としているために，身体と同時に存在し始めることが示されてきたので，次なる問題は「身体と同時に生成する」ということは「魂の生成の原因は身体（精子）である」ことを含意するのかどうかである。この問題は，次の第87章をはさんで，第88章と第89章までで論じられる。本章ではこれまで論じられてきた人間の魂に独特の存在様態に基づいた原理的な反駁が行われる。人間の魂だけが他の動物とは違って知性的である点に着目した反論が掲げられるが，逆に人間も動物でもあることに着目したさまざまな立論が可能であり，それが第88章で提示された上で，さらに詳細な反論が第89章で示されている。

animalibus anulosis, quae decisa vivunt, in quibus est anima una in actu et multae in potentia; diviso autem corpore animalis praedicti, in qualibet parte vivente incipit anima esse actu.

c) Alio modo, ut intelligatur in semine esse virtus productiva animae intellectivae: ut sic anima intellectiva ponatur esse in semine virtute, sed non actu.

d) Primum autem horum est impossibile, duplici ratione. Primo quia, cum anima intellectiva sit perfectissima animarum et maximae virtutis, eius proprium perfectibile est corpus habens magnam diversitatem in organis, per quae possunt multiplices eius operationes expleri. Unde non potest esse quod fiat actu in semine deciso: quia nec etiam animae brutorum perfectorum per decisionem multiplicantur, prout contingit in animalibus anulosis.

Secundo quia, cum intellectus, qui est propria et principalis virtus animae intellectivae, non sit alicuius partis corporis actus, non potest dividi per accidens secundum corporis divisionem. Unde nec anima intellectiva.

e) Secundum etiam est impossibile. Virtus enim activa quae est in semine, agit ad generationem animalis transmutando corpus: non enim aliter agere potest virtus quae est in materia. Sed omnis forma quae incipit esse per transmutationem materiae, habet esse a materia dependens: transmutatio enim materiae reducit eam de potentia in actum, et sic terminatur ad esse actu materiae, quod est per unionem formae; unde, si per hoc etiam incipiat esse formae simpliciter, esse formae non erit nisi in hoc quod est uniri materiae, et sic erit secundum esse a materia dependens. Si igitur anima hu-

せる魂から付帯的に分離したものとして現実態において存在すると理解するのである。実際，このようなことをわれわれは体節動物において観察するのである。すなわち，その動物は分割されても生きておりそこには現実態においては一つの魂があり，可能態においては多くの魂がある。だが，前述の動物の身体が分割されると，生きているどの部分においても魂は現実態において存在し始めるのである。

c) もう一つには，人間の魂が精子のうちに知性的魂を生み出すちからとして存在していると理解する場合である。そうすると，知性的魂は精子のうちに現実態においてではなく潜在的に存在していると主張されることになる。

d) さて，このうちの第一の理解の仕方が不可能であることは，次の二つの論拠による。第一。知性的魂は諸々の魂のうちで最も完全であり最も大きなちからを持っているから，それによって固有に完成されうるものとは器官の点で大きな相違を持つ身体なのであり，その身体を通じて魂の多様なはたらきが完遂され得るようになるのである。それゆえ，その魂が分割された精子のうちに現実態において生じることはあり得ない。なぜなら，非理性的で完全な動物[2]の魂でさえも，体節動物において生じるのとはちがって，分割によって多数化されるのではないからである。

第二。知性的魂に固有でその主要なちからである知性はいかなる身体の部分の現実態ではないのであるから，身体の分割にそくして付帯的に分割されることはできない。だから，知性的魂もそうなのである。

e) また，第二の理解の仕方も不可能である。精子のうちにある能動的ちからは動物の生成へと作用するのであるが，それは身体を変化させることによる。質料のうちにあるちからはこれ以外の仕方で作用することはできないからである。ところで，質料の変化を通じて存在し始める形相はすべて質料に依存した存在を有している。というのも，質料の変化が形相を可能態から現実態に引き出し，その変化は形相との合一によって質料が現実態において存在することで終極する。それゆえ，もし端的な意味での形相の存在がこのことを通じて始まるのであるならば，形相が存在するということは質料と合一することにおいてしかありえず，そうすると形相は質料に依存した存在にそくしているということになるであろう。

[2) 「完全な動物」については，第72章1485節 b) を参照。

mana producatur in esse per virtutem activam quae est in semine, sequitur quod esse suum sit dependens a materia, sicut esse aliarum formarum materialium. Cuius contrarium supra ostensum est. Nullo igitur modo anima intellectiva producitur in esse per seminis traductionem.

1709. — Amplius. Omnis forma quae educitur in esse per materiae transmutationem, est forma educta de potentia materiae: hoc enim est materiam transmutari, de potentia in actum reduci. Anima autem intellectiva non potest educi de potentia materiae: iam enim supra ostensum est quod ipsa anima intellectiva excedit totum posse materiae, cum habeat aliquam operationem absque materia, ut supra ostensum est. Non igitur anima intellectiva educitur in esse per transmutationem materiae. Et sic, neque per actionem virtutis quae est in semine.

1710. — Praeterea. Nulla virtus activa agit ultra suum genus. Sed anima intellectiva excedit totum genus corporum: cum habeat operationem supra omnia corpora elevatam, quae est intelligere. Nulla igitur virtus corporea potest producere animam intellectivam. Sed omnis actio virtutis quae est in semine, est per aliquam virtutem corpoream: agit enim virtus formativa mediante triplici calore, ignis, caeli, et calore animae. Non igitur potest produci in esse anima intellectiva per virtutem quae est in semine.

1711. — Praeterea. Ridiculum est dicere aliquam intellectualem substantiam vel per divisionem corporis dividi, vel etiam ab aliqua virtute corporea produci. Sed anima humana est quaedam intellectualis substantia, ut supra ostensum est. Non igitur potest dici quod dividatur per divisionem seminis, neque quod producatur in esse a virtute activa quae est in semine. Et sic nullo modo per seminis traductionem anima humana incipit esse.

それゆえ，もし人間の魂が精子のうちにある能動的ちからを通じて産出され存在するようになるとするならば，その存在は他の質料的形相の存在と同様に，質料に依存しているということが帰結する。だが，これとは反対のことが先に〔第68，79章〕明示されたのである。したがって，知性的魂はいかなる仕方においても，精子の伝播を通じて存在へと産出されるのではないのである。

1709. さらに，質料の変化を通じて存在へと引き出される形相はすべて，質料の可能態から引き出された形相である。質料が変化するということは可能態から現実態へと引き出されるということだからである。ところで，知性的魂は質料の可能態から引き出されることは出来ない。先に〔第78章〕明示されたように，知性的魂自体は質料の可能なあり方全体を越えているからである。これも先に明示されたように，質料を欠いた何らかのはたらきを持つからである。それゆえ，知性的魂は質料の変化を通じて存在へと引き出されることはない。そうだから，精子のうちにあるちからの作用を通じて引き出されることもないのである。

1710. さらに，能動的ちからのどれも自分の類を超えて作用をなすことはない。ところが，知性的魂は物体の類の全体を超えている。知性認識のはたらきというあらゆる物体を超えて高められたはたらきを有しているからである。それゆえ，いかなる物体的ちからも知性的魂を産出することはできない。ところで，精子のうちにあるちからの作用はすべて，何らかの物体的ちからを通じて存在する。そのちからは三つの熱，つまり火と天と魂の熱を媒介とした形成力[3]だからである。したがって，知性的魂は精子のうちにある力を通じて存在へと産出され得ないのである。

1711. さらに，何らかの知性的実体が物体が分割されることによって分割されるとか，さらには何らかの物体的ちからによって産出されるとか語るのは笑止なことである。ところが，先に〔第78章〕明示されたように，人間の魂は知性的実体の一つである。それゆえ，精子の分割によって分割されるとか，精子のうちにある能動的ちからによって存在へと産出されるとか言うこともできない。このように，いかなる意味においても人間の魂は精子の伝播を通じて存在し始めるのではないのである。

---

3) これについては，第89章1742節を参照。

1712. — Praeterea. Si generatio alicuius est causa quod aliquid sit, corruptio eius erit causa quod illud esse desinat. Corruptio autem corporis non est causa quod anima humana esse desinat: cum sit immortalis, ut supra ostensum est. Neque igitur generatio corporis est causa quod anima incipiat esse. Sed traductio seminis est propria causa generationis corporis. Non est igitur traductio seminis causa generationis animae in esse.

1713. — Per hoc autem excluditur error Apollinaris et sequacium eius, qui dixerunt *animas ab animabus generari, sicut a corporibus corpora*.

1712. さらに，或るものの生成が或るものが存在することの原因であるなら，それの消滅はそのものが存在をやめることの原因である。ところで，身体の消滅は人間の魂が存在をやめることの原因ではない。不死であることが先に〔第79章〕明示されているからである。それゆえまた，身体の生成が魂が存在し始めることの原因でもない。ところが，精子の伝播は身体の生成に固有な原因である。したがって，精子の伝播は魂が存在へと生成する原因ではないのである。

1713. さて以上から，「物体から物体が生成するように，魂は魂から生成する」と述べたアポリナリス[4]と彼の追随者たちの誤謬は排除されることになるのである。

---

4) アポリナリスは4世紀のシリア・ラオディキアの主教。ただ，この引用は *Nemesius* c.2, p.42, 28-29.

CAPUT 87.

QUOD ANIMA HUMANA PRODUCATUR IN ESSE A DEO PER CREATIONEM

1714. — Ex his autem quae dicta sunt, ostendi potest quod solus Deus animam humanam producit in esse.

1715. — Omne enim quod in esse producitur vel generatur per se aut per accidens, vel creatur. Anima autem humana non generatur per se: cum non sit composita ex materia et forma, ut supra ostensum est. Neque generatur per accidens: cum enim sit forma corporis, generaretur per corporis generationem, quae est ex virtute activa seminis; quod improbatum est. Cum ergo anima humana de novo esse incipiat, non enim est aeterna, nec praeexistit corpori, ut supra ostensum est, relinquitur quod exeat in esse per creationem. Ostensum est autem supra quod solus Deus potest creare. Solus igitur ipse animam humanam in esse producit.

1716. — Amplius. Omne illud cuius substantia non est suum esse, habet sui esse auctorem, ut supra ostensum est. Anima autem humana non est suum esse: hoc enim solius Dei est, ut supra ostensum est. Habet igitur causam activam sui esse. Sed quod per se habet esse, per se etiam agitur: quod vero non habet esse per se, sed solum cum alio, non per se fit, sed alio facto; sicut forma ignis fit igne generato. Anima autem humana hoc habet

第 87 章
人間の魂は神によって創造を通じて存在へと産出されるということ

1714. さて，以上述べられたことから，人間の魂を存在へと産出するのは神だけであることが明示され得る[1]。

1715. 存在へと産出されるものはすべて，自体的に生成するのか，あるいは付帯的に生成するのか，あるいは創造されるのかのいずれかである。ところが，人間の魂は自体的には生成しない。先に〔第65章〕明示されたように，質料と形相とから複合されたものではないからである。また，付帯的にも生成しない。というのは，人間の魂は身体の形相であるから，精子の能動的ちからによる身体の生成を通じて〔付帯的に〕生成するのだということになろうが，このことが論駁されたのである〔第86章〕。それゆえ，人間の魂は，先に〔第83章〕明示されたように，永遠ではなくあらたに存在し始めるのであり身体より前に存在しているのでもないのである以上，創造を通じて存在へと出ていくということになるのである。ところが，先に〔第21章〕明示されたように，創造できるのは神だけである。したがって，神だけが人間の魂を存在へと産出するのである。

1716. さらに，先に〔第15章〕明示されたように，その実体が存在ではないようなすべてのものは，自己の存在の作者を有している。ところが，人間の魂は自己の存在ではない。そうであるのは神だけであることが，先に〔第1巻第22章〕明示されているからである。それゆえ，人間の魂は自分の存在の能動的原因を有していることになる。ところで，自体的に存在を有しているものは作用を受けるのも自体的である。それに対して，自体的に存在を有しておらず他のものをともなうときだけ存在を有するものは，自体的に生じるのではなくその他のものが生じたときにそれが生じるのである。たとえば，火の形相が生じるのは火が生成し

---

[1] 前章1706節の注で述べたように，一連の議論となっている前章と次の第88，89章とに挟まれた挿入的な位置を本章は持つ。ただ，前章の原理的な議論から，知性的実体の一つである人間の魂が身体のちからによって産出されないことが確立された以上，人間の魂を生み出すことが出来るのは神の創造のちからだけだということがあらためて確認されるのである。

proprium inter alias formas, quod est in suo esse subsistens, et esse quod est sibi proprium, corpori communicat. Anima igitur per se habet suum fieri, praeter modum aliarum formarum, quae fiunt per accidens compositis factis. Sed, cum anima humana non habeat materiam partem sui, non potest fieri ex aliquo sicut ex materia. Relinquitur ergo quod ex nihilo fiat. Et sic, creatur. Cum igitur creatio sit opus proprium Dei, ut supra ostensum est, sequitur quod a solo Deo immediate creatur.

1717. — Adhuc. Eorum quae sunt unius generis, est idem modus prodeundi in esse, ut supra probatum est. Anima autem est de genere substantiarum intellectualium, quae non possunt aliter intelligi prodire in esse nisi per viam creationis. Anima igitur humana exit in esse per creationem a Deo.

1718. — Item. Quicquid producitur in esse ab aliquo agente, acquirit ab ipso vel aliquid quod est principium essendi in tali specie, vel ipsum esse absolutum. Anima autem non potest sic produci in esse quasi acquiratur ei aliquid quod sit principium essendi, sicut contingit in rebus compositis ex materia et forma, quae generantur per hoc quod acquirunt formam in actu: non enim habet anima aliquid in seipsa quod sit sibi principium essendi, cum sit substantia simplex, ut supra ostensum est. Relinquitur igitur quod non producatur in esse ab aliquo agente nisi per hoc quod consequitur ab ipso esse absolute. Ipsum autem esse est proprius effectus primi et universalis agentis: secunda enim agentia agunt per hoc quod imprimunt similitudines suarum formarum in rebus factis, quae sunt formae factorum. Anima igitur non potest produci in esse nisi a primo et universali agente, quod est Deus.

第 87 章

たときなのである。ところで，他の形相のなかで人間の魂が有している固有性とは，自己の存在において自存し自己に固有な存在を身体に伝達する形相だということなのである[2]。したがって，魂は自己が生じるということを自体的に有しており，複合体が生じたときに付帯的に生じるという他の形相の様態からは外れているのである。ところで，人間の魂は自己の部分としての形相を持っていないので，何かを質料としてそれから生じることは出来ない。それゆえ，それは無から生じるのであり，創造されるということになる。したがって，先に〔第21章〕明示されたように，創造とは神固有の業であるから，人間の魂は神のみによって直接的に創造されるということが帰結するのである。

1717. さらに，一つの類に属するものどもが存在へと出ていく様態は同じであることが，先に証明されている。ところが，魂は知性的実体の類に属しており，それが存在に出ていくのは創造という途によってであるとしか理解され得ないのである。したがって，人間の魂は神による創造を通じて存在へと出ていくのである。

1718. 同じく，何らかの作用者によって存在へと産出されるものはどんなものでも，それがその作用者から獲得するものとは，当該の種における存在の原理である何かであるか，あるいは絶対的な存在そのものであるかである。ところで，魂が存在へと産出され得るのは，存在の原理であるものが獲得するような仕方においてではない。質料と形相とから複合された事物においてはそのようなことが起こる。そのような事物は現実態にある形相を獲得することを通じて生成するからである。魂がそうでないのは，先に〔第65章〕明示されたように魂が単純な実体であるために，自分にとっての存在の原理であるような何かを自分のうちに持っていないからである。したがって，魂が何らかの作用者によって存在へと産出されるのは，その作用者から絶対的な存在を得てくることによるしかないのである。さて，存在そのものとは第一の普遍的作用者に固有の結果である。というのも，第二作用者が作用するのは〔それによって〕作られた事物に自分の形相の類似性を刻み込むことによるのであるが，その類似性は作られたものの形相〔でしかないの〕である。したがって，魂が存在へと産出されるのは，神という第一の普遍的作用者による他はないのである。

---

[2] この点については，第68章1459節，および「解説」4節を参照。

1719. — Praeterea. Finis rei respondet principio eius: tunc enim res perfecta est cum ad proprium principium pertingit, vel per similitudinem vel quocumque modo. Finis autem animae humanae et ultima perfectio eius est quod per cognitionem et amorem transcendat totum ordinem creaturarum et pertingat ad primum principium, quod Deus est. Igitur ab eo habet propriae suae originis principium.

1720. — Hoc etiam innuere videtur sacra Scriptura, *Gen*. 1. Cum enim, de institutione aliorum animalium loquens, eorum animas aliis causis adscribat, utpote cum dicit 20: *Producant aquae reptile animae viventis*, et similiter de aliis, ad hominem veniens, animam eius a Deo creari ostendit, dicens: *Formavit Deus hominem de limo terrae, et inspiravit in faciem eius spiraculum vitae*.

1721. — Per hoc autem excluditur error ponentium animas ab Angelis esse creatas.

第 87 章

1719. さらに，事物の目的はその原理と対応している。というのは，事物が完成されるのは，類似性を通してであれどのような様態においてであれ，それ固有の原理にまで到達するときだからである。ところで，人間の魂の目的でありその究極的な完成とは，被造物の秩序全体を認識と愛とによって超越し，神という第一原理にまで到達することなのである。したがって，人間の魂は自分固有の起源のはじまりを神から得ているのである。

1720. このことを聖書の『創世記』第1章も告げているように思われる。他の動物の創出について語るときには，たとえば「水が生きた魂をもつ地を這うものを産出せよ」[3]などと述べられており，その魂には〔神とは〕別の原因を帰している。ところが人間に及ぶとその魂が神によって創造されるということを，「神は地の塵から人間を形作り，その顔に命の息を吹き込んだ」と述べて明示しているのである。

1721. さて以上から，魂は天使によって創造されたと主張している人々の誤謬[4]が排除されるのである。

---

3) 20節。ヘブライ語からの現行の新共同訳聖書では「生き物が水の中に群がれ」とされ，この箇所のアクィナスの趣旨にはまったく添わないものとなっている。

4) このような主張をしたとアクィナスが見なしているのはアヴィセンナである。アヴィセンナは離在実体である天使は確かに神によって創造されたが，神という第一原因のちからに依存しながらも自らが天の実体や天の魂を創造するちからを持つと考えた，とアクィナスは見なしこれを批判している。*ST* I, q.45, a.5, c.

CAPUT 88.

RATIONES AD PROBANDUM QUOD ANIMA HUMANA CAUSETUR EX SEMINE.

1722. — Sunt autem quaedam quae praemissis videntur esse adversa.

1723. — Cum enim homo sit animal inquantum habet animam sensitivam: ratio autem *animalis* univoce homini et aliis animalibus conveniat; videtur quod anima sensitiva hominis sit eiusdem generis cum animabus aliorum animalium. Quae autem sunt unius generis, eundem modum habent prodeundi in esse. Anima igitur sensitiva hominis, sicut et aliorum animalium, per virtutem quae est in semine in esse procedit. Est autem idem secundum substantiam anima intellectiva et sensitiva in homine, ut supra ostensum est. Videtur igitur quod etiam anima intellectiva per virtutem seminis producatur.

1724. — Praeterea. Sicut docet Aristoteles in libro *de Generatione Animalium*, prius tempore est fetus animal quam homo. Sed, cum est animal et non homo, habet animam sensitivam et non intellectivam; quam quidem sensitivam non est dubium ex virtute activa seminis produci, sicut et in ceteris animalibus contingit. Illa autem met anima sensitiva est in potentia ut sit intellectiva, sicut et illud animal est in potentia ut sit animal rationale: nisi forte dicatur quod anima intellectiva superveniens sit alia in substantia, quod supra improbatum est. Videtur ergo quod substantia animae intellectivae sit ex virtute quae est in semine.

1725. — Item. Anima, cum sit forma corporis, unitur corpori secundum

第88章
人間の魂は精子を原因とすると証明する諸論拠

1722. ところが，以上で述べたことに対立すると思われることがある[1]。

1723. 〔論拠1〕人間は感覚的魂を有している限りでは動物であり，「動物」という規定は人間と他の動物に同名同義的に適合する。そうすると，人間の感覚的魂は他の動物の魂と同じ類に属すると思われるのである。ところが，一つの類に属するものどもが存在へと産出される様態は同じである。それゆえ，人間の感覚的魂は，他の動物の感覚的魂がそうであるように，精子のうちにあるちからを通じて存在へと産出されるのである。ところで，知性的魂と感覚的魂とは実体にそくして同じであることが先に〔第58章〕明示された。したがって，知性的魂もまた精子の力を通じて産出されるのだと思われる。

1724. 〔論拠2〕さらに，アリストテレスが『動物発生論』〔第2巻3章736a24-b29〕において教示しているように，胎児は時間的には人間であるより前に動物である。だが，動物であって人間ではない時点では，胎児は感覚的魂を有しており知性的魂は有していない。そして，その感覚的魂が，他の動物において生じるのと同じように，精子の能動的ちからによって産出されることは疑いない。ところで，その感覚的魂そのもの[2]は，ちょうどその動物〔胎児〕が理性的動物であることに対して可能態にあるように，知性的魂であることに対して可能態にある。ただし，その上に備わってくる知性的魂が実体において〔感覚的魂とは〕別の魂であると言うのなら話は別であるが，これは先に〔第58章〕論駁されているのである。したがって，知性的魂の実体は精子のうちにあるちからによると思われるのである。

1725. 〔論拠3〕同じく，魂は身体の形相であるから，自分の存在にそくして身

---
 1) 第86章1706節の注を参照。
 2) この met の，代名詞に付加されるのではなくて，独立語としての用法は例外的である。

suum esse. Sed ad ea quae sunt unum secundum esse, terminatur una actio et unius agentis: si enim sunt diversa agentia, et per consequens diversae actiones, sequetur quod sint facta diversa secundum esse. Oportet igitur unius agentis unam actionem terminari ad esse animae et corporis. Constat autem quod corpus fit per actionem virtutis quae est in semine. Ergo et ab eadem est anima, quae est eius forma, et non ab agente separato.

1726. — Amplius. Homo generat sibi simile secundum speciem per virtutem quae est in semine deciso. Omne autem agens univocum generat sibi simile in specie per hoc quod causat formam generati, a qua est eius species. Anima igitur humana, a qua est species hominis, producitur ex virtute quae est in semine.

1727. — Item. Apollinaris sic argumentatur. Quicumque dat complementum operi, cooperatur agenti. Sed, si animae creantur a Deo, ipse dat complementum generationi puerorum qui quandoque ex adulteris nascuntur. Ergo Deus adulteris cooperatur. Quod sibi inconveniens videtur.

1728. — a) Inveniuntur autem in libro qui Gregorio Nysseno inscribitur, quaedam rationes ad hoc idem probandum.

b) Argumentatur autem sic. Ex anima et corpore fit unum, quod est homo unus. Si igitur anima fiat prius quam corpus, aut corpus prius quam anima, idem erit prius et posterius seipso; quod videtur impossibile. Simul igitur fit corpus et anima. Sed corpus incipit fieri in decisione seminis. Ergo et

体と合一している。ところで，存在にそくして一であるものどもへと終極するような作用は一つであり，一つの作用者に属している。なぜなら，さまざまな作用者があり，したがってさまざまな作用があるとすると，存在にそくしてさまざまであるものが作られたということになるからである。したがって，一つの作用者の一つの作用が魂と身体の存在へと終極しているのである。ところで，身体が精子のうちにあるちからの作用によって生じていることは確かである。したがってまた，その形相である魂も同じ作用によるのであり，分離した作用者によるのではないのである。

1726.〔論拠4〕さらに，人間が種において自分に類似したものを生成させるのは，〔身体から〕分離した精子のうちにあるちからを通じてである。ところで，すべての同名同義的作用者は種において自分に似たものを生成させるが，それは生成したものの形相の原因となることによってであり，種はその形相によるからである。それゆえ，人間という種がそれによる人間の魂は，精子のうちにあるちからによって産出されるのである。

1727.〔論拠5〕同じく，アポリナリス[3]は次のように議論している。すなわち，作品に補完をなすものはその作品の作用者と共にはたらいている。ところが，もし魂が神によって創造されるのだとすると，時に姦通者から生まれる子供の生成に神自身が補完をなしていることになる。そうすると，神が姦通者と共にはたらいていることになる。これはアポリナリスには不適切に思われたのである[4]。

1728.〔論拠6〕a) ところで，ニュッサのグレゴリウスに帰される書物[5]の中に，これと同じことのための論拠が見いだされる。

b) そこでは次のように論じられている。魂と身体とから一つのものが生じ，それが一人の人間である。それゆえ，もし魂が身体より前に生じたり，身体が魂より前に生じたりするならば，同じものが自分自身よりより前でありかつより後であることになるが，これは不可能であると思われる。それゆえ，身体と魂とは同時に生じるのである。ところで，身体は精子が〔身体から〕分離することによ

---

[3] 第86章1713節の注を参照。

[4] 以上5つの反論は，*ST* I, q.118, a.2.の異論2から5と同じ内容である。

[5] 本節から1733節までは，『人間創造論（*De hominis opificio*）』第30章（PL 67, col.398A–400B）に見いだされる反論。この書は『創世記』第1章26節「われわれは人間をわれわれの像と類似性にそくして作ろう」についての解釈である。アクィナスは4世紀末から5世紀のディオニシウス・エクシィグス（Dionysius Exiguus）のラテン訳を通じてこの書を知っていた。

per decisionem seminis anima in esse producitur.

1729. — Adhuc. Imperfecta videtur esse operatio agentis qui non totam rem in esse producit, sed solum eius alteram partem. Si igitur Deus animam in esse produceret, corpus vero virtute seminis formaretur, quae duo sunt partes unius, scilicet hominis, utriusque operatio, scilicet Dei et seminativae virtutis, imperfecta videretur. Quod patet esse inconveniens. Ab una igitur et eadem causa producitur anima et corpus hominis. Constat autem corpus hominis produci virtute seminis. Ergo et anima.

1730. — Item. In omnibus quae generantur ex semine, omnes partes rei generatae simul comprehenduntur virtute in semine, licet actu non appareant: *sicut videmus in tritico, aut in quolibet alio semine, quod herba et culmus et internodia et fructus et aristae virtute comprehenduntur in primo semine, et postea protenditur semen et declaratur, quadam consequentia naturali, ad perfectionem, non assumens aliquid extrinsecum.* Constat autem animam esse partem hominis. In semine igitur hominis virtute continetur anima humana, non autem ex aliqua exteriori causa principium sumit.

1731. — Amplius. Eorum quorum invenitur idem processus et terminus, oportet esse idem originis principium. Sed in generatione hominis idem processus corporis et animae, et idem terminus invenitur: secundum enim quod figuratio et quantitas membrorum procedit, et animae operationes magis ac magis manifestantur; nam prius apparet operatio animae nutritivae, et postmodum operatio animae sensitivae, et tandem, corpore completo, operatio animae intellectivae. Ergo idem est principium corporis et animae. Sed principium originis corporis est per decisionem seminis. Ergo et principium originis animae.

1732. — a) Adhuc. Quod configuratur alicui, constituitur ex actione eius cui

って生じ始める。したがってまた，魂も精子が分離することによって存在へと産出されるのである。

1729. 〔論拠7〕さらに，事物の全体を存在へと産出するのではなく，その一部分だけを産出するような作用者のはたらきは不完全であると思われる。それゆえ，もし神が魂を存在へと産出するのに対して，身体は精子のちからによって形成されるのだとすると（この二つが人間という一つのものの部分である），神と精子の力の両方のはたらきは不完全であることになると思われる。これは明らかに不適切である。それゆえ，人間の魂と身体は同一の原因によって産出されているのである。ところが，人間の身体の方が精子の力によって産出されていることは確かである。だから，魂もまたそうなのである。

1730. 〔論拠8〕同じく，精子から生成するすべてのものにおいて，生成した事物のあらゆる部分が，現実態において現れているわけではないにしても，精子のなかのちからによって同時に包含されている。「それはちょうど，麦や他のどんな種子[6]においても次のようなことをわれわれが観察するのと同様である。すなわち，葉，茎，節間，実，そして穂が最初の種子において潜在的に包含されており，後になって種子は完成へ向けて，何か外的なものを取り入れることなく，本性的な結果として広げられ展開されるのである」。ところで，魂が人間の部分であることは確かである。それゆえ，人間の精子のうちに人間の魂が潜在的に含まれているのであって，何か外的な原因をその始まりとすることはないのである。

1731. 〔論拠9〕さらに，その過程と終極とが同じものは，起源であるはじまりも同じでなければならない。ところで，人間の生成において身体と魂の過程は同じであり，終極も同じであるのが見いだされる。というのは，四肢の形成と量とが進展するのにそくして，魂のはたらきもだんだん明らかになるからである。つまり，最初に栄養摂取的魂のはたらきが，次いで感覚的魂のはたらきが明らかとなり，最後に身体が完成すると知性的魂のはたらきが明らかとなるのである。それゆえ，身体と魂の始まりは同じなのである。ところが，身体の起源である始まりは精子の〔身体からの〕分離による。それゆえ魂の起源である始まりもそうなのである。

1732. 〔論拠10〕a）さらに，何かと同じ形にかたどられるものは，それと同じ

---

6) 「種子」と「精子」と訳した語は semen という同じ語である。

configuratur: sicut cera quae configuratur sigillo, accipit hanc configurationem ex impressione sigilli. Constat autem corpus hominis, et cuiuslibet animalis, esse propriae animae configuratum: talis est enim organorum dispositio qualis competit ad operationes animae per eas exercendas. Corpus igitur formatur ex actione animae.

b) Unde et Aristoteles dicit, in II *de Anima*, quod *anima est efficiens causa corporis*. Hoc autem non esset nisi anima esset in semine: nam corpus per virtutem quae est in semine constituitur. Est igitur anima humana in semine hominis. Et ita ex decisione seminis originem habet.

1733. — Item. Nihil vivit nisi per animam. Semen autem est vivum. Quod patet ex tribus.

Primo quidem, quia a vivente deciditur.

Secundo, quia in semine apparet calor vitalis et operatio vitae, quae sunt rei viventis indicia.

Tertio, quia semina plantarum terrae mandata, nisi in se vitam haberent, ex terra, quae est exanimis, non possent calescere ad vivendum.

Est igitur anima in semine. Et sic ex decisione seminis originem capit.

1734. — Amplius. Si anima non est ante corpus, ut ostensum est; neque incipit esse cum seminis decisione: sequitur quod prius formetur corpus, et postea ei infundatur anima de novo creata. Sed si hoc est verum, sequitur ulterius quod anima sit propter corpus: quod enim est propter aliud, invenitur eo posterius; sicut vestimenta fiunt propter hominem. Hoc autem est falsum: nam magis corpus est propter animam; finis enim semper nobilior est. Oportet igitur dicere quod anima simul cum decisione seminis oriatur.

形になるものの作用によって構成されている。たとえば，印と同じ形にかたどられる蠟がその同じ形を得るのは，印を押しつけることによるのである。ところで，人間の身体，そしてどのような動物であれその身体はそれに固有の魂と同じ形にかたどられることは確かである。というのも，諸器官の状態というものはそれによって遂行される魂のはたらきに適合するようになっているからである。したがって，身体は魂の作用によって形成されるのである。

b）だからアリストテレスも『魂について』第2巻〔4章415b21-22〕で「魂は身体の作出因である」と述べているのである。だが，精子のうちに魂が存在するのでなければ，こんなことにはならないであろう。というのは，身体は精子のうちにあるちからによって作り出されるからである。したがって，人間の魂は人間の精子のうちにあるのである。このような意味で，魂は精子の〔身体からの〕分離を起源とするのである。

1733. 〔論拠11〕同じく，魂によらないで生きているものは何もない。ところで，精子は生きているのであり，このことは次の三つのことから明らかである。第一は，精子は生きているものから分離するからである。第二には，精子において生命的な熱と生命のはたらきとが現れているが，これらは生きている事物の徴表なのである。第三には，地面に植え付けられた植物の種子が，もし自分のうちに生命を持っていないとしたら，命のない地面から熱を得て生きるようになることは出来ないからである。したがって，魂は精子のうちにある。この意味で魂は精子の〔身体からの〕分離に起源を得ているのである。

1734. 〔論拠12〕さらに，先に〔第83章〕明示されたように，魂が身体より前にあるのではないとすると，また，精子の分離と共に存在し始めるのでもないとすると，身体が先に形成されて後になってあらたに創造された魂がその中に注ぎ込まれるということになる。だが，もしこれが真なら，魂は身体のためにあるということがさらに帰結することになる。というのも，他のもののためにあるものはそれよりも後なるものであることが見いだされるからである。たとえば，衣服は人間のために作られるようにである。だが，これは偽なのである。なぜなら，むしろ身体の方が魂のためにあるからである。それは，目的は常により高貴だからである。したがって，魂は精子の分離と共に現れるのだと言わなければならないのである。

CAPUT 89.

Solutio rationum praemissarum.

1735. — Ad faciliorem vero praemissarum rationum solutionem, praemittenda sunt quaedam ad exponendum ordinem et processum generationis humanae, et generaliter animalis.

1736. — Primo itaque sciendum est falsam esse opinionem quorundam dicentium quod opera vitae quae apparent in embryone ante ultimum complementum, non sunt ex aliqua anima, vel virtute animae, in eo existente, sed ex anima matris. Si enim hoc esset verum, iam embryo non esset animal: cum omne animal ex anima et corpore constet. Operationes etiam vitae non proveniunt a principio activo extrinseco, sed ab intranea virtute, in quo praecipue a non viventibus viventia videntur discerni, quorum est proprie movere seipsa. Quod enim nutritur, assimilat sibi nutrimentum: unde oportet in nutrito esse virtutem nutritionis activam, cum *agens sibi simile agat*. Et multo est hoc manifestius in operibus sensus: nam videre et audire convenit alicui per virtutem aliquam in ipso existentem, non in alio. Unde, cum embryo inveniatur nutriri ante ultimum complementum, et etiam sentire, non potest hoc attribui animae matris.

1737. — Neque tamen potest dici quod in semine ab ipso principio sit anima secundum suam essentiam completam, cuius tamen operationes non appareant propter organorum defectum. Nam, cum anima uniatur corpori ut

第 89 章
前章の諸論拠の解消

1735. さて，前述の諸論拠をより容易に解消するために，人間と動物一般の生成の起源と過程を明らかにするためのいくつかのことを前置きしておかなければならない。

1736. 最初に次のことを知らねばならない。ある人々[1]は最終的な完成の前の胎児において現れている生命のわざは，その胎児のうちに存在している何らかの魂あるいは魂のちからによるのではなく，母の魂によるものだと言っているが，その意見は間違っている。というのも，もしこれが真なら，胎児はまだ動物ではないということになるからである。どんな動物も魂と身体とからできているものなのにである。また，生命のはたらきは外的な能動的原理からではなく，内的なちからからでてくるのである。そしてこの点でとりわけ，生きているものが生きていないものから識別されるのであり，〈自分を動かす〉ということが生きているものに固有に属していると思われるのである。実際，栄養を摂るものは自分にその栄養を同化するのであり，それゆえ栄養を摂るものには栄養摂取の能動的ちからがなければならないのである。「作用者は自分に似たものをつくる」からである。このことは感覚のわざにおいてずっとより明らかである。というのは，見ることや聞くことが何かに適合するのは，そのうちに存在している何らかのちからによるのであって，別のもののうちにあるちからによるのではないからである。それゆえ，胎児は最終的な完成の前に栄養を摂り感覚作用さえなしているのが見いだされるのである以上，このことを母の魂に帰属させることはできないのである。

1737. また，精子のうちには魂がその完全な本質にそくして初めから存在しているが，その魂のはたらきは器官の欠陥のために現れていないのだ，と言うこと

---

1) フランシスコ会のアレクサンデル・ハレンシス（1245年没）の考えとされる。今ではアレクサンデル以外の多くの人びとの手が入っていると考えられている『神学大全』第 2 巻 p. 683a に，同様の考えが見いだせる。

forma, non unitur nisi corpori cuius est proprie actus. Est autem anima *actus corporis organici*. Non est igitur ante organizationem corporis in semine anima actu, sed solum potentia sive virtute. Unde et Aristoteles dicit, in II *de Anima*, quod *semen et fructus sic sunt potentia vitam habentia quod abiiciunt animam*, idest anima carent: *cum tamen id cuius anima est actus, sit potentia vitam habens, non tamen abiiciens animam*.

1738. — Sequeretur etiam, si a principio anima esset in semine, quod generatio animalis esset solum per decisionem: sicut est in animalibus anulosis, quod ex uno fiunt duo. Semen enim, si statim cum est decisum animam haberet, iam haberet formam substantialem. Omnis autem generatio substantialis praecedit formam substantialem, non eam sequitur: si quae vero transmutationes formam substantialem sequuntur, non ordinantur ad esse generati, sed ad bene esse ipsius. Sic igitur generatio animalis compleretur in ipsa decisione seminis: omnes autem transmutationes sequentes essent ad generationem impertinentes.

1739. — Sed adhuc magis est ridiculum si hoc de anima rationali dicatur. Tum quia impossibile est ut dividatur secundum divisionem corporis, ad

もできないのである[2]。というのも，魂は身体に形相として合一しているのであるから，魂が固有な意味でそれの現実態であるような身体にしか合一しない。ところで，魂とは「器官をもった身体の現実態」〔アリストテレス『魂について』第2巻1章412b5-6〕なのである。それゆえ，身体が組織される前に，精子のうちに魂が現実態において存在することはないのであって，ただ可能態においてあるいは潜在的にのみ存在するのである。だからアリストテレスは『魂について』第2巻で次のように述べているのである。「種子〔精子〕と果実とは魂を失っている」すなわち魂を欠いている「という意味で可能態において生命を有するものなのである。しかし，魂がそれの現実態であるものは可能態において生命を持つものであっても，魂を失ってはいないのである」[3]。

1738. さらに，魂が精子のうちに最初からあったとすると，動物の生成はただ分割によるということが帰結する。一匹から二匹が生じる体節動物においてはそうであるようにである。というのは，精子が分割されるとすぐに魂を持つのだとしたら，すでに実体的形相を有していることになるからである。ところが，すべての実体に関わる生成は実体的形相に先立つのであって，それに後続するのではない[4]。そうではなく，もしその変化が実体的形相に後続するとするならば，その変化は生成するものの〔単なる〕存在へと秩序づけられているのではなく，それの善く存在することへと秩序づけられていることになる。そうだとすると，動物の生成は精子の分割それ自体において完成されることになり，すべての後続する変化の方は〔動物という実体の〕生成には属さないことになってしまうのである。

1739. だが，以上のことが理性的魂について言われるとしたら，なおさら一層奇妙なことである[5]。というのは一つには，理性的魂が身体の分割によって分割

---

2) これはニュッサのグレゴリウス『人間創造論』の説だと見なされている。第88章1728節参照。

3) Mは1章412b25-27を指示しイタリックにして引用としているが，原文とは大きく異なるので，F1やD2のように全体をアクィナスのパラフレーズとするか，D1のように一部のみを引用とするのが相応しい。

4) この表現には少し注意が必要であろう。実体の次元での生成が実体的形相と無関係に生じるなどと言うことはできないからである。むしろ，何らかの変化が実体の次元のものであるとすれば，実体的形相とはその変化から帰結しているものなのだという意味であろう。逆に言うと，実体的次元における変化に後続して帰結しているような形相は，実体的形相ではなく付帯的形相なのである。

5) つまり，前節は栄養摂取的魂や感覚的魂についてさえ，それが精子のうちに最初からあったとする立場は不可能であることを示していたことになる。

hoc ut in deciso semine esse possit. —Tum quia sequeretur quod in omnibus pollutionibus ex quibus conceptus non sequitur, nihilominus rationales animae multiplicarentur.

1740. — a) Neque etiam dici potest, quod quidam dicunt: etsi a principio decisionis in semine non sit anima actu, sed virtute, propter deficientiam organorum; tamen ipsammet virtutem seminis, quod est corpus organizabile, etsi non organizatum, esse proportionaliter semini animam in potentia, sed non actu; et quia vita plantae pauciora requirit organa quam vita animalis, primo semine sufficienter ad vitam plantae organizato, ipsam praedictam virtutem fieri animam vegetabilem; deinde, organis magis perfectis et multiplicatis, eandem perduci ut sit anima sensitiva; ulterius autem, forma organorum perfecta, eandem animam fieri rationalem, non quidem per actionem virtutis seminis, sed ex influxu exterioris agentis, propter quod suspicantur Aristotelem dixisse *intellectum ab extrinseco esse*, in libro *de Generatione Animalium*.

b) Secundum enim hanc positionem, sequeretur quod aliqua virtus eadem numero nunc esset anima vegetabilis tantum, et postmodum anima sensitiva: et sic ipsa forma substantialis continue magis ac magis perficeretur.

c) Et ulterius sequeretur quod non simul, sed successive educeretur forma substantialis de potentia in actum.

d) Et ulterius quod generatio esset motus continuus, sicut et alteratio. Quae omnia sunt impossibilia in natura.

されて，分離した精子のうちに存在し得るようになるということは不可能だからである。また一つには，懐妊に至らないようなあらゆる精子の放出においてさえ，理性的魂が多数化されているという帰結になってしまうからである。

1740. a) また，或る人々のように次のように言うこともできない[6]。すなわち，分離の最初から精子のうちに現実態において魂が存在しているのではなく，器官の欠落のために潜在的に存在しているとしても，精子は組織されてしまっている身体ではなくとも組織化されうる身体であり，精子のちからそのものは精子〔の実体〕に対応して，可能態にある魂なのであって現実態にある魂ではない。そして，植物の生命が必要とする器官は動物の生命よりも少ないので，まず植物の生命のために十分なだけ組織された精子において前述のちからそのものが植物的魂となる。次いで，より完成され多数化された器官に同じ魂が感覚的魂にまで導かれる。そして最後に，器官の形相が完成されると同じ魂が理性的魂となるのである。だが以上は，精子のちからの作用によるのではなく，外的作用者の影響によるのである，と。そしてこのように言う人々は，アリストテレスが『動物発生論』〔第2巻3章736b27-28〕で「知性は外的なものによってある」と述べたのは以上の理由のためだと推測しているのである。

b) 実際，〔これが不可能なのは〕この立場によるならば，数的に同じちからが今はただ植物的魂であり後に感覚的魂となるのであり，こうして実体的形相そのものが連続的にだんだんと完成されるという帰結になってしまう。

c) そしてさらには，実体的形相が可能態から現実態に一度で引き出されるのではなく，継起的に引き出されるということが帰結することになってしまう。

d) またさらに，生成が質的変化と同じように連続的動であるという帰結になってしまう。だが，これらすべてのことは自然においては不可能なことなのである[7]。

---

6) この節をF1は，フランシスコ会士ジャン・ド・ラ・ロシェル（Jean de la Rochelle, Johannes de Rupella, 1245年没）の *Summa de anima* I, c.24.の立場としているが，それほど厳密な対応が見いだされるわけではない。

7) このb) からd) が不可能であるとされるのは，実体的形相がそれ以外の付帯的形相と決定的に異なるからである。或る特定の存在者をその種類の存在者として決定しているのが実体的形相であり，この形相が徐々に，継起的で連続的に成立するということは，実体の生成という事態そのものに反すると考えられる。*ST* I, q.118, a.2, ad 2参照。また，本書第71章1481節c) の注を参照。

1741. — Sequeretur etiam adhuc maius inconveniens, scilicet quod anima rationalis esset mortalis. Nihil enim formaliter alicui rei corruptibili adveniens facit ipsum esse incorruptibile per naturam: alias corruptibile mutaretur in incorruptibile, quod est impossibile, cum *differant secundum genus*, ut dicitur in X *Metaphysicae*. Substantia autem animae sensibilis, cum ponatur esse per accidens generata a corpore generato in processu praedicto, de necessitate est corruptibilis ad corruptionem corporis. Si igitur ipsamet fit rationalis quodam lumine intrinsecus inducto, quod formaliter se habet ad ipsam, est enim sensitivum potentia intellectivum; de necessitate sequitur quod anima rationalis, corpore corrupto, corrumpitur. Quod est impossibile: ut supra probatum est, et Fides Catholica docet.

1742. — a) Non igitur ipsamet virtus quae cum semine deciditur et dicitur *formativa*, est anima, neque in processu generationis fit anima: sed, cum ipsa fundetur sicut in proprio subiecto in spiritu cuius est semen contentivum, sicut quoddam spumosum, operatur formationem corporis prout agit ex vi animae patris, cui attribuitur generatio sicut principali generanti, non ex vi animae concepti, etiam postquam anima inest; non enim conceptum generat seipsum, sed generatur a patre.

b) Et hoc patet discurrenti per singulas virtutes animae.

Non enim potest attribui animae embryonis ratione virtutis generativae: tum quia vis generativa non habet suam operationem nisi completo opere

第 89 章

1741. さらには，理性的魂が可死的となるという，より大きな不都合が帰結することになるであろう。というのは，何らかの可滅的事物に形相として何かが到来したとしても，その事物が本性によって不滅的なものとなることはないからである。そうでないとしたら，可滅的なものが不可滅的なものへと変化することになるが，『形而上学』第10巻〔10章1058b28-29〕においてそれらは「類において異なる」と述べられているように，こんなことは不可能だからである。ところで，前述の過程においては可感的魂の実体は身体が生成することによって付帯的に生成すると主張されているのであるから，その実体は身体が滅ぶことにそくして必然的に可滅的である。それゆえ，もしもその〔可感的魂の〕実体そのものが，それに内的に導入されその実体に対して形相として関係する何らかの光によって理性的実体となるとしたら，身体が滅ぶときに理性的魂も滅ぶということが必然的に帰結するのである。これが不可能であることは先に〔第79章〕証明されているし，カトリックの信仰が教えるところなのである。

1742. a) よって，精子とともに分離し「形成力」と呼ばれるちからそのものが魂なのではないし，また生成の過程において魂となるのでもないのである。そうではなく，精子が含んでいるある種の泡のような精気[8]をそのちからは固有の基体としそれに基礎をもっているのである。だから，そのちからが身体の形成作用をなすのは，父親の魂のちからから作用をなすかぎりのことであって，その父親の魂のちからが主要な生成者となって生成させるということはそれに帰されるのである。だから，受胎したもの〔受精卵・胎児〕に魂が内在した後であっても，その受胎したものの魂のちからに生成させるということが帰されるのではないのである。というのも，受胎したものが自分自身を生成させるのではなく，父によって生成されるからである。

b) そしてこのことは魂の個々のちからを通覧する者には明らかである。

この形成力は胎児の魂に生殖〔生成〕力の意味で帰され得ない。というのは一つには，生殖力がこのはたらきを持つのは栄養摂取力と成長力の業が完成されて

---

[8] アリストテレス『動物生成論』第2巻3章736b35-737a1参照。「精気 (spiritus)」とはこのアリストテレスのテキストにもある「プネウマ (pneuma)」であり，ガレノスにも引き継がれる「動物精気 (spiritus animalis)」のこと。アクィナスの用例としては，*Sent.* IV, d.49, q.3, a.2, c.で，「身体の遂行するはたらきにおいて，魂にとって直近の道具であるもの」と規定されている。

nutritivae et augmentativae, quae ei deserviunt, cum generare sit iam perfecti; tum quia opus generativae non ordinatur ad perfectionem ipsius individui, sed ad speciei conservationem.

Nec etiam potest attribui virtuti nutritivae, cuius opus est assimilare nutrimentum nutrito, quod hic non apparet: non enim nutrimentum in processu formationis trahitur in similitudinem praeexistentis, sed perducitur ad perfectiorem formam et viciniorem similitudini patris.

Similiter nec augmentativae: ad quam non pertinet mutatio secundum formam, sed solum secundum quantitatem.

De sensitiva autem et intellectiva particula, patet quod non habet aliquod opus formationi tali appropriatum.

c) Relinquitur igitur quod formatio corporis, praecipue quantum ad primas et principales partes, non est ab anima geniti, nec a virtute formativa agente ex vi eius, sed agente ex vi animae generativae patris, cuius opus est facere simile generanti secundum speciem.

1743. — Haec igitur vis formativa eadem manet in spiritu praedicto a principio formationis usque in finem. Species tamen formati non manet eadem: nam primo habet formam seminis, postea sanguinis, et sic inde quousque veniat ad ultimum complementum. Licet enim generatio simplicium corporum non procedat secundum ordinem, eo quod quodlibet eorum habet formam immediatam materiae primae; in generatione tamen corporum aliorum, oportet esse generationum ordinem, propter multas formas intermedias, inter primam formam elementi et ultimam formam ad quam gen-

からでしかないが，これらのちからは胎児には欠けている。生殖するということはすでに完成されたものに属するからである。もう一つには，生殖力の業はその個体の完成のために秩序づけられているのではなく，種の保存のためだからである。

また，形成力を栄養摂取力に帰することもできない。そのちからの業は栄養物を養われるものに同化〔類似化〕することであるが，このようなことが胎児の場合に現れているのではない。というのも，形成の過程における栄養物は先在するものと類似するようになるのではなく，より完全で父親の類似性により近い形相へと導かれるからなのである。

また，形成力を成長力に帰することもできない。そのちからに属するのは形相にそくした変化ではなく，量にそくした変化だけだからである[9]。

さらに，感覚的部分と知性的部分については，それらが以上のような形成力に割り当てられているようないかなる業も有していないことは明らかである。

c) したがって結論としては，身体の形成が，とりわけその第一の主要な部分に関しては，生成したものの魂によるのではなく，またその魂の力による能動的形成力によるのでもないのであって，父親の形成する魂の有するちからによる能動的形成力によることになる。その形成力の業とは生成させるものと種において類似したものを作り出すことなのである。

1743. 以上から[10]，この形成力は前述の精気のうちで形成のはじめから終わりまで同じままであることになる。しかし，形成されたものの種は同じままではない。というのは，形成されたものは最初は精子の形相を持ち，後に経血の形相を，そうして最終的な完成体にまで至るからである。というのは，単純物体については，そのどれもが第一質料に無媒介的に結びついている形相を有しているために，それらの生成が順序にそくして進むということはないのに対して，その他の物体の生成には諸々の生成の順序がなければならないからである。それは，生成がそれへと秩序づけられている最終的な形相と元素の第一形相との間には，多くの中

---

9) 以上３つが植物的〔栄養摂取的〕魂の３つのちからであり，生殖力は身体が端的な存在を獲得するようにさせるちから，成長力はしかるべき体格を獲得するようにさせるちから，栄養摂取力は存在としかるべき体格を保持するようにさせる力と規定される。*ST* I, q.78, a.2, c. 参照

10) ここからがアクィナス自身の主張であるが，中間的な形相の存在についての考えはアヴィセンナによるものとしている。*Sent*. II, d.18, q.2, a.3, ad 4.; *QDP*, q.3, a.9, ad 9.および，Avicenna, *Liber de anima* V, c.7, p.172 seq.を参照。

eratio ordinatur. Et ideo sunt multae generationes et corruptiones sese consequentes.

1744. — a) Nec est inconveniens si aliquid intermediorum generatur et statim postmodum interrumpitur: quia intermedia non habent speciem completam, sed sunt ut in via ad speciem; et ideo non generantur ut permaneant, sed ut per ea ad ultimum generatum perveniatur.

b) Nec est mirum si tota generationis transmutatio non est continua, sed sunt multae generationes intermediae: quia hoc etiam accidit in alteratione et augmento; non enim est tota alteratio continua, neque totum augmentum, sed solum motus localis est vere continuus, ut patet in VIII *Physicorum*.

1745. — Quanto igitur aliqua forma est nobilior et magis distans a forma elementi, tanto oportet esse plures formas intermedias, quibus gradatim ad formam ultimam veniatur, et per consequens plures generationes medias. Et ideo in generatione animalis et hominis in quibus est forma perfectissima, sunt plurimae formae et generationes intermediae, et per consequens corruptiones, quia generatio unius est corruptio alterius. Anima igitur vegetabilis, quae primo inest, cum embryo vivit vita plantae, corrumpitur, et succedit anima perfectior, quae est nutritiva et sensitiva simul, et tunc embryo vivit vita animalis; hac autem corrupta, succedit anima rationalis ab extrinseco immissa, licet praecedentes fuerint virtute seminis.

1746. — His igitur visis, facile est respondere ad obiecta.

1747. — Quod enim *primo* obiicitur, oportere animam sensitivam eundem modum originis in homine et in brutis habere, ex eo quod *animal* de eis univoce praedicatur: — dicimus hoc necessarium non esse. Etsi enim anima

第89章

間的な形相があるためなのである。よって，そこには相互に継起する多くの生成と消滅とが存在しているのである。

1744. a) また，その中間的なものの或るものが生成するとすぐ後に消滅するとしても，不都合はない。なぜなら，中間的なものは完全な種を持っているわけではなく，種への途上のものとして存在するからである。それゆえ，それらが生成するのは存続し続けるためではなく，それらを通じて最終的に生成されるものへと到達するためなのである。

b) さらにまた，その生成の変化全体が〔一つの〕連続的な変化ではなく中間的な多くの生成があるとしても，驚くべきことではない。なぜなら，このことは質的変化や量的増大においても起こるからである。というのも，質的変化の全体も量的増大の全体も連続的ではなく，『自然学』第8巻〔7章261a28-b7〕において明らかなように，真に連続的なのは場所的運動だけだからである。

1745. それゆえ，或る形相がより高貴で元素の形相から隔たっていればいるほど，より多くの中間的形相がなければならず，それらによって最終的な形相へと徐々に到達するのである。したがってまたより多くの中間的な生成がなければならないのである。よって，最も完全な形相をもつ動物や人間の生成においては，最も多くの中間的な形相と生成があり，したがって一方の生成は他方の消滅である以上，最も多くの消滅があることになるのである。したがって，胎児が植物の生において生きている最初にそれらの動物に内在するのは植物的魂であるが，それが消滅するとそれにより完全な魂が後続する。これは栄養摂取的であると同時に感覚的であるような魂であり，その時に胎児は動物の生において生きることになる。さらに，この魂が消滅すると後続するのが理性的魂であるが，それに先行する魂が精子のちからによって存在していたのに対して，理性的魂は外から送り込まれるのである。

1746. さて，以上のことが分かると，諸々の異論〔第88章〕に解答するのは容易である。

1747. さて，論拠1〔1723節〕は，人間と非理性的動物において，「動物」という名称はそれらに同名同義的に述語されるのである以上，両者において感覚的魂は起源の様態は同じでなければならないというものであったが，これは必然的ではないとわれわれは主張する。人間の感覚的魂と非理性的動物の感覚的魂とは類

sensitiva in homine et bruto conveniant secundum generis rationem, differunt tamen specie, sicut et ea quorum sunt formae: sicut enim animal quod est homo, ab aliis animalibus specie differt per hoc quod est rationale, ita anima sensitiva hominis ab anima sensitiva bruti specie differt per hoc quod est etiam intellectiva. Anima igitur in bruto habet id quod est sensitivum tantum; et per consequens nec esse nec eius operatio supra corpus elevatur; unde oportet quod simul cum generatione corporis generetur, et cum corruptione corrumpatur. Anima autem sensitiva in homine, cum habeat supra sensitivam naturam vim intellectivam, ex qua oportet ut ipsa substantia animae sit secundum esse et operationem supra corpus elevata; neque per generationem corporis generatur, neque per eius corruptionem corrumpitur. Diversus ergo modus originis in animabus praedictis non est ex parte sensitivi, ex quo sumitur ratio generis: sed ex parte intellectivi, ex quo sumitur differentia speciei. Unde non potest concludi diversitas generis, sed sola diversitas speciei.

1748. — Quod vero *secundo* obiicitur, conceptum prius esse animal quam hominem, non ostendit rationalem animam cum semine propagari. Nam anima sensitiva per quam animal erat, non manet, sed ei succedit anima quae est simul sensitiva et intellectiva, ex qua est animal et homo simul, ut ex dictis patet.

1749. — Quod vero *tertio* obiicitur, diversorum agentium actiones non terminari ad unum factum, intelligendum est de diversis agentibus non ordinatis. Si enim ordinata sint ad invicem, oportet eorum esse unum effectum: nam causa agens prima agit in effectum causae secundae agentis vehementius quam etiam ipsa causa secunda; unde videmus quod effectus qui per instrumentum agitur a principali agente, magis proprie attribuitur principali agenti quam instrumento. Contingit autem quandoque quod actio principalis

の特質によれば合致するにしても，種においては異なっている。それは，それらの形相が帰属しているものも種において異なっているのと同様である。つまり，人間という動物は理性的であることによって他の動物とは種において異なっているが，それと同様に人間〈の〉感覚的魂はそれが知性的でもあることによって，非理性的動物〈の〉感覚的魂とは種において異なっているのである。だから，非理性的動物の魂はただ感覚的であるものを有しており，それゆえにその存在とはたらきとは身体を越えて高められることがない。したがって，それは身体の生成とともに生成し身体の消滅とともに消滅するのでなければならないのである。それに対して，人間の感覚的魂は，感覚的本性を越えて知性的ちからを有しており，そのために魂の実体そのものは存在とはたらきにそくして身体を越えて高められているのである。また，身体の生成とともに生成したり身体の消滅とともに消滅したりすることもないのである。したがって，前述の〔二種の〕魂において起源の様態は異なっているが，それは類の特質がそこから取られる感覚的なものの側ではなく，種差がそこから取られる知性的なものの側によって異なっているのである。それゆえ，〔起源の差異からは〕類の多様性ではなく，種の多様性のみが結論され得るのである。

1748. 論拠2〔1724節〕は人間として受胎するより先に動物として受胎すると反論しているが，このことで理性的魂が精子とともに伝播するということが示されたことにはならない。前述〔1744節〕のことから明らかなように，それによって動物となっていた感覚的魂はそのままにとどまるのではなく，感覚的であると同時に知性的であるような魂がそれに後続するのであって，その魂によって動物であり同時に人間であることになるのだからである。

1749. 論拠3〔1725節〕ではさまざまな作用者の作用が一つの作り出されたものへと終極することはないと反論されているのであるが，これは〔相互に〕秩序づけられていない作用者について理解されるべきことなのである。というのも，作用者が相互に秩序づけられている場合には，一つの結果がそれらに属するのでなければならないが，第二作用因による結果を作り出す第一作用因は第二作用因そのものよりもより強力な仕方ではたらきをなすからである。だから，道具を通じて主要作用者によってなされた結果というものがより固有の意味で帰属させられるのは，道具に対してよりも主要作用者に対してなのである。だが，はたらき

agentis pertingit ad aliquid in operato ad quod non pertingit actio instrumenti: sicut vis vegetativa ad speciem carnis perducit, ad quam non potest perducere calor ignis, qui est eius instrumentum, licet operetur disponendo ad eam resolvendo et consumendo. Cum igitur omnis virtus naturae activa comparetur ad Deum sicut instrumentum ad primum et principale agens, nihil prohibet in uno et eodem generato quod est homo, actionem naturae ad aliquid hominis terminari, et non ad totum quod fit actione Dei. Corpus igitur hominis formatur simul et virtute Dei quasi principalis agentis et primi, et etiam virtute seminis quasi agentis secundi: sed actio Dei producit animam humanam, quam virtus seminis producere non potest, sed disponit ad eam.

1750. — Unde patet solutio ad *quartum*. Sic enim homo sibi simile in specie generat, inquantum virtus seminis eius dispositive operatur ad ultimam formam, ex qua homo speciem sortitur.

1751. — Deum vero adulteris cooperari in actione naturae, nihil est inconveniens. Non enim natura adulterorum mala est, sed voluntas. Actio autem quae est ex virtute seminis ipsorum est naturalis, non voluntaria. Unde non est inconveniens si Deus illi operationi cooperatur ultimam perfectionem inducendo.

1752. — Quod vero *sexto* obiicitur, patet quod non de necessitate concludit. Etsi enim detur quod corpus hominis formetur prius quam anima creetur, aut e converso, non sequitur quod idem homo sit prior seipso: non enim homo est suum corpus, neque sua anima. Sequitur autem quod aliqua pars

によってなされたことにおいて，道具の作用が届かない何かに主要作用者の作用は届くということが時には起こる．たとえば，栄養摂取力は肉という種に至るのに火の熱はその種には至り得ないのであるが，それは火の熱が分解し費消することによって肉の種へと状態づけることによってはたらきをなすにしても，熱は栄養摂取力の道具だからなのである[11]．したがって，自然のあらゆる能動的ちからと神との関係は道具と第一の主要作用者の関係である以上，人間という生成した同一のものにおいて，自然の作用が人間の或る〔一部の〕ものに終極しているにしても神の作用によって生じる全体にまでは終極することはないということは，何の障碍でもないのである．それゆえ，人間の身体は主要な第一作用者としての神のちからによると同時に，第二作用者としての精子のちからによっても形成されるのである．しかし，人間の魂を産出するのは神の作用であって，精子のちからは魂を産出することはできず，それへの状態づけをするのである．

1750. ここから論拠4〔1726節〕に対する回答も明らかである．すなわち，人間は種において自分に類似したものを生み出すが，人間がそれによって種を得る最終的な形相への状態づけをなすという仕方ではたらくのが人間の精子のちからであるという限りでのことなのである．

1751. また，神が自然の作用において姦通者に協力していることになるということ〔論拠5，1727節〕は，何の不都合でもない．というのも，悪いのは姦通者の自然本性ではなく意志であるが，姦通者の精子のちからによる作用は自然本性的なものであって意志的ではないからである．それゆえ，神が〔姦通者の自然本性の〕最終的な完成をもたらすことによって，そのはたらきと共にはたらくとしても，何の不都合もないのである[12]．

1752. さて，論拠6〔1728節〕で反論されていることについては，その結論が必然的でないことが明らかである．実際，人間の身体が魂が創造されるよりも前に形成されるとかその逆のことが仮定されたとしても，〈同じ人間が自分自身より先になる〉ということが帰結しないからである．人間とはその身体なのでもないし，その魂なのでもないからである．そうではなく，〔先の仮定から〕帰結す

---

11) 栄養摂取と成長に関して火の熱が何らかの意味での原因（副原因）であるとする点については，アリストテレス『魂について』第2巻4章416a9-18を参照．

12) 1747節からこの節までの議論については，*ST* I, q.118, a.2.の異論解答2から5を参照．

eius sit altera prior. Quod non est inconveniens: nam materia tempore est prior forma; materiam dico secundum quod est in potentia ad formam, non secundum quod actu est per formam perfecta, sic enim est simul cum forma. Corpus igitur humanum, secundum quod est in potentia ad animam, utpote cum nondum habet animam, est prius tempore quam anima: tunc autem non est humanum actu, sed potentia tantum. Cum vero est humanum actu, quasi per animam humanam perfectum, non est prius neque posterius anima, sed simul cum ea.

1753. — Neque etiam sequitur, si anima ex virtute seminis non producitur sed solum corpus, quod sit imperfecta operatio tam Dei quam naturae, ut *septima* ratio procedebat. Virtute enim Dei utrumque fit, et corpus et anima: licet formatio corporis sit ab eo mediante virtute seminis naturali, animam autem immediate producat. Neque etiam sequitur quod actio virtutis seminis sit imperfecta: cum perficiat hoc ad quod est.

1754. — Sciendum est etiam in semine virtute contineri omnia illa quae virtutem corpoream non excedunt, sicut faenum, culmus, internodia, et similia. Ex quo concludi non potest quod id hominis quod totam virtutem corpoream excedit, in semine virtute contineatur, ut *octava* ratio concludebat.

1755. — Quod autem operationes animae videntur proficere in processu generationis humanae sicut proficiunt corporis partes, non ostendit animam humanam et corpus idem principium habere, sicut *nona* ratio procedebat: sed ostendit quod dispositio partium corporis est necessaria ad animae operationem.

1756. — Quod autem *decimo* obiicitur, corpus animae configurari, et ob

るのは〈人間の或る部分が他の部分よりも先だ〉ということであり，これは不都合ではない。なぜなら，時間においては質料は形相よりも先だからである。ただしここで言う質料とは，形相に対して可能態にある限りの質料であって，形相によって現実態において完成されてしまっている限りにおける質料のことではない。実際，後者の意味での質料は形相と同時に存在しているからである。よって，人間の身体は，魂に対して可能態にある限りにおいては，まだ魂を有していない時点にあるものとして，魂よりも時間的に先にある。だが，その身体は現実態において人間の身体なのではなく，可能態においてのみ人間の身体なのである。それに対して，身体が人間の魂によって完成されたものとして現実態において人間の身体である時には，それは魂より先に存在するのでも後に存在するのでもなく，それと同時に存在しているのである。

1753. また，精子のちからから産出されるのが魂ではなく身体だけであるとしても，論拠7〔1729節〕が行論しているようには，自然のはたらきも神のはたらきも不完全であることになるという帰結にはならない。というのも，神のちからによって生じるのは両方，つまり身体と魂の両方だからである。ただし，身体の形成の方は精子の自然本性的ちからを媒介として神によるが，魂の方は神が直接に産出するのである。さらに，精子のちからによる作用が不完全であることも帰結しない。そのちからがその目的を完成してはいるからである。

1754. また，葉，茎，節間などのような，物体的なちからを超え出ないようなすべてのものが，種子のうちに潜在的に含まれているということを知らねばならない。だが，このことからは論拠8〔1730節〕が結論していたようには，人間に属しながら物体的ちからの全体を超え出るものが精子のうちに含まれているのだということは結論され得ないのである。

1755. さて，人間の生成過程において魂のはたらきは身体の諸部分の発展にそくして発展していると思われるということは，論拠9〔1731節〕が行論していたようには，人間の魂と身体とが同じ原理を持っているということを示してはいない。そうではなくて，身体の諸部分の状態づけが魂のはたらきに必要であるということを示しているのである。

1756. 論拠10〔1732節〕では身体は魂とともにかたどられるのであり，それゆえに魂は自分に類似した身体を準備するのだとされているが，これは部分的には

hoc animam sibi corpus simile praeparare: partim quidem est verum, partim autem falsum. Si enim intelligatur de anima generantis, est verum quod dicitur: falsum autem si intelligatur de anima generati. Non enim virtute animae generati formatur corpus quantum ad primas et praecipuas partes, sed virtute animae generantis, ut supra probatum est. Similiter enim et omnis materia suae formae configuratur: non tamen haec configuratio fit ex actione generati, sed ex actione formae generantis.

1757. — Quod autem *undecimo* obiicitur de seminis vita in principio decisionis:—patet quidem ex dictis non esse vivum nisi in potentia: unde tunc animam actu non habet, sed virtute. In processu autem generationis habet animam vegetabilem et sensibilem ex virtute seminis: quae non manent, sed transeunt, anima rationali succedente.

1758. — a) Neque etiam, si formatio corporis animam praecedit humanam, sequitur quod anima sit propter corpus, ut *duodecima* ratio inferebat. Est enim aliquid propter alterum dupliciter.

b) Uno modo propter eius operationem, sive conservationem vel quicquid huiusmodi est quod consequitur ad esse: et huiusmodi sunt posteriora eo propter quod sunt; sicut vestimenta sunt propter hominem, et instrumenta propter artificem.

c) Alio modo est aliquid propter alterum, idest, propter esse eius: et sic quod est propter alterum, est prius tempore et natura posterius. Hoc autem modo corpus est propter animam: sicut et omnis materia propter formam.

d) Secus autem esset si ex anima et corpore non fieret unum secundum esse: sicut dicunt qui ponunt animam non esse corporis formam.

真であるが部分的には偽である。つまり，これが生成させる魂について理解されるならば真なることが語られているが，生成された魂について理解されるならば偽なのである。実際，先に〔1742節〕証明されたように，身体はその第一の主たる部分に関しては，生成された魂のちからによって形成されるのではなくて，生成させる魂のちからによって形成されるのである。そしてこれはどんな質料に関しても同様であって，質料は自己の形相とともにかたどられるが，このかたどりは生成されたものの作用ではなく，生成させる形相の作用から生じるのである。

1757. 論拠11〔1733節〕ではその分離のはじまりにおける精子の生命について反論されているが，上述のことから，その精子が可能態においてのみ生きているということが明らかであり，その時には魂を現実態においてではなく可能態において有しているのである。だが，生成過程において，精子はそのちからから植物的魂と動物的魂を有するようになる。だが，この魂はそのままにとどまるのではなく，理性的魂が後続することによって，消滅するのである。

1758. a) また，身体の形成が人間の魂より先行するとしても，論拠12〔1734節〕が推論したようには，魂が身体のためにあるということは帰結しないのである。実際，〈何か〔A〕が別のもの〔B〕のためにある〉ということには，二つのあり方がある。

　b) 一つの様態では，〔AがBの〕はたらき，保存，あるいは何であれ〔Bの〕存在に後続するもののためにある。そしてこのようなものは，それ〔A〕がそのためにあるもの〔B〕よりも後なるものである。たとえば，服は人間のためにあり，道具は作品のためにあるのである。

　c) 〈何かが別のもののためにある〉ということのもう一つの様態というのは，〔AがBの〕存在のためにある場合である。この意味で別のもの〔B〕のためにあるもの〔A〕は，時間的には先でありながら本性上は後なるものである。ところで，この意味で身体は魂のためにある。それはすべての質料が形相のためにあるのと同様なのである。

　d) だが，魂と身体とから存在において一なるものが生じるのではないとしたら，話は別になろう。実際は，魂は身体の形相ではないと主張した人々はそう述べたのである。

CAPUT 90.

QUOD NULLI ALII CORPORI NISI HUMANO UNITUR SUBSTANTIA INTELLECTUALIS UT FORMA.

1759. — Quia vero ostensum est substantiam aliquam intellectualem corpori uniri ut formam, scilicet animam humanam, inquirendum restat utrum alicui alteri corpori aliqua substantia intellectualis ut forma uniatur. Et quidem de corporibus caelestibus, quod sint animata anima intellectuali, superius, est ostensum quid de hoc Aristoteles senserit, et quod Augustinus hoc sub dubio dereliquit. Unde praesens inquisitio circa corpora elementaria versari debet.

1760. — Quod autem nulli corpori elementari substantia intellectualis uniatur ut forma nisi humano, evidenter apparet. Si enim alteri corpori uniatur, aut unitur corpori mixto, aut simplici. Non autem potest uniri corpori mixto. Quia oporteret illud corpus maxime esse aequalis complexionis, secundum suum genus, inter cetera corpora mixta: cum videamus tanto corpora mixta nobiliores formas habere quanto magis ad temperamentum mixtionis perveniunt; et sic, quod habet formam nobilissimam, utpote substantiam intellectualem, si sit corpus mixtum, oportet esse temperatissimum. Unde etiam videmus quod mollities carnis et bonitas tactus, quae aequalitatem complexionis demonstrant, sunt signa boni intellectus. Complexio autem

第 90 章
知性的実体は人間の身体以外の物体に形相として合一しないこと

1759. さて，ある種の知性的実体すなわち人間の魂が形相として物体〔身体〕と合一することが示された〔第68章〕ので，何か別の物体に何らかの知性的実体が形相として合一するかどうかの探究が残こされている[1]。それで，天体については，それが知性的魂によって生きているものとされているかどうかに関して，アリストテレスが何を主張したのか，また，アウグスティヌスはこれを疑問として放擲していることが先に〔第70章〕示されている。よって，ここでの探究は四元素からなる諸物体に関わるものでなければならないことになる[2]。

1760. だが，人間の身体を除けば，元素からなる諸物体のどれにも知性的実体が形相として合一することはないことが，明白なのである。というのも，〔人間の身体とは〕別の物体に合一するとすれば，混合物体に合一するか単純物体に合一するかのいずれかである。だが，混合物体と合一することはない。なぜなら，〔合一するとすれば，合一した〕その物体が他の混合物体のなかではその類において最も均衡の取れた体質を持っていなければならないことになる。実際観察されるように，混合物体は均整の取れた混合に達すればするだけそれだけより高貴な形相を持つのであり，知性的実体といった最も高貴な形相を持つ物体とは，それが混合物体であるとしたら，最も均整の取れた物体でなければならないことになる。それゆえに，体質の均衡を示すものである肉の柔らかさや優れた触覚というものが優れた知性のしるしとなっているのも観察されるのである[3]。ところが，

---

1) 離存実体一般についての考察（第46章から第55章）を受けてはじまった第56章からの人間の知性的魂についての考察が前章までで一応終了した後，本章で知性的・離存実体のなかで何らかの物体（身体）と合一するのは人間の場合だけであることが確認され，人間固有の存在形態についての議論が終了する。そして次の第91章からは，いかなる物体とも本性上合一することのない純粋な離存実体（天使）へと続くのである。本書「解説」2節を参照。

2) 物体一般には天体も含まれるが，月下の世界の物体が四元素から出来ているのに対して，天体は第五元素（エーテル）から出来ていると考えられていた。天体に離存する知性的実体（天使）が形相として結合していることが第70章では承認されていたので，考察すべき問題は人間の身体以外の月下の物体に知性的実体が結合する可能性があるかどうかだけなのである。

maxime aequalis est complexio corporis humani. Oportet igitur, si substantia intellectualis uniatur alicui corpori mixto, quod illud sit eiusdem naturae cum corpore humano. Forma etiam eius esset eiusdem naturae cum anima humana, si esset substantia intellectualis. Non igitur esset differentia secundum speciem inter illud animal et hominem.

1761. — Similiter autem neque corpori simplici, puta aëri aut aquae aut igni aut terrae, uniri potest substantia intellectualis ut forma. Unumquodque enim horum corporum est simile in toto et partibus: eiusdem enim naturae et speciei est pars aeris et totus aer, etenim eundem motum habet; et similiter de aliis. Similibus autem motoribus similes formae debentur. Si igitur aliqua pars alicuius dictorum corporum sit animata anima intellectuali, puta aeris, totus aer et omnes partes eius, eadem ratione, erunt animata. Hoc autem manifeste apparet falsum: nam nulla operatio vitae apparet in partibus aeris vel aliorum simplicium corporum. Non igitur alicui parti aëris, vel similium corporum, substantia intellectualis unitur ut forma.

1762. — a) Adhuc. Si alicui simplicium corporum unitur aliqua substantia intellectualis ut forma, aut habebit intellectum tantum: aut habebit alias potentias, utpote quae pertinent ad partem sensitivam aut nutritivam, sicut est in homine.

b) Si autem habet intellectum tantum, frustra unitur corpori. Omnis enim forma corporis habet aliquam propriam operationem per corpus. Intellectus autem non habet aliquam operationem ad corpus pertinentem, nisi secundum quod movet corpus: intelligere enim ipsum non est operatio quae per organum corporis exerceatur; et eadem ratione, nec velle. Elementorum etiam motus sunt a moventibus naturalibus, scilicet a generantibus, et non

最も均衡の取れた体質とは人間の身体の体質なのである。それゆえ，知性的実体が何らかの混合物体と合一するとすれば，その物体は人間の身体と同じ自然本性のものでなければならないのである。また，そのような物体の形相も，それが知性的実体であるとするならば，人間の魂と同じ自然本性のものなのであることになろう。そうしてみると，その〔知性的実体と合一して出来ると仮定される〕動物と人間との間には種における差異がないことになってしまうであろう。〔それゆえ結局，知性的実体が合一するのは人間の身体であると言うほかはないことになる。〕

1761. だがまた同様に，空気や水や火や土といった単純物体の方に知性的実体がそれの形相として合一することもない。というのは，これらの物体のどれをとっても，その全体と諸部分とで類似したものである。実際，空気の部分と空気の全体とは同じ自然本性と種とに属しており，実際同じ動を有している。ほかの物体についても同様である。ところで，類似した動者には類似した形相が帰される。それゆえ，前述の諸物体のどれかの或る部分が，例えば空気の或る部分が知性的魂によって生きているものとなっているとしたら，空気全体や空気のすべての部分が同じ理由から生きているものとなっていることになるであろう。しかしこれは明らかに偽である。なぜなら，空気やほかの単純物体の諸部分には生命の何のはたらきも見られないからである。したがって，空気や同様の物体の或る部分に知性的実体が形相として合一することはないのである。

1762. a) さらに，単純物体のどれかに何らかの知性的実体が形相として合一するとしたら，〔出来た合成体は〕知性のみを有することになるか，あるいは人間においてそうであるように，感覚的あるいは栄養摂取的部分に属するような他の能力をも有するかのいずれかであることになる。

b) そこで，知性だけを持っているとしたら，身体と合一することが無益なことになるであろう。というのも，身体に属するすべての形相が何らかの固有のはたらきを持つのは身体を通じてである。ところが，知性は，身体を動かすということを除けば，身体に属するどんなはたらきも有していない。実際，知性認識するということそれ自体は身体器官を通じて遂行されるはたらきではないし，同じ理由によって意志することもそうである。また，諸元素の動は自然本性的動者す

---

3) アリストテレス『魂について』第2巻9章421a20-26を参照。

movent seipsa. Unde non oportet quod, propter eorum motum, sint animata.

c) Si autem habet substantia intellectualis quae ponitur uniri elemento aut parti eius, alias animae partes, cum partes illae sint partes aliquorum organorum, oportebit in corpore elementi invenire diversitatem organorum. Quod repugnat simplicitati ipsius.

d) Non igitur substantia intellectualis potest uniri ut forma alicui elemento aut parti eius.

1763. — Amplius. Quanto aliquod corpus est propinquius materiae primae, tanto est ignobilius: utpote magis in potentia existens, et minus in actu completo. Elementa autem ipsa sunt propinquiora materiae primae quam corpora mixta: cum et ipsa sint mixtorum corporum materia proxima. Sunt igitur elementorum corpora ignobiliora secundum suam speciem corporibus mixtis. Cum igitur nobilioris corporis sit nobilior forma, impossibile est quod nobilissima forma, quae est anima intellectiva, sit unita corporibus elementorum.

1764. — Item. Si corpora elementorum, aut aliquae partes eorum, essent animata nobilissimis animabus, quae sunt animae intellectivae, oporteret quod, quanto aliqua corpora essent viciniora elementis, essent propinquiora ad vitam. Hoc autem non apparet, sed magis contrarium: nam plantae minus habent de vita quam animalia, cum tamen sint propinquiores terrae; et mineralia, quae sunt adhuc propinquiora, nihil habent de vita. Non igitur substantia intellectualis unitur alicui elemento, vel parti eius, ut forma.

1765. — Adhuc. Omnium moventium corruptibilium vita per excellentiam contrarietatis corrumpitur: nam animalia et plantae mortificantur ab excellenti calido et frigido, humido aut sicco. In corporibus autem elementorum praecipue sunt excellentiae harum contrarietatum. Non igitur est possibile quod in eis sit vita. Impossibile igitur est quod substantia intellectiva uni-

第90章

なわち生成させるものによるのであって、それらは自分自身を動かしはしない。それゆえに、その物体の動のために生きているものとなるはずはないのである。

　c) また、もし元素やその部分と合一すると仮定されている知性的実体が魂の〔知性とは〕別の諸部分を有しているとした場合には、その諸部分は何らかの器官に属する部分であるはずだから、単純物体のうちに器官の多様性が見いだされるのでなければならないことになる。これはそれの単純性に背馳している。

　d) したがって、知性的実体は何らかの元素やその部分に形相として合一することは出来ないのである。

1763. さらに、第一質料により近い物体は、それだけいっそう高貴さが劣る。それはいっそう可能態において存在するものとして、完全な現実態として劣るものとしてである。ところで、諸元素は混合物体よりも第一質料に近い。というのも、諸元素は混合物体の近接質料でもあるからである。それゆえ、諸元素の物体は混合物体よりもその種にそくして高貴さが劣る。したがって、より高貴な物体にはより高貴な形相が属するのである以上、知性的魂という最も高貴な形相が諸元素の物体と合一することは不可能なのである。

1764. 同じく、諸元素の物体やその何らかの部分が知性的魂という最も高貴な魂によって生きているものとなっているとすれば、或る物体が元素に近接していればいるほど生命に接近していることにならねばならないであろう。だが、こんなことは明らかではなく、むしろ逆なのである。実際、植物は土により接近しているにもかかわらず、動物よりも小さい生命しか持たないし、また鉱物はいっそう土に近接しているのに、生命を少しも持っていないのである。従って、知性的実体が形相として何らかの元素やその部分に合一することはないのである。

1765. さらに、あらゆる可滅的動者の生命は過度の対立性質によって消滅する。実際、動物と植物は過度の熱と冷、湿と乾とによって破壊されるのである。ところが、諸元素の物体においてはとりわけそのような過度の対立性質がある。したがって、それらのうちに生命が存在することは不可能である。よって知性的実体がそれらに形相として合一することは不可能なのである。

atur eis ut forma.

1766. — Amplius. Elementa etsi secundum totum sint incorruptibilia, tamen singulae partes sunt corruptibiles, utpote contrarietatem habentes. Si igitur aliquae partes elementorum habeant sibi unitas substantias cognoscentes, maxime videtur quod assignetur eis vis discretiva corrumpentium. Quae quidem est sensus tactus, qui est discretivus calidi et frigidi et similium contrarietatum: propter quod et, quasi necessarius ad praeservationem a corruptione, omnibus animalibus inest. Hunc autem sensum impossibile est inesse corpori simplici: cum oporteat organum tactus non habere actu contrarietates, sed potentia; quod contingit solum in mixtis et temperatis. Non igitur est possibile aliquas partes elementorum esse animatas anima intellectiva.

1767. — Item. Omne corpus vivens aliquo modo secundum animam localiter movetur: nam corpora caelestia, si tamen sint animata, moventur circulariter; animalia perfecta motu progressivo; ostrea autem motu dilatationis et constrictionis; plantae autem motu augmenti et decrementi, qui sunt aliquo modo secundum locum. Sed in elementis non apparet aliquis motus qui sit ab anima, sed solum motus naturales. Non sunt igitur corpora viventia.

1768. — a) Si autem dicatur quod substantia intellectualis, etsi non uniatur corpori elementi aut parti eius ut forma, unitur tamen ei ut motor.

b) Primum quidem, in aëre hoc dici impossibile est. Cum enim pars aëris non sit per seipsam terminabilis, non potest aliqua pars eius determinata motum proprium habere, propter quem sibi substantia intellectualis uniatur.

1769. — Praeterea. Si aliqua substantia intellectualis unitur alicui corpori naturaliter sicut motor proprio mobili, oportet virtutem motivam illius substantiae limitari ad corpus mobile cui naturaliter unitur: nam cuiuslibet mo-

1766. さらに，諸元素はその全体としては不可滅であるにしても，個々の部分は対立性質を有するものとして可滅的である。それゆえ，諸元素の或る部分が自己に合一し認識をする実体を有しているとするならば，それを消滅させるようなものを識別する力がそれに帰属させられるのが最も適当であると思われる。そして，このような力とは触覚であって，触覚は熱や冷や同様の対立性質を識別するものであり，そのために消滅から身を保持するために必要なものとしてあらゆる動物に備わっているのである。ところが，この感覚が単純物体に内在することは不可能である。というのは，触覚器官は対立性質を現実態においてではなく可能態において持つものでなければならないからである。現実態において持つということは混合し均整のとれた物体においてだけ起こることなのである。したがって，諸元素の何らかの部分が知性的魂によって生きたものとなるということは不可能である。

1767. 同じく，生きているすべての物体は魂によって何らかの仕方で場所的に動く。実際，天体は確かに生きたものとされているのであれば円環的に動くし，完全な動物は前進運動をする。それに対して，牡蠣は膨張と収縮の運動をし植物は増大と減少の変化をするが，これは或る意味で場所にそくした運動なのである。だが，諸元素のうちに現れているのは，魂によるような運動ではなく自然本性的運動だけなのである。従って，それらは生きている物体ではないのである。

1768. a) ところで，知性的実体は元素やその部分に形相としては合一していないが，動者としてはそれに合一しているのだと反論されるかもしれない。

b) だがまず最初に，空気に関してこう言うことは不可能である。というのも，空気の部分はそれ自体で限定され得るものではないから，その或る部分が限定されてその部分に固有の運動を持ち，それによって知性的実体がその部分に合一することは出来ないからである。

1769. さらには，何らかの知性的実体が動者として，それに固有に動かされ得るものとしての何らかの物体に自然本性的に合一しているとしたら，それの動かすちからからはそれが自然本性的に合一している動かされうる物体へと限界づけられているのでなければならない。なぜなら，どのような動者であっても，その固有

toris proprii virtus non excedit in movendo proprium mobile. Ridiculum autem videtur dicere quod virtus alicuius substantiae intellectualis non excedat in movendo aliquam determinatam partem alicuius elementi, aut aliquod corpus mixtum. Non videtur igitur dicendum quod aliqua substantia intellectualis uniatur alicui corpori elementari naturaliter ut motor, nisi sibi etiam uniatur ut forma.

1770. — Item. Motus corporis elementaris potest ex aliis principiis causari quam ex substantia intellectuali. Superfluum igitur esset propter huiusmodi motus naturaliter substantias intellectuales corporibus elementaribus uniri.

1771. — a) Per hoc autem excluditur opinio Apuleii, et quorundam Platonicorum, qui dixerunt daemonia *esse animalia corpore aerea, mente rationabilia, animo passiva, tempore aeterna*; et quorundam gentilium ponentium elementa esse animata, unde et eis cultum divinum instituebant.

b) Excluditur etiam opinio dicens Angelos et Daemones habere corpora naturaliter sibi unita, de natura superiorum vel inferiorum elementorum.

のちからが動かすことにおいてそれに固有の動かされうるものを超え出ることはないからである。ところが、何らかの知性的実体のちからが、動かすことにおいて何らかの元素の限定された部分のどれをも超え出ないとか、またどんな混合物体をも超え出ないなどと語るのは笑止千万なのである。したがって、何らかの知性的実体について、それが形相としても合一しているのでないならば、何か元素的物体に動者として自然本性的に合一していると言うべきではないと思われる。

1770. 同じく、元素的物体の動は知性的実体以外の原理によって引き起こされることが可能である。したがって、このような運動のために知性的実体が元素的物体と自然本性的に合一するのは余計なことになるのである。

1771. a) さて以上から、アプレイウス[4]やある種のプラトン派の人々の見解が排除される。すなわち、彼らの語るところによれば、ダイモンは「空気的物体によって動物であり、精神によって」理性的であり、「こころにおいて受動的であり、時間において永遠である」。また、諸元素は生きたものとされていると主張し、それらに神的崇敬を捧げたある種の異教徒たちの見解も排除されるのである。

b) また、天使とダイモンは自己に自然本性的に合一し、上位〔天界〕あるいは下位〔月下〕の元素の本性を持つ身体を持っていると言う見解も排除されるのである。

---

4) 2世紀ころのローマの哲学者・修辞学者。『変容（黄金のロバ）』が有名であるが、アプレイウスのここでの見解は『ソクラテスの神』という著作に見いだされることについては、アウグスティヌス『神の国』第8巻16章を参照。

あとがき

　本書の公式の目論見については「はじめに」に書いたが，それとは別に個人的な想いが本書にはあった。私が京都大学の哲学研究室から中世哲学史研究室に実質的に「移籍」し，最初に書いたまともな研究報告は『神学大全』第1部第76問第1項の「訳と註」だった。このテキストは人間における心身問題の中核的議論がはじまる部分であり，本書で訳した『対異教徒大全』と内容のかさなる平行箇所である。今でも手元に残っているペン書きの78枚の原稿用紙を読み返してみると，読み方の基本線はまったく変わっていないことに驚く。これは自分の早熟を喜ぶべきではなく，30年を経ても成長・深化しない自分を嘆くべきであることは言うまでもない。あるいはアクィナスの言うとおり，時間的な身体から離存しているがゆえに「三つ子の知性的魂，百まで」と言うべきか。

　ただ，30年前の私の研究報告では『対異教徒大全』は『神学大全』の理解のための参考にとどまっていたのであるが，本書で『対異教徒大全』の方を材料としたことは，私の中の時間の経過を示している。前著『水とワイン』でも13世紀中葉の「哲学」概念を扱うなかで，アクィナスについても「聖なる教え」としての神学という『神学大全』の基本的考えをやはり中心に置いており，その時『対異教徒大全』の方は十分に視野に入っていなかった。現在，この「もう一つのスンマ」を大学の演習で数年にわたり学生たちと読んでいるが，『神学大全』とはちがった独自の価値があるとだんだんに思うようになってきている。いつか『対異教徒大全』の全体を日本語で読めるようにしたいと思っているが，本書はそのための助走のつもりでもあった。

　もう一つは山田晶先生のことである。30年前に，論文ではなく前述のような「訳と註」といった研究報告を提出したのは，山田先生の演習のやり方と中央公論社の『トマス・アクィナス』（世界の名著）のスタイルの影響であった。本書の脚注が先生の付された注の内容に及ぶものではないことは言うまでもないが，本書は先生の研究スタイルに倣い，その意味を少しでも明らかにしたいというひそかな目論見の結果である。その先生は昨年2月に逝去され，本書をお見せする

ことができないのが残念でならない。せめてその学恩に感謝しつつ,本書を山田晶先生の霊前に捧げたいと思う。

　最後になったが,知泉書館の小山光夫氏と髙野文子の両氏には,私の遅筆に辛抱強くおつき合いいただいた。「時代遅れ」あるいは「時代外れ」となりそうな西洋の古典の出版,それもラテン語対訳本という試みに果敢に挑んでおられるお二人には,本当に頭の下がる思いである。ここに厚く感謝したいと思う。

　2009年6月

　　　　　　　　　　　　　　　　　　　　　　　川　添　信　介

文　献　表

(右側に付した [　] は本書において用いた略号)

1．『対異教徒大全』の原典と近代語訳

S.Thomae Aquinatis doctoris angelici Liber de Veritate Catholicae Fidei contra errores Infidelium seu «Summa contra Gentiles», C.Pera, P.Marc, P.Caramello (ed.), Turin/Rome (Marietti), t.2-3:1961, t.1:1967.　　　　　　　　　　　　　　　　　　　　　　　　　　　[M]

　　本訳の底本としたいわゆるマリエッティ版。第1巻はテキストに関する長大な解説であり、第2巻と第3巻がそれぞれ『対異教徒大全』の本文第1-2巻と第3-4巻を含む。テキスト批判資料（apparatus crititus）はないが、次のレオニナ版を基礎としながら、かなりの数の変更を加えている。本訳でも採用した通しの節番号が付されていること、また脚注においてアクィナスが参照しているアリストテレスやアヴェロエスの原典テキストの多くを引用しており、単純なミスや首をかしげたくなる注もないわけではないが、便利である。

Sancti Thomae Aquinatis doctoris angelici Opera omnia iussu Leonis XIII .P .M. edita, t.13-15. (cum commentariis Francisci de Sylvestris Ferrariensis), Rome, 1918, 26 et 30.　　　　　[L]

　　現在も刊行が続いているレオニナ版のかなり初期の批判版で、テキスト批判資料が付されている。ただし、使用された写本の数が十分でなく、文献学の進展による成果を取り入れた新たな批判版が望まれる。アクィナスの本文各章の後に、15世紀末から16世紀のドミニコ会士フェラリエンシス（フランシスクス・シルウェベストゥリス）の註解が付されている。

S. Thomae de Aquino Doctoris Angelici Summa contra Gentiles (Editio Leonina manualis), Rome, 1934.　　　　　　　　　　　　　　　　　　　　　　　　　　　　　　　　　　　　　[Lm]

　　上のレオニナ版からテキスト批判資料とフェラリエンシスの註解を省いた簡略版。

Saint Thomas Aquinas, Summa contra Gentiles, Translated with an Introduction and Notes by A.C.Pegis, J.F.Anderson, J.Bourke, C.J.O'Neil, 4 vols. Notre Dame, 1975. (Orginally published as *Saint Thomas Aquinas, On the truth of Catholic Faith*, New York, 1955-57.)　　[E]

　　[Lm]による4巻本の英訳。内容に関わる注はほとんど含まれていない。

An Annotated Translation (With some Abridgement) of the Summa Contra Gentiles of Saint Thomas Aquinas by Joseph Rickaby, London: Burns and Oates, 1905.

　　完全ではないが、次のサイトで見ることができる。
　　http://www2.nd.edu/Departments/Maritain/etext/gc.htm

Thomas d'Aquin, Somme contre les Gentils, Présentation et traduction par C.Michon, V.Aubin et D.Moreau, 4 tomes, GF Flammarion, Paris, 1999.　　　　　　　　　　　　　　　　　　[F1]

　　やはり[Lm]による4巻本のフランス語訳であるが、[Gauthier]が[L]や[M]に対してなした改訂を容れたものとなっている。各巻の巻頭の解説と注が有益である。

Thomas d'Aquin, Somme contre les Gentils, Traduction du latin par R.Bernier, M.Corvez, M.-J.Gerlaud, F.Kerouanton et L.-J. Moreau, Les Éditions du Cerf, Paris, 1993. (Originally published as *Éditions P. Lethieulleux*, 1951-61.

　　[L]の原典を含んでいた1951-61の4巻本のうちのフランス語訳だけを取り出した1巻本。注もない。

以下のサイトで読むことができる。
　　http://bibliotheque.editionsducerf.fr/par page/1413/TM.htm
Thomas d'Aquin, L'unité de l'intellect contre les averroïstes, suivi des Textes contre Averroès antérieurs à 1270, Texte latin. Traduction, introduction, bibliographie, chronologie, notes et index par Alain de Libera, GF-Flammarion, 1994. [F2]
　　アクィナスの『知性単一説駁論』全体の羅仏対訳本であるが，最後に『対異教徒大全』第2巻のうち，第59章から第61章，第69章，第70章，第73章，第75章，第78章の翻訳と脚注を含む。その他にも知性単一説に関わる『魂についての討論集』第3項，『〈魂について〉註解』第3巻の翻訳も含まれている。
Thomas von Aquin, Summe gegen die Heiden, übersetzt von K.Albert, P.Engelhardt, K.Allgaier u. M.H.Wörner, Darmstadt, 1974-96. [D1]
　　[L]の原典を含む対訳本。注はないが，[L]のラテン語に対する多少の改訂が施されている。
Des heiligen Thomas von Aquin, Summa contra Gentiles oder Die Verteidigung der höchsten Wahrheiten, übersetzt von Helmut Hahsel, 6.Bde., Zürich, 1942-60. [D2]
　　歴史的事項にかかわる相当の量の脚注を含む。
Thomas von Aquin, Die Summe wider die Heiden, übersetzt von Han Nachod u. Paul Stern, Verlag Jakob Hegner in Leipzig, 1935-37.
San Tommaso d'Aquino, Somma contro i Gentili, T.S.Centi ed. Classici delle Religioni 28, Turin, 1975.
Santo Tomás de Aquino, Suma contra los Gentiles, J.M.Pla Castellano ed., 2 t., BAC 94,102. Madrid, 1952-53.
『神在す．異教徒に与うる大要』（酒井瞭吉訳）中央出版社，1944．
　　『対異教徒大全』第1巻全体の和訳。
「対異教徒大全」（岩田靖夫訳）『原典による哲学の歩み』（岩崎武雄・齋藤忍随編著）講談社1974
　　pp.177-186に第1巻第7章と第10章から第12章が含まれている。
稲垣良典『トマス・アクィナス』　講談社「人類の知的遺産20」1979．
　　pp.251-259に『対異教徒大全』第1巻第1章から9章までの部分訳を掲げ，信仰と理性についての概要的説明がなされている。

2．トマス・アクィナスの他の著作

Sancti Thomae Aquinatis doctoris angelici Opera omnia iussu Leonis XIII. P.M. edita, cura et studio fratrum praedicatorum, Romae, 1882- [Leonina]
　　現在も進行中の最良の全集で，レオニナ版と呼ばれる。マリエッティ版も多くはこのレオニナ版に拠っている。
http://www.corpusthomisticum.org/
　　このサイト内の Opera omnia S. Thomae で，真偽の定かでない著作を含めたアクィナスのすべての著作をラテン語で読むことができる。また，検索もウェブ上でできるし，様々な書誌情報も得ることができて有益である。
　　以下では本訳書で引証した著作（とその翻訳）だけを掲げる。
Scriptum super libros Sententiarum Magistri Petri Lombardi Episcopi parisiensis, ed. P.Man-

donnet et M.F.Moos, Paris 1929-47. [*Sent*]
Summa theologiae, [Leonina] t.4-12, 1888-1906. [*ST*]
　このレオニナ版にはカエターヌスの註解が付されている。[M]もこの版に拠る。多数の研究者による日本語訳『神学大全』(創文社，1960-)がもう少しで完結する。欧米語への翻訳は多数存在するが，ここでは割愛する。
Compendium theologiae, [Leonina] t.42, pp.5-191, 1979. [*CT*]
Quaestiones disputatae de veritate, [Leonina] t.22, 1970-76. [*QDV*]
Quaestiones disputatae de potentia, in *S. THOMAE AQUINATIS Quaestiones disputatae*, t.2: ed. P. M. Pession, Marietti, Taurini-Romae, 1965, pp.1-276. [*QDP*]
St. Thomas Aquinas Quaestiones de anima, A newly Established Edition of the Latin Text with an Introduction and Notes, by James H. Robb (Studies and Texts 14), Toronto, 1968. [*QDA*]
Quaestio disputata de spiritualibus creaturis, cura et studio M.Calcaterra, T.S.Centi, in *Quaestiones disputatae* vol.II, Marietti, Taurini-Romae, 1965. [*QDSC*]
Sentencia libri De anima, [Leonina] t.45/1, 1984. [*InDA*]
　校訂者 Gauthier による序文は，文献学的に貴重な情報を豊富に含んでいる。
Thomas Aquinas A Commentary on Aristotle's De anima, translated by Robert Pasnau, Yale University Press, 1999.
In duodecim libros Metaphysicorum Aristotelis expositio, cura et studio M. R. Cathala, R. M. Spiazzi, Marietti, Taurini-Romae, 1971. [*InMET*]
　この註解書の最後であるラムダ巻(12巻)への註解部分が『トマス・アクィナス』(中世思想原典集成14，平凡社1993)で読める。
In octo libros Physicorum Aristotelis expositio, cura et studio P.M.Maggiòlo, Marietti, Taurini-Romae, 1965. [*InPH*]
Expositio libri Posteriorum, [Leonina] t.1*/2, 1989. [*InAP*]
De unitate intellectus contra Averroistas, [Leonina] t.43, 1976. [*DUI*]
　この論争書も上記『トマス・アクィナス』(中世思想原典集成)でその全体を読むことができる。
Aquinas Against the Averroists: *On There Being Only One Intellect*, translated by Ralph M. McInerny, Purdue University Press, 1993.

3．魂論に関係した古典的著作

　プラトンとアリストテレスについては特定の版を挙げず，また，慣例となっている方法によって引用箇所を示すこととする。また，以下の著作は必ずしも本訳書で触れたものだけでなく，西欧スコラ哲学における魂論，知性論にとって重要なものも掲載している。

Alexander of Aphrodisias, *De intellectu et intellecto*, ed. G. Théery, in *Autour du décret de 1210, II. Alexandre d'Aphrodise*, Kain, 1926, pp.74-82.
Alfarabi, *De intellctu, ed. É. Gilson*, in *Archives d'histoire doctrinale et littéraire du moyen Âge*, 4 (1929), pp.115-126.

Alkindi, *De intellectu*, ed. A. Nagy, in *Beiträage zur Geschichte der Philosophie des Mitelalters*, Bd.2, Heft 5, Münster, 1897, pp.1–11.

Nemesius of Emesa, *De natura hominis*, ed. J.R. Moncho et G.Verbeke, Leiden, 1975.

[*Nemesius*]

Philoponus, *Commentaire sur le De anima d'Aristote, traduction de Moerbeke*, ed. G. Verbeke, (Corpus Latinum Commentariorum in Aristotelem Graecorum 3), Louvain/Paris, 1966.

Themistius, *De anima*, ed. G. Verbeke, in *Commentaire sur le Traité de l'âme d'Aristote* (Corpus Latinum Commentariorum in Aristotelem Graecorum 1), Louvain: Louvain U.P. 1957.

Averroes, *Aristotelis opera cum commentariis Averrois*, Venetia, 1562–1574 (repr. Frankfurt a, M., 1962).

————, *Commentarium magnum in Aristotelis de anima libros*, ed. F.S. Crawford, Cambridge/Mass., 1953. [*Averroes*]

————, *L'intelligence et la pensée: Grand Commentaire du De anima Livre III* (429a10–435b25), Traduction, introduction et notes par Alain de Libera, GF Flammarion, 1998.

Avicenna, *Liber de anima seu Sextus de naturalibus*, ed. S. Van Riet, 2 vols, Louvain/Leiden, 1968–1972.

————, *Liber De Philosophia prima sive Scientia divina*, ed. S. Van Riet, 3 vols, Louvain/Leiden, 1977–1983.

Aegidius Romanus, *Errores Philosophorum*, ed. J. Koch, and English translation J.O. Riedl, Milwaukee, 1944.

Albertus Magnus, *Opera Omnia*, ed. A. Borgnet, 38 vols. Paris, 1890–1899.

————, *Opera omnia*, Institutum Alberti Magni Coloniense, Müunster, 1951–.

————, *De sensu, De memoria, De somno, De spiritu, De motibus animae, De intellectu* ed. Borgnet, vol.9.

————, *De homine*, ed. Borgnet, vol.35.

————, *De anima*, ed. Col., vol.7.

————, *De natura et origine animae, Quaestiones super de animalibus*, ed. Col., vol.12.

————, *De unitate, De XV problematibus*, ed. Col., vol.17.1

Alexander of Hales, *Glossa in quatuor libros Sententiarum Petri Lombardi*, 4 vols, Quaracchi, 1951–1957.

Alexander of Hales, et al., *Summa theologia seu sic ab origine dicta "Summa fratris Alexandri"*, 4 vols, Quaracchi, 1924–1948.

Anonymous, *Quaestiones de anima*, ed. B.C. Bazán, in *Trois commentaires anonymes sur le traité de l'âme d'Aristote*, ed. B. Bazán, M.Giele et F. Van Steenberghen, Louvain–Paris, 1971, pp.351–517.

————, *Sententia super II et III de anima*, ed. B.C. Bazán et K. White, Louvain–la–Neuve, 1998.

————, *De potentiis animae et objectis*, ed. D.A. Callus, in 'The power of the Soul. An Early Unpublished Text', *Recherches de théologie ancienne et médiévale* 19, 1952, pp.146–170.

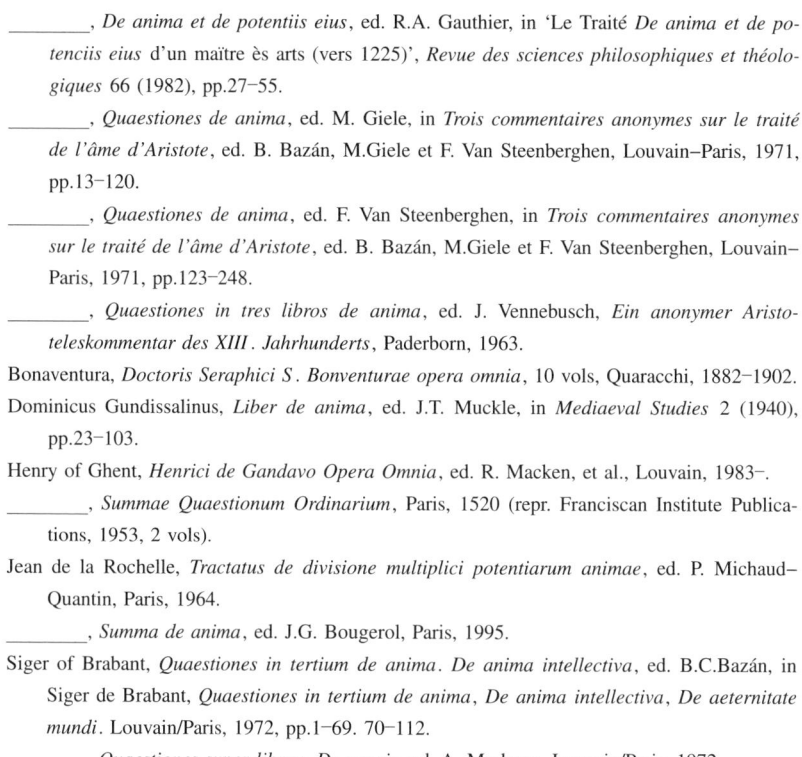

―――, *De anima et de potentiis eius*, ed. R.A. Gauthier, in 'Le Traité *De anima et de potenciis eius* d'un maître ès arts (vers 1225)', *Revue des sciences philosophiques et théologiques* 66 (1982), pp.27-55.

―――, *Quaestiones de anima*, ed. M. Giele, in *Trois commentaires anonymes sur le traité de l'âme d'Aristote*, ed. B. Bazán, M.Giele et F. Van Steenberghen, Louvain-Paris, 1971, pp.13-120.

―――, *Quaestiones de anima*, ed. F. Van Steenberghen, in *Trois commentaires anonymes sur le traité de l'âme d'Aristote*, ed. B. Bazán, M.Giele et F. Van Steenberghen, Louvain-Paris, 1971, pp.123-248.

―――, *Quaestiones in tres libros de anima*, ed. J. Vennebusch, *Ein anonymer Aristoteleskommentar des XIII. Jahrhunderts*, Paderborn, 1963.

Bonaventura, *Doctoris Seraphici S. Bonventurae opera omnia*, 10 vols, Quaracchi, 1882-1902.

Dominicus Gundissalinus, *Liber de anima*, ed. J.T. Muckle, in *Mediaeval Studies* 2 (1940), pp.23-103.

Henry of Ghent, *Henrici de Gandavo Opera Omnia*, ed. R. Macken, et al., Louvain, 1983-.

―――, *Summae Quaestionum Ordinarium*, Paris, 1520 (repr. Franciscan Institute Publications, 1953, 2 vols).

Jean de la Rochelle, *Tractatus de divisione multiplici potentiarum animae*, ed. P. Michaud-Quantin, Paris, 1964.

―――, *Summa de anima*, ed. J.G. Bougerol, Paris, 1995.

Siger of Brabant, *Quaestiones in tertium de anima. De anima intellectiva*, ed. B.C.Bazán, in Siger de Brabant, *Quaestiones in tertium de anima*, *De anima intellectiva*, *De aeternitate mundi*. Louvain/Paris, 1972, pp.1-69. 70-112.

―――, *Quaestiones super librum De causis*, ed. A. Marlasca, Louvain/Paris, 1972.

William of Auvergne, *De l'âme* (*VII*, 1-9), introduction, traduction et notes par J.-B. Brenet, Paris: Vrin, 1998.

4．二次参考文献

トマス・アクィナスの二次文献は，『対異教徒大全』に限ったとしても，網羅することは不可能である。以下では本訳書の内容に関係の深いもの，比較的最近の文献に限定せざるを得なかった。

〔『対異教徒大全』とトマス・アクィナス全般に関係する研究書〕

Chenu, M.-D., *Introduction à l'étude de saint Thomas d'Aquin*, Montréal/Paris, 1974.

Gauthier, Rene-Antoine, *Saint Thomas d'Aquin*, *Somme contre les Gentils Introduction*, Collection Philosophie européenne, Éditions Universitaires, 1993.　　　　　　[*Gauthier*]

Gilson, Étienne, *Le thomisme: Introduction à la philosophie de saint Thomas d'Aquin*, Vrin, 1972[6].

Henle, R. J., *Saint Thomas and Platonism: A Study of the Plato and Platonici in the Writings of Saint Thomas*, The Hague, 1954.

Hibbs, Thomas S., *Dialectic and Narrative in Aquinas*, *An Interpretation of the* Summa contra Gentiles, University of Notre Dame, 1995.

Hoping, Helmut, *Weisheit als Wissen des Ursprungs, Philosophie und Theologie in der » Summa contra gentiles « des Thomas von Aquin*, Herder, 1997.

Kretzmann, Norman, *The Metaphysics of Theism, Aquinas's natural theology in Summa contra Gentiles I*, Clarendon Press, 1997.

―――, *The Metaphysics of Creation, Aquinas's natural theology in Summa contra Gentiles II*, Clarendon Press, 1999.

Kretzmann, N. and Stump, E.(eds.), *The Cambridge Companion to Aquinas*, Cambridge University Press, 1993.

Schönberger, Ralf, Thomas von Aquin ›Summa contra gentiles‹, Wissenschaftliche Buchgesellschaft, 2001.

Torrell, Jean-Pierre, *Initiation à saint Thomas d'Aquin: Sa personne et son œuvre*, Cerf, Édition Universitaires de Fribourg, 1993.

〔魂・知性に関係した研究書〕

Bazán, B.C., "Intellectum Speculativum: Averroes, Thomas Aquinas, and Siger of Brabant on the Intelligibile Object". in *Journal of the History of Philosophy* 19, pp.425-446. 1981.

―――, "Was there ever a 'First Averroism' ?". In J.A. Aertsen, ed., *Geistesleben im* 13. *Jahrhundert*. (Miscellanea Mediaevalia 27). Berlin/New York, 2000.

Blumenthal, H.J, *Aristotle and Neoplatonism in Late Antiquity*, Ithaca: Cornell UP. 1996.

Gutas, D., *Avicenna and the Aristotelian Tradition*, Leiden: Brill, 1988.

Davidson, H.A., *Alfarabi, Avicenna, and Averroes, on Intellect*. New York: Oxford University Press, 1992.

Dod, B.G., "Aristoteles latinus" in *The Cambridge History of Later Medieval Philosophy* (ed. N. Kretzmann, A. Kenny and J. Pingorg), Cambridge UP, 1982.

Endress, G. et Aersten, A., *Averroes and the Aristotelian Tradition. Sources, Constitution and Reception of the Philosophy of Ibn Rushd* (1126-1198). Proceedings of the Fourth Symposium

Averroicum (Cologne,1996). (Islamic Philosophy, Theology and Science 31). Leiden: Brill, 1999.

Gauthier, R.A., "Notes sur les débuts (1225-1240) du premier «averroïsme» ", in *Revue des Sciences Philosophiques et Théologiques* 66.3, pp.321-374, 1982.

Gilson, É., "Pourquoi saint Thomas a critiqué saint Augustin", in *Archives d'Histoire doctorinale et littéraire du moyen âge* 1 (1926), pp.89-121, 1926.

―――, "Les sources gréco-arabes de l'Augustinisme avicennisant", in *Archives d'Histoire doctorinale et littéraire du moyen âge* 4 (1929), pp.5-149, 1929.

―――, "Avicenne en occident au moyen âge", in *Archives d'Histoire doctorinale et littéraire du moyen âge* 36 (1960) pp.89-121, 1960.

Moraux, P., "Le De anima dans la tradition grecque. Quelques aspects de l'interprétation du traité, de Théophraste à Themistius", in G.E.R. Lloyd et G.E.L. Owen, eds. *Arsitotle on Mind and the Senses*, Cambridge: Cambridge University Press, pp.281-324, 1978.

Jolivet, J., "Intellect et Intelligence. Note sur la tradition arabo-latine des XIIe et XIIIe siècles", in *Mélanges offerts à Henry Corbin*, Institute of Islamic Studies, Mcgill Unversity, Tehran Branch, Tehran, 1977. (repr. in J. Jolivet, *Philosophie médiévale arabe et latine*, Paris: Vrin, 1995.

Kenny, A., *Aquinas on Mind*, Routledge, 1993.（A・ケニー『トマス・アクィナスの心の哲学』（川添信介訳）勁草書房1997．）

Kuksewicz, Z., *De Siger de Brabant à Jacques de Plaisance. La théorie de l'intellect chez les averroïstes latines des XIIIe et XIVe siècles*. Wroclow: Ossolineum, 1968.

de Libera, A., *Penser au Moyen Âge*. Paris: Seuil, 1991.（A・ド・リベラ『中世知識人の肖像』（阿部一智・永野潤訳）新評論1994．）

————, *L'Unité de l'intellect*: *Commentaire du* De unitate intellectus contra averroistas *de Thomas d'Aquin*, Vrin, 2004.

de Libera, A. et Hayoun, M.-R., *Averroès et L'averroïsme*, Paris: PUF, 1991.

Niewöhner, F. et Sturlese, L., *Averroismus im Mittelalter und in der Renaissance*. Zürich: Spur, 1994.

Pasnau, Robert, *Thomas Aquinas on Human Nature*: *A Philosophical Study of* Summa theologiae Ia 75-89, Cambridge Universiy Press, 2002.

Sorabji, R. (ed.) *Aristotle Transformed*: *The Ancient Commentators and their Influence*, London: Duckworth, 1990.

Thillet, P., "Matérialisme et théorie de l'âme et de l'intellect chez Alexandre d'Aphrodise", *Revue philosophique de la France et de l'étranger* 106, pp.5-24, 1981.

川添信介「トマスに於る人間の魂の自存性と形相性」『中世哲学研究』（京大中世哲学研究会）第2号1983年，pp.56-62．

————,「知性単一説（I）．ブラバンティアのシゲルスとトマス」『人文研究』（大阪市立大学文学部紀要）第42巻第3分冊1990年，pp.41-60．

————,「知性単一説（II）．ブラバンティアのシゲルスとトマス」『人文研究』（大阪市立大学文学部紀要）第44巻第11分冊1992年，pp.65-84．

————,「知性単一説（III）．ブラバンティアのシゲルスとトマス」『人文研究』（大阪市立大学文学部紀要）第46巻第5分冊1994年，pp.89-107．

————,「トマスはシゲルスを論破したか．知性単一説と人間の魂の communicare esse -」『中世思想研究』（中世哲学会）第37号1995年，pp.1-16．

————,『水とワイン 西欧13世紀における哲学の諸概念』（京都大学学術出版会），2005年

中川純男「認識の様態．トマス認識論の基本原理」『中世哲学研究』（京大中世哲学研究会）第24号2005年，pp.1-19．

中畑正志『アリストテレス 魂について』解説 京都大学学術出版会（西洋古典叢書）2001年

山口雅広「トマス・アクィナスにおける主知主義の意味」『中世哲学研究』（京大中世哲

学研究会）第25号2006年，pp.80-96.

索　引

アヴィセンナ（Avicenna, Ibn Sina）……xxiii, xxvi, xxix, xxx, 141, 183-95, 199, 217-27, 281, 347, 363, 381
アヴェロエス（Averroes, Ibn Rushd）…xxiii-xxvi, xxx–xxxiii, xxxvi, xxxvii, 17, 41-47, 53, 55, 63, 71, 77, 81-87, 97, 119, 131, 137, 141, 143, 155, 161, 171, 177, 181-87, 199-215, 223, 227, 231, 245, 269, 309
アウグスティヌス（Augustinus）……vi, vii, xxix, 39, 141, 143, 213, 307, 319, 345, 393, 401
アプレイウス（Apuleius）………………………………………………………401
アポリナリス（Apollinaris）…………………………………………357, 367
アルガザーリー（Algazel, Al-Ghazzālī）………………………………281
アルベルトゥス・マグヌス（Albertus Magnus）………………………xxx
アレクサンデル・ハレンシス（Alexander Hallensis）………………373
アレクサンドロス・アフロディシアス（Alexander Aphrodisias）……xxv, xxxvi, 87, 97, 199, 223, 269, 309
意志（voluntas）………………xxi, 59, 61, 221, 233, 287, 289, 301, 313-15, 387, 395
永遠（aeternus）……xxvi, 173-83, 263, 271, 279, 281, 285, 305, 307, 329, 337-43, 359, 401
エンペドクレス（Empedocles）……………………………………xxv, 101, 119
オリゲネス（Origenes）…………………………………………309, 319, 335

学知（scientia）………………55, 67-73, 83, 169, 171, 183, 185, 191-205, 211-25, 251, 253, 257, 317, 321, 325, 343
ガレノス（Galenus）…………………………………………xxv, 97, 99, 119, 379
記憶力（vis memorativa）………………51, 55, 57, 115, 163, 183, 191, 197, 263, 273, 285
器官（organum）……………xxxi, 21, 29, 57, 69, 71, 81, 91, 93, 111, 117, 125, 131-35, 141, 145-51, 163, 183, 187, 199, 207, 237, 249, 255, 259, 263, 273, 283, 287, 299, 323, 349, 351, 371-77, 395, 399
技術知（ars）………………55, 69, 203, 205, 211-17, 225, 231, 239, 243, 291, 323
基体（subiectum）……………xxxii, xxxiii, xxxvii, 11, 31, 45-53, 89, 105, 121, 143, 149, 159, 165-69, 175, 201, 209, 215, 231, 261, 263, 281, 283, 315, 339, 379
形象（species）………………………41-49, 71-77, 93, 111, 175, 195, 201, 209, 251
　可感的（sensibilis）…………………………………………………………91
　可知的（intelligibilis）………xxxiii, 45-55, 63, 75, 91, 93, 159, 173, 211, 217, 223, 231, 251, 287, 291, 339
　普遍的（universalis）………………………………………………………69
形成力（virtus formativa）………………………………………355, 379, 381
形相（forma）
　実体的（substantialis）……………xxiv, xxv, 11, 27, 33, 53, 97, 99, 119, 129, 143, 147, 257, 283, 375, 377

質料的（materialis） ………………………………xix, xxxvi, 127, 129, 199-205, 355
　　付帯的（accidentalis） ……………………………………11, 99, 143, 147, 257, 377
　　――の授与者（dator formarum） ………………………………xxix, 191, 219
現実態（actus）
　　純粋（purus） ………………………………………………………………343
　　第一（primus） ………………………………………51-57, 63, 69, 71, 81, 95, 161
　　第二（secundus） ……………………………………………51-57, 63, 69, 95, 161
現前させる（repraesentare） ……………………………………………………237
元素（elementa） ……………………………………7, 87-99, 105, 125, 381, 393-401
ゲンナディウス（Gennadius） ……………………………………………………39
個体化（individuatio） …………………………………43, 199-209, 237, 239, 297

思考力（vis cogitativa） ………………55, 59, 163, 171, 173, 191, 221-25, 265, 273, 275, 285
自存（subsistere） ……………………………xxvii, 23, 75, 121, 205, 207, 265, 295, 361
質料形相論（hylemorphism） ……………………………………………xxxvi, 13, 305
習得態（habitus） ……………………55, 67, 69, 169, 171, 183, 185, 211, 215, 243, 245
準備（praeparatio） ……………………xxvii, 55, 89-93, 119, 163, 173, 225, 273, 285, 325, 389
情念（passio） …………………………………xxiii, 61, 99-101, 107, 257, 273, 287, 303, 317
信仰（fides） ………………vi, xiii, xvi, xvii, xx, 141, 173, 265, 271, 281, 295, 309, 333, 347, 379
新プラトン主義 ……………………………………………………………………xv
真理（veritas） …xvi, xvii, xx, xxvii, 85, 111, 201, 205, 305, 309, 317, 323, 325, 333, 337, 339
精子・種子（semen） …………………………25, 107, 167, 227, 311, 351-59, 365-91
接合（continuatio） ……………xxiv, 7, 45-49, 63-67, 75, 119, 159-61, 165, 181, 231
接触（contactus） …………………………………………………xxiv, 7-9, 17, 109
想起（reminiscentia） …………………………………………193, 285, 287, 325, 327
創造（creatio） …………………xiv, xix-xxi, xxvi, xxvii, 145, 309-23, 335-43, 359-73, 387
想像力（imaginatio, vis imaginativa） ……55, 109, 115, 119, 127, 163, 171-79, 187, 191, 263

体液（humor） …………………………………………………………………101, 285
胎児（embryo, fetus） …………………………………………………365, 373, 379, 383
体質（complexio） …………………………………………97-101, 107, 119, 141, 171, 393
多数化（multiplicatio） ………………165-69, 199, 201, 209, 217, 269, 275, 277, 353, 377
魂（anima）
　　栄養摂取的（nutritiva） ……………………29, 33, 35, 37, 91, 229, 273, 351, 369, 375
　　感覚的（sensitiva, sensibilis） ………21-35, 51, 141, 145, 157-63, 273, 291-97, 303, 351,
　　　　365, 369, 375, 377, 383, 385
　　植物的（vegetabilis） ………………………………………91, 97, 129, 377, 383, 391
　　知性的（intellectiva, intellectualis） ………xxv-xxvii, xxxiii, 17, 29-35, 51, 53, 71, 107,
　　　　119-31, 136, 145, 157, 217, 235-45, 265, 273, 277, 283, 287, 291, 305, 307, 311, 341,
　　　　353, 355, 365, 369, 393-99
　　非知性的（irrationalis） ………………………………………………………303
　　理性的（rationalis） ……………………………………………37, 145, 375-77, 385, 391

索　引

知恵（sapientia） ……………………………………………………111, 123, 285, 321
知性（intellectus）
　可能（possibilis） ……………xxiv–xxxiii, 41-87, 115, 133, 155-219, 223-55, 261, 265, 269, 279, 287, 309, 345, 347
　受動（passivus） ………………………………55-69, 163, 169, 173, 215, 229, 275
　能動（agens） …………xxv–xxx, 41, 51, 57, 69-77, 87, 93, 159, 163, 173-81, 189-95, 207, 215-55, 261, 265, 269, 279, 291, 309, 339, 345, 347
知性体（intelligentia） ………………………………………………191, 193, 225, 325
知性単一説（monopsychism） ……………xxvi, xxx–xxxiv, xxxvii, 41, 155, 187, 205, 209, 211
抽象（abstractio） …………50, 71-75, 159, 197, 207, 231, 237, 239, 257, 291, 297, 299
調和（harmonia） ……………………………………101, 103, 119, 133, 147, 299
擬ディオニシウス・アレオパギータ（Ps. Dionysius Areopagita） …………123, 177
デカルト（R. Descartes） ……………………………………………………v, vii, xxiv
天（caelum） ………………………………………………139, 141, 167, 315, 355, 363
天使（angelus） ……xx, xxii, xxvii, xxxv, 71, 123, 125, 137, 141, 271, 279, 287, 363, 393, 401
天体（corpora caelestia） …………………………………7, 125, 137, 141, 313, 393, 399
伝達（communicatio） ……………………………………xxv, 121, 129, 131, 311, 361
道具（instrumentum） ……………………………91, 125, 155, 179, 297, 379, 387, 291
同名異義（aequivocatio, aequivoce） …………………………23, 49, 83, 147, 287
同名同義（univocatio, univoce） …………………………………………………365, 383

ニュッサのグレゴリウス（Gregorius Nyssenus） …………17, 101, 265, 367, 373
ネメシウス（Nemesius Emesenus） …………………………………19, 61, 97, 265

評価力（vis aestimativa） ………………………………………………………55, 115
表象，表象力（phantasia） ……………………………………………57, 115, 173
表象像（phantasmata） ……………xxxii, 45-55, 63, 65, 69-75, 115, 119, 141, 143, 159-69, 173-85, 193, 195, 215, 221-31, 235, 237, 247, 273, 275, 285, 339
非理性的動物（bruta animalia） …………23, 53, 55, 61, 127, 163, 233, 259, 291-97, 383
不死（immortale） ………………xxxv, 23, 255, 257, 267, 291-97, 303, 307, 339, 347, 357
付帯性（accidens） ………………………………xxxiii, xxxv, 33, 107, 169, 247, 271, 281, 315
普遍（universale） …………xxxi–xxxiii, 43, 55-59, 69, 73, 111, 115, 171, 179, 191, 197, 201, 205-11, 225, 227, 237, 259, 263, 295, 297, 299, 317, 323, 325, 327, 339, 261
プラトン（Plato） …………v, xxiv, xxvi, xxix, 17-25, 29, 35, 37, 67, 111, 119, 173, 189-93, 205, 219, 239, 241, 265, 295-303, 307, 309, 317-23, 329, 333, 341, 401
ボエティウス（Anicius M. S. Boethius） ………………………xiii, 81, 83, 177, 271
ボナヴェントゥラ（Bonaventura） ………………………………………………xxx, 39

欲求（appetitus） …………………37, 59, 61, 99, 139, 221, 259, 273, 287-93, 303, 313, 315
ラテン・アヴェロエス主義（Latin Averroism） ……………………………………xxx
離存実体（substantia separata） ………xx, xxii, xxiv, xxix, xxxv, 41, 61, 71-79, 87, 155, 189-95, 207, 217, 219, 225-33, 243, 249, 265, 271, 279, 283, 287, 347, 393

川添 信介（かわぞえ・しんすけ）
1955年生まれ。京都大学大学院文学研究科博士課程修了。京都大学博士（文学）。大阪市立大学助教授をへて，現在京都大学大学院文学研究科教授。
〔著書・論文〕『水とワイン　西欧13世紀における哲学の諸概念』（京都大学学術出版会，2005），「理性と信仰－スコラ再考」『岩波講座 哲学』第13巻（岩波書店，2008），「スコラ哲学とアリストテレス」（『哲学の歴史』第3巻，中央公論新社，2008），「ウェルブムと形象－トマス・アクィナスの認識理論との関連で」（京都哲学会『哲学研究』第584号，2007），「専門と教養－中世パリ大学の理念から」（『知と学びのヨーロッパ史』ミネルヴァ書房，2007），「西洋中世の「正義」概念と戦争－トマス・アクィナスの立場から」（『グローバル化時代の人文学　下巻』京都大学学術出版会，2007），他。
〔訳書〕A・ケニー『トマス・アクィナスの心の哲学』（勁草書房，1998），ペトルス・アウレオリ「命題集第1巻注解」（『中世思想原典集成 18 後期スコラ学』平凡社，1998），G・ロディス-レヴィス『デカルトの著作と体系』（小林道夫と共訳，紀伊國屋書店，1990），他。

〔トマス・アクィナスの心身問題〕　　ISBN978-4-86285-063-8

2009年7月20日　第1刷印刷
2009年7月25日　第1刷発行

訳註者　川　添　信　介

発行者　小　山　光　夫

印刷者　藤　原　愛　子

発行所　〒113-0033　東京都文京区本郷1-13-2
電話03(3814)6161　振替00120-6-117170
http://www.chisen.co.jp
株式会社 知泉書館

Printed in Japan　　　　　　　印刷・製本／藤原印刷